名家通识讲座书系

中国近代史十五讲

朱 英 著

北京大学出版社
PEKING UNIVERSITY PRESS

图书在版编目(CIP)数据

中国近代史十五讲/朱英著. —北京:北京大学出版社,2011.4
(名家通识讲座书系)
ISBN 978-7-301-18601-5

Ⅰ.①中… Ⅱ.①朱… Ⅲ.①中国-近代史 Ⅳ.①K25

中国版本图书馆 CIP 数据核字(2011)第 030961 号

书　　　名:中国近代史十五讲
著作责任者:朱　英　著
责 任 编 辑:陈　甜
标 准 书 号:ISBN 978-7-301-18601-5/K·0761
出 版 发 行:北京大学出版社
地　　　址:北京市海淀区成府路 205 号　100871
网　　　址:http://www.pup.cn　新浪官方微博:@北京大学出版社
电 子 信 箱:pkuwsz@126.com
电　　　话:邮购部 62752015　发行部 62750672　出版部 62754962
　　　　　　编辑部 62752025
印　刷　者:三河市博文印刷有限公司
经　销　者:新华书店
　　　　　　650mm×980mm　16 开本　23.25 印张　290 千字
　　　　　　2011 年 4 月第 1 版　2019 年 2 月第 5 次印刷
定　　　价:49.00 元

《名家通识讲座书系》总序

本书系编审委员会

《名家通识讲座书系》是由北京大学发起，全国十多所重点大学和一些科研单位协作编写的一套大型多学科普及读物。全套书系计划出版100种，涵盖文、史、哲、艺术、社会科学、自然科学等各个主要学科领域，第一、二批近50种将在2004年内出齐。北京大学校长许智宏院士出任这套书系的编审委员会主任，北大中文系主任温儒敏教授任执行主编，来自全国一大批各学科领域的权威专家主持各书的撰写。到目前为止，这是同类普及性读物和教材中学科覆盖面最广、规模最大、编撰阵容最强的丛书之一。

本书系的定位是“通识”，是高品位的学科普及读物，能够满足社会上各类读者获取知识与提高素养的要求，同时也是配合高校推进素质教育而设计的讲座类书系，可以作为大学本科生通识课（通选课）的教材和课外读物。

素质教育正在成为当今大学教育和社会公民教育的趋势。为培养学生健全的人格，拓展与完善学生的知识结构，造就更多有创新潜能的复合型人才，目前全国许多大学都在调整课程，推行学分制改革，改变本科教学以往比较单纯的专业培养模式。多数大学的本科教学计划中，都已经规定和设计了通识课（通选课）的内容和学分比例，要求学生在完成本专业课程之外，选修一定比例的外专业课程，包括供全校选修的通识课（通选课）。但是，从调查的情况看，许多学校虽然在努力建设通识课，也还存在一些困难和问题：主要是缺少统一的规划，到底应当有哪些基本的通识课，可能通盘考虑不够；课程不正规，往往因人设课；课量不足，学生缺少选择的空间；更普遍的问题是，很少有真正适合通识课教学的教材，有时只好用专业课教材替代，影响了教学效果。一般来说，综合性大学这方面情况稍好，其他普通的大学，特别是理、工、医、农类学校因为相对缺少这方面的教学资源，加上很少有可供选择的教材，开设通识课的困难就更大。

这些年来,各地也陆续出版过一些面向素质教育的丛书或教材,但无论数量还是质量,都还远远不能满足需要。到底应当如何建设好通识课,使之能真正纳入正常的教学系统,并达到较好的教学效果?这是许多学校师生普遍关心的问题。从2000年开始,由北大中文系主任温儒敏教授发起,联合了本校和一些兄弟院校的老师,经过广泛的调查,并征求许多院校通识课主讲教师的意见,提出要策划一套大型的多学科的青年普及读物,同时又是大学素质教育通识课系列教材。这项建议得到北京大学校长许智宏院士的支持,并由他牵头,组成了一个在学术界和教育界都有相当影响力的编审委员会,实际上也就是有效地联合了许多重点大学,协力同心来做成这套大型的书系。北京大学出版社历来以出版高质量的大学教科书闻名,由北大出版社承担这样一套多学科的大型书系的出版任务,也顺理成章。

编写出版这套书的目标是明确的,那就是:充分整合和利用全国各相关学科的教学资源,通过本书系的编写、出版和推广,将素质教育的理念贯彻到通识课知识体系和教学方式中,使这一类课程的学科搭配结构更合理,更正规,更具有系统性和开放性,从而也更方便全国各大学设计和安排这一类课程。

2001年年底,本书系的第一批课题确定。选题的确定,主要是考虑大学生素质教育和知识结构的需要,也参考了一些重点大学的相关课程安排。课题的酝酿和作者的聘请反复征求过各学科专家以及教育部各学科教学指导委员会的意见,并直接得到许多大学和科研机构的支持。第一批选题的作者当中,有一部分就是由各大学推荐的,他们已经在所属学校成功地开设过相关的通识课程。令人感动的是,虽然受聘的作者大都是各学科领域的顶尖学者,不少还是学科带头人,科研与教学工作本来就很忙,但多数作者还是非常乐于接受聘请,宁可先放下其他工作,也要挤时间保证这套书的完成。学者们如此关心和积极参与素质教育之大业,应当对他们表示崇高的敬意。

本书系的内容设计充分照顾到社会上一般青年读者的阅读选择,适合自学;同时又能满足大学通识课教学的需要。每一种书都有一定的知识系统,有相对独立的学科范围和专业性,但又不同于专业教科书,不是专业课的压缩或简化。重要的是能适合本专业之外的一般大学生和读者,深入浅出地传授相关学科的知识,扩展学术的胸襟和眼光,进而增进学生的人格素养。本书系每一种选题都在努力做到入乎其内,出乎其外,把学问真正做活了,并能加以普及，因此对这套书作者的要求很高。我们所邀请的大都是那些真正有学术建树，有良好的教学经验，又能将学问深入浅出地传达出来的重量级学者，是请“大家”来讲“通识”，所以命名为《名家通识讲座书系》。其意图就是精选名校名牌课程，实现大学教学资源共享，让更多的学子能够通过这套书，亲炙名家名师课堂。

本书系由不同的作者撰写，这些作者有不同的治学风格，但又都有共同的追求，既注意知识的相对稳定性，重点突出，通俗易懂，又能适当接触学科前沿，引发跨学科的思考和学习的兴趣。

本书系大都采用学术讲座的风格，有意保留讲课的口气和生动的文风，有“讲”的现场感，比较亲切、有趣。

本书系的拟想读者主要是青年，适合社会上一般读者作为提高文化素养的普及性读物；如果用作大学通识课教材，教员上课时可以参照其框架和基本内容，再加补充发挥；或者预先指定学生阅读某些章节，上课时组织学生讨论；也可以把本书系作为参考教材。

本书系每一本都是“十五讲”，主要是要求在较少的篇幅内讲清楚某一学科领域的通识，而选为教材，十五讲又正好讲一个学期，符合一般通识课的课时要求。同时这也有意形成一种系列出版物的鲜明特色，一个图书品牌。

我们希望这套书的出版既能满足社会上读者的需要，又能够有效地促进全国各大学的素质教育和通识课的建设，从而联合更多学界同仁，一起来努力营造一项宏大的文化教育工程。

目　录

绪　言

在中国数千年源远流长的悠久历史中，如果仅就上下时限而论，近代史即使是以目前史学界普遍认同的从1840至1949年，也只有110年，为时并不长，甚至可以说是非常短暂。然而，近代却是中国历史上面临“数千年未有之变局”，从传统向现代过渡转型的重要历史时期。

一部中国近代史，首先是中国不断遭受西方各国列强持续不断的侵略与凌辱，人民颠沛流离，民族危机日益深重，逐步沦为半殖民地半封建社会深渊的历史。面对这种危局，晚清重臣李鸿章曾发出了中国面临“数千年未有之变局”、“数千年来未有之强敌”的惊叹：“历代备边，多在西北。其强弱之势、主客之形，皆适相埒，且犹有中外界限。今则东南海疆万余里，各国通商传教，来往自如，麇集京师及各省腹地，阳托和好之名，阴怀吞噬之计，一国生事，诸国构煽，实为数千年未有之变局！轮船电报之速，瞬息千里；军器机事之精，工力百倍；炮弹所到，无坚不摧；水陆关隘，不足限制，又为数千年来未有之强敌。”（李鸿章：《筹议海防折》）近代中国，可谓内忧外患层出不穷，灾难深重。

面临数千年未有之变局与数千年未有之强敌的中国，需要应对前所未有之非常举措。一部中国近代史也是中国人民不断反抗西方列强侵略，争取国家和民族独立，为振兴中华而前赴后继努力奋斗的历史。从林则徐虎门销烟的正气凛然之举，魏源“师夷之长技以制夷”的新主张，到太平天国运动、自强求富运动、维新变法运动、义和团运动、清末“新政”改革，直至孙中山领导的辛亥革命运动，国共合作期间的国民革命运动，以及艰苦卓绝的八年抗战，近代中国的各个阶级与阶层，各个政党与政派，都曾从各个方面为抵御外来侵略与奴役,探寻国家与民族的救亡图存之路,作出了不同程度的努力与贡献。最终在中国共产党的领导下,终于取得了民主革命的胜利,使备受凌辱、满目疮痍的近代中国迎来了新生。

近代中国不仅社会矛盾错综复杂,而且社会变革急剧深刻。传统与近代之间的冲突融合、新与旧的杂然并存,一直贯穿整个中国近代史。一部中国近代史,也是中国从传统向现代过渡转型的历史。中国近代社会的过渡转型特征,时人言之已久。1901 年梁启超即曾发表引人瞩目的《过渡时代论》一文,十分形象而深刻地描述了"过渡时代之中国"的种种特征。当今学者马敏也曾指出:"由于近代中国一直滞留在半殖民地半封建的过渡型社会中,因此,一种持续过渡性便构成了中国近代社会运动的基本特征。所谓持续过渡性,是指中国近代社会历史演化的总趋势是朝着资本主义工业化社会的目标靠近,但由于封建历史传统的巨大惯性力量和外来殖民势力的干扰,这种不断的接近运动又始终不能顺利完成,新社会的诞生陷于痛苦的难产,与之相伴随的是长期社会动荡和一次又一次的历史反复。可以说,中国近代社会结构和运动所具有的种种矛盾,都是围绕持续向资本主义社会过渡但又始终不能达成这一根本矛盾产生和发展起来的。"①

显而易见,学习与了解中国近代史有着多方面的重要意义。读史可以益智。学习与了解中国近代史,不仅可以增长丰富的历史知识,汲取宝贵的历史经验与深刻教训,而且还能从中获得有益的历史记忆与集体智慧,把握未来的发展方向。现有的中国近代史与中国现代史教材虽为数甚多,但体系与内容均大同小异,基本上没有什么差别。针对这一状况,本书选取了一般近现代史教材中介绍较少的一些内容,例如近代中国通商口岸、近代中国抵制洋货运动、近代中国富商大贾、近代中国中层社会、近代中国股市兴衰、近代中国风俗流变、近代中国海派文化、近代中国乡村建设运动、近代中国灾荒人祸等,广泛借鉴史学界的新近相关研究成果,分专题加以介绍,希望能够对读者更为深入系统地学习与了解中国近代史有所帮助。

① 马敏:《过渡形态:中国早期资产阶级构成之谜》,中国社会科学出版社,1994 年,第 12 页。

第一讲

近代中国鸦片烟毒

生髑髅，生髑髅，眶陷颐缩如猕猴，痰声来，嗽声续，黔到指头疲到足，汗渍眉心泪注目，逆气辘轳转心腹，溺泄便溏沾被褥，明明有鬼如钳梏。

——林纾：《闽中新乐府》

上引林纾的这首《闽中新乐府》，是对吸鸦片烟鬼丑陋形象淋漓尽致的描绘。在近代中国灾难深重的百余年间，西方列强不仅屡次发动侵华战争，迫使中国政府签订各种不平等条约，用武力在中国强行攫取了一系列政治经济特权，并且开辟租界作为"国中之国"，使中国逐步沦入半殖民地深渊。与此同时，西方列强还向中国大肆走私贩卖鸦片，致使鸦片烟毒充斥整个近代中国，禁而不绝，产生了极其严重的危害。

一　罂粟种植与鸦片生产

鸦片在民间俗称为大烟或烟土，亦名阿芙蓉、阿片、亚荣，是从一种被称为罂粟（也称罂子粟）的栽培植物的果实中提炼而成，在医学上具有某种麻醉镇痛的功效。

严格说来罂粟本身其实并非毒品，甚至还称得上是一种看上去颇为漂亮的二年生草本植物，秋种春收或者春种秋收。罂粟的种植，起初主要是用于观赏或药用，种植面积和范围也不大。罂粟所开之花有白、红、紫等多种颜色，十分鲜艳和夺目。每朵花一般有 4 个花瓣，叶子也非常光滑，并呈现出类似银色光泽的绿色。所以，如果从远处一眼看去，开满白红紫绿各种亮丽花朵的罂粟园，就好像一个五光十色的漂亮花园。连徐霞客在贵州看到罂粟花后也十分欣赏，故《徐霞客游记》中曾有记载："莺粟花殷红，千叶簇，朵甚巨而密,丰艳不减丹(牡丹)药(芍药)也。”当果实生长成熟以后,罂粟的花瓣就会自然脱落。

罂粟花不仅可供观赏,其果实罂粟籽经加工食用,也有治病止痛功效,可镇痛、止咳、定喘、止泻。历史上民间百姓还将罂粟籽作为食补之品,加上其特有之香味,可达开味之效果。然而,罂粟本身虽然不是毒品,但后来却成为制作鸦片的主要原料。鸦片就是由罂粟果实中的白色乳汁凝结而成,剩余的罂粟壳煮汁食用也有一定止泻止痛作用,但多食同样会上瘾,只是较诸鸦片的成瘾中毒症状要微弱许多。除鸦片之外,从罂粟果桃中还可提炼纯度和毒性更高的海洛因、可卡因等毒品。

鸦片又有生、熟之分。生鸦片是用特制小刀将罂粟果划破,将其中流出的白色乳汁收入容器,干燥凝结后变成深褐色,有些品种也呈黑色,可制成圆块状、饼状或砖状。由于生鸦片具有强烈难闻的味道,类似令人作呕之氨或发酵的尿味,一般不会直接吸食。生鸦片经烧煮、发酵、去渣等工序之后,就成为熟鸦片,称之为烟膏。熟鸦片可制成条状、板片状或块状等多种形状,不仅外表十分光滑柔软,呈棕色或金黄色,而且吸食时能够发出强烈的香甜气味。吸食者通常将鸦片搓成小丸或小条,在火上烤软后放进烟枪的烟锅里,然后对准火苗翻转烟枪,吸食燃烧产生的烟。

与首次吸抽卷烟令人眩晕的感觉相似,最初吸食鸦片也并不舒服,有头晕目眩、恶心或头痛之感,然而随后不久就有某种独特的欣快感。吸食鸦片者,虽然在初期尚能维持日常的正常活动,但上瘾之后因吸食次数不断增加,即逐渐有明显的中毒症状。长期吸食鸦片的瘾君子,大多都非常消瘦,而且面无血色,目光呆滞,神情恍惚,“奄奄若病夫初起”。久而久之,就会导致严重的体质衰弱和精神颓废。严重者甚至可能出现急性中毒,使呼吸、循环、消化、神经等系统受到损害而死亡。

罂粟并非中国古已有之,而是从国外传入的。目前比较普遍的看法认为,阿拉拍、印度是罂粟的原产地,但也有记载称罂粟原生于地中海东部山区以及小亚细亚、埃及等地,在古希腊即有种植罂粟以及制作鸦片,用于治病和麻醉的相关记载。阿拉伯帝国鼎盛时期,横跨欧亚非三大洲,受埃及、希腊影响也开始种植罂粟,提取鸦片烟膏用于麻醉和消毒,并在战斗前夕供官兵服用,以提升战斗力。在唐代,罂粟经由阿拉伯商人传入中国西南地区的云南、四川。唐中期以后,逐渐在云南、川西、川北等地也开始种植罂粟,随后又从川北传入陕甘地区。到宋代，罂粟种植的面积虽有所扩大，但主要都是用于观赏，尚未见到制成鸦片作为毒品吸食的历史记载。不过，罂粟的药用价值在宋代也开始为人所知，及至明代，罂粟种植仍主要是用于观赏，食用也主要只是为了治病。明代著名医药学家李时珍在《本草纲目》一书中，对罂粟的药用功能以及割制鸦片的方法，均有较具体的阐释。但值得注意的是在明代成化年间（1465—1488），中国已开始有了制作鸦片的记载，同时也开始出现“鸦片”一词。起初，阿芙蓉之称更为多见，系从阿拉伯语Afyun音译而来，在最早传入罂粟种植的云南，直到民国时期仍称简称芙蓉，后来最常用的则是鸦片一词。

明代的制作鸦片记载，虽表明当时中国人已知道从罂粟果中割浆提取鸦片，但类似情况并不多见，明代的鸦片实际上主要来自于东南亚，为数也不多。当时的暹罗、爪哇等国几乎每年都将鸦片作为贡品，进献给明朝皇帝和皇后，只不过称之为“乌香”而非鸦片。

到18世纪末和19世纪初，罂粟之种植与功能在中国已逐渐开始发生根本性变化。其主要原因是西方资本主义国家先后占领东南亚罂粟种植地，广泛种植罂粟生产大量鸦片，并向落后国家倾销或走私，从中牟取高额利润。于是，鸦片主要变成为供人吸食的毒品。第一次鸦片战争之后，清王朝仍一度禁止种植鸦片，因而鸦片在国内的种植区域并不大。但经过第二次鸦片战争，清王朝受英国胁迫默许鸦片贸易合法化，种植鸦片之禁令也趋废弛。19世纪70年代，云南全省几乎三分之一的耕地都种植了鸦片，陕西南部“秦川八百里，种烟者多。渭南地尤肥饶，近亦遍地罂粟”。在山西的太原、榆次、交城、文水、归化等地，也都普遍种植有鸦片。与此同时，鸦片种植的区域也日趋扩大到山陕周围更多省份。例如，往西传到甘肃、青海、新疆等省，往东传入河南，往北传入内蒙以及东北地区。除此之外，在两广和闽浙地区还经由海上从东南亚传入，也开始种植罂粟，生产鸦片。受两广和云南的影响，贵州东部各县均普遍种植罂粟，并扩大到全省。

综上所述，鸦片战争之后罂粟的种植已迅速蔓延至全国范围，大肆泛滥。罂粟之花四处绽放，甚至被外人称为中国的“国花”。其中种植面积超过百万亩的省份，有云、贵、川、陕、甘等5省，占全国罂粟种植总面积的70%以上。

随着罂粟种植面积的迅速扩大，鸦片生产也畸形繁荣，产量不断增长，中国似乎成为了一个“鸦片王国”。据不完全统计，在云南，1879 年的鸦片产量即高达 3.5 万石，此后仍持续增长，鸦片收入成为该省的主要经济支柱。在四川，鸦片产量的增长最为迅速，甚至超过了云南，在 1879 年达到 17.7 万石，居全国之首位。当时的贵州，鸦片产量也有 1 万至 1.5 万担。除了西南，西北的山陕甘等省是中国的第二大鸦片产地。此外在华北、华东、中南、华南、东北等地，鸦片生产都迅速增长。

二　鸦片进口贸易与走私

鸦片战争之后，中国罂粟种植面积的迅速扩大，鸦片产量的急剧增长，完全是受西方列强对中国大肆进行鸦片进口贸易与走私的影响。

最早向中国输入鸦片的是西方老牌殖民主义国家葡萄牙的商人，但起初数量有限，影响并不大。16 世纪初，葡萄牙人进入罂粟种植和鸦片生产大国印度，占领果阿（一译“卧亚”），设置印度总督进行殖民统治。据早期学者的研究所知，葡萄牙人最早是将鸦片作为药品，向粤海关纳税之后，合法向中国输入的。到清朝康熙年间，因进口鸦片日益增多，在中国上流社会中开始流行，上瘾者也与日俱增，清廷遂提高了鸦片的进口税，但仍无法减少鸦片的进口数量。清雍正七年（1729），清王朝首次下诏查禁鸦片。在此之后，葡萄牙人不顾中国的禁令，以先前强占之澳门作为跳板，利用中国政府对其货船不予检查的优惠条件，向中国大量走私鸦片。不法葡商一般都是将鸦片藏于商船底部夹层，偷运至澳门，与中国鸦片商私下交易，再由中国鸦片商将鸦片运至内地，葡澳当局则公开保护这种鸦片走私活动，甚至还派出武装舰船，在澳门至泉州的走私热线为走私船护航。鸦片走私不仅使葡萄牙商人获取了高额利润，而且使中国内地也出现了一批见利忘义的鸦片走私犯。

除葡萄牙之外，荷兰殖民主义者也进入印度，占领了爪哇，成立荷兰东印度公司。随后，荷兰又曾于 1624 年侵占我国澎湖与台湾地区，直至 1661 年被郑成功率军驱逐。在侵占台湾期间，荷兰人将鸦片与烟草拌合吸食的方法传入台湾，后经厦门传入中国内地。荷兰殖民当局还实行鸦片专卖制度，通过鸦片贸易获取利润。在 17 世纪 70 年代，荷兰每年都利用从中国取得的自由航运权，在印度收购 30 余吨鸦片运往中国和东南亚，在 1800 年以后又增至近60吨。

19世纪末20世纪初,英国后来居上成为向中国进口和走私鸦片的头号大国。经历了工业革命之后,英国的经济与军事实力跃居世界前列,对外殖民扩张也发展迅速,先后侵占印度、孟加拉、槟榔屿、马六甲,并成功打入暹罗和缅甸,最后将目标瞄准了中国这一东方最为古老的大国。东印度公司是英国侵略东方的殖民机构,它名义上是一个享有商业垄断特权的贸易公司,但实际上还拥有代表英国的政治权利,负责管理亚洲英属殖民地。

英国东印度公司很早即试图以各种方式,打开对神秘中国的殖民贸易大门,以便倾销英国商品,但却屡次碰壁。由于当时的中国是一个以男耕女织、自给自足的自然经济为主的封建国家,根本无需依赖对外贸易而生存。后来曾担任中国海关总税务司长达40年的英国人赫德在《中国闻见录》中说:“中国有世界上最好的粮食,米;最好的饮料,茶;以及最好的衣着,棉、丝和皮毛。既有这些大宗物产以及无数的土制副产品,所以他们不需要从别的地方购买一文钱的东西。”与此相反,中国许多精美的手工业品如瓷器、漆器、丝绸品等,却很受英国以及欧洲各国上流社会的青睐,大受欢迎。此外,清香芬芳并具有提神解暑功效的中国茶叶,更是受到西方国家各阶层的喜爱。于是,鸦片战争前英国东印度公司的对华贸易虽有所扩大,但推销英国商品十分有限,用现银进口中国手工业产品和茶叶的数量却迅速增加,从而使英国在对华贸易中形成十分不利的入超局面。

作为“世界工厂”的英国,当时一心只想向中国倾销商品,对于这样于己不利的贸易入超局面,自然是无法容忍。在此情形之下,罪恶的鸦片贸易就成为了东印度公司改变不利贸易入超局面的一种手段。其实,早在18世纪20年代,东印度公司就已经开始向中国贩卖鸦片,只是数量不多。1729年清廷宣布禁烟,鸦片贩卖又成为非法贸易,也使外国对华鸦片贸易不可能得到发展。到18世纪末19世纪初,眼看流入中国的白银日益增多,无计可施的英国东印度公司不顾中国禁令,开始大规模地向中国非法贩运鸦片,而且这种方式也得到了英国政府的支持。英国的中国贸易特别委员会质询对华贸易商人A.马塞松的一段对话即透露了这方面的信息:

> 问:“你是否认为英国商人经营鸦片贸易能够使英国对中国贸易的局面全面打开?”

答："我确信如此。英国工业产品进入中国东面海岸时，只能售出极小部分。如果装载棉制品的船不携带鸦片的话，该船恐怕连路费都赚不回来。"

问："照此看来，现在鸦片可以成为对华大规模贸易的先驱者了？"

答："的确如此。我认为如果没有鸦片的贸易，棉制品贸易也就不会发展，因为在目前的情况下，继续棉制品贸易的费用是承担不起的。"①

上述这段对话，可以说明白无误地和盘托出了英国方面对华进行鸦片贸易走私的根本目的，也揭示了鸦片在当时中英贸易中的特殊重要作用。

为了达到以上目的，东印度公司从波斯大量购入罂粟种子，在印度各地广泛种植；占领孟加拉之后，东印度公司又陆续在该地种植 50 多万英亩罂粟，由此在印度和孟加拉培育了世界上最大规模的罂粟栽培地。与此同时，在英国政府的大力支持下，东印度公司于 1773 年即获得了向中国出口鸦片的专卖权，1797 年又取得了鸦片制造的垄断权。自此，英国东印度公司控制了输入中国之鸦片的原产地、制作与销售等各个环节，并从中获得了令人难以置信的高额利润。

1800 年东印度公司正式确立其对华鸦片政策，"迅速地把在印度种植鸦片以及向中国私卖鸦片变成自己财政系统的不可分割的部分"。② 为了保证对华鸦片贸易和走私的进行，东印度公司建立了一整套管理鸦片种植、生产、交易的庞大机构与设施。其中包括最高管理机构，在主要罂粟种植区下设的两大经理处，以及隶属于经理处的若干分理处和收购处，主要负责鸦片的种植与收购。东印度公司以贷款引诱大量印度农民种植罂粟，可以获得更多的收入。按照规定，烟农均与东印度公司签有合同，必须将所有的生鸦片全部卖给东印度公司，而且自己不得吸食。东印度公司的鸦片生产则主要集中在加尔各答进行，为此还建设了大型的鸦片制造工厂。为便于在华倾销，东印度公司想方设法对鸦片的生产予以改进，"使罂粟的蒸熟和鸦片的调制适合中国鸦片吸食者的口味"。在贸易销售环节，东印度公司在

① 加藤祐三：《十九世纪的英国与亚洲》，中国社会科学出版社，1991 年，第 98 页。

② 马克思：《鸦片贸易史》，《马克思恩格斯选集》，第 2 卷，人民出版社，1972 年，第 26 页。

广州设有代理处。因为广州一直是中国对外贸易的主要口岸，清朝乾隆皇帝后来下诏规定中外贸易限定在广州一口。东印度公司主要将鸦片以拍卖的方式交与认可的中间商，烟商既可用白银支付烟款，也可立下借据，到广州出售鸦片后在代理处支付白银。还有不少中间商贩卖鸦片之后，随即在中国收购茶叶、瓷器等运往英国，交易后再与东印度公司结算，从而形成英国在亚洲独特的"三角贸易"，即英国向其印度殖民地输出大量的机器制造品，然后通过印度向中国贩卖巨额鸦片，所得利润用于支付在华收购的茶叶、瓷器、生丝。通过这种三角贸易，就可以在很大程度上改变英国对华贸易中十分不利的入超局面。马克思曾指明东印度公司垄断对华鸦片贸易的时期，"在鸦片贸易史上，标志着一个时代"。① 有关统计数据也表明，东印度公司向中国贩卖的鸦片，与以前相比数量之增多确实达到了十分惊人程度。

随着英国国内政坛的变化，1833 年东印度公司的对华贸易专利权被废除，变为统治印度殖民地的行政机关，东印度公司的贸易垄断时代宣告结束。但在此之后，英国向中国偷运贩卖鸦片的罪恶行径却并未随之结束，而是变成众多英美洋行公司和鸦片烟贩追逐的目标，甚至还使对华鸦片走私发展到一个新阶段。例如，由英国商人查顿和马地臣创办的怡和洋行，建立有专门在中国沿海从事鸦片走私的武装船队，成为当时向中国走私鸦片的最大的鸦片公司，二人也先后被清朝官方驱逐出境。以不法英商颠地为首的宝顺洋行，也是当时向中国偷运鸦片的大公司之一，林则徐赴广州禁烟后，曾迫使颠地交出鸦片 1700 箱，并具结永远不得再来广州。美商旗昌洋行同样疯狂向中国贩运走私鸦片，到鸦片战争爆发之前甚至有后来居上、超过英商怡和与宝顺洋行之势。

除了怡和、宝顺、旗昌这样的大公司之外，还有更多外国中小公司和分散经营的不法洋商，也都依靠向中国走私鸦片获取暴利。其走私贩卖鸦片的方式也不断变化，起先是将藏有鸦片的商船直接开到广州黄埔港，在船上与中国商人完成交易。当清朝政府厉行禁烟后，外国鸦片走私贩又采用新的方式，将商船偷运的鸦片卸在停泊于珠江口外伶仃洋岛的趸船上，然后再载着其他货物驶入黄埔港，用鸦片样品与中国商人进行交易。伶汀洋岛四

---

① 马克思：《鸦片贸易史》，《马克思恩格斯选集》，第 2 卷，人民出版社，1972 年，第 27 页。

面八方可通水路，船舶出入方便，因而被鸦片烟贩选为储存和贩运鸦片的理想之地。到鸦片战争前夕，岛上存储鸦片的趸船多达近30艘。中国商人交款后，凭提货单雇走私船“快蟹”、“扒龙”到伶仃洋岛的趸船上提货。由于在鸦片提货的过程中，还是常常会与清朝政府的缉私船出现武装冲突，于是，洋商也派出许多武装船只，保护鸦片走私船与政府缉私船对抗，使鸦片走私一度成为公开的行为。“大批外国船只，或由外人控制的船只，以‘客船’的姿态出现……从东面的虎门到城西的花池，差不多沿河各处都成为这种贸易的舞台。”①

不仅如此，鸦片走私的地域范围也在不断扩大，从伶汀洋到广州城外及东南沿海地区，鸦片走私都十分猖獗。例如英国的鸦片走私烟贩，北上至闽粤交界的南澳建立鸦片存储站点，怡和洋行还将鸦片运至福建泉州卖出更高的价格。正因如此，“在外国鸦片贩子无孔不入、无恶不作的活动下，鸦片的输入量出现了异乎寻常的增长。在东印度公司的特权被取消的四年里，鸦片的输入量竟增长了100%。”②

三　鸦片烟毒的严重危害

与日俱增的鸦片贸易与走私贩运，为西方资本主义国家带来不断增长的滚滚财源，对近代中国则造成了长久难以消除的诸多严重危害。

当时，外国不法烟贩通过鸦片走私贸易所攫取的利润高得惊人，其他任何商品贸易都无法与之相比。以1805年的情况为例，在印度鸦片产地的收购价为每箱160卢比，运到加尔各答拍卖即上升为每箱988卢比，再偷运至中国广州走私贩卖，每箱鸦片的价格则高至3500卢比，相当于收购价格的22倍。③由于存在着如此之大的差价，鸦片贩子有时甚至贩卖一箱鸦片，即可赚取1000银元，由此通过罪恶的鸦片走私牟取高额利润。

不仅如此，西方资本主义国家也通过对华鸦片走私获得了大量收入。

---

① 马士：《中华帝国对外关系史》，第1卷，三联书店，1957年，第209页。

② 苏智良：《中国毒品史》，上海人民出版社，1997年，第68页。

③ 萧致治主编：《鸦片战争史》，上册，福建人民出版社，1996年，第143页。需要说明的是，有些书籍记述当时每箱鸦片在印度的拍卖价要更高一些。

例如，英国在印度的殖民政府规定，鸦片按照成本300%的高税率进行征税。于是，鸦片的生产和贩卖越多，英属印度殖民政府的税收自然也会随之增加。另外，东印度公司以及后来许多英商洋行以三角贸易方式，将贩卖鸦片所得的现银从中国进口茶叶等畅销品，运回英国本土售出时也需缴纳大量税金，成为英国政府的又一大税收来源。据不完全统计，仅东印度公司垄断时期，“英国财政部从茶税中所得岁入，在公司专利末年，每年平均达三百三十万镑，中国茶叶供给了英国全部岁入约有十分之一，同时还供给了东印度公司的全部利润。”[①]通过鸦片税收和茶叶税收，英国政府即可轻而易举地获得大约500多万至600万镑的巨额款项。华伦也曾在《鸦片》一书中指出：“多年以来，东印度公司从鸦片贸易上获得了巨额收入。这种收入使英国政府和国家在政治和财政上获得无法计算的好处。英国和中国之间贸易差额情况的有利于英国，使印度对英国制造品的消费量增加了十倍；这直接支持了英国在东方的巨大统治机构，支应英王陛下在印度的机关经费；用茶叶作为汇划资金和交流物资的手段，又使大量的收入流入英国国库，而且用不着使印度贫困就给英国每年带来600万英镑。”[②]由此也不难发现，英国政府为何会不顾国际舆论的谴责，公开支持对华鸦片走私，甚至在清廷厉行禁烟时不惜悍然发动侵略中国的鸦片战争。

大量鸦片走私输入中国，不仅使英美等西方资本主义国家获得了惊人的暴利，而且改变了以前中国进口商品的结构，也改变了西方国家对华贸易不利的入超局面。例如，“1817年中国鸦片进口值为61.1万银元，仅占广州进口商品总值的4.1%，1825年鸦片进口值已跃居首位，达到978.2万银元，占进口商品总值的42%。在1830至1833年这四年间，鸦片平均每年进口更高达1395.3万银元，占进口商品总值的52%。原来居进口商品第一、二位的棉花和呢绒，则分别由占进口商品总值的53.5%和21%下降为23.6%和8.8%。”[③]显而易见，鸦片走私贸易也改变了西方列强对华贸易不同商品所占总值的格局。

美国也通过对华鸦片走私获得了暴利，并改变了对华贸易长期大量入

① 列岛编：《鸦片战争论文集》，三联书店，1958年，第86页。

② 转引自萧致治主编：《鸦片战争史》，上册，福建人民出版社，1996年，第143页。

③ 朱庆葆等：《鸦片与近代中国》，江苏教育出版社，1995年，第94—95页。

超的不利局面。18 世纪末 20 世纪初，由于中国输入美国的货物总值远远多于美国输入中国的货物总值，巨大的贸易逆差使得美国每年都需要将大量白银运往中国，以此平衡中美贸易。但通过鸦片走私，这种状况即逐渐改变。在鸦片战争爆发的前 10 年，美国运往中国平衡对华贸易的现银与以前相比即减少了 80%。

在大量走私贩卖鸦片之前，英国商船每年也都需要携带为数甚多的白银，运到中国购买茶叶、瓷器等商品。19 世纪初，这种局面仍然继续维持，中国每年因贸易出超所获得的现银均为数百万两，有时甚至达到 800 万两之多。但随着鸦片走私量的激增，英商运往中国的白银即日益减少，到 19 世纪 20 年代甚至出现了与以往相反的局面，即中国的白银开始源源不断地流向英国。

银元的流通十分便利，并且在中国市场交易中具有超过其本身含银量的价值，所以外商运入中国的白银绝大多数均为银元。而后来中国流出的几乎均为细纹银，尽管当时的清廷禁止细纹银出口，但仍通过走私的渠道大量流出。仅从中国流入英属殖民地印度的细纹银数字，也可看出中国白银外流的严重状况。1814 至 1815 年度，中国流入印度的白银已有 130 万两左右，1814 年后又迅速增长，到 1827 年的 13 年中，共计流入 2358 万两。从 1830 至 1839 年的 9 年中，总数又增长至 3176 万两。[①]这仅仅还只是当时中国白银流入英属殖民地印度的数量，如果计算中国白银外流的整体数量则更加惊人。尤其是在鸦片战争爆发之前，每年都达到了 3000 万两左右。

由于鸦片在当时已是清朝政府明令禁止进口的毒品，所以只能采取走私的方式进行交易，而且“向买之人皆系携带现银交易现货”。也就是说，中国国内之鸦片贩子，只能用现银购买鸦片，不能采用以货易货的方式获得鸦片。这样，鸦片走私量的增加，即意味着中国白银流出量的增加。据不完全统计，1823 年以前，中国每年外流的白银为数百万两，以后急剧增加；1823 至 1831 年间，每年外流 1700 万至 1800 万两；1831 至 1834 年间，每年外流 2000 余万两；1834 至 1837 年间，每年外流的白银已高达约 3000 万两。[②]

中国原本是采银并不多的国家，只是因贸易出超使英国等西方国家的

① 严中平等编：《中国近代经济史统计资料选辑》，科学出版社，1955 年，第 28 页。
② 王金香：《中国禁毒史》，上海人民出版社，2005 年，第 36 页。

白银流入，使中国的白银并不短缺。在政府财政收支和民间商品交易中，均较为普遍地以银两作为价值尺度和交易手段，所以白银在社会经济生活中有着必不可少的作用与影响。一旦外国白银不再流入，相反中国的白银还不断流出，立刻就会出现白银短缺的恐慌，对中国的社会经济与人民生活都产生了十分严重的影响。最为突出的直接后果是导致银贵钱贱，19 世纪末铜钱七八百文可换纹银一两，19 世纪初银钱比价也保持在 1000 文左右。但随后不断上涨，1817 年涨至 1216.6 文，1827 年又涨至 1340.8 文，1838 年更涨至 1637.8 文。①银钱比价的持续上涨，使贫民百姓的生活负担越来越重。因为除一部分富裕人家之外，一般贫民百姓劳作所得为铜钱，在平常生活中也多用铜钱，并无多少存余之白银，而缴粮纳税却一直必须折为银两支付。如同时人所说："银价高则折钱多，小民重困。"因为银价日益上涨，百姓缴纳各种赋税时，就需要支付更多的铜钱来兑换成白银，经济负担由此而无形增加。

上述这种状况，也影响了清王朝的赋税征收和财政收入，在很大程度上造成了清王朝的财政困难。19 世纪 30 年代初，清朝即有官员指出这一弊端："查烟土一项，私相售买，每年出口纹银不下数百万，是以内地有用之财而易外洋害人之物，其流毒无穷，其竭财亦无尽。于国用民生，均大有关系。"②在出现"各省市银价愈昂，钱价愈贱"，以及国家财政严重受其影响的情形之后，也有官员上奏朝廷说："近年以来，银价之贵，州县最受其亏。而银商因缘为奸，每于钱粮紧迫之时，倍抬高价。州县亏空之由，与盐务之积疲、关税之短绌，均未必不由于此。要皆偷漏出洋之弊，有以致此也。"③可以说，大量鸦片的走私贩卖已经直接威胁到清朝的统治地位。因为财政是政府的经济命脉，赋税又是政府财政收入的主要来源。如果赋税无法顺利征收，政府的收入得不到保证，财政即会陷于崩溃。1839 年，各省积欠的田赋税款高达 2940 余万两，已相当于清朝整整一年的田赋收入，这种状况当然会使清朝的财政收支左支右绌，难以正常维持。

此外，由于巨大经济利益的诱惑与驱动，清朝不少官员也或主动或被动

---

① 《道光朝筹办夷务始末》，第 2 卷，第 415 页。

② 《道光朝外交史料》，第 1 卷，故宫博物院 1933 年编印，第 14 页。

③ 《林则徐集·奏稿》，中华书局，1965 年，第 136 页。

地纵容甚至是参与鸦片走私，导致吏治日趋腐败，成为瓦解清朝统治阶级的一大毒瘤。尤其是在鸦片走私最为严重的广东，几乎形成了一个庞大的鸦片走私受贿官员集团。以查缉鸦片走私为专责的官府“巡船每月受贿银三万六千两，放私入口”。各级官员也都争相从鸦片走私中获利，“水师有费，巡船有费，营汛有费，差保有费，窑口有费，自总督衙门以及关口司事者，无不有费。”连英国商人也曾说：“在中国方面，高级官吏与政府人员，对于鸦片走私公开的默许，过去和现在的巡抚，都从中取利。”①甚至英国官方也宣称：“因有完备的贿赂制度，鸦片贸易进行得很顺利正常。”②官吏受贿之如此普遍，其后果必然使鸦片走私日益猖獗，正如马克思所指出的那样：“浸透了天朝的整个官僚体系和破坏了宗法制度支柱的营私舞弊行为，同鸦片烟箱一起偷偷运进了天朝。”③更为严重的是，官员普遍受贿导致吏治腐败，对清王朝的统治也构成了潜在威胁。

鸦片泛滥对中国人民身心健康的影响和危害更是罄竹难书。随着鸦片输入的增加，吸食者越来越多，涉及众多社会阶层。起初，主要还只是限于地主、官宦、富商及其子弟等富裕阶层，吸食者并不普遍。随后，即向社会各阶层蔓延，“上自官府缙绅，下至工商优隶，以及妇女僧尼道士，随在吸食，置办烟具，为市日中。”至道光朝中期，中下级官员吸食鸦片已十分普遍，“直省地方，俱有食鸦片烟之人，而各衙门尤甚，约计督抚以下，文武衙门上下人等，绝无食鸦片烟者甚属寥寥。”④一般民众虽然在经济上并不宽裕，但当时吸食鸦片之风日甚，成为时尚，也极易受到感染而沾上毒品，一旦上瘾又难以戒除，故而在一般民众中吸食者也为数不少，有许多人甚至为此而不惜倾家破产。至于当时的中国究竟有多少人吸食鸦片，目前尚无确切统计，专家学者估算的数字也相差甚大。有的认为 1835 年全国吸食者为 200 余万人，有的推算 1838 年达到 400 万人，还有的说高达 1000 多万人。⑤虽然所说数字不一，但都肯定当时吸食鸦片者不在少数，而且其发展趋势是与日俱增。

---

① 转引自邵雍：《中国近代贩毒史》，福建人民出版社，2004 年，第 25 页。

② 转引自苏智良：《中国毒品史》，上海人民出版社，1997 年，第 76—77 页。

③ 马克思：《鸦片贸易史》，《马克思恩格斯选集》，第 2 卷，人民出版社，1972 年，第 26 页。

④ 转引自王金香：《中国禁毒史》，上海人民出版社，2005 年，第 34、35 页。

⑤ 王金香：《中国禁毒史》，上海人民出版社，2005 年，第 34 页。

吸食鸦片虽可带来一时之快乐，但久而久之却对摧残吸食者的身心健康产生极为严重的恶果。上瘾之后，“就像不能没有水和食物一样地离不开鸦片”，并且完全失去自制能力。一旦毒瘾发作，“其症状为极度的心神不安、烦躁、全身发寒、脸上发烧、打喷嚏、出虚汗、淌口水、流鼻涕。有的人还恶心、呕吐、腹泻等肠胃性不适。腹部、双腿和背部都严重痉挛，全身骨头痛，肌肉抽搐；神经兴奋、发颤。每一种症状跟其他症状相矛盾。烟瘾发作时，瘾君子很饿，但又吃不下；他很困，但又睡不着。”[①]长期吸食鸦片的“烟鬼”从外表一看即知，大都是面黄肌瘦，目光呆滞，神情恍惚，而且烟瘾发作时，“不问儿啼饥，不顾妇无袄”，只知“淫朋聚二三，对卧若翁媪”。严重者“外则不能谋生，内并不能育子，是其毒并不止于杀身，而且至绝嗣”。[②]

四　鸦片战争前的禁烟运动

鉴于鸦片烟毒的种种危害以及在近代中国流传之连绵不绝，从清初开始中国历代政府都不同程度地推行了禁烟政策，虽取得了一定的成效，但却一直并未使鸦片绝迹。

清雍正七年(1729)，清廷即下令禁烟，有的书籍将其称为世界上最早的禁毒令。此令规定：“兴贩鸦片烟者，照收买违禁货物例，枷号一月，发近边充军”；另还明定“私开鸦片烟馆，引诱良家子弟者，照邪教惑众律，拟绞监候”。[③] 清朝乾隆、嘉庆年间，清廷又曾20余次下诏禁烟，并颁布禁种、禁贩、禁吸鸦片的各种章程、条例。但由于庞大的各国鸦片走私集团利润熏心，无孔不入，加上当时的清朝已是吏治腐败，各级官员查禁不力，多方受贿，甚至暗中参与鸦片走私，从而致使鸦片走私在清廷不断颁发禁烟令的过程中日甚一日，呈现出越来越猖獗的发展趋势，并且流毒日广，不断向全国泛滥，在各方面都产生了极为严重的后果，最终威胁到清王朝的统治地位。

在此情况之下，到道光年间清朝统治集团内部也有越来越多的官员上

---

① 转引自张馨保：《林钦差与鸦片战争》，福建人民出版社，1989年，第18页。

② 转引自王金香：《中国禁毒史》，上海人民出版社，2005年，第35页。

③ 李圭：《鸦片事略》，载《鸦片战争》(中国近代史资料丛刊)，第6册，上海人民出版社，1962年，第206页。

奏要求采取更为严厉的举措进行禁烟。过去，史学界较为普遍地将当时主张禁烟的清朝官员分为“弛禁派”和“严禁派”两个集团。认为弛禁派以直隶大臣琦善、太常寺少卿许乃济等人为代表，其主旨是为阻止白银外流，取消禁种罂粟之令，听任内地民间种植罂粟，对鸦片进口则照药材征税，而且“只准以货易货，不得用银购买”。这样，“内地之种日多，夷人之利日减，迨至无利可牟，外洋来者自不禁而绝。”①1836年，道光帝收到许乃济主张弛禁的奏折之后，并未立即表态准许实行，而是将该奏折抄送新任两广总督邓廷桢等官员复议具奏。广东的各级官员或者与鸦片走私存在着或多或少的利益关系，或者对鸦片走私的禁而不绝深为烦恼，又苦于找不到更好的办法，于是由邓廷桢领衔上奏折表示同意弛禁办法。

弛禁派及其上述主张历来都受到鸦片战争史与近代史著作的批评与谴责，但后来也有学者认为，在当时的清朝官员中主张弛禁论者为数很少，并指出大量侵吞鸦片贿赂的官僚集团是弛禁论的鼓动者和支持者的说法，“既缺乏史料依据，又与事理相悖。因为，一旦实行弛禁，鸦片便成为合法商品，贩卖者即可不必行贿。对这些贪官来说，保持现状，即明禁暗不禁，才是最为有利的。弛禁论有利于国内外大大小小的鸦片贩子，对贪官的利益却是一种冲击。”另外，从各类史料看，也找不到琦善有关弛禁的言论，将他作为弛禁派的首领，“也无从谈起”。②

不过，目前仍有不少近代史著作还是沿袭了清朝官员中存在弛禁与严禁两种派别的传统说法，而且对严禁派的主张予以肯定。许乃济呈递主张弛禁的奏折之后，引起另一部分官员的强烈反对。江南道御史袁玉麟、给事中许球、内阁学士朱嶟等人，接连上奏驳斥弛禁论，道光帝随后也发布决不开禁谕旨，使弛禁说暂时趋于沉寂。1838年，鸿胪寺卿黄爵滋上奏著名的《请严塞漏卮以培国本折》，建议朝廷颁发谕旨，通令限一年之内戒绝鸦片吸食，逾期仍吸食者处于死刑。在职官员吸食，加等治罪，子孙不准参加科举考试。所在衙门内之官亲幕友家丁吸食，除严惩该犯，官员也严加议处。当时，正为鸦片愈禁愈多而束手无策的道光帝为之所动，立即下令全国各省

① 中国第一历史档案馆编:《鸦片战争档案史料》,第1册,天津古籍出版社,1992年,第203页。

② 茅海建:《天朝的崩溃——鸦片战争再研究》,三联书店,1995年,第10页。

将军督抚对此项举措务必“各抒所见，妥议章程，迅速具奏”。①

于是，在清朝官员中开展了一场有关禁烟的大讨论。各地将军督抚纷纷复奏，就如何禁烟提出己见。需要说明的是，对于这场清朝官员内部围绕如何禁烟的讨论，过去近代史学界也曾以是否同意处死作为标准，划分为严禁派和弛禁派两大集团，并将这场讨论说成是严禁与弛禁之争。近些年则有学者指出，仔细阅读这些将军督抚的奏折不难发现，这场讨论并不是严禁与弛禁之争，而是围绕如何禁绝鸦片而展开的一场大讨论。实际上，自许乃济的弛禁主张被驳斥后，各种禁烟措施从 1836 年秋冬起已重新执行，并且收到一定成效。到黄爵滋上奏时，主要问题已不是严禁或弛禁，而是以往禁烟办法失效，采取何种新措施以禁绝鸦片的问题。道光帝的批示，是要求各省将军督抚就禁烟章程各抒所见，尽快复奏。讨论的中心，也是如何才能严禁鸦片，不是弛禁或严禁。在将近 30 份奏折中，提出的各项禁烟举措，比较多的是主张严禁海口。所以，道光帝随后钦派林则徐前往广东查禁鸦片，也是接受了多数人的建议。对于吸食处死的主张，只有 8 人表示赞同，不赞同者的主要理由是，立法贵在持平。所以，将不赞成处死的人都说成是弛禁派，并不合适。②

这场禁烟大讨论为随后清朝严厉推行禁烟运动作了先期舆论宣传准备。各省封疆大吏几乎一致主张严禁鸦片，“无一人议及弛禁者”，使道光帝坚定了厉行禁烟的决心。他先是将奏陈弛禁鸦片的许乃济“降为六品顶戴，即行休致”，接着谕令大学士、军机大臣会同刑部拟订严禁鸦片烟条例，并下旨驱逐趸船，缉拿鸦片走私犯，奖励缉私有功人员，另还于 1838 年 12 月底，任命在湖广总督任上认真查禁鸦片颇受好评的林则徐为兵部尚书，颁给钦差大臣关防，节制广东水师，从京师专程赴广东督促禁烟，由此将禁烟运动推向了高潮。

林则徐临危受命，深知此行责任重大，困难重重，“乃蹈汤火”。他下定决心，将个人的荣辱祸福置之度外，临行前毅然表示：“死生命也，成败天也，苟利社稷，敢不竭股肱以为门墙辱。”1839 年 1 月 8 日，林则徐离京赴

---

① 中国第一历史档案馆编：《鸦片战争档案史料》，第 1 册，天津古籍出版社，1992 年，第 258 页。

② 萧致治主编：《鸦片战争史》，上册，福建人民出版社，1996 年，第 181—183 页。

粤，途经直隶、山东、安徽、江西等省，于 3 月 10 日抵达广州。在广东，林则徐的禁烟活动包括对内和对外两个方面。对内主要是针对中国人，是在对外禁烟取得相当成绩后接手进行，起初主要由两广总督邓廷桢负责。据林则徐的数次奏折透露，自 1839 年 5 月至 1840 年 6 月，共查获烟案 890 起，捉拿人犯 1432 名，截获烟土 99360 两、烟膏 2944 两，抄获烟枪 2065 支、烟锅 205 口；另还检获或民间自缴烟土 98400 两、烟膏 709 两、烟枪 16659 支、烟锅 367 口。[①]加上先前在邓廷桢领导下所取得的成绩，广东对内禁烟的效果已可堪称全国之最。

不过，相当于鸦片走私输入中国的数量，对内查获的鸦片仍然微乎其微，因此必须对外堵住鸦片进入的源头，这样才能取得更为明显的成效。所以林则徐到达广州之后，首先是着重于对外禁烟。经过一周时间的调查与私访，基本掌握了广东鸦片走私贩卖的各方面情况，林则徐即于 18 日公开发出告示，并通过广东行商（洋行贸易的担保人）传令各国洋商，在三天之内，将趸船上所有鸦片全数缴官，不准丝毫藏匿。缴出鸦片之后，还必须出具甘结（即保证书），自行声明“嗣后来船，永不敢夹带鸦片。如有带来，一经查出，货说没官，人即正法，情甘服罪”。为了向洋商表达彻底禁烟的决心，林则徐还郑重表示：“若鸦片一日示绝，本大臣一日不回，誓与此事相始终，断无中止之理。”[②]

外国鸦片走私犯们误以为林则徐此次禁烟之举，与以往一样只不过是雷声大雨点小，充其量也就是例行公事并从中获得好处而已，所以并没有在次日对缴烟问题作出答复。英国大鸦片烟贩颠地和英国驻华商务监督义律，更是从中阻挠缴出鸦片，林则徐下令捉拿颠地，使其不敢出门。一直与洋商从事交易的广东行商，则一再向洋商说明此次情形严重，完全不同于以往，必须认真对待。洋商这才稍加重视，专门成立了一个委员会，并邀请行商一起商议对策。三天之后，英美烟贩只答应缴出鸦片 1037 箱，以期蒙混过关。

林则徐见外国烟贩拒不缴出全部鸦片，决定采取更加严厉的措施，下令“将停泊黄埔贸易各国夷船先行封舱，停止买卖，一概不准上下货物。各色

① 茅海建：《天朝的崩溃——鸦片战争再研究》，三联书店，1995 年，第 103 页。
② 《林则徐全集》，第 5 册，海峡文艺出版社，2002 年，第 117 页。

工匠、船只、房屋，不许给该夷人雇赁。如敢私自交易往来，及擅行雇赁者，地方官立即查拿，照私通外国例治罪。所有夷人舢板，亦不许拢近各夷船，私相交结。至省城夷馆买办及雇用人等，一概撤出，毋许雇用。”①此令既出，外国商船均被封舱，外国商馆也被兵丁封锁，“以致夷人都不能逃走”。面对此种情形，洋商只得妥协就范。义律向英国商人发出通知，要求将全部所属二万多箱鸦片交出，声称所有损失将来由英国政府按照既定原则与方式予以处理。许多相关论著都指出，这实际上是将走私鸦片的不法英商与清政府之间的问题，扩大为中英两国的纠纷，为其后英国发动鸦片战争制造借口。

还有人认为，义律同意缴出全部鸦片本身就是一个阴谋和圈套，林则徐正好中了这个圈套。较早提出这种说法的是英国鸦片烟贩马地臣，他声称“中国人已经陷入使他们自己直接对英王负责的圈套中”。后来也有学者沿袭此说，认为英国人同意“交出鸦片，与其说是被迫的，毋宁说是蓄意的”。其言外之意，似乎是义律答应缴出鸦片，是精心布置的一个圈套；林则徐迫令其缴出鸦片，则是无意之间中了义律的圈套。上述说法之理由，是认为在当时严厉禁烟的形势下，鸦片烟贩的存货难以处置，而缴出全部鸦片，是帮助鸦片烟贩处理了相当于印度全年产量一半的鸦片。另外，销毁相当一部分鸦片之后，会出现货源紧缺的状况，剩余的另一部分将有可能以更高价格出售。

但是，也有学者不同意上述说法，认为迫令外国鸦片烟贩缴出鸦片，是林则徐到达广州之后，经过一个星期调查后采取的行动，并且与要求洋商出具甘结，保证“嗣后来船永不敢夹带鸦片”联系在一起，目的是为了永远杜绝鸦片贸易，纯属林则徐主动采取的措施，不存在“陷于圈套”的说法。其次，对于林则徐通告缴出全部鸦片的谕令，义律起初实际上持坚决抵制的态度，甚至还曾一度策划以武力相抗，根本没有打算缴出鸦片，又何来以缴烟而设置圈套之证明。再次，义律最后同意缴出鸦片，主要是迫于各方面压力，他向英商说明的理由也是商船被封舱，商馆被封锁，没有食物供应，并且无法与本国联系，生存受到威胁，为了生命安全才不得不接受缴烟的条件。最后，义律声称缴出鸦片的所有损失，将来由英国政府按照既定原则与方式

① 《谕缴烟土未复先行照案封舱稿》，转引自萧致治主编：《鸦片战争史》，上册，福建人民出版社，1996年，第198页。

予以处理，并没有明确表示由英国政府予以赔偿，因为他只是商务监督，没有无偿收缴英商鸦片的权力，只能含糊其词地说有关损失将来由英国政府按照既定原则处理，也表明义律对英国政府究竟会采取怎样的政策并不确定。所以，“义律缴烟不是主动的，而是被动的，不存在设什么圈套；相反，是对林则徐的强力禁烟措施俯首就范。至于事后义律积极煽动战争，并非那个‘圈套’的一部分，而是因为不甘心失败，或失败之后所表现出的复仇心理。……指责林则徐收缴鸦片是上了义律圈套，也是毫无道理的。”①

1839 年 4 月 9 日，洋商装载鸦片的趸船开始陆续开往虎门。次日，林则徐与邓廷桢等众多官员也乘船前往虎门，监督收缴鸦片。由于鸦片太多，清点费时，中途又产生一些纠葛，直至 5 月 20 日共收缴 20291 箱。另有两种说法，分别认为是 20283 箱和 19180 箱。如此之多的鸦片收缴之后，怎样处理是一个难题。许多洋商以为中国政府不会销毁收缴的鸦片，而是进行专卖，从中获利。起初，林则徐上奏建议将鸦片全部解往京城，验明销毁，获道光帝准允。后又考虑路途遥远，人力和物力均耗费巨大，且运送途中容易出现意外，道光帝又采纳浙江道监察御史邓瀛的建议，谕令就地销毁。

6 月 3 日，在林则徐亲督之下，震惊中外的虎门销烟正式开始，到 23 日才销毁完毕，整整历时 20 天。据林则徐奏折透露，在当时的历史条件下，销毁鸦片的方法和程序是比较复杂的：“先由沟道车入池，撒盐成卤，所有箱内烟土，逐个切成四瓣，投入池中，泡浸半日，再将整块烧透石灰纷纷抛下，顷刻便如汤沸，不爨自燃。复雇人夫多名，各执铁锄木爬[耙]，立于跳板之上，往来翻戳，务使颗粒悉化。俟至退潮时候，启放涵洞，随浪送出大洋，并用清水刷涤池底，不任涓滴留余。”②虎门销烟的场面也十分壮观，这一重大举措充分反映了当时中国严厉查禁鸦片烟毒的决心与信心，也沉重打击了外国不法鸦片烟贩的嚣张气焰。正如有的史书所说：“这一伟大行动，是以林则徐为代表，第一次向世界表示中国人纯洁的道德心和反抗侵略的坚决性，一洗多少年来被贪污卑劣的官吏所给予中国的耻辱。”③连到现场观摩的外国人也对虎门销烟的壮举不得不表示叹服：“我们已把销烟过程的每

① 萧致治主编：《鸦片战争史》，上册，福建人民出版社，1996 年，第 200—201 页。
② 《销化烟土已将及半情形折》，《林则徐集·奏稿》，中册，第 647 页。
③ 范文澜：《中国近代史》，上册，人民出版社，1955 年，第 20 页。

一部分都反复察看过了，他们在整个工作中那种细心和忠实的程度，远远出乎我们的意料之外，我不能设想还有什么别的能执行得比这项工作更为忠实的了。……至少，这使我不得不相信了。”①

除了虎门销烟，道光帝还曾迭发数十道上谕，亲自督促各省各级官员，推动全国各地同时也都大张旗鼓地开展禁烟运动，包括查拿烟贩，收缴鸦片，惩处吸食鸦片的官役弁兵，奖励禁烟有功人员，形成了前所未有的禁烟声势和影响。如果不是英国政府发动维护鸦片贸易的可耻战争，在当时的情形下并非没有禁绝鸦片的可能。

英国作为后起的西方殖民强国，较早即开始觊觎古老中国庞大的市场和丰富的资源，到18世纪末和19世纪初，即频频来到中国进行试探，但苦于找不到有效的办法打开中国的大门，走私鸦片便成为一种非法的手段。当清朝政府厉行禁烟之后，鸦片走私也暂时受到沉重打击，无法再通过这种手段牟取高额利润。但是，英帝国主义绝不会就此甘心。各大鸦片烟贩纷纷向英国政府施加压力，要求对中国采取更为强硬的武力方式，以强大的军事威胁逼迫清政府就范。在别无他法的情况下，对中国发动侵略战争终于成为英国政府采取的更加卑劣无耻的最后手段。

1840年6月28日，英国军舰封锁珠江海口和广东海面，不准中国船只进出，鸦片战争正式爆发。②为什么会爆发这场战争，国外曾经有过多种说法。有人认为只是一场单纯的“通商战争”，英国是为了打破中国对外贸易的限制；也有人说是争“外交平等”，英国发动战争的目的是为了争取在平等的基础上与中国打交道；还有人称之为所谓的“文化战争”，是东西方两种文化冲突的结果。实际上，鸦片战争的爆发有其深刻的经济原因与政治因素，是英帝国主义向海外扩张，争夺殖民地的必然结果。鸦片烟贩在这场侵华战争中也扮演了重要角色，著名美国学者费正清曾经指出：“为了进行第一次鸦片战争，一些鸦片商大亨不仅帮助巴麦尊制定计划和战略，而且提供必须的物质援助：把鸦片贸易船只租给舰队使用；鸦片贸易船只的船长给他们当领航员，而其他职员则充当翻译；自始至终给予殷勤的招待，并出谋

---

① 转引自萧致治主编：《鸦片战争史》，上册，福建人民出版社，1996年，第208—209页。

② 关于鸦片战争的开端，国内外史学界存在着两种看法。还有一种意见认为，1839年9月间的九龙之战，是鸦片战争爆发的起点。

划策和提供最新情报;用贩卖鸦片得来的白银换取在伦敦兑换的汇票,以支付陆海军的军费。"①

另外,曾有论者批评林则徐断绝通商、封锁商馆、强行收缴鸦片的禁烟行动操之过激,并认为林则徐对鸦片战争的发生负有一定责任。然而此说也有失公允。茅海建先生专门针对这种说法提出如下不同意见。首先,事实已经证明在当时的情况下,所谓不过激的禁烟行动,完全不能达到预期的效果。其次,按照清朝的标准,断绝通商应属广东地方最高官员应有的权限,而且林则徐赴粤之前已向道光帝请旨,并不存在过激的问题。再次,按照清朝定律,封锁商馆也称不上过激行动。清朝法律规定,贩卖鸦片获充军、流放之罪,对嫌疑犯无需取证即可拘捕,"化外人"犯罪同例。所此,林则徐完全可以将商馆的外国人统统拘捕,审讯定罪,当时并无治外法权的英国对此也无干涉之理由。但林则徐并未这样做,只是对商馆进行封锁,实际上相当于软禁商馆中的外国烟贩,而且在获证确切的情况下还将大多数烟贩释放,仅将16名罪行最严重的烟贩驱逐出境。如此看来,林则徐的行动不仅不属过激行为,相反还显得较为宽大。总之,林则徐断绝通商、封锁商馆、收缴鸦片的禁烟行动,并非操之过激之举,当然也不应对鸦片战争的发生担负责任。"即使按照今天的国际标准来看,对于不执行本国法令的外国实行经济制裁,也不会成为什么过激的问题。"②

五 鸦片泛滥与禁烟新举措

鸦片战争断断续续地历时两年多时间,最后以中国战败告终。1842年8月,清朝政府全权代表在南京向英方提出议和,被迫签订中国近代史上的第一个不平等条约——《南京条约》(当时南京称江宁,所以也叫《江宁条约》),清朝割让香港给英国,赔款2700万元,开放广州、福州、厦门、宁波、上海为通商口岸,此外还给予英国协定关税权、领事裁判权和最惠国待遇。自此,中国开始丧失国家主权与领土完整,逐渐沦入半殖民地半封建社会的深渊。

值得指出的是,鸦片战争原本主要由鸦片而引发,但是在《南京条约》

① 费正清编:《剑桥中国晚清史》,上卷,中国社会科学出版社,1985年,第229页。
② 茅海建:《天朝的崩溃——鸦片战争再研究》,三联书店,1995年,第108页。

中却对鸦片贸易只字未提。或许英国方面也深知鸦片是毒品，将其明确载入条约而使之合法化，在国际舆论上会于己不利，因此英方代表提出“用实物买卖的形式使鸦片贸易合法化”的要求受到清朝代表拒绝，但得到“各国商船是否携带鸦片，中国不必过问，亦毋庸绳之以法”的说法之后，也同意在条约中避而不谈，实际效果却是默许鸦片贸易合法化。1844 年，清朝钦差大臣耆英致函新任英国驻华公使德庇时，向其再次表示：“鸦片贸易可以在双方默契下进行。按照这一默契，实现和平后，一次有关严禁鸦片的公告也没有发表过。”①清朝政府方面当时不敢公开承诺鸦片贸易合法化的原因，是由于“鸦片以新例初颁，衅端由是而起，既不便申明前禁，又不便擅定税章，遂置此项于不议。”②正因如此，在鸦片战争之后，经清朝道光皇帝直接督促而在全国范围内大张旗鼓推行的禁烟运动即趋于沉寂，实际上是随着鸦片战争的战败，禁烟运动也宣告失败。

尽管《南京条约》没有明定鸦片贸易合法化，清政府也没有宣布禁烟令无效，但由于双方达成了一种默许的态度，所以鸦片战争之后外国鸦片烟贩在中国的行动不再像以前那样受到诸多限制，原本成为惊弓之鸟的国内烟贩也变得有恃无恐，致使鸦片烟毒又重新开始在中国大肆泛滥。下表所列仅为鸦片战争后 10 余年间从印度加尔各答与孟买输入中国的鸦片数量，从中即可窥见一斑。

印度加尔各答和孟买的鸦片出口量

年　份	印度输出鸦片额(箱)	年　份	印度输出鸦片额(箱)
1843	42 699	1852	59 600
1844	28 667	1853	66 574
1845	39 010	1854	74 523
1846	34 072	1855	78 354
1847	40 250	1856	70 606
1848	46 000	1857	72 385

① 转引自邵雍：《中国近代贩毒史》，福建人民出版社，2004 年，第 45 页。

② 李圭：《鸦片事略》，载《鸦片战争》（中国近代史资料丛刊），第 6 册，上海人民出版社，1962 年，第 153 页。

续 表

年 份	印度输出鸦片额(箱)	年 份	印度输出鸦片额(箱)
1849	53 075	1858	74 966
1850	52 925	1859	75 822
1851	55 561	1860	58 681

资料来源:马士:《中华帝国对外关系史》,第1卷,三联书店,1957年,第626页。

从上表所列数据不难发现,在鸦片战争后的1843至1860年,从印度加尔各答和孟买两地出口输入中国的鸦片数量,除个别年份之外,几乎每年都在递增,总额也从四万余箱增至近八万箱。而且,以上数据还未包括从印度达曼、果阿另外两大鸦片产地输入中国的鸦片,如果全部加起来无疑要远比战前从印度输入中国的鸦片总额高得多。与战前有所不同的是,过去鸦片走私的输入地主要集中于一口通商的广州,战后则扩展至五个对外开放的通商口岸。广州仍然是重要的鸦片入口之一,"鸦片就在街道上成箱地公开运送,并且像非违禁品一样地进行销售。"①

不过,英国鸦片烟贩无时无刻不试图使对华鸦片贸易公开合法化。到1856年,英国即制造借口,伙同法国发动了侵略中国的第二次鸦片战争,也称英法联军之役。英国之所以发动第二次鸦片战争,虽然是缘于英国经济的迅速发展,急需扩大海外市场,并且想用武力迫使清朝在政治上进一步屈服,但达到对华鸦片贸易合法化也是其目的之一。1857年4月英国外交大臣克勒拉得恩致英国侵华军队全权专使额尔金的训令即曾透露:"现在的鸦片贸易,在地方当局的许可与纵容下,似乎已达到充分满足中国鸦片需要的程度,但是以完纳关税把鸦片贸易置于合法地位,显然是比现在这种不正规的方式更为有利。"②由此不难看出,英国方面意欲使鸦片贸易合法化的要求溢于言表。

1857年12月,英法联军攻占了广州。次年,英法舰队又开始北上,4月抵达天津大沽口外,5月进入天津近郊。清廷被迫在6月与英法签订《天津条约》,除允许外国公使进驻北京,增开10个通商口岸,外国人可在通商口

① 汪敬虞:《赫德与近代中西关系》,人民出版社,1987年,第155页。
② 转引自王宏斌:《禁烟史话》,社会科学文献出版社,2000年,第99页。

岸自由居住、购地租屋、进入内地通商与传教之外，还确认了鸦片贸易的合法化。1859 年 6 月，英法联军借入京换约之机又扩大战争，10 月攻入北京城，将世界上独一无二的清朝皇家园林——圆明园中的金银财宝及各种文物洗劫一空，为消灭罪证又付之一炬，纵火将圆明园烧为灰烬。大火燃烧三天三夜未息，“黑烟结成浓云，弥漫北京天空，向东南流动百余里。”

鸦片贸易的合法化问题，在 1858 年 11 月订立的《通商章程善后条约》中再次予以确认，并就鸦片进口税率问题达成了协议。在上海举行的中英通商税则的谈判中，讨论鸦片税率时，清朝政府谈判代表提出每箱鸦片进口纳税 60 两，英方代表不予接受，提出 15 至 20 两的低税率。最后双方反复讨价还价，同意每箱鸦片进口收税 30 两。在该条约的中文本中，鸦片一词变成了合法进口的“洋药”，英文本中则仍然用的是“Opium”。按照清朝的新条例，“洋药一项，除系官员、兵丁、太监人等照例治罪，又私售藏奸聚集者，照聚赌例治罪外，其余民人概准买用。凡外洋及内地客商在各省关口贸易者，均照酌定税则；上海一口，议定每百斤税银三十两，所有各海口及津关，均系一水可通，在内江河面凡船只能到各税关口者，均请照上海一律输税。……其民间买用，于九年三月初一日，出示晓谕，一月以后，悉照新定条例，一体遵行。”[1]

在此之后，鸦片输入中国畅通无阻。随着鸦片输入数量的激增，鸦片税也成为清朝的重要收入来源之一。根据雷麦的考察与研究，1884 年以前鸦片占中国进口货值的三分之一以上，有时甚至达到 45% 左右。这一时期，一般洋货进口的税率不足值百抽五，有的还低于值百抽三，但洋药税率为市价的 8%，大约为一般税率的两倍。按此推算，1884 年之前的进口税中，鸦片税约占一半左右，最高时甚至占 60% 以上。[2]显而易见，在鸦片贸易合法化之后，一方面是烟毒更加肆虐泛滥，人民广受其害；另一方面则是外国烟贩从中获得越来越多的高额利润，清王朝也通过征收鸦片税开辟了另一重要的的税收来源。

---

① 李圭:《鸦片事略》，载《鸦片战争》(中国近代史资料丛刊)，第 6 册，上海人民出版社，1962 年，第 231 页。

② 雷麦:《中国对外贸易》，第 41、88 页。参见苏智良:《中国毒品史》，上海人民出版社，1997 年，第 135 页。

鉴于烟毒之广泛流传，危害日益严重，帝国主义侵略又导致民族危机进一步加深，近代中国有识之士禁烟之呼吁连绵不绝。到晚清维新运动兴起之际，康有为、梁启超、严复等众多著名维新派人士，都曾大声疾呼鸦片使"种以之弱，国以之贫，兵以之窳"，如果任其继续蔓延而不予禁止，对中华民族将会造成难以估计的严重危害。与此同时，维新派还积极组织戒烟会、拒毒会，开展民间拒烟活动，使之成为当时救亡图存的活动内容之一。

到清末，随着民间禁烟与救亡的呼声更加强烈，开始推行"新政"改革的清政府，也发起了有清一代第二次颇有声势的禁烟运动。至此，民间禁烟运动与政府禁烟新举措上下呼应，取得了更为突出的成效。1906 年 9 月清廷颁发禁烟上谕，11 月政务处拟订《禁烟章程十条》，规定不准再种罂粟，已种者每年减少九分之一，如过期不禁地亩充公；严禁洋药进口，协商修改条约之相关规定；所有烟馆烟店限 6 个月内一律停歇，到期均予取缔。随后几年，清朝政府又不断颁行新的禁烟条例，并且设立专门的禁烟机构，任命禁烟大臣专负其责。与此同时，清朝政府还积极与英国进行交涉，杜绝鸦片输入。由于英国的众多商品已占据中国市场，鸦片在中英贸易中逐渐退居次要位置，1905 年鸦片进口值仅占进口总值的 7% 左右，所以英国政府也同意中国禁止鸦片输入，在 1907 年 12 月与清政府达成禁烟协议：从次年起逐年递减英印鸦片输入中国数量的十分之一，10 年之内全部停止；大幅增加鸦片进口税率，每百斤征银 220 两。1909 年 2 月，又在上海召开了万国禁烟大会，更进一步推动了清末禁烟运动的深入发展。

中英签订禁烟协议之后，清王朝决心借此机会肃清烟毒。宣统帝颁发谕旨称："鸦片烟盛行以来，流毒异常惨烈。……英国现已实行递减，如期禁查，转瞬三年，何以答友邦政府之美意？何以慰各国善士之苦心？此机一失，时不再来。……著臣工协力通筹，认真办理，无论如何为难，必期依限断绝，毋得稍涉因循，致干重咎。"① 1911 年 5 月，中英双方又签订禁烟协议，规定凡各省份土药已经绝种，他省土药亦禁运入，则印药即不准进入该省。至此，中国与英国限禁鸦片的交涉取得明显的成绩。

中华民国建立后，也继续开展禁烟运动。1912 年 10 月，民国北京政府

① 转引自邵雍：《中国近代贩毒史》，福建人民出版社，2004 年，第 173—174 页。

颁布《重申鸦片禁令》;1913 年 4 月,召开全国禁烟会议,成立全国禁烟联合会;1914 年 3 月,内务部设立禁烟督察处,并公布《督察禁烟处章程》14 条,同年还颁布《禁种罂粟条例》10 条。1917 年,英国履行 1907 年与清朝政府达成的 10 年后停止向中国输入鸦片的禁烟协议,正式宣布停止向中国输入鸦片。

综上所述,清末民初的禁烟新举措取得了突出的成效,但在此后的北洋军阀时期,中国陷于军阀割据、四分五裂状态,为了争夺地盘,扩充军队,各路军阀几乎都利用毒品掠夺社会财富,依靠鸦片消费税增加税收来源,有的甚至纵容种植罂粟。于是,鸦片烟毒在北洋军阀时期又逐渐开始流布,甚至出现了一些专业性质的鸦片公司,例如上海的信远公司、公平公司、聚丰贸易公司、三鑫公司等,都是大型专业贩毒公司,其后台则是军阀和外国侵略势力。南京国民政府成立后,从 1927 年 9 月至 1928 年 4 月颁布了许多禁烟章程及条例,但起初主要采取"寓禁于征"的政策,即用增加税收的方式限禁鸦片。1928 年 8 月,南京国民政府成立全国禁烟委员会,随后颁布《禁烟法施行条例》,规定限期实行禁种、禁运、禁售、禁吸政策,届时如有违反,送交法庭依法惩处。11 月,全国禁烟会议召开第一次大会,通过了一系列禁烟案,会后又据此颁布了一批禁烟条例及章程。

南京国民政府的禁烟令虽取得了一些成效,但由于各方面的具体原因,鸦片烟毒在近代中国始终未能完全肃清,走私贩卖屡禁不绝。尤其是在南京国民政府后期,国产鸦片数量猛增,西南地区成为鸦片的最大产区。日本发动侵华战争以后,向中国大肆输入鸦片和其他毒品,将东北地区变成日本推行鸦片专卖的主要基地,并建立全国性的鸦片贩卖网,使烟毒在中国又一次泛滥成灾。抗日战争胜利后,南京国民政府重新修订颁布一系列禁烟条例和章程,但也无法做到彻底肃清烟毒。直至中华人民共和国成立后,中共中央于 1952 年开展全国禁毒运动,通过采取一系列严厉的措施,才使禁绝鸦片烟毒取得了成功。

思考题

1. 鸦片在近代中国泛滥的原因及其危害。
2. 禁烟运动与鸦片战争爆发的关系。

阅读书目

1. 茅海建:《天朝的崩溃——鸦片战争再研究》,三联书店,1995 年。

2. 萧致治主编:《鸦片战争史》,上册,福建人民出版社,1996 年。

3. 苏智良:《中国毒品史》,上海人民出版社,1997 年。

4. 王金香:《中国禁毒史》,上海人民出版社,2005 年。

第二讲

近代中国不平等条约

> 夫地球万国，其兴亡强弱之故虽各有不同，然能操兵权、操法权、操江海权、操财政权、操交通权者，则土地虽割而其国不亡；失兵权、失法权、失江海权、失财政权、失交通权者，则土地虽存而其国实亡。乃中国兼此数者，犹日号于众曰不亡，谁其信之。
>
> ——《中国灭亡论》[①]

在西方资本主义列强的军事侵略和政治压迫之下，近代中国各方面的主权不断旁落外人之手，日益沦入半殖民地深渊。从鸦片战争后签订《南京条约》开始，西方列强以及后起的亚洲资本主义国家——日本，胁迫中国政府签订了一个又一个不平等条约，在近代中国形成了一种特殊的"条约制度"。通过这些不平等条约的"合法外衣"，列强除获得割地、赔款的巨大利益之外，还相继攫取了领事裁判权、片面最惠国待遇特权、租界特权、关税协定权、海关行政权、沿海及内河航行权、租借地和势力范围特权、在华驻军权、路矿及工业投资特权，由此得以在中国行使"准统治权"，也使中国面临前所未有的亡国灭种危机。为了救亡图存，近代中国各阶层的有识之士不仅深刻揭露了不平等条约的严重危害，并且前赴后继地为废除这些不平等条约付出了艰辛的努力。在废约运动不断高涨的强大压力下，中国政府也通过外交途径多次与列强进行修约与废约谈判，虽历经艰难曲折，但仍取得了一些成效。尤其是到抗日战争末期，不平等条约基本上得以废除。

---

① 《辛亥革命前十年间时论选集》，第1卷，上册，三联书店，1960年，第80页。

一　不平等条约的产生

条约是一种法律形式，通常是国与国之间相互权利和义务关系的书面文件。自从出现具有近代意义的国际法之后，条约即成为国际法的重要制度之一。按照国际法之原则，条约一旦正式签订，就对缔约国具有法定约束力，应视同国内法对待。平等的条约，规定缔约国共同享有某方面的权利，同时也共同承担相关义务，不应存在对其中一国的歧视与压迫。不平等条约则与此相反，往往是强国通过武力以及其他各种手段胁迫弱国，将本国单方面的要求和权利逼使弱国以条约的形式予以承认，并要求弱国严格履行相关义务。因此，不平等条约都是强国获利，弱国则受到严重伤害，甚至丧失国家主权而沦为强国的附属国。

近代中国自鸦片战争后签订的一系列条约，基本上都是属于这种不平等的条约，故而对中国的危害极大。因为"近代的不平等条约，都是在暴力胁迫下订立的，其内容基本上是单方面给予列强种种特权。这些特权构成条约制度的具体内容，实质上是列强通过侵夺中国主权，而对中国行使'准统治权'。……中国形式上仍是一个独立国家，但它的一部分主权已通过条约制度被列强所行使，并与中国的国家体制结为一体，这正是中国近代半殖民地半封建制度的内涵之一"。[①]

首先应该说明的是，近代中国的一系列不平等条约，是西方资本主义列强侵略和压迫的产物。众所周知，西方资本主义的萌芽、兴起与发展，至鸦片战争爆发前的19世纪上半叶，已经历了三四百年的历史。在西方资本主义发展的进程中，英国又可谓独树一帜，率先于18世纪后期开始了工业革命，用机器生产取代了手工操作，经济增长与海外贸易突飞猛进，在世界各国经济中处于绝对优势地位。英国不仅经济发达，有"世界工厂"之称，而且军事力量也十分雄厚，拥有强大的陆海军，确立了世界霸主地位。紧随英国之后，法国、美国、德国、俄国等资本主义国家也相继完成工业革命。日本的工业革命起始于明治维新时期，至19世纪末也告完成。

---

① 李育民：《近代中国的条约制度》，湖南师范大学出版社，1995年，第8页。

近代资本主义发展的必然结果，乃是争夺抢占殖民地，扩大商品市场，疯狂掠夺原料。经过长期的战乱纷争，世界局势出现了不同于资本主义发展早期阶段的新格局，初期资本原始积累时期的殖民强国如葡萄牙、荷兰、西班牙等国，不断丧失其殖民地而趋于衰落，新兴的英、法、美、俄、日等列强则蒸蒸日上，成为重新瓜分殖民地的大国，其手段之残忍、掠夺之疯狂，远甚于初期的葡萄牙、荷兰与西班牙。在这种形势下，作为古老东方大国的中国，自然也无可幸免地成为西方列强侵略的对象。“综观鸦片战争前夕的世界大势，不难看出，战前的半个世纪，既是世界资本主义蓬勃发展时期，又是资本主义各国大力向海外扩张时期。为了争夺殖民地，彼此之间在不少地方都展开了剧烈的竞争。英国不但在经济实力、国际贸易中居于绝对优势，而且在掠夺殖民地中也处处占了上风。它的势力步步东进，中国的西部和南部各友好邻邦，普遍受到英国殖民侵略的威胁，有的已沦为殖民地，有的正在沦为殖民地。认清这种形势，鸦片战争为什么在这时发动，为什么中国的大门首先由英国打开，就不难理解了。”①

1840 年英国即发动了鸦片战争，以武力强行打开了中国闭关自守的国门。不过，为了能够真正达到侵略中国的目的，西方资本主义国家还需要使其占领中国商品市场、掠夺中国原料与农产品、攫取中国路矿利权等各方面的利益需求，均一一披上“合法外衣”，变成为受到清政府法律承认与保护的“正当行为”。而使之得以付诸实现的方式，就是强迫中国签订不平等条约。因此，紧随鸦片战争之后，英国政府即强迫清朝政府签订了中国近代第一个不平等条约——《南京条约》，不仅打破了以往大清帝国处理对外关系的天朝体制，而且也开启了近代中国长期遭受西方列强掠夺与奴役的所谓条约制度，开始形成新的完全不平等的中外关系。

美国学者费正清认为：“英政府要求签订条约只具有一般性目的，即废除纳贡制结构。1842 年南京条约取消了只准在广州进行中外贸易和由广州特许的公行垄断商来进行中外贸易的限制，从而开始了国与国之间的外交关系。”实际上，英国强迫清朝政府签订《南京条约》显然不仅仅只是出于上述一般性的目的，废除纳贡制，取消公行垄断中外贸易，也并非英国的最

① 萧致治主编：《鸦片战争史》，上册，福建人民出版社，1996 年，第 234—235 页。

终目的。其终极目标乃是通过在中国建立所谓条约制度,使英国对中国的掠夺和压迫合法化。费正清也承认鸦片战争后的20年是这种条约制度建立的第一阶段:“19世纪40年代和50年代这二十年构成了中国对外关系新秩序的第一阶段。从西方的观点看来,那是这种条约制度结构得以逐渐形成的初创阶段。后来的几个阶段是使条约制度在中国的政治和社会中变为越来越重要的因素。从今天中国人的观点来看:条约是帝国主义入侵的工具。”①

在鸦片战争和《南京条约》签订之后,随着外国资本主义军事侵略与政治压迫的不断加深,西方列强要求在中国获得更多权益的胃口也越来越大,于是又强迫清朝政府签订了一个又一个新的不平等条约,并且还通过后续谈判逼使清王朝签署大量相关的协定、条款、章程、合同等,不仅使帝国主义的更多在华权益得以合法化,而且也更加细密化、系统化。与此同时,中国丧失的国家主权与经济利益则越来越多,加速沦入了半殖民地深渊。

其次需要阐明的是,除了西方资本主义列强的侵略和压迫,清朝政府统治集团的高度腐败与对外妥协投降,以及后来军阀混战、北洋政府的软弱衰朽,也是导致中国对外屡战屡败,不得不接受一个又一个不平等条约的内部原因。

就在西方资本主义迅速发展,列强相互激烈争夺殖民地之时,统治中国的清王朝却正经历由盛转衰的巨大变化。清朝的康雍乾三代曾有过所谓的“康乾盛世”,即从康熙二十年(1681)平三藩之乱,到嘉庆元年(1796)川陕楚白莲教起义爆发,持续时间百余年。这一时期中国在政治、经济、文化等诸多方面,都获得了较大发展,特别是国家统一最终完成,疆域空前扩大,社会经济趋于繁荣,人口也迅速增长。但是,在所谓的“康乾盛世”后期,西方资本主义的发展也十分迅速,英法美等国相继完成了资产阶级革命,工业革命也逐步展开,相比之下清王朝的“盛世”就显得暗淡无光了。另外,清王朝在“康乾盛世”期间,其实也已经酝酿着各种严重的社会矛盾。连乾隆八年(1743)到中国的一位朝鲜使者也预感到清朝潜在的危机,这位使者在回国后向其国王上奏说:清朝“外似升平,内实蛊坏,以臣所见,不出数十年,

① 费正清编:《剑桥中国晚清史》,上卷,中国社会科学出版社,1985年,第230页。

天下必有大乱。盖政令皆出要誉，臣下专事谀说，大臣庸碌，而廷臣轻佻，甚可忧也。”[①]到18世纪晚期随着大规模川陕楚白莲教起义的爆发，清王朝很快就开始由盛转衰。

此时的中国，在各方面都面临着较为严重的危机。经济上，土地高度集中，农业、手工业中的资本主义萌芽受到阻滞而难以发展，出现衰败凋零景象，国家财政入不敷出；政治上，吏治废弛，官风败坏，贪污盛行，一片腐败景象；军事上，军营奢靡，将士骄惰，军纪松懈，勒索百姓，一味养尊处优，战斗力日益丧失。在此情况下，阶级矛盾也愈趋激化，农民、手工业工人铤而走险的反抗斗争层出不穷，甚或爆发武装起义，使整个社会动荡不安。面临如此困境的清王朝却无以挽救，致使国势江河日下，自顾不暇，根本无力抵御西方资本主义列强的军事侵略，也无法拒绝列强逼迫签订不平等条约的要求。

清王朝在面临自身衰败、社会动荡的困境时，不仅无力抵御西方列强的外来侵略，而且其统治地位也受到严重威胁。清王朝之所以在战败之后接受不平等条约，实际上也是以妥协投降的方式，通过出卖国家主权和提供巨额赔款的巨大代价，换取西方列强对其统治地位的确认。当第二次鸦片战争期英法联军攻入北京城，清朝咸丰皇帝一行仓皇逃往热河的行宫时，为了能够保住统治地位，即谕令钦差大臣奕䜣议和，“与该夷将本年所议续约，画押盖印，并将八年天津和约互换。”咸丰帝另还表示，英法联军“业已入城，一经驳斥，必致决裂，只可委曲求全，以期保全大局”。[②]所谓“保全大局”，显然即是保住清朝的统治地位。

在统治地位能够得以延续的前提下，清王朝注重的并不是国家主权和国家经济利益的得失，而是主动以妥协和出卖国家权益的方式维护所谓天朝的颜面。例如为了维持清王朝的旧有天朝体制，保持其天朝上国的表面尊严，咸丰皇帝就曾一再试图阻止各国列强派使驻京，甚至不惜以全免关税和鸦片贸易合法化作为代价，换取列强放弃在天子脚下派驻公使的允诺，但因受到列强的拒绝而未能如愿以偿。

清王朝类似主动妥协乃至投降的行为，在此后也屡见不鲜。例如，在

---

① 吴晗辑：《朝鲜李朝实录中的中国史料》，第11册，中华书局，1980年，第4518页。

② 《咸丰朝筹办夷务始末》，故宫博物院1932年刊本，第65卷，第23页；第66卷，第14页。

1883 年 12 月至 1885 年 6 月的中法战争期间，尽管面临清军取得淡水大捷和镇南关大捷的大好形势，清王朝仍不顾前线将士和爱国志士的反对，采取"乘胜即收"的策略，下诏停战求和，并签订了不平等的《中法条约》，从而进一步暴露了清王朝的对外妥协投降与腐败无能。在此之后，清王朝又相继签订了更加丧权辱国的《马关条约》和《辛丑条约》，正是随着这一个又一个不平等条约的签订，近代中国也一步又一步地沦入半殖民地的深渊。

1911 年的辛亥革命虽然推翻了清王朝，建立了中华民国，但革命的胜利果实最终却被袁世凯窃取。在登上大总统宝座之后，袁世凯又梦想黄袍加身做皇帝，为求得外国列强的支持，也不惜大肆出卖国家主权和经济利益。甚至在全国舆论一片反对之声中，公然签订丧权辱国的《二十一条》与《中俄蒙协约》。袁世凯死后，中国又陷于北洋军阀混战、中央政府软弱无力的状况，帝国主义国家尤其是日本乘机继续攫取中国主权，北洋政府也依然奉行妥协投降外交，从而使中国的半殖民地深渊进一步加深。

二　不平等条约的危害

西方学者认为近代中外条约的签订，在中国打破了原有的华夷秩序，确立了一个所谓全新的"条约制度"，也建立了新的中外关系。《南京条约》签订后的 20 年，是这种条约制度的初创时期，即条约制度建立的第一阶段。到 1860 年随着《天津条约》和《北京条约》的签订，条约制度已经基本形成。《南京条约》签订后，清朝"办理夷务诸臣，但知有万年和约之名，而未见其文"①，《天津条约》和《北京条约》则不仅规定以后的中国官方文书中不能再出现"夷"字，而且清朝皇帝还要"降谕京外各省督抚大吏，将此原约及续约各条发钞给阅，并令刊刻悬布通衢，咸使知悉"。②如此强制要求大清帝国的皇帝向全国官吏和民众公布不平等条约，并一体遵行条约之各项规定，实在是对中国的又一大侮辱。

条约制度对于打破天朝原有的朝贡体制与华夷秩序，给中外关系带来的根本变化是显而易见的。在此之后，中国被迫纳入到世界资本主义体系

---

① 蒋廷黻编：《近代中国外交史资料辑要》，上卷，商务印书馆，1932 年，第 230 页。
② 王铁崖编：《中外旧约章汇编》，第 1 册，三联书店，1957 年，第 146 页。

之中，西方资本主义国家不再是被动地受中国规定的各种条件的约束与限制，而是主动地提出各种条件强加于中国，迫使中国被动地予以接受。如同早期一位研究中外关系的西方学者所说："直至1839年为止，使西方国家听从条件方可允许双方关系存在的是中国；自从1860年以后，把和中国共同来往的条件强加于中国的却是西方国家。"①这样的变化，可谓近代中外关系史上的一大巨变。

其实，华夷秩序的改变与中外关系的变化，只不过是一系列不平等条约给近代中国带来的诸多重大危害中的一个方面，甚至在某种程度上可以说只是次要的表面现象，更为严重的是使中国主权不断丧失，日益受到西方资本主义国家控制。尽管在表面上清王朝仍继续维持其统治地位，但实际上中国已经不再像以往那样拥有独立完整的国家主权，在许多方面都不得不受制于西方资本主义国家的摆布，成为被西方诸列强掠夺和奴役的对象。清朝大臣奕䜣也曾说明："昔日允之为条约，今日行之为章程。"这意味着破坏中国主权的不平等条约签订之后，即变相成为中国国内的法律规定，必须严格遵守。于是，表面上仍得以延续的清王朝，实际上在很大程度上根据不平等条约之规定，已将国家治权被迫让渡给西方列强，而且必须保护西方列强的的种种特权，忠心耿耿地为其服务，否则就会被指控为国际不法行为，承担所谓的国际责任。

西方学者虽然更强调不平等条约对华夷秩序的改变与中外关系的变化所产生的影响，但也不得不承认其破坏近代中国主权，给中国带来的诸多严重危害。费正清就曾指出："必须把1860年以后的条约制度视为中国政体的一个特殊部分，中国的主权在这里不是被消灭，而是被订约列强的主权所掩盖或取代。"另外，他还对中国主权丧失的具体情况及其影响作了如下的说明：

> 用炮舰外交，即用陆军和海军的高压手段开创的不平等条约制度，使订约列强在中国获得大量特权。这种特权到1860年被确立，即订约列强国民的领事裁判权（治外法权）；外国对条约口岸租界的管理权；外国军舰在中国水域航行和外国军队在中国土地上驻扎的权利；外国

① 马士：《中华帝国对外关系》，第1卷，三联书店，1957年，第337页。

> 在中国沿海贸易中的航运权及内陆航行权；受条约限制的关税税率等等。在以后年代中增加的外国权利和特权，又进一步缩小了中国主权的范围。优越的外国力量——一般地包括商业、财政、军事、工业和技术等方面——将带着破坏性的力量日益加紧向中国传统的社会、政治和文化进行冲击。①

下面，我们将以司法主权（领事裁判权）、关税主权（协定关税）等方面的具体事例，就不平等条约对中国主权以及相关各方面所造成的严重危害，作一更为详细的叙述与分析，以帮助读者能够对这一问题获得较为全面深入的认识。

一、司法主权的丧失。

鸦片战争以前，中国一直保持着独立完整的司法主权，并且对外人也具有司法管辖权，即外国人在中国违反法律的刑事案件，同样由中国官员按照中国法律进行审判。明朝即有“化外人并依律处断”之规定，清朝沿袭明制。但在鸦片战争后的近代中国，西方列强通过不平等条约取得了领事裁判权（也称治外法权），由此使中国丧失了独立完整的司法主权。

所谓治外法权，其实与领事裁判权的含义略有区别，它是包括领事裁判权在内的一个更广的概念。首先指的是外交人员在外国境内享受的一种不受侵犯的特权和豁免权；其次指领事裁判权，即本国领土以外的法权，在近代特指西方列强在亚非各国的领事，按照本国法律对本国侨民行使司法管辖权的一种片面特权，实际上就是西方国家在亚非各国的侨民，享有依照国际法只有外交人员才能拥有的特殊治外法权。平等意义上的治外法权，“是国际法公认的原则，适用于世界各国”；领事裁判权“则是不平等条约所赋予的特权，是国际关系中的一种畸形制度”。“前者是在国际关系中平等互惠的权利，不论大国小国、强国弱国都可享有，后者则是一种片面特权，是西方列强对东方弱小国家的独占权利。前者的享有对象极严，只有外交官、国家元首等人才能享有，后者的享有对象极宽，只要是缔约国的侨民，不论何种职业身份皆可享有。前者的实行不需要什么设施，而后者则有法院的

① 费正清编：《剑桥中国晚清史》，上卷，中国社会科学出版社，1985 年，第 282 页。

组织。”①

西方列强在近代中国的领事裁判权，是通过武力胁迫软弱的清王朝而取得的。鸦片战争后签订的《南京条约》，原本并无领事裁判权，但在英方的威胁下清朝已基本上同意给予英国领事裁判权，并表示“立即明定章程，英商归英国自理”。1843 年 7 月，中英签订的《五口通商章程》第 13 款，第一次明确规定英国在中国享有领事裁判权。紧随其后，美国、法国也趁火打劫，相继通过与清王朝签订《望厦条约》与《黄埔条约》，也在中国获得了领事裁判权。在此之后，英、美、法等国公民在中国有违法之举，“中国官员均不得过问”，而是由所在国的驻华领事等官员按本国律例审判。第二次鸦片战争以后，列强在华领事裁判权又进一步扩大范围，而且有更多的国家取得了这一特权。据统计，在中日甲午战争以前已有德国、丹麦、荷兰、西班牙、比利时、意大利等国获得在华领事裁判权，到 1918 年日本、瑞士、墨西哥也取得了此项特权，加上俄国、挪威等国，总共有 19 国在中国攫取了领事裁判权。这样，中国原有独立完整的司法主权，随着众多列强在华夺取领事裁判权而遭到严重的破坏。在攫取领事裁判权之后，英、美、俄等国还在中国设立领事法庭和法院，审判本国侨民的刑事与民事案件。法、葡、荷等国虽在中国未设立法院，但于领事所在地均设有领事法庭，行使领事裁判权。

西方列强通过不平等条约在中国夺取领事裁判权，并且在华设立法庭和法院，所产生的危害十分严重，连当时的外国人也意识到领事裁判权是破坏中国主权完整的关键因素之一。通常情况下，在拥有独立完整主权的国家，应该根据本国法律自主行使司法权。法网恢恢，疏而不漏，则是一个国家维持正常社会秩序的有力手段。但近代中国的情况却并非如此。在领事裁判权这一护身符的保护之下，各国不法商人与冥顽之徒在华肆意妄为，走私逃税，作奸犯科，种种为非作歹之举，竟然都可以不受中国法律的惩处而逃之夭夭，中国人不仅因此而遭受外人之凌辱，而且在心灵上也留下了长久难以愈合的创伤。

二、关税主权的丧失。

所谓关税，有广义与狭义概念之区别。“从广义上说，关税是对于通过

① 李育民：《近代中国的条约制度》，湖南师范大学出版社，1995 年，第 20—21 页。

国境或国内某地域之货物所征收的税。一般对于通过国境的货物所征收的关税称国境关税,或称外部关税;对于通过国内某地域所征收的关税称国内关税,或称内部关税。从狭义上说,关税是指对于通过国境的货物所征收的税,当今的关税,一般是指这种国境关税。但近代中国的关税,则是广义上的关税,即包括国境关税,又包括国内关税。"①

关税主权是国家主权的重要体现。如何制定进出口关税的税则,应是一个国家主权范围之内的事情,他国不得干涉。不过,在世界上也有一种协定关税制度,一般是指一国与他国或多国之间,在互利的原则下通过协商制定关税税则。这种协定关税制度,不存在仅对一国进行约束限制的情况,因而是属于正常范围内的关税制度。

近代中国实行的协定关税制度,则是在丧失国家关税自主权的前提下,受西方列强不平等条约的制约,被迫实行的一种片面的协定关税制度。具体地说,在这种片面协定关税制度框架中,中国没有享受协定减税的权利,只有尽协定之义务;西方列强无需尽相关义务,却能够享受减税之权利。这显然是极不正常、极不平等的协定关税制度,完全是西方列强侵略压迫中国的产物。

鸦片战争之前,中国一直拥有独立的关税自主权,可以完全根据本国愿意制定和增减关税税率,西方列强即使多有抱怨也无从干预。但在鸦片战争之后,中国的关税自主权开始受到破坏,不得不被迫实行片面协定关税制度。《南京条约》的有关条款规定:英商在五个通商口岸应纳进出口货税,必须"秉公议定则例"。这可以说是中国关税自主权遭受破坏的开端。因为所谓"秉公议定",实际上就是确立中英双方协议订立税率的原则,而且显然并不是由中国一方决定,而是必须听从英方的意见。

为了更进一步使协定关税制度更加明确和具体化,在鸦片战争后的中英交涉中,英国又逼使清王朝签订《五口通商章程·海关税则》,规定英国货物在五个通商口岸的进出口税率为5%左右,主要工业品棉织品的进口税率明确定为"每百两抽银伍两",是当时世界上最低的进口税率。美国强迫清王朝签订的《望厦条约》也规定:"中国日后欲将税例更变,须与合众国

① 李育民:《近代中国的条约制度》,湖南师范大学出版社,1995年,第119页。

领事等官议允。”[1]法国同样也通过《黄埔条约》获得了协定关税的特权。

然而，西方列强仍不满足，认为中国现行实际税率太高，内地关税也有所增加，故而依据《天津条约》的规定，逼迫清王朝对1843年的税则加以修订，又确立了协定内地关税制度。于是，除了进出口关税之外，中国内地子口税的自主权也受到了破坏。再加上这一时期协定陆路减税制度也开始出现，中国海路、陆路、内地的关税主权都受到了协定关税制度的全面约束与限制。随后，欧美其他国家以及日本也都相继与中国缔约通商，并取得协定关税的特权。不仅如此，由于多方面原因，原定进出口货物从量值百抽五的关税税率，在实际实施过程又下降至3.5以下的更低水平。免税的商品种类也不断增加，甚至连各国均课以高关税的进口奢侈品，包括金银、首饰、烟酒等也都被列为了免税品。更为荒唐的是，作为违禁毒品的鸦片也一并纳入到协定关税的范围。

根据这种不平等的片面协定关税制度，中国如果想改变关税税率，必须取得缔约各国的同意，不能自行作出任何相关决定。1901年签订的《辛丑条约》还规定，中国所有的进出口关税和内地常关收入，一并作为偿付巨额战争赔款的担保，直至赔款偿清之前均与中国财政脱离关系。如此苛刻和无视中国主权的协定关税制度，可谓对中国赤裸裸的盘剥和掠夺。受此影响，“在三十年代前，由于被剥夺了关税自主和其他适当的保护措施，中国民族工业从未有机会成长起来。”[2]近代中国的协定关税制度不仅不能起到保护本国民族经济发展与增加国家财政收入的两大作用，相反还有利于外国商品在华倾销以及列强廉价掠夺中国原料，成为阻碍近代中国民族资本主义发展的一大因素。

除上述领事裁判权、协定关税之外，列强还通过一系列不平等条约在其他许多方面也攫取了大量特权，产生了严重的危害。例如设立租界，建成为列强在华行使行政、税收、司法管辖权的“国中之国”，中国政府则无权过问；控制近代中国海关行政，建立外籍税务司制度，外人长期垄断总税务司要职；夺取沿海、内海航行特权，严重阻碍近代中国民族资本航运业的发展；片面最惠国待遇更是使列强各国“机会均等，利益均沾”，只要一国攫取的

---

① 王铁崖编：《中外旧约章汇编》，第1册，三联书店，1957年，第51页。

② 郑友揆：《中国的对外贸易和工业发展》，上海社会科学院出版社，1984年，第14页。

特权，缔约各国均可享受，中国的国家主权也随之被列强所肢解。如同中国近代早期维新派思想家薛福成所说："一国所得，诸国安坐而享之；一国所求，诸国群起而助之。是不啻驱西洋诸国，使之协以谋我也。"①

三　废除不平等条约的呼声

不平等条约所带来的种种严重危害，随着近代中国半殖地化的加深，越来越显露无遗。有鉴于此，社会各界有识之士要求废除不平等条约的呼声也此起彼伏，日益强烈。在晚清早期维新思想家的言论中，类似的呼声即多有出现，到戊戌变法运动和辛亥革命运动期间，维新派与革命派的废约要求，更是随处可见，形成了较为广泛的舆论影响。

《南京条约》签订后，一方面由于中国长期闭关自守，与西方世界少有交往，"睁眼看世界"的有识之士寥若晨星，因而并没有多少人真正意识到列强入侵以及不平等条约的严重危害；另一方面，堂堂大清帝国败于"蕞尔岛国"，并被迫签订前所未有的不平等条约，实在是一大耻辱，因此清王朝并未在国内对《南京条约》予以公布颁行，条约文本也一直存放在两广总督衙门，当时连清朝办理"夷务"的官员都"未见其文"，社会各界对条约的具体内容更是缺乏了解。②所以，废约要求在第二次鸦片战争之前尚不多见。

第二次鸦片战争之后，咸丰皇帝也只是下诏将《北京条约》的主要条款内容通告各省办理，仍未公布颁行条约全文。后来在列强的逼迫之下，咸丰皇帝才又颁发上谕，准允将《天津条约》、《北京条约》印刷成册，颁发各省。这样，不平等条约的具体内容才逐渐为更多的人士所知晓，其危害也开始受到社会各界的重视。

19 世纪 70 年代以后，随着中国民族资本主义工商业的产生，从 60 年代兴起的洋务思潮中逐渐分离出早期维新思潮及其思想家，其代表人物主要有冯桂芬、王韬、马建忠、薛福成、郑观应、陈炽、何启、胡礼垣等人。他们

---

① 丁凤麟、王欣之编：《薛福成选集》，上海人民出版社，1987 年，第 528 页。

② 第二次鸦片战争结束后，英国驻华公使卜鲁斯曾在照会中指责清朝"各省官员一般地忽视条约"，特别是"各省督抚于外国交涉事件，并无尽心守约之理"（参见李育民：《中国废约史》，中华书局，2005 年，第 53 页）。这似乎在某种程度上可以表明当时的清朝官员对于不平等条约也并未真正予以重视。

对西方政治、经济、文化与社会有一定了解，要求维护国家的独立和主权，反对外国侵略；主张实行“商战”，发展民族资本主义工商业；呼吁改变封建君主专制政体，实行君主立宪。不仅如此，早期维新派思想家对不平等条约的危害也有所认识，较早地发出了废除不平等条约的呼声。

早期维新派思想家首先是揭露和阐明了不平等条约的诸多危害，以期引起社会各界的广泛重视。对于领事裁判权，早期维新派思想家几乎都进行了揭露与谴责。郑观应即曾指出：“外人在我国旅居，不隶我国治下，只受彼国公使领事所辖，一如在本国然。”①其结果必然是对洋人给予特殊的保护，并造成对中国司法制度的严重破坏。凡遇“交涉之事，华官以华法治华人，命案必抵，且偿以银；西官以西法治西人，仅议罚缓，从无论抵。华官稍持公论，争执条约，西官即回护纵遣，并薄罚而无可加焉，此尤事之大不平者也”。②薛福成也曾阐明：“彼之领事在中国者，统辖商民，权与守土官相埒，洋人杀害华民，无一按律治罪者。”③

对于不平等条约中片面协定关税制之规定，早期维新派思想家几乎也无不进行了抨击。例如陈炽明确指出，关税自主权系一国应有之权利，别国不得进行干涉：“税则者，国家自主之权也，非他国所得把持而搀越者也。”“天下万国，亦从未有以税则一事列入约章者。”④郑观应也曾说明：“税饷则例，本由各国自定，客虽强悍，不得侵主权而擅断之。”⑤列强依靠武力强占中国关税主权，完全是“以势力横相侵夺”的侵略行为。

其次，早期维新派思想家还提出了修改不平等条约所定特权条款的具体要求。其中，取消领事裁判权是首当其冲的要求。王韬等人强调，“此我国官民在所必争”；郑观应主张，“改用外国刑律，俾外国人亦归我管辖，一视同仁，无分畛域”。⑥此外，修改协定税则也是早期维新派思想家的一致要求。马建忠特别强调必须将不平等条约规定的税则“痛加改订”，他主张每

---

① 夏东元编：《郑观应集》，上册，上海人民出版社，1982 年，第 438 页。

② 同上书，第 185 页。

③ 丁凤麟、王欣之编：《薛福成选集》，上海人民出版社，1987 年，第 414 页。

④ 赵树贵、曾莉雅编：《陈炽集》，中华书局，1997 年，第 81、251 页。

⑤ 夏东元编：《郑观应集》，上册，上海人民出版社，1982 年，第 388 页。

⑥ 同上书，第 502 页。

当修约之期,即应向各国提出增加税率,以各种方式“迫之使不得不从”。[①]郑观应也曾提出“裁撤厘金,加增关税”的主张。对于内河航行权,早期维新派思想家也要求利用条约期满或是修约之期,予以收回。“凡西人长江轮船,一概给价收回”,以使“长江商船之利,悉归中国”。[②]对于海关行政权,早期维新派思想家主张先采取某种变通办法,削弱外籍税务司的权力。例如陈炽提出:“总税务司之任,添派一清正之大臣,显予褒封,阴收其柄。”[③]各地海关税务司也以同样的方式,暗中达到这一目的。

由上可知,早期维新派思想家的修约与废约主张,具有较为明显的特点。一是注重经济方面的条约特权;二是注重策略和轻重缓急,三是体现出一定的理性精神。早期维新派思想家的这些要求和主张,给后人留下了有益的启示,产生了重要的影响,但也反映出他们对西方列强抱有某些幻想,存在着较为明显的软弱性。[④]

1894年的中日甲午战争,又以中国战败并签订更加丧权辱国的《马关条约》而告结束。梁启超曾说明:“唤起吾国四千余年之大梦,实自甲午一役始也。”[⑤]甲午战争的惨痛失败以及战后所面临的严重民族危机,促使近代中国的爱国救亡运动空前高涨,戊戌变法随之登上了历史舞台。戊戌时期的维新派继承了早期维新派的爱国思想,并且在早期维新思想的基础上又有了新的发展,其中包括对不平等条约性质与危害的理解,以及如何解除不平等条约对中国的束缚,都提出了一些新的认识与主张。

由于当时的民族危机空前严重,帝国主义瓜分中国的狂潮愈演愈烈,受到各界爱国志士的高度关注与重视。因此,戊戌维新派在揭露不平等条约的危害时,大都阐明不平等条约即亡国之约,是导致瓜分狂潮与民族危机的主要原因之一。康有为即曾详细阐明《马关条约》所带来的这一危害:日本“一纸书来,取南满、东蒙、山东、福建万里之地,及国命之铁,甚至蹶而踏之,蹩而缚之,以财政军政顾问相要,以全国之要地警察,国命所托之兵工厂

① 郑大华点校:《冯桂芬、马建忠集》,辽宁人民出版社,1994年,第213页。

② 夏东元编:《郑观应集》,上册,上海人民出版社,1982年,第197页。

③ 赵树贵、曾莉雅编:《陈炽集》,中华书局,1997年,第97页。

④ 李育民:《中国废约史》,中华书局,2005年,第99—101页。

⑤ 梁启超:《戊戌政变记》,《饮冰室合集》,专集之一,中华书局,1936年,1989年影印本,第113页。

相索，是以我为保护国也”，所谓的“保护国”，实乃“亡国之别名也”。[1]

甲午战后，朝野上下都开始意识到中国之所以战败，原因之一乃是民族工商业不发达所造成的积贫积弱，中国欲致强救亡，就必须大力发展工商业。在这种历史条件下，戊戌维新派充分阐明中国民族工商业之所以无由发达，是因为西方列强通过不平等条约在华攫取了大量经济特权，要想使中国工商业获得发展，就必须废除一系列不平等条约。谭嗣同曾经说明：“和约中通商各条，将兵权利权商务税务一网打尽，随地可造机器，可制土货，又将火轮舟车开矿制造等利一网打尽，将来占尽小民生计，并小民之一衣一食皆当仰之以给，自古取人之国，无此酷毒者！”[2]面临如此境况，中国民族工商业自然无由发展。唐才常也针对《马关条约》之危害，指明“况今日本已有遍地设机器之条款，而西人动以利益均沾为词，则将来遍中国皆外洋机器，不十年间，无可措手矣”。[3]

除此之外，对于领事裁判权、协定关税制度、内河航行权、传教特权以及《马关条约》规定的巨额赔款等，戊戌维新派也都曾以振聋发聩的警醒文字，充分揭露其给中国各方面所带来的严重危害，产生了比较广泛的社会影响。

戊戌维新派主张采取包括对内变法与对外交涉等多种方式，达到废除和修订不平等条约的目的。内部的变法，是在各方面进行一系列自我改革，增强国力，抵御外辱。除政治方面的变革之外，也有向西方国家学习，“改订刑律，使中西合一，简而易晓，因以扫除繁冗之簿书”，由此废除领事裁判权。另还包括改革税收制度，主张“出口免税，入口重税，涓滴皆操之自我，而不授于外洋，以杜漏卮之有渐”，并且“夺回税务司包办海关之权”。[4]

戊戌维新派对近代西方学说有更多的了解与认识，也知悉列强之间为争夺在华利益存在着矛盾与冲突，故而又主张对外或通过外交斡旋方式，或采取以夷制夷策略，或利用国际法达到修订条约的目的。有的提出：“每逢换约之年，渐改订约章中之大有损者，援万国公法止许海口及边地通商，不

① 汤志钧编：《康有为政论集》，上册，中华书局，1981年，第137页。
② 蔡尚思、方行编：《谭嗣同全集》（增订本），上册，中华书局，1981年，第155页。
③ 湖南省哲学社会科学研究所编：《唐才常集》，中华书局，1980年，第53页。
④ 蔡尚思、方行编：《谭嗣同全集》（增订本），上册，中华书局，1981年，第213页。

得阑入腹地。……但使一国能改订约章,余俱可议改矣。如此始可言强,始可谓之曰国。”[①]有的主张“联英日以抗俄”,遏制沙俄对中国的勒索,并取消其在华条约特权;也有提出联英俄以制日者,希望能够“浼二国居间胁日本,废去遍地通商之约”。[②]

戊戌维新派对不平等条约危害的认识以及废约或修约之主张,显然较诸早期维新派思想家更进了一步,尤其是在宣传中将不平等条约的危害与空前严重的民族危机紧密联系在一起,在当时产生了相当大的影响。不过,戊戌维新派仍与早期维新派思想家一样,对西方列强抱有某种幻想,在某些问题的认识上也存在着明显的缺陷。

辛亥革命时期,革命党人在宣传反清革命的过程中,也曾涉及对帝国主义侵略与不平等条约危害的揭露,而且同样主张废除或限制不平等条约赋予列强的种种特权。革命党人强调不平等条约是对中国的无形瓜分,而且“无形之瓜分,更惨于有形之瓜分,而外人遂亡我四万万同胞于此保全领土、开放门户政策之下”。[③]另外,与前述维新派有所不同的是,革命党人出于反清革命宣传之需要,还特别阐明西方列强之所以能够通过不平等条约在中国攫取诸多特权,与清王朝大肆出卖国家主权以维持其统治地位也紧密相联。因为除了公开签订的一系列不平等条约之外,“至若深宫之默许,政府之密约,疆吏之暗失,使臣之阴从,怪怪奇奇不可思议之约章,虽非草野寡陋不晓朝事者所可根究”。[④]这样的论述和揭露,显然已开始涉及近代中国不平等条约产生的根源之一,故而更加深刻也更加全面。

革命党人的废约与修约主张,在某些方面与维新派有相似之处。例如革命党人也根据国际法原则,要求“凡独立国皆完全享受其独立平等之权利,同时即有尊重他国独立平等之义务”。对于旧有之条约,按照国际法惯例在“期限将满之前,一方可以通告其事,而申明满后之旧约无效,苟旧约已至其所通告之期,而新约犹未成立,则两方皆为无条约之国,不得再以旧

① 蔡尚思、方行编:《谭嗣同全集》(增订本),上册,中华书局,1981年,第162页。

② 同上书,第211页。

③ 《论中国之前途与国民应尽之责任》,《辛亥革命前十年间时论选集》,第1卷,上册,三联书店,1960年,第461页。

④ 《中国灭亡论》,《辛亥革命前十年间时论选集》,第1卷,上册,三联书店,1960年,第80页。

约之条文使之复活”。因此,有的革命党人主张利用这一国际法惯例逐步废除不平等条约,即使不能完全废除,“而以新条项提出与之协议,则虽不能全部改正,然必有若干条可为协议问题,苟辅以公正明敏之手段者,吾知其未始不得获胜利也。”①

不过,更多的革命党人认为要废除不平等条约,收回国家主权,必须首先推翻腐败无能的清王朝,这是革命党人与维新派的最大不同之所在。孙中山曾经明确指出:清朝满族统治者“更无望矣,非彼之不欲自全也,以其势有所必不能也。凡国之所以能存者,必朝野一心,上下一德,方可图治。而满人则曰:‘变法维新,汉人之利,满人之害。’又曰:‘宁赠之强邻,不愿失之家贼。’是犹曰支那土地宁奉之他人,不甘返于汉族也。满人忌汉人之深如此矣,又何能期之同心协力,以共济此时艰哉!”②戴季陶在1910年8月发表的《扬子江航权问题》一文中,也说明“今日之政府,于已有之土地,已有之人民,已有之利权,尚漠然不以为意,且并从而放弃之,剥削之,断送之,乃欲其能于已失之利权,将来之事业,有所恢复经营,不亦愚乎”。为此,戴季陶大声疾呼:“为今之计,政府既不足尽恃,则除自谋以实力与外人竞争外,无他法也。”③

综上所述,革命党人与维新派对不平等条约危害的认识及废约主张,既有相似之处,又有明显的不同。“革命派有着与维新派一样的局限,尤其是对于废除不平等条约问题,更缺乏全面、系统的探讨。但与之比较,革命派对某些问题的认识更为深入。一是对不平等条约危害的认识更为深切。他们充分认识到义和团运动之后,列强利用不平等条约全面控制中国,并加深对中国的侵略的新形势和新特点。二是对不平等条约与清政府的关系的认识更为确切。尽管他们多是从革命反清的角度来分析,但也看到了问题的症结之一。”④

到1920年代,国民革命运动在国共合作的大力推动之下轰轰烈烈地开展起来,全国各地工人、农民、商民、学生的反帝爱国热情也日益高涨。当

---

① 陈旭麓编:《宋教仁集》,上册,中华书局,1981年,第183—184页。

② 广东省社会科学院历史研究所等编:《孙中山全集》,第1卷,中华书局,1981年,第221页。

③ 唐文权、桑兵编:《戴季陶集》,华中师范大学出版社,1990年,第35—36、34页。

④ 李育民:《中国废约史》,中华书局,2005年,第122页。

时,社会各界废除不平等条约的呼声更加强烈,新成立的广州国民政府尽管仍然存在着种种局限与困难,但在外交方面力主奉行"革命外交"政策,即采取"断然的革命手段,本总理遗训,实行废除一切不平等条约,坚持到底,宁为玉碎"。[①]这一时期,不仅废约的呼声更高,而且开始付诸实际行动,除国民政府采取了"革命外交"政策之外,更为令人瞩目的是社会各界民众也都不同程度地参与到反帝废约的爱国斗争之中,成为近代中国废约运动的强大社会力量。

四　不平等条约的废除

近代中国不平等条约的废除,经历了一个从修约到废约的漫长而艰辛的复杂过程。在清末民初,主要还只是通过进行修约谈判,希望能够达到改订条约而减轻其危害的目的。

清王朝通过签订不平等条约虽然获得了"保全",但国家主权的大量丧失,以及列强攫取了太多的特权,同样也给清朝统治者带来了一系列困难,由此也使其意识到不平等条约的危害。清朝驻美公使张荫棠更曾阐明:"自鸦片战争以来,七十年间,外交之事无一不失败,即所结之约无一不受亏。""向来吾国与列强订结条约,又多半在于兵败之后,近于城下之盟,其不得平允公正,固无足怪。海关税权之沦失,领事裁判权之施行,损害独立之权,为有国者所大耻。"[②]尤其是《马关条约》的签订,引发列强瓜分中国的狂潮,造成前所未有的民族危机,不仅受到社会各阶层人士的一致反对,而且在统治集团内部也引起了较大的震动,一些开明的官员也纷纷上奏呼吁甲午战败创巨痛深,形势危急,"若再因循游移,以后大局何堪设想"。面临如此严重的危局,甚至连清朝上谕也不得不表示:"马关商约于我华民生计,大有关碍,亟宜设法补救,以保利权。"[③]

清朝一部分官员意识到不平等条约的危害之后,提出了修约的要求,特

① 《新约平议》,《东方杂志》,第 26 卷,第 1 号。

② 王颜威辑、王亮编:《清宣统朝外交史料》,第 23 卷,第 16—17 页。

③ 中国史学会主编:《戊戌变法》(中国近代史研究资料丛刊),第 2 册,神州国光社,1953 年,第 3 页。

别是许多驻外公使主张通过改订条约，使“中国收复权利，而不著痕迹矣”。[1]加上从早期的维新派思想家开始，民间爱国人士也不断提出修改和废除不平等条约的要求和主张。到清末，清王朝开始主动向列强提出修约谈判。当时，围绕着领事裁判权、协定关税、片面最惠国待遇、内河航行、内地传教、鸦片贸易等一系列问题，都曾先后进行过中外修约谈判，并且在某些方面取得了初步成果。

例如，经过多次反复谈判，1902 年中英《续议商通商行船条约》第 12 款作出规定：“一俟查悉中国律例情形及其审断办法及一切相关事宜皆臻妥善，英国即允弃其治外法权。”[2]虽然这仅仅只是英国方面的口头承诺，但在当时也算得上是清王朝修约的一大进展，清朝官员曾欣喜地视之为“立自强之根，壮中华之气”。紧接着，美国、日本、葡萄牙等国也在相同的续议条约中作出了类似的承诺。

又如，增加关税的修约谈判，在清末也取得了一定的进展。由于清王朝过去对有关国际惯例缺乏了解，出现像李鸿章所说的情形，“未谙各国情形，所定税则，进出口一律，所以洋货畅销，土货滞销”[3]，严重阻碍了中国民族工商业的发展。为改变这一状况，清朝在改订关税税率的谈判中，坚持要求不能将进口税和出口税均实行一种税率，而且税率之低也属世界上少见，应该是“进口税重，出口税轻”。1898 年，清朝总理衙门向英国提出：“中国政府希望修改税则和条约中的通商各款”，并与其他各国“妥议加税章程，列入条约”。但列强要求清王朝必须先裁撤厘金税，才能增加进口税，加上当时中国内部政局混乱，加税交涉未能实际开展。1902 年进行的中外商约谈判，则初步达成了裁厘加税的协定，英、美、日等国同意在清政府裁厘之后，进口税增加至 12.5%。尽管此后裁厘历时甚久，增加进口税只能停留在纸面上，但这一改约进展同样也具有不可忽视的意义。

不过，清王朝的谈判修约虽在某些方面取得了一定的成效，为后来的废约斗争提供了经验教训，但也存在着明显的缺陷。毫无疑问，在当时的历史条件下，采取这样的方式根本不可能达到收回主权的目的。在修约谈判中，

---

① 张玄浩辑校：《使西日记》，湖南人民出版社，1981 年，第 84 页。

② 王铁崖编：《中外旧约章汇编》，第 2 册，三联书店，1959 年，第 109 页。

③ 转引自李育民：《中国废约史》，中华书局，2005 年，第 154 页。

软弱的清王朝在许多方面都受到列强的约束和限制，也无法真正做到坚持抗争到底。因此，清末的修约谈判所取得的成效是非常有限的。

在民初的几年间，民国北京政府也曾主动敦请各国进行修改税则谈判。起初是于1912年8月照会各国驻华公使，说明1902年续修通商进口税则已满10年，应按规定进行修改。次年10月又再次提出同样的要求，英美法荷比等国表示同意。但1914年初法国、俄国、日本却相继提出无理要求作为附带条件，随后又因第一次世界大战爆发而未能取得实际进展。在此之后，中国政府利用世界大战的特殊时机，于1917年3月向协约国提出以修改不平等条约相关条款作为对德宣战的条件，内容包括撤销德奥庚子赔款，协约国10年内展缓偿还；同意中国即将进口关税额增加五成；废除《辛丑条约》中有关中国军队不能在天津周围20里驻扎，以及各国在使馆与铁路尚线驻军的规定。英、法、日、意等国为了促成中国参战，共同照会北京政府，表示部分接受中国提出的三项条件，中国也于同年8月间对德宣战，并公布国定关税条例，大幅提高了关税税率，但仅适用于无约国。1918年12月，英、美、法等12国与中国订立修改各国通商进口税则，进口税率与过去相比也有所提高。

在"一战"后举行的巴黎和会上，中国政府非常希望借助美国的支持，达到全面修改和废除不平等条约的目的。经过精心准备之后，中国在巴黎和会上提出了修改不平等条约的一整套要求，内容包括各国放弃在华势力范围，撤消驻华军队巡警，取消领事裁判权，裁撤外国邮局有线无线电报机关，归还租借地和租界，中国拥有关税自主权等。除此之外，中国还在此次国际会议上提出了废除1915年中日协定说帖，并说明该约完全是日本以恐吓与威逼方式所签订，"论其性质，应视为一种单方面之条约"，亦即无效条约。这是中国第一次较为全面地提出修改不平等条约的要求，在很大程度上也可以说是废除不平等条约的首次要求。

中国虽然因为对德宣战，在国际上的地位与影响有了较大的变化，但实际上国力仍然十分软弱，在巴黎和会上提出的全面修改不平等条约和取消中日协定的要求，尚不足以引起主导和会的英、美、法、意四国重视，中国寄予厚望的美国也并没有给予支持，故然根本未曾列入会议议程加以讨论。不仅如此，巴黎和会在数次讨论山东问题时，无视中国反复提出的直接收回德国在山东的一切权益的要求，反而偏向于支持日本继承德国在山东权益的无理要求，通过了对德和约草案，决定德国在山东之"一切权利所有权及特权，其中以关于胶州领土铁路矿产及海底电线为尤要，放弃以与日本"。中国政府代表团对这一决议深感意外，立即发表抗议书，并表示"当然不能签字"。但与此同时，代表团又担心如不签字将会给中国带来其他不利后果，因为对德和约草案除山东问题之外，还涉及对德其他关系，包括废除领事裁判权、取消辛丑赔款、恢复关税主权和赔偿损失等。北京政府在获悉日本向英美法三国担保将山东半岛主权归还中国，只保留德国在山东的经济权利，开始转而倾向同意在对德和约上签字。结果，在国内激起轰轰烈烈的"五四运动"，给北京政府以及中国政府代表团造成了强大的压力。最后，在巴黎和会举行对德和约签字仪式的当天，中国政府代表通电引咎辞职，并拒绝在和约上签字。

巴黎和会虽然是中国废除不平等条约的一次失败尝试，但中国代表团拒绝在对德和约上签字，也称得上是前所未有之举。另外，中国对德宣战，并宣布废除以前与德、奥两国签订的多个不平等条约，在巴黎和会上得到了明确肯定。因此有舆论认为："我国大规模之废约运动，始于巴黎和会。"①在此期间引发的"五四运动"，也是中国近代史上影响突出、意义深远的一次大规模反帝爱国运动。随后，中国的国民外交运动开始日益兴盛，为后来进一步展开的废除不平等条约的斗争添加了新的时代特征。

在 1921 年 11 月由美国发起召开的华盛顿会议上，以限制军备以及太平洋和远东问题为主要议题，中国应邀派出由 130 余人组成的庞大代表团与会，又积极开展了废除不平等条约的外交努力。会议召开之前，中国方面预先进行了专门的讨论，驻英公使顾维钧提出争取达到的三大目标，即在国际上取得平等地位，解决山东问题，废除不平等条约。他还强调应向华盛顿会议特别声明："中国政府和人民最关切的是两个主要问题，马上解决山东问题，立即废除那些不平等条约。废除不平等条约在当时尤其是针对日本，要免受日本在中国大陆推行领土扩张和经济渗透政策之害。"②

在华盛顿会议太平洋远东问题全体委员会第一次会议上，中国代表团首先是提出了十条原则，希望这些原则获得列强首肯之后，再提出相关具体

---

① 周胤之：《废约运动之鸟瞰》，《晨报》，1928 年 1 月 30 日。

② 《顾维钧回忆录》，第 1 册，中华书局，1983 年，第 220 页。

要求，以使之较易获通过。十条原则中虽有主动承认门户开放，在中国全境给予各国列强“一律享有工商业机会均等主义”之条款，但主要是要求各国约定尊重并恪守中国领土完整及政治上、行政上独立之原则，废除不平等条约。与会各国代表多数在表面上对十条原则表示赞同，但涉及具体问题时却提出种种附加条件，实际上是不愿放弃在华特权，这也预示着中国在华盛顿会议上的废约之争将会面临着诸多困难。

随后，会议对中国关税自主、撤销领事裁判权、撤废势力范围、退还租借地、撤退外国驻兵及铁路警察、取消《二十一条》以及解决山东问题等，一一进行了具体讨论。讨论过程中，中国代表团一方面据理力争，另一方面也有所让步。最后，华盛顿会议通过了有关中国问题的多个议决案，另还有中日两国在会议外签订的《解决山东悬案条约》。

就总体而言，中国在华盛顿会议上争取废除不平等条约的努力仍然是以失败告终，这也是预料之中的必然结果。因为华盛顿会议完全由列强操纵，其主要目的是协调列强之间的相互关系，以便建立新的国际秩序，并非为了解决中国问题，更不是为了帮助中国取消不平等条约。中国问题之所以列入会议议程，只不过是作为列强协调相互关系的一个筹码而已。此外，除非有十分特别的原因，在一般情况下列强也绝不会轻易放弃在中国取得的各项特权以及共同利益。所以，当时的中国希望在华盛顿会议上达到废除不平等条约的目标，仅仅只是充满幻想的天真愿望。

但是，也不能说中国在华盛顿会议上争取废除不平等条约的努力，完全没有取得任何成效。应该承认，中国代表团通过据理力争在某些方面也获得了一些有限的成果。例如在关税税则方面，确定从速修正税率，以达到切实值百抽五，并改变了过去每十年才能修改税率的规定；在会议结束三个月后，召开关税特别会议，讨论裁厘加税问题；承认中国海陆边界划一征收关税原则。关于废止租借地和势力范围，前者未取得任何进展，但后者却因得到美、英两国支持，使列强在中国的势力范围制度不再受到保护。大会通过的有关决议规定：“在中国指定区域内设立势力范围，或互相设有独占之机会者，均不予以赞助。”除此之外，受到全国人民关注的山东问题，在华盛顿会议上也基本得到解决。虽然山东问题并未直接列入大会议程进行讨论和形成决议，而是在英、美两国的建议下，由中日两国代表团在会外进行谈判，但最后签订了《解决山东悬案条约》及附约和附件，日本将胶州德国旧租借地交还中国，包括一切行政权、公产、档案、图样、单契以及其他证书，并规定不得向中国政府要求任何补偿，仅日本购置或建造的房屋按折旧后的实费予以给还，日本驻军在六个月内分批撤出，另还包括青岛海关、青岛至济南铁路及其支线并沿线全部附属产业、原德国取得的矿山开采权等，全部移交中国，山东主权问题至此基本上得到解决，“不可谓非我国被压迫史中可纪念之事”。中国在华盛顿会议上取得的这些成果应该都是值得肯定的，正如有的论者所说：“在中国近代外交史上，华盛顿会议是中国第一次没有丧失更多的权利，而争回一些民族权利的国际交涉。”①

此后不久，在共产国际的推动之下国共两党实现了第一次合作。1924年11月中国国民党第一次代表大会在广州召开，大会宣言宣布了国民党对外之政纲：“一切不平等条约，如外人租借地、领事裁判权、外人管理关税权以及外人在中国境内行使一切政治的权力侵害中国主权者，皆当取消，重订双方平等、互尊主权之条约。”②这是国民党第一次明确对外提出取消所有不平等条约、收回租界、海关以及其他国家主权的宣言书，在中国废约史上具有重要的地位与影响。不过，在中国近代史上是中国共产党最早喊出“打倒帝国主义”的口号，并且也是首次将“废除不平条约”作为一个政治口号和政治主张提出来。“今人听来，‘帝国主义’、‘军阀’这类名词早已耳熟能详，而在20年代初，一般中国人对‘帝国主义’、‘军阀’这类名词还相当陌生。”③

紧接着，在国共两党的共同努力下，以反对帝国主义、反对军阀为主旨的国民革命蓬勃兴起，废约运动也随之进入到一个新的阶段。1924年下半年，在全国各地掀起了一场群众性的反帝废约运动。“不平等条约”作为一个被赋有特定意义的固定词组，在此前报刊上的使用也为数并不多，而在这

① 陶文钊：《中美关系史》，重庆出版社，1997年，第80页。

② 中国第二历史档案馆编：《中国国民党第一、二次全国代表大会会议史料》，上册，江苏古籍出版社，1986年，第88页。

③ 王奇生：《国共合作与国民革命(1924—1927)》(该著为张海鹏主编的《中国近代通史》第7卷)，江苏人民出版社，2006年，第134页。

一时期则几乎达到了家喻户晓的程度。[①]上海、北京、天津、武汉、广州等全国各地的民间团体，都先后成立反帝大同盟，发表废除不平等条约宣言。为了壮大反帝废约运动的声势，北京反帝大联盟向全国倡议，以 9 月 3 日至 9 日为中国反帝运动周，以签订《辛丑条约》的 9 月 7 日为国耻日。在国民革命运动期间，每逢反帝运动周暨国耻日，全国各地都举行大规模群众集会示威，开展各种形式的反帝宣传活动。

1925 年 7 月，广州革命政府改组为国民政府，其成立宣言强调国民革命之最大目的，在于使中国获得独立、平等与自由，而达此目的则首先需要废除不平等条约。于是，在此之后的几年间，一方面是北京政府仍力图通过外交方式，对不平等条约进行修改；另一方面则是国民政府领导的革命废约运动。两者同时进行，前者略有成效，后者则成效更为显著。

根据华盛顿会议的决议，并经北京政府一再要求，1925 年 10 月在北京召开了关税特别会议，专门讨论修改关税问题，各国驻华公使 22 人出席。此次会议断断续续历时半年多，直至 1926 年 7 月才结束。北京政府在会上提出了关税自主案，要求各国声明尊重中国关税自主，解除对中国关税的一切束缚；中国政府允将裁废厘金。各国与会代表有的在表面上赞同中国关税自主案，但又从各自的利益出发，对有关具体条款提出了诸多苛刻的条件。日本、美国则各自抛出了自己的方案，并且相互指责。英国先是反对中国关税自主案，后也议定了一个方案，将修改中国国内税及关税分为两个步骤进行。各国所提方案，均与北京政府的要求相差甚远，因此在多次举行的会议上都争论激烈，相持不下，根本无法达成协议。11 月 17 日，中国代表王正廷提出关税自主案条文，经多方努力终于获得通过。其主要内容为：一、各国承认中国享受关税自主之权利，允许解除各国与中国间各项条约中之关税上束缚，并允许中国国家关税定率条例于 1929 年 1 月 1 日发生效

① 王奇生指出，“帝国主义”、“军阀”都是外来词，而“不平等条约”一词则是由中国人自创。但在 19 世纪的中国未见使用，20 世纪初也使用很少，直至国民革命特别是反帝废约运动兴起，才连同“帝国主义”一词成为使用频率最高的两个关键词。见王奇生：《国共合作与国民革命（1924—1927）》，第 136—137 页。也有学者认为，“不平等条约”一词并非“五四运动”的直接产物，亦非共产党的创造，大约在 1924 年进入中国语言，由孙中山首次使用。见王栋：《20 世纪 20 年代“不平等条约”口号之检讨》，《史学月刊》，2002 年第 5 期。但王奇生认为，“此一看法显然不确”。

力；二、中国政府声明，裁撤厘金与中国国定关税中定率条例同时施行。关税自主条文的通过，并不意味着中国就此收回了关税自主权，在讨论有关征收附加税及其用途等过渡期问题时，中外之间仍存在着许多争议，致使关税会议延宕甚久，到最后甚至是半途而废，有始无终。但是，该条文的通过仍然可以看作是中国在此次关税特别会议上取得的最主要的成果。

1926年1月还曾在北京召开法权会议，中、美、英、法、比等12国代表出席。北京政府希望通过这次会议达到废除领事裁判权的目的，但各国代表参加此会，根本就没有被本国授予可撤销领事裁判权的权力，只不过是对中国司法和法律进行考察，这就决定了法权会议不可能取得中国预期的成果。北京政府多方与各国交涉，一再要求各国授权与会代表讨论领事裁判权问题，但均无结果。最后，这次会议虽然通过了一份洋洋大观的八万字调查报告书，但对废除领事裁判权没有任何实际作用。广州国民政府曾公开表示："废除不平等条约，收回领事裁判权，乃当然事，毋庸外人调查。"①

在国民政府北伐军节节取胜的大好形势下，特别是1926年9月克复汉口，10月攻占武昌以后，舆论称为"第二辛亥革命"，国民政府的革命废约之举也随之获得新发展，"由革除条约外之不平等国际关系，进而废除条约上之不平等国际关系；换言之，自是由准备废除不平等条约，进而实行废除不平等条约。"②1927年1月3日英国水兵在汉口英租界外砍杀庆祝北伐胜利的群众，发生"一·三"惨案，激起大规模反英运动，北伐军与工人纠察队进入英租界，实施接管。在此情况下，2月19日英国驻华使馆参赞阿马利不得不同意与国民政府签订《汉口英租界协定》，规定租界行政由华人组织之新市政机关接受办理，英国市政机关即行解散。次日，又签订了内容相同的《九江英租界协定》。这是国民政府收回租界行政管理权的成功范例，在当时具有特别重大的意义，也是废约斗争取得的重要成果。

随着国民革命时期反帝运动不断趋于高涨，各国列强不得不面对这一现实，开始重新调整对华政策，作出某些让步，在一定程度上放弃固守条约特权的立场。英国率先提出变更对华政策建议案，美、日等国随后也作出了

---

① 季啸风、沈友益主编：《中华民国史料外编——前日本末次研究所情报资料》，中文部分，第85册，广西师范大学出版社，1997年，第474页。

② 高承元编：《广州武汉时期革命外交文献》，初版序，神州国光社，1933年再版，第10页。

相同的姿态。不久,南京国民政府正式建立,并利用这一有利形势积极开展“改订新约”的修约外交,取得了新的成果。首任外交部长伍朝枢在就职通电中明确表示:将“努力于不平等条约之废除,以求中国之自由平等”,政府外交政策宣言也宣称:“国民政府以取消不平等条约为己任,将采正当之手续,以达此目的。”不难看出,南京国民政府仍坚持了取消不平等条约的政策,但其策略已由先前的革命废约逐渐改变为新的修约外交。

1928 年 7 月,中美两国代表经秘密谈判之后,签订了《整理中美两国关税关系之条约》。“该约作为南京国民政府订立的第一个条约,有着重要的意义,在当时产生了极大的反响。它宣布废除中美间的片面协定关税制度,率先承认中国关税完全自主原则,打破了修约外交的僵持局面。该约未以裁厘作为条件,同意中国关税自主,同以前比较,无疑是一个进步。尤其是,该约是美国不顾《九国公约》的束缚而采取的单独行动,也是列强中第一个根据中国的修约要求与之订立的国别条约,这对于突破其联合对华阵线,各个击破,亦有着积极的作用。”①当时的舆论也称其为“近年来中外间所订第一平等条约”,“为中国关税自主运动划一新纪元”。

在此之后,中国与其他许多国家也进行了关税问题谈判,并签订新的条约。11 月 12 日,签订中挪《关税条约》;22 日,订立中比《友好通商条约》;27 日,又签订了中意《友好通商条约》。在随后的一个月中,还接连订立中丹、中葡、中荷、中瑞、中法、中西、中英关税条约或者是通商条约。至此,各国均已承认中国享有关税自主权,但唯独日本除外。南京国民政府在国内外有利形势下,于短短的 5 个月之内,即通过修约外交重新签订了 12 个条约,基本收回关税自主权,这是值得肯定的。12 月 7 日,国民政府还颁布了海关进口税则,定于次年 2 月 1 日起实行,时人称之“为我国国家关税税则之始,在关税史上开一新纪元”。中日之间的关税谈判,从 1928 年 7 月国民政府提出修约照会,到 1930 年 5 月订立协定,历时最久,也最为艰难,但最终还是签订了中日《关税协定》正文及附件,中国实现关税自主也得以扫清最后一个障碍。

在关税谈判基本取得成功的情况下,南京国民政府还进而向各国提出

① 李育民:《中国废约史》,中华书局,2005 年,第 656 页。

旨在废除领事裁判权的修约谈判，当时也称法权谈判。1929 年 4 月，国民政府外交部照会英、美、法等六国，提出法权交涉要求。但各国均不愿放弃治外法权，故而久拖不复，直至 8 月才复照不同意取消领事裁判权，只有美国表示愿意进行谈判。9 月，外交部再次发出照会，重申这一要求，仍遭拒绝。在此情况下，国民政府一方面多次声明，将于 1930 年 1 月 1 日单方面宣布废除领事裁判权，另一方面也以其他方式开展工作，尤其是希望从美国率先打开缺口。这一努力取得一定的成效，美、英等国随后均同意开始进行谈判。但谈判的进程十分艰难，断断续续长达两年多一直议而不决。当谈判即将取得进展之时，又受"九一八事变"影响而搁置。

日本一面加紧进行侵略中国的部署与行动，一面却主动表示愿意放弃领事裁判权，企图以此博取中国的好感。但日本大举侵略中国的行径触及到英、美等国的在华利益，也将破坏在条约基础上建立的国际秩序，从而使英、美对中国的废约态度开始发生变化，于 1939 和 1940 年相继主动表示愿与中国谈判，放弃领事裁判权。1841 年 12 月日本偷袭珍珠港，太平洋战争爆发，中国也宣布对日、意、德三国宣战，并宣布与三国所有一切条约全部废止，同时还促进了其他国家放弃治外法权。1942 年 10 月 10 日，蒋介石在重庆举行的国庆大会上宣布，美、英等国已"表示愿自动撤销在华治外法权及其他有关权益"，"我国近百年来所受各国不平等条约之束缚，至此已可根本解除。"随后经过谈判讨论相关具体细节问题，于 1943 年 1 月签订《关于取消美国在华治外法权及处理有关问题之条约》、《关于取消英国在华治外法权及其有关特权条约》，取消了美、英两国在华领事裁判权、使馆区及驻军、租界、特别法庭、军舰行驶权、英籍海关总税务司特权、沿海贸易与内河航行权等。这样，不平等条约规定的特权即基本上得以废除。在此之后，其他一些国家也相继与中国签订了类似的新条约，废除了治外法权和其他条约特权。

至此，列强在华主要条约特权已经基本取消，但也不能说就此即完全消失。特别是 1945 年美、英、苏三国签订"雅尔塔密约"严重损害了中国的主权，随后订立的中苏《友好同盟条约》、中美《友好通商航海条约》等，也不同程度地有损于中国主权。直至中华人民共和国成立之后，与苏联重订《中苏友好同盟条约》，并且彻底清除不平等条约遗留的种种特权，包括条约之外的各种权益，中国才真正得以完全解除百余年来不平等条约的束缚，成为一个独立自主的新国家。

思考题

1. 近代中国不平等条约的产生与危害。

2. 近代中国废除不平等条约的艰难历程。

阅读书目

1. 李育民:《近代中国的条约制度》,湖南师范大学出版社,1995 年。

2. 李育民:《中国废约史》,中华书局,2005 年。

3. 费正清编:《剑桥中国晚清史》,上卷,中国社会科学出版社,1985 年。

4. 王建朗:《中国废除不平等条约的历程》,江西人民出版社,2000 年。

5. 王奇生:《国共合作与国民革命(1924—1927)》,张海鹏主编:《中国近代通史》,第 7 卷,江苏人民出版社,2006 年。

第三讲

近代中国通商口岸

> 今中国虽与欧洲各国立约通商，开埠互市，然只见彼邦商船源源而来。今日开海上某埠头，明日开内地某口岸。一国争，诸国蚁附；一国至，诸国蜂从。滨海七省，浸成洋商世界；沿江五省，又任洋舶纵横。独惜中国政府未能惠工恤商，而商民鲜有能自置轮船，广运货物，驶赴外洋，与之交易者。或转托洋商寄贩货物，而路隔数万里，易受欺蒙，难期获利。
>
> ——郑观应：《盛世危言·商务二》

通商口岸一般都是开放给外国人居住和贸易的城市。近代中国的通商口岸，在许多场合下又被称为“条约口岸”，也是外国资本主义侵略的产物。[①]自从中国在第一次鸦片战争中战败，并签订第一个不平等的《南京条约》，被迫对外开放广州、上海等5个通商口岸，伴随着此后历次战败以及不平等条约的签订，中国都会被迫增开更多的通商口岸。因此，通商口岸的增加，也反映了西方列强对中国侵略的不断加深。在一些大的通商口岸，西方列强还租地建屋，演变发展成为“国中之国”的租界。到19世纪末20世纪初，受“商战”舆论思潮与内外形势变化的影响，清王朝开始改变对外政策而自开商埠，一种新型的通商口岸由此出现，但这两类口岸的性质与作用均存在着很大的差异，不可同日而语。

一　近代中国通商口岸起源

西方列强为何要强迫中国开辟通商口岸？回答这个问题，需要从鸦片

---

① 还有一种说法将通商口岸称为“商埠”，但在近代中国除了按照不平等条约规定而被迫开放的商埠之外，还有中国主动对外开放的商埠，被称为“自开商埠”。

战争前清王朝实行的对外贸易政策开始谈起。

在过去很长的一段时期中，学术界都将鸦片战争前清王朝实行的对外贸易政策称为“闭关政策”，而且对这一政策的评价也存在着某些争议。后来又有学者认为，将当时清王朝的对外贸易政策称为“闭关政策”并不确切，因为清王朝实际上从未实行过真正严格意义上的闭关政策，尽管当时确实采取了一系列较为严格的限制对外贸易的措施，但仍然开放广州作为从事进出口贸易的口岸，并未完全“闭关”。

当时，清王朝之所以要严格限制对外贸易，有着多方面的原因。首先，中国一直是一个以“男耕女织”自给自足的小农经济为主的国家，商品经济在明清时期虽有所发展，但处于非常次要的地位，中国既不需要通过对外贸易扩大海外商品市场，也无需依赖外国商品的进口，因此对外贸易对于这种自给自足的小农经济而言也就无足轻重，这可谓清王朝严格限制对外贸易的经济基础。正因如此，嘉庆皇帝曾经不无自豪地对外表示：“天朝富有四海，岂需尔小国些微货物哉。”当时的对外通商，完全不是出于经济方面的需要，而是显示天朝对他国的恩惠。乾隆皇帝也曾在给英王的敕谕中说：“天朝物产丰盛，无所不有，原不借外夷货物以通有无。特因天朝所产茶叶、瓷器、丝斤，为西洋各国及尔国必需之物。是以加恩体恤，在澳门开设洋行，俾得日用有资，并沾余润。”①

其次是政治方面的原因，而且这也是清王朝实行限制对外贸易更重要的原因。政治原因包括对内与对外两个方面。对内是防范汉人与外人联合起来反清，所以对出海贸易进行严格限制。凡“出洋贸易人民，三年之内准其回籍”，若超过三年则不准再回原籍。对外则是抵御西方殖民者的骚扰与侵略，具有一定的自卫意义。当时，英国、葡萄牙等国殖民者出于开拓东方市场和殖民掠夺的目的，打着通商的幌子不断对中国进行骚扰，甚至多有侵略活动。于是，清王朝即采取严格限制对外贸易和外人在华活动的政策，试图通过这一严厉举措从根本上对殖民者的活动予以阻止。

在明清两代，每当击退一次殖民者的骚扰或侵略，即有新的更加严厉的限制政策出台，这也反映了“闭关政策”的用意。例如，明朝军队于 1552 年

---

① 王先谦：《东华续录》，乾隆朝，第 118 卷。

击退葡萄牙人，即于次年宣布实行“禁海”政策，禁止葡人对华贸易。1637年英国船队闯入广东，明朝随后又宣布不准外国商船进入广州。清朝康熙年间，曾经开放广东澳门（后移广州黄埔）、福建厦门、浙江宁波、江苏云台山四口对外贸易，并设立粤海、闽海、浙海、江海四个海关。但外人越来越多，并且不断有骚扰事件发生，引起清廷警觉。乾隆二十二年（1757），清王朝宣布仅开放广州一口对外通商。在此之后，随着外人试图闯入天津、进入澳门和广州，清王朝又制定了《防范外夷规条》、《民夷交易章程》。

在鸦片战争前，虽然仍开放广州一口通商，但限制对外贸易的政策已达到十分严厉的程度。按照清王朝的规定，外商不准与华商直接交易，只能与清政府特许的中国行商进行贸易，史书称“公行制度”。行商不仅负责与外商的贸易，而且负责管理外商的生活起居，设立商馆租给外商临时居住。当时，清王朝还严格限制外商带银回国的数量；规定外商在广州只准居于商馆，受行商约束，“番妇”（外国女子）不得进入广州，并禁止外商在广州过冬，外商不得坐轿，不得随便出游，也不得随意雇佣华人役使。另外，还禁止外国传教士在中国内地传教。外国护货兵船，不准驶入虎门等海口，否则即停止贸易。

如此严厉的限制政策，对于迫切希望洞开中国贸易大门，开拓庞大东方市场，掠夺中国丰富资源的西方殖民者来说，自然是难以忍受的。其所采取的破坏手段，先是通过罪恶的鸦片走私贸易，源源不断地掠取了中国大量的白银，在清王朝大张旗鼓地禁烟之后，英国殖民者又悍然发动了侵华战争，用武力强迫中国签订不平等的《南京条约》，也逼使中国对外开放了5个通商口岸。

通商口岸的开辟，是英国政府应英商之迫切要求，强迫清王朝以签定不平等条约的方式而得以实现的。英国商人早就向本国政府提出，“中国法律和欧洲法律全然异趣，不列颠臣民根本不能接受它的统治”，必须“在中国沿海取得一个或几个岛屿，作为贸易基地，藉以避免中国政府的勒索、控制和干扰”；此外，“超乎一切的一桩紧要的事情是占有一处居留地，在那里我们可以生活在不列颠法律保护下，免得遭受那些半开化的汉人子孙的侵害”。由此可见，英国不法商人蔑视中国的法律，在中国四处骚扰破坏，反而说受到了中国法律的“侵害”，这简直就是一种强盗逻辑。1840年英商在写给侵华英军总司令的一封信中，更是明确说明上海、宁波、福州、厦门、广州是最值得作为英国臣民居住和贸易的口岸。[1]

于是,《南京条约》即指明这5个城市作为对外开放的通商口岸。该条约的第二款规定:“自今以后,大皇帝恩准英国人民带同所属家眷,寄居大清沿海之广州、福州、厦门、宁波、上海等五处港口,贸易通商无碍。”第四款又规定:嗣后“凡有英商等赴各该口贸易,勿论与何商交易,均听其便”。[2]这是西方殖民主义者强迫中国打破原有行商垄断贸易制度,对外开放的第一批通商口岸,因其以不平等条约为法律依据,所以又称为“条约口岸”或“约开口岸”。

中国地域广阔,市场庞大,西方列强当然不会满足于仅仅开放5个通商口岸。《南京条约》签订后,由于清王朝以“羁縻”政策暗相抵制,加之中国坚固自然经济的顽强抵抗,五口通商后最初的一段时期,并没有出现西方列强预期的结果。另外,列强在中国攫取的政治经济等许多方面的特权,起初主要都是限于在通商口岸或是租界范围内实施。包括缴纳关税也是如此,在中国海关供职多年的外国人马士就曾指出:“在所有条约口岸,外商享有一个共同的特权,即只要在其中一个口岸缴纳了关税,当其商品转运到其它任何口岸时,均不再缴纳关税。”[3]既然如此,对于外国列强而言条约口岸当然是开得越多越好。

1856年,英法联军又发动侵华战争,于1858年强迫清王朝签订《中英天津条约》和《中法天津条约》,随后还在上海签订《通商章程善后条约》,中国又被迫开放牛庄(后改营口)、登州(后改烟台)、台湾(后定台南)、淡水、潮州(后改汕头)、琼州、汉口、九江、南京、镇江等第二批为数更多的通商口岸,并规定外国人可以在各通商口岸自由居住,租赁房屋,购买土地,还可以进入内地游历、通商、传教。1860年中英《北京条约》又增开天津为通商口岸。至此,中国的通商口岸从5个增加到16个。不仅通商口岸的数量大为增加,而且地理位置遍及沿海各个重要港口及长江汉口以下的重要地区。从此之后,还开始了西方列强“把条件强加于中国”,中国不得不履行条约的时代。

---

① 张仲礼主编:《东南沿海城市与中国近代化》,上海人民出版社,1996年,第8页。

② 王铁崖编:《中外旧约章汇编》,第1册,三联书店,1957年,第30页。

③ 转引自杨天宏:《口岸开放与社会变革——近代中国自开商埠研究》,中华书局,2002年,第27页。

当时，清朝恭亲王奕䜣曾竭力反对开放沿江口岸，他认为："逆夷要求各款，多出情理之外，其尤关利害者，莫如江岸通商一节。"他还强调列强增开口岸之要求贪得无厌，将永无止境，为害无穷。"自添设五口以来，……迄今未廿年，又欲添设海口，甚至有长江口岸之请。是其贪得无厌，竟无止足之时矣。"[①]但是，这种反对的声音最后丝毫不能阻挡沿江口岸的开放。

第二次鸦片战争期间，沙俄也乘火打劫，大规模侵占我国东北领土，并借中国收回伊犁之机，强迫清王朝同意在新疆和蒙古又增开7个通商口岸。到中日甲午战争以前，通商口岸已经越开越多，几乎每签订一个不平等条约，都要增开若干通商口岸，这已成为列强共同援引的惯例。甲午战后签订的《马关条约》，又规定增开沙市、重庆、苏州、杭州为通商口岸，地理位置已扩展至长江上游。

据有关档案统计，《马关条约》签订后中国已开通商口岸多达40个。包括广东的广州、汕头、琼州、北海、拱北、九龙；福建的福州、厦门；广西的龙州；云南的大理、蒙自、思茅、河口；浙江的宁波、温州、杭州；湖北的汉口、宜昌、沙市；江苏的上海、镇江、苏州、江宁；安徽的芜湖；直隶的天津、张家口；四川的重庆；奉天的营口；黑龙江的松花江；山东的烟台；甘肃的嘉峪关；新疆的伊犁、塔尔巴哈台、喀什葛尔、乌鲁木齐、天山南北；江西的九江；西藏的亚东；蒙古的库伦、蒙古各盟。目睹这一情形，时人甚为惊叹："北至于牛庄，南至于琼崖，内至于长江"，几乎已是无处不有通商口岸。

1904年日俄两国在我国东北发生争夺战，日本获胜后在次年与清王朝签订《会议东三省事宜》正约及附约，中国在东北三省一次性增开铁岭、长春、吉林、哈尔滨、齐齐哈尔、瑷珲、满洲里等16个通商口岸。有学者认为此举开创了一次开放条约口岸数量的最高记录，但另有学者指出，这16个通商口岸属于中国自开商埠，并非条约口岸，是当时清王朝抵御条约口岸的一项具体措施，应该予以肯定。[②]

不管怎样，在中日甲午战争以后，中国东南沿海、大江南北乃至新疆西

---

① 《筹办夷务始末》（咸丰朝），中华书局，1979年，第26卷，第950—951页。

② 彭雨新：《论清末自开商埠的积极意义》，载章开沅主编：《对外经济关系与中国近代化》，华中师范大学出版社，1990年，第201页。另见杨天宏：《口岸开放与社会变革——近代中国自开商埠研究》，中华书局，2002年，第105—106页。

藏等地，几乎都无不遍布通商口岸，成为列强在中国编织的一个庞大的倾销商品与掠夺原料的网络。如同郑观应所说的那样："今日开海上某埠头，明日开内地某口岸。一国争，诸国蚁附；一国至，诸国蜂从。滨海七省，浸成洋商世界；沿江五省，又任洋舶纵横。"①如此情形下的中国，真可谓全境对列强的倾销与掠夺给予了开放。

二 租界的产生与发展

在近代作为"国中之国"的租界，是中国主权丧失最为突出的表现之一。所谓领事裁判权，起初主要即是在租界之内实施。而租界的出现，也是通商口岸建立之后西方列强进一步强行攫取中国主权的产物。

鸦片战争后签订的不平等条约及善后条款，规定清王朝允许英、美、法等缔约国在5个通商口岸租地建屋。这一条款后来即成为列强在华设立和扩展居留地，并进而演化为租界的条约依据。应该说明的是，租界的开辟虽以条约为依据，但它的出现仍有一个发展过程，这个过程也体现了西方列强蛮横扩大在华权益的侵略本性。

上海是近代中国最早设立租界的通商口岸，然后又从上海推及到其他通商口岸。1843年11月上海正式对外开埠通商，几乎与此同时英国也在上海县城北郊划定居留地，起初议定的范围为北至苏州河，东濒黄浦江，南至杨泾浜（后称洋泾浜），1846年将以界路（今河南路）定为西界，面积共1080亩，两年后又将西界扩展到了周泾浜，面积也增至2800余亩。随后，美国与法国也分别在县城北郊的其他地方，划定了各自的居留地。根据1845年签订的《上海租地章程》，外人居留地并非租界，只是规定"界内土地，华人之间不得租让，亦不得架造房舍租与华商"；"洋商不得建筑房舍租与华人或供华人之用"。在居留地之内，除原本拥有土地房屋的中国业主和服务于外侨的部分华籍雇佣人员之外，只允许外国人居住。外国人可以在居留地内修路造桥，设立消防机构，但居留地的主权仍属于中国。也就是说，这种居留地只是上海地方当局在上海城外划出一个区域，作为外国人的

① 夏东元编：《郑观应集》，上册，上海人民出版社，1982年，第610页。

专门居住之地。

但到1854年，通商口岸外人居留地的性质即发生了根本改变，演化成了“国中之国”的租界。1853年9月上海爆发了小刀会起义，县城一度被占领，城内居民纷纷躲避到郊外，其中两万余人涌入北郊的外人居留地。上海道吴健璋曾被起义军捉拿，被外国人救出后也避居在英国居留地内。由于大量华人进入外人居留地，使先前的“华洋分居”变成为“华洋杂居”，列强遂借口华洋冲突以及治安、卫生、税收等一系列新问题，攫取居留地的司法与行政管理权，在居留地建立了一个新政权。

当时，清朝上海地方政权已陷于瘫痪，英、美、法三国领事居然抛开中国中央及地方政府，对《上海租地章程》擅自进行修改，商议起草了一个名为《上海英法美租界租地章程》的新章程，报请三国驻华公使批准后，即于1854年7月以三国领事名义予以公布。与原章程相比较，这个新章程主要作了以下三个方面的修改：一是在三国的居留地租地买房，不再经各居留地的领事批准，只经租地人本国领事官批准；二是取消华人在外人居留地租地赁屋的限制；三是外国租地人有在居留地征税、设警、组织市政机构、决定居留地内有关土地问题等权力。上述三方面的变化中，最重要的是外国人有权在居留地组织市政机构，这是西方列强一直希望达到的目的，也是使居留地得以演变成租界最重要的一个步骤。

就在《上海英法美租界租地章程》公布的同一个月，居留地的市政机构即选举了第一届董事会，宣布正式建立。该机构在英文中称市政公会或市政委员会，但在中文中一直将其翻译为“工部局”，实际上就是列强利用上海局势动荡，在租界中建立的一个行使各方面权力的外国政权。正如有的论著所说：

> 它从修路、造桥、收税、派警开始，逐步地建立起具有全面功能的，即对外国居留地的建设以及政治、经济、文化、社会等各个方面进行全面掌握的统治机关。工部局在以后确实是这样地向前发展的，作为一个机关，它由小到大，由简单至复杂，最后形成为一个庞大的五脏俱全的租界“市政府”。

“租界之性质，永久根本更改”了，因“华洋杂居”的形成，改变了居留地的外侨区的性质，而工部局的建立以及以后在其之下各种下属机关的陆续设置，最终导致了外国居留地完全脱离出中国政府的行政治理范围而取得了一种独立的地位（只是让中国政府虚拥土地主权之名），成为人们通常所说的“国中之国”式的租界。①

由上可知，在条约口岸城市中，不受中国行政与司法权力管辖，完全由外国领事或外人组织之工部局行使管辖权的外国人与中国人混居地，即是我们所说的“租界”，它完全是西方列强侵略中国的产物。

工部局建立之后，使原来英、法、美三个居留地分立的道路码头委员会，合并置于一个统一市政机构之下，有权对所有外国人进行管束。随后，根据新租地章程的有关条款，工部局又设立了武装警察，中文名称为“巡捕”，其所在机关则称为“巡捕房”，并设有监狱。另外，工部局还宣布租界为“武装中立”的区域，组织了“义勇队”（又称商团义勇队），后发展成为军事装备优良的万国商团。尽管名为“商团”，实际上就是武装的军队，成为租界当局镇压中国人民反抗斗争的一支重要军事力量。

上海英、法、美三国居留地合并实行统一管理，演变成为具有特定含义的租界之后，列强之间又产生了一些矛盾。尤其是法国与英、美两国出现隔阂，法租界于1862年独立出来成立了“公董局”。次年，英美租界正式合并称为“外人租界”或上海英美租界，但后来中国人更多地是称之为“公共租界”。

第二次鸦片战争之后，西方列强不仅在中国新增开了11个通商口岸，而且将租界制度也推及到其中的一部分条约口岸。1861年2月，英国领事巴夏礼与镇江知府订立租界批约，规定出租给英国的土地，“由英国驻扎镇江领事官分为官商建造署栈之用，均照领事官所定章程办理”，意味着英国领事享有一切管辖权。同年3月，巴夏礼又相继与湖北布政使、江西布政使分别签订了有关汉口、九江租界的租约，“一切事宜全归英国驻扎湖北省领事官专管，随时定章办理”。这样，英国几乎是同时在长江中游地区的汉口、九江、镇江这3个通商口岸，新开辟了3个英租界。与此同时，英国还在天津、广州、厦门这3个重要口岸也建立了租界。这样，英国除在上海与美国共同设立了公共租界之外，在中国的其他通商口岸又先后开辟了6个租

① 张仲礼主编：《近代上海城市研究》，上海人民出版社，1990年，第607页。

界，是西方列强中在中国建立租界最早，并且也是在中国拥有最多租界的殖民国家。这一情况，也是与当时英国在世界上的实力以及对华侵略最为迫切相对应的。

在此期间，法国除了在上海建立独立的法租界之外，也于 1861 年在天津和广州设立了法租界。另外，法国和英国都还曾企图在南京、营口建立租界，后因种种原因最后未能建成。烟台与宁波也曾是法国选为设立租界的口岸，但由于英、美两国反对而未果。

美国是在中国建立租界较少的后起西方大国。除了与英国在上海共同建立了公共租界之外，美国在其他通商口岸并没有独立开辟美租界。其原因是美国根据其在中国和东亚的利益布局情况，后来一直主张所谓的“门户开放”政策，反对租界专管制度。甚至当清王朝曾主动表示“没有存心歧视美国人的意思”，让美国在天津开辟一块专管租界。但是，“美国政府始终未予核准”，并在 1880 年将租界“退回”给了中国。[①]这种情况在当时称得上是一个例外，实际上并不表示美国对中国的真正友好，但却使不少清王朝和民国北京政府的官员对美国抱有好感，乃至在后来多次谈判修约与改约的过程中，一直寄希望于美国能够给中国提供外交支持。

到中日甲午战争之前，租界数量的增加虽并不多，但这一时期西方列强通过各种方式，进一步强化、明确甚至是扩大了租界的特权。从 1865 年开始，英、美两国再次采取自行修改租地章程的方式，对 1854 年的租地章程又不断进行了修改，到 1869 年 9 月经外国公使团批准，公布《上海洋泾浜北首租界章程》29 款。该章程主要就租地立契之法、工部局组织办法、权限、工部局董事资格、工部局法人地位等一系列问题，作出了一些原则性的规定。另还订有附则 42 条，对相关问题制定了更为详细的具体规定。例如关于租地立契，规定中国原业主须在契约上写明“永远出租”，以便给予外人永租权；关于工部局董事资格，规定只有“西人”享有被选举权；关于工部局的权力，在市政管理、指挥巡捕以及征税等方面均在原来基础上又有所扩充，并规定“该局董有随时另行酌定规例之权”，而且无需报请中国政府审核，仅由公使团批准和执业租主会议应允之后，就可以付诸实施。

---

① 李育民：《近代中国的条约制度》，湖南师范大学出版社，1995 年，第 83 页。

甲午战争之后，西方列强尤其是日本又在中国掀起了新一轮开辟租界的狂潮。先是德国通过与清朝地方官订立合同，在汉口、天津设立了德租界。俄国、法国紧随其后，也分别在汉口建立俄租界和法租界。最为贪婪的是日本，凭借着战胜国的身份，仅在战后两年多的时间内，即先后强迫清王朝同意日本在湖北的汉口、沙市，江苏的苏州，浙江的杭州，福建的福州、厦门，加上天津等 7 个通商口岸，均有权设立日租界。后来由于种种原因，只在汉口、天津、苏州、杭州 4 个口岸开辟了日租界。德、日两国当时还一直想在作为中国进出口贸易与金融中心的上海设立租界，但始终受到英、法、美 3 国的反对与阻挠，未能如愿以偿。

1900 年八国联军镇压义和团运动，并攻占天津与北京，又乘机提出开辟租界的要求。同年底，俄国率先与清王朝订约得以在天津建立租界。1901 年，日本早就要求在重庆设立租界的企图最终达到目的。1902 年，意大利、奥地利以及比利时又相继在天津设立了租界。

1902 年以后，西方列强在中国强行开辟租界的侵略行动终于告一段落。据统计，从 19 世纪 40 年代英国在上海划定居留地开始，到 20 世纪初的 1902 年，在近 60 年的时间内，西方列强连同日本这一后起的东方帝国主义国家，在中国的 10 个通商口岸总共建立了 25 个专管租界。有的租界后来进行了合并，但仍有 22 个专管租界，2 个公共租界。[①]其中英租界 6 个，法租界 4 个，德租界 2 个，俄租界 2 个，日租界 5 个，比租界、意租界、奥租界各 1 个。2 个公共租界，除前已述及的上海英美租界合并的 1 个之外，另一个是日、英、美、德、法等 9 国参与开辟的鼓浪屿公共租界。

如上所述，租界的建立以及租界市政机构的权力，起初在条约中并无相关的法律依据，而是西方列强根据所谓划定“居留地”的规定，利用中国政局动荡和各级政府官员软弱无能，侵夺中国主权建立起来的，并长期得到清王朝的默认与许可。到甲午战争以后，租界才开始获得了条约的法律依据，并成为条约制度中的一项重要内容。1896 年中日签订的《公立文凭》第 1 款规定：“添设通商口岸，专为日本商民妥定租界，其管理道路及稽查地面之权，专属该国领事。”[②]有了法定条约的这一依据，日本即得以将租界所享

① 费成康：《中国租界史》，上海社会科学院出版社，1991 年，第 53—54 页。

② 王铁崖编：《中外旧约章汇编》，第 1 册，三联书店，1957 年，第 686 页。

有的“国中之国”的各方面权力，明文载于各个具体的租界合同之中。《厦门日本专管租界条款》第 2 条即载明：“租界内所有马路、警察之权，以及界内诸般行政之权，皆由日本政府管理。界内道路、桥梁、沟渠、码头由日本领事设法修造，并由日本领事官管理。”[①]在此之后，其他欧美强列援引片面最惠国待遇的规定，也使其租界都获得了同样的条约依据和权利。

租界的立法机构为纳税外人会议，在某种程度上相当于资本主义国家政权体系中的议会。以上海英美公共租界为例，按照规定，产业地价在银 500 两以上，年纳房地捐银 10 两以上，或者年付房租银 500 两以上的外国人，有资格参加租界的纳税外人会议。每年召开年会一次，一般都是由英美驻沪领事主持，主要负责审核通过财政预决算，通过捐税案，选举工部局董事和地产委员。除年会外还有特别会，特别会无固定时间，根据需要由外国领事随时召集，其职责为讨论批准工部局拟订的各项行政法规，以及一些与大众相关的重要公共问题。纳税外人会议表决时，以投票的方式为准。租界内的华人必须纳税，但却被纳税外人会议完全排斥而不能参与。到 1920 年，华人参政意识增强，强调“既为纳税人，也应有参政权”，于是为争取参政权也组织了一个纳税华人会。但该会并无直接选举工部局董事会之权，只能选举华董参加工部局，而且按照规定，仅限选举原本为数较少的参加工部局华董中的三分之一比例，另外三分之二由上海商界团体、同乡组织进行选举。因此，租界内纳税华人会的参政权是非常有限的。

由于租界改变了先前外人“居留地”的性质，而且租界内的居民以华人占多数，中外居民之间的司法纠纷越来越多，于是最早于 1864 年在上海英美租界建立了一个中外混合型的司法机关——会审公廨，又称会审公堂，由中方设立 1 名主审官，英、美领事为陪审官，凡涉及外人或为外人服务的华人案件，外方均参与会审、陪审。这样，外国领事又获得了对租界内华人和无约国外人的部分司法管辖权，这实际上是领事裁判权的扩大化。与此同时，中国官府在租界内捉拿或提传人犯，需要经领事签字，并经由工部局巡捕执行，这也超出了一般意义上的领事裁判权。

191 年 10 月 10 日武昌起义爆发，上海也于 11 月 3 日宣告光复，会审公

① 王铁崖编：《中外旧约章汇编》，第 1 册，三联书店，1957 年，第 925 页。

廨谳员逃亡。驻沪领事团以维护租界治安为借口，自行发布通告任命公廨谳员，并控制了公廨的一切行政，使其变成为外国领事管辖的司法机关。"辛亥会审公廨之失，使租界当局在行政、立法、警务等诸权之外，终于获得了完整的司法权。租界的统治得到了完善，外国侵略者对租界实行全面统治的局面终于形成。从严格的意义上说，从这时起，租界真正成为楔入我国的一个完全的'国中之国'，一个中国政府不能对其施予任何权力的外国王国。"①直到1926年，会审公廨才由中国政府收回，改为临时法院，但仍部分保留了外人会审权与观审权。

三　通商口岸的双重影响

通商口岸对近代中国的不利影响，时人已多有论述。例如郑观应就曾指出："今中国虽与欧洲各国立约通商，开埠互市，然只见彼邦商船源源而来。今日开海上某埠头，明日开内地某口岸。一国争，诸国蚁附；一国至，诸国蜂从。滨海七省，浸成洋商世界；沿江五省，又任洋舶纵横。独惜中国政府未能惠工恤商，而商民鲜有能自置轮船，广运货物，驶赴外洋，与之交易者。或转托洋商寄贩货物，而路隔数万里，易受欺蒙，难期获利。"②郑观应的这段话，主要是描述通商口岸不断增加，各国洋商纷至沓来，对中国经济侵略与掠夺所产生的严重影响。

外国商品得以在中国大量倾销，中国农产品与原料则不断遭受列强掠夺，这无疑是通商口岸开辟后带来的最严重的后果之一，也是西方列强反复强行要求中国增开通商口岸的主要目的。第一次鸦片战争后的五口通商时期，虽然在宁波、福州两个口岸外国商品进口贸易额的增长令洋商颇为失望，但广州、上海的增长额却十分明显。例如1844年广州进口的英国纺织品，"远远超过了以往的最高额"。特别是在上海，"洋商贸易，可以纯任己意，力谋发展，较诸从前在粤经商须受'公行'之支配者，不可同日而语。"③上海不仅进口商品一直成倍增加，而且农产品原料出口也与日俱增，到19

① 张仲礼主编：《近代上海城市研究》，上海人民出版社，1990年，第628页。
② 夏东元编：《郑观应集》，上册，上海人民出版社，1982年，第610页。
③ 威廉斯：《1863年中国商务指南》，第197页。

世纪50年代即逐渐超过广州，成为整个中国进出口贸易的中心。

在近代中国特殊的历史条件下，进出口贸易的迅速发展，意味着西方列强对中国经济侵略和掠夺的加深。因为中国进出口贸易并非出于内部社会经济发展的需要，而是西方资本主义列强用武力和不平等条约强迫中国开放口岸对外通商，带有明显的暴力强制性。西方列强以武力攫取的一系列政治、经济特权，使中国成为世界资本主义倾销商品的市场和掠夺原料的基地，给中国带来了极大的危害。另外，在沦为半殖民地的历史条件下，近代中国的进出口贸易也丧失了自主权，进出口何种货物，税率的高低，主要由列强控制，以至中国出口的货物几乎全是农产品和原料，进口货物则以日用工业品居多，很少中国民族工业发展所需要的机器设备。由于进出口贸易的主动权，完全操纵和控制在西方列强之手，中国处于被动地位，根本不可能根据本国经济发展的需要调整进出口商品的结构。英国之所以能长期垄断中国进出口额的80%以上，固然由于它当时是世界上最发达的工业国，但更重要的是英国侵略势力强大，在华攫取了更多的特权，特别是割占香港，为其提供了各种便利条件。

不仅如此，由于上述原因近代中国对外贸易还长期处于入超的不利局面，而且数额越来越大。洋商从中获得了大量利润，中国的财富则不断外流，导致中国货币资本积累严重短缺，也排挤了中国民族工业的增长，妨碍了中国工业化的发展进程。白银的外流使中国白银存量日减，导致银根紧张，市场交易周转不灵。洋商遂将在世界市场上大大贬值的白银运往中国谋取超额利润，同时以此控制中国的金融市场。外资银行向中国投放和收回白银的数量，并不依据中国市场的需求而定，而是以其自身所能获取的最大利润率为标准。有时，中国市场银根奇紧，亟需白银以资周转，外资银行却不仅不放款，反而将已放出的款项大量回收，造成严重的金融危机，使中国民族工商业的发展遭受沉重打击。

甲午战争以后，列强又依据不平等条约规定的特权，得以在通商口岸直接投资设厂，大量建立工矿企业，对中国的经济侵略与掠夺，也由此从商品输出发展到资本输出的新阶段，中国的路矿利权随后即大量丧失，经济命脉也落入了外人之手。通过在通商口岸直接投资设厂，生产各种商品，就地销售，外资企业不仅大大降低了原料、运输成本，而且大量使用中国廉价的劳动力，生产的商品也能够以更为低廉的价格在中国市场倾销，从而更进一步挤压了中国民族工商业的发展空间。

在通商口岸,西方殖民者除了推销商品和掠夺原料之外,早期还曾不顾清王朝的禁令,利用治外法权的庇护,从事掠卖华工的所谓"苦力贸易"①,从中也获得了巨额利润,给中国人则带来了深重灾难。厦门在当时是外国洋行掠卖华工的主要口岸,其次是广州和上海。据统计,自 1845 年之后的 10 年间,共运出华工 15 万人以上;自 1850 年之后的 25 年间,运出华工更高达 128 万人,平均每年为 5.1 万余人。②掠卖华工之盛行,导致绑架、失踪之事件时有发生,人心惶惶不安。连广州英国领事阿礼国也在 1859 年 4 月的报告中说:"本埠苦力贸易中所有强掳及欺骗行为,其残忍已达于极点,以致人心惶惶。"③

被掠卖的华工处处遭受非人待遇,在收容所胸部即被打上贩运地的印记,路途关押在拥挤不堪的底舱,环境恶劣,缺乏食物与水,许多华工途中即生病死亡,或者不堪虐待而自杀。到达目的地之后,许多华工被送到市场签约出卖,形同奴隶。在古巴、秘鲁的华工,死亡率极高,甚至集体自杀事件也多有发生。美国驻华专使在 1856 年透露:"中国苦力贸易,在过去数年中,由美国船只及悬挂其他国家旗帜的船只所经营者,充满着犯法、不道德及惨无人道的内容,极似过去非洲的黑人贸易一样。"甚至连英国外交部的文件也承认:"英国人在英国旗帜下,将中国的劳动者运入钦嘉岛,其被奴役的可怕状态,打破了过去一切黑奴贸易的记录。"④

需要特别强调的是,在通商口岸,西方列强还大量攫取中国主权,包括海关的行政管理权、领事裁判权、缴纳低关税特权等。租界的设置,更是在通商口岸建立了一个完全不受中国政府行政管辖的"国中之国",给中国主权带来了严重的破坏。这方面的具体情况因前已述及,在此不再重复说明。

客观而言,近代中国通商口岸开辟后所产生的作用与影响也是多方面的。清朝洋务派官僚的代表李鸿章在中英《烟台条约》谈判期间,曾向同僚说过这样的话:"滇案及通商各事,将就议结,非多添口岸,无以饵英人。然

① 当时,将华工卖往美洲与澳洲,称为"苦力贸易",贩至南洋则称为"猪仔贩运"。

② 萧致治主编:《鸦片战争史》,下册,福建人民出版社,1996 年,第 671 页。

③ 姚贤镐编:《中国近代对外贸易史资料》,第 1 册,中华书局,1962 年,第 469 页。

④ 卿汝楫:《美国侵华史》,第 1 卷,三联书店,1952 年,第 99、100 页。

添口通商,于中国利害参半,未为全失。”[1]显而易见,李鸿章认为条约口岸的作用与影响对于中国来说是“利害参半”。有论者也针对李鸿章的这一说法指出:“这是一个非常重要的认知。尽管对于究竟何为利何为害,研究者尚须下一番考辨的工夫,因为研究者的立场毕竟不同于李鸿章这一历史当事人的立场,对利害的感受和判断也会有很大出入。但是,即便把判断是非利害的标准完全颠倒,所谓‘利害参半’的结论,仍然大体可以成立。”[2]那么,通商口岸所产生的“利”又体现在哪些方面呢?

首先,通商口岸进出口贸易的迅速增长,虽然对中国产生了一系列的恶劣影响,但在某些方面客观上又刺激了中国经济的变化与发展。例如,进出口贸易的扩大,西方工业品的大量输入,导致了中国大量农民和手工业者破产,但同时也促使中国小农业和家庭手工业牢固结合的自然经济逐渐解体,促进了城乡商品经济的发展。此外,对外贸易的不断扩大,还刺激了中国农产品商品化和农产品加工业的发展。对外贸易引进国外先进技术,对于中国经济的发展也有所裨益。近代我国因装备工业十分落后,早期民族资本企业所需要的机器设备几乎全部来自国外,后虽建立了一些民族机器厂,但规模小,技术落后,仍需要依赖于进口。引进先进的机器设备之后,在使用和维修过程中还可培养、训练出一批中国的技术人才,使中国能够模仿设计和制造同类型的机器设备。其他非生产资料的普通产品,有些也产生了一定的技术引进作用。例如,汽车、打字机、家用缝纫机等耐用消费品,在使用过程中因维修和保养,必然会导致技术扩散。又如引种美棉优质品种脱字棉、爱字棉,使中国棉种升级换代,产量大大提高,效益十分突出。

值得注意的是,通商口岸进出口贸易的发展,还促使口岸城市出现了许多新的具有资本主义性质的商业行业,同时也推动了原有旧式商业向资本主义商业转化。例如,洋布业即是随着进出口贸易的发展而兴起的新式商业行业。1850 年左右,上海出现了第一家由华商开设的专营洋布的布店,名为同春洋货号。不久又有义泰、协丰、恒兴、大丰等洋布店陆续开设,很快就形成为一个新行业,并于 1858 年成立了同业组织——振华堂洋布公所。

---

① 《李文忠公全集》,“朋僚函稿”,第 16 卷,第 22 页。

② 杨天宏:《口岸开放与社会变革——近代中国自开商埠研究》,中华书局,2002 年,第 35 页。

西药业和颜料业也是在进出口贸易发展的推动下，从百货业中分离出来的新兴行业。19世纪70年代，上海开始出现华商顾松泉设立的中西药房，以后又有华英、中曲、华美、济华堂、万国、五洲等华商西药店创设，逐步发展成新兴的西药行业。广州、上海原有的一些旧式商业行业，如丝茶行商，受进出口贸易的推动开始设立新的丝茶行栈，经营方式与性质逐渐发生了变化，有不少成为了新式出口商人。

其次，通商口岸的开辟还在客观上刺激了所在城市的近代化发展。在开埠通商之前，这些口岸城市虽也有所发展，但基本上都是在原有封建城市模式范围内的有限增长，不仅发展速度较为缓慢，而且不可能产生质的发展变化。开埠通商之后，绝大多数通商口岸城市都获得了前所未有的新发展机遇，开始了近代化城市的发展历程。

众所周知，中国封建社会的重要传统城市，大都因其政治地位而获得发展，或者是缘于地处交通枢纽与军事要塞，很少有纯粹由于经济发展而兴起的城市。到近代，随着通商口岸的开辟，进出口贸易的迅速发展带动了新型城市的崛起，沿海沿江因商而兴的重要城市不断出现，这些城市的经济结构与功能作用与以往相比较，都发生了质的变化。中国传统城市格局的这一变化，显然不是受内部发展因素的推动实现的，而是受外力的影响，具体说就是开埠通商的影响。

在城市经济结构的变化方面，开埠通商之后，“由于外力的楔入，城市经济出现巨变：内外贸易发展，交通工具变革，银行出现，科学技术引进，工厂企业兴起，通讯技术进步等，不仅深刻地改变了开埠城市的经济结构和与之相应的各种经济制度，而且也不同程度地影响着内地城市和腹地农村、集镇，由此逐渐推动着中国的早期现代化起步。”[①]上海的变化，最集中地反映了开埠通商给城市近代化发展所带来的这种影响。

开埠以前的上海，在全国远远称不上是引人注目的工商业发达城市。即使是在江苏，上海工商业的发展与城市的繁华也远不及苏州、南京。开埠之后，上海所处地理位置的优越性得以充分体现，加之上海本身农产品丰盈，周围地区又盛产丝、茶等土特产，故而国内外贸易均获得迅速发展。不

① 何一民：《中国城市史纲》，四川大学出版社，1994年，第262页。

仅洋商潮水般涌入上海，国内许多地区的商人也开始将上海视为经商发财的好处所，纷纷向上海进军。不久之后，上海即取代广州发展成为全国最大的进出口贸易中心和国内埠际贸易中心。据《中国埠际贸易统计》一书估算，1936 年上海的埠际贸易值达到 8.91 亿元，占全国各通商口岸埠际贸易总值的 75%，几乎与居第二位至第七位的汉口、天津、广州、胶州、汕头、重庆等 6 个城市埠际贸易值的总和相等。近代上海也是全国金融中心，各省利率、汇率、银外汇的行市均无不以上海为依据。事实证明，金融业的发展往往与贸易的兴盛如影相随。洋商最初在近代中国创办的银行，大多设于上海。直到今日，人们还可在上海滩看到当年建造的一幢幢外资银行大楼。1897 年中国自办的第一家银行——中国通商银行，也系在上海诞生。随后几乎每年都有银行设立。20 世纪 20 年代之后，几家资本雄厚的银行，也先后将总行从政治中心的北京迁往经济中心上海，很快即奠定了上海金融中心的地位。于是，开埠通商使先前默默无闻的上海，崛起成为近代中国第一大都市，被誉为“东方的巴黎”和“东方明珠”。

又如位于西南地区的重庆，与上海、广州、汉口、天津相比较是一个较为偏僻的城市，但其近代化的发展历程，同样也是起始于开埠通商。研究近代重庆城市史的学者即曾强调：“城市的近代化是一个由于商品生产、交换范围的扩大，工业和科学技术的发展，使城市的经济中心功能日益占主导位并使城市的综合功能日益发达的历史过程。重庆城市的近代化，是从 1876 年中英《烟台条约》签订后开始的。……如果说，世界贸易和世界市场在 16 世纪揭开了资本主义的近代生活史，那么重庆的开埠就揭开了重庆城市的近代生活史。”[①]重庆开埠通商之后，城市商品贸易功能明显扩大，商品结构也发生重大变化，并出现了一批新式商人和新式企业，文化教育、大众传播事业也都获得了迅速发展。到抗日战争前，重庆已成为西南地区近代化起步最早、近代化程度最高的城市。

再次，通商口岸中租界的建立虽然使中国主权大量丧失，但也产生了某种示范效用，在客观上刺激了近代中国城市市政与公用事业的发展。因为“租界中沉淀的不仅是罪恶，也有现代的工业文明的积累。存在本身就是

① 隗瀛涛主编：《重庆城市研究》，四川大学出版社，1989 年，第 10—11 页。

一种示范，租界本身的管理水平和建设发展程度要明显高于中国以农业文明为基础的市镇。在人类文明史上，更高一级的文化必然会积极地影响发展程度较低的地域。”①

下面仍以上海的情况为例予以具体说明。随着租界的建立与规模的扩大，上海城市的重心也逐渐由原县城所在地的南市，移向租界所在的北市。到1910年，租界的人数也占整个上海人口的3/4，南市的面积大约只有北市的一半。从这一时期上海近万家商业店铺的分布看，租界有6600余家，南市和县城则只有3300余家，可见商业中心也转移到了租界所在的北市。所谓繁华的上海大都市，主要也是针对租界所在的北市新城而言。

作为“国中之国”的租界建立后，西方列强在建设租界的过程中，移植了本国资本主义性质的先进市政与公用事业的建设管理模式，于是在许多通商口岸出现了一个具有明显资本主义特征的区域。租界建设以交通干道的修筑为基础，1846年即筑成“界路”，即沿黄浦江贯穿南北的黄浦滩路，这也是上海第一条新式道路，随后十余年中又不断拓宽，达到15.27米，道路两旁广植树木。法租界也于1860年修筑了法租界外滩的黄浦滩马路，后又修建霞飞路、法大马路，并与英租界合建爱多亚路。后来，租界为扩大范围，有意不断越界筑路，多达数十条。后修的马路多为沥青路或混凝土路，并且解决了路面排水难题，使上海呈现出了一派新面貌。

租界既是帝国主义侵略中国的象征，同时也是传播西方文明的窗口。租界中的外国人为了在生活上享受欧美工业发达国家已有的各种先进文明设施，还移植和建设了诸多近代公用事业，包括自来水、煤气、路灯、电话等电器，还有汽车、电车等公共交通。另外，外国人还将西方城市的相关市政管理制度也移植到租界，包括工程、建筑、交通规则、食品检验、粪便管理、垃圾倾倒和处理等各方面的规定，并严格加以实行。

诞生于租界中的这些近代先进的公用设施，对中国人来说都是新兴事物，不仅引人瞩目，而且受到欢迎。例如电灯的使用，“初设仅有路灯，继即行栈铺面、茶酒戏馆，以及住屋，无不用之。火树银花，光同白昼，沪上真不夜之天也。”自来水起初主要由租界内的外国人使用，后逐渐普及，华人居

① 皮明庥主编：《近代武汉城市史》，中国社会科学出版社，1993年，第90页。

民也可用上“激浊扬清，人皆称便”的洁净自来水。于是，租界的巨大变化与繁荣昌盛，在中国人心中不能不引起显著的反响。

上海租界中建设的先进公用设施很快即产生了示范效应，不久之后上海华界也仿效予以建设。例如华界的城市建设也以1867年修筑新马路为开端，随后又修建了多条新式马路，1912年拆除上海县城城墙之后，旧城与租界以及城外华界连成了一片，城区面积大为扩展，大上海的风貌初步显现。与此同时，华界也先后铺设电灯、自来水管，设立电话局，创办汽车、电车公司。于是，水、电、煤气、公交以及电话等设施一应俱全，不仅为居民创造了便利舒适的生活环境，而且也为工商业发展提供了较好的投资条件。

上述情况在其他通商口岸也都大体相似。例如，各国列强在汉口沿江开辟租界后，均大兴土木，筑路建屋，同时还兴办水电设施，修建车船仓库码头，很快即使租界成为一个具有现代化特征的区域。随后，华界也效仿租界开始建设公用事业，相继创办了既济水电股份有限公司、武昌水电厂、武昌竟成电气公司，使武汉居民得以使用自来水和电灯。在天津，第一条经过规划建成的道路，是英租界于1870年修筑的从老海关至利顺德饭店的中街，随后又修建了其他马路。此外，英津最早的煤气公司、自来水公司、医院、公共体育场，乃至于天津最早的中文报纸(《时报》)和最早的英文报纸(《中国时报》)，也都是在租界创立的。①

由于中国官署不能随意在租界内逮捕或提拿人犯，加上租界内奉行的是西方政治制度和政治观念，与中国的制度与观念存在着较大差异，由此使租界在客观上还产生了另一种作用，从清末开始租界即是革命党人从事各种革命活动与躲避追捕的庇护所。例如辛亥革命时期，上海的革命志士就是利用租界内言论、出版、集会、结社较为自由这一便利条件，印刷和发行各种革命书刊，举行集会进行革命宣传和演讲，成立革命团体。尽管租界当局也曾应清朝官府请求，查禁一些革命书刊，并曾有“苏报案”发生，但这只是个别现象。如果在公共租界受到限制，还可转移到法租界，因为租界之间也互不统辖完全是独立的。武汉的革命党人秘谋策划武昌起义，有许多准备活动也是在汉口租界内进行的，甚至连起义所需要的炸弹，也在俄租界内试

① 罗澍伟主编:《近代天津城市史》，中国社会科学出版社，1993年，第150—152页。

制。后来,连中国共产党的机关也曾在较长时间里设于上海租界或租界边缘。“孤岛”时期,中共党人又利用租界的特殊环境,印刷出版了《西行漫记》、《鲁迅全集》、《资本论》等一批书籍,在当时产生了重要反响。鲁迅本人虽然对租界的批评比较多,但他在遭遇国民党当局迫害时,也大多是前往租界或越界筑路的“半租界”避难。人们熟悉的鲁迅杂文集《且介亭杂文》的“且介”二字,就是取自“租界”二字的一半,而寓有“半租界”之意。

四　中国自开商埠的兴起

自开商埠,是近代中国完全不同于条约口岸的另一种通商口岸。如前所述,由于通商口岸的作用与影响对于中国来说是“利害参半”,早期维新派思想家和清王朝统治集团内部逐渐有一部分官员,一方面出于避害趋利的目的,另一方面希望借以杜绝列强增开更多条约口岸的要求,提出由朝廷将一些重要的商贸城市自行主动宣布开埠通商,保留商埠的一切主权,这就是所谓的自开商埠。

例如,维新派思想家陈炽曾专门撰写过《大兴商埠说》一文,对“自辟商埠”的意义与作用进行了较为全面的论述。他特别指明此举可以抵御列强的经济侵略,起到保商惠民的作用:“大兴商埠,则商贾通而民不为病,厘捐撤而国不患民贫。”此后,清朝官员中也多有主张自开商埠之人。1898 年 2 月伍廷芳上《奏请变通成法折》,认为对外开埠通商“利多害少”,还可有助于收回租界:“租界之设,专为通商;遍地通商,则应收回租界。”他还提出了“分年开办”的具体方式,主张先在沿海地区试办,随后次第所作所为,“或十年或二十年,我自主之。”

甲午战后,外国列强争相在中国划分与争夺势力范围,导致民族危机空前严重的危局,推动了清王朝自开商埠举措的实施。列强在各自强行攫取的势力范围内,强租港湾,强索铁路修筑和矿山开采特权,同时还在其他方面享有一系列垄断性的特权。随着列强划分势力范围的日益加剧,中国已面临被瓜分的威胁。面对甲午战后的这种危局和民族主义爱国运动的高涨,清王朝不得不采取新的对策,自开商埠即成为其中的重要内容之一。

1898 年 4 月,清朝总理各国事务衙门相继上奏请开湖南岳州、福建三都澳、直隶秦皇岛为通商口岸,均获得批准,这是中国第一批自开的商埠。①同年8月,清廷又颁发“广开口岸”上谕:“欧洲通例,凡通商口岸,各国均不得侵占。现当海禁洞开,强邻环伺,欲图商务流通,隐杜觊觎,惟有广开口岸之一法。……著沿江沿边各将军督抚迅速就各省地方悉心筹度,如有形势扼要商贾辐辏之区,可以推广口岸拓展商埠者,即行咨商总理衙门办理。惟须详定节目,不准划作租界,以均利益而保事权。”②在此之后,广西巡抚黄槐林于1899年上奏,为了“以均利益,以保利权”,请自开南宁为商埠,很快获朝廷谕准;湖广总督张之洞于1902年奏请开武昌城外通商场,后因故未开成;北洋大臣袁世凯、山东巡抚周馥等于1904年春奏请将山东济南、潍县、周村一并自行开为商埠,奉批抄送外务部议复。外务部复奏称:“在济南城外自开通商口岸,实于中外咸受利益”,“应如该大臣等所奏办理”,随即也获朝廷谕准。

以上商埠的自行开放,有着明显的针对“强邻环伺”而“隐杜觊觎”的目的。例如岳州自行开埠,是因为英国企图将扬子江沿岸各省划为其势力范围,并要求将湘潭、大连、南宁三埠作为通商口岸。另外,甲午战争以后日本的势力也急剧扩张,加紧谋划从汉口向湖南开辟航线,并也曾提出将湘潭辟为条约口岸。德国则曾经要求将岳州作为“贸易居留地”。在此情况下,张之洞提出“以岳州代湘潭”自行开埠的设想,很快就得到清廷批准。又如福建三都澳自行开埠,是为了抵御日本的渗透扩张。甲午战后日本侵占台湾,仍企图将福建划为自己的势力范围,尤其对面对台湾、地理位置十分重要的三都澳“窥伺已久”。所以,清王朝主动及时地将三都澳作为自开商埠,此举对抵御外敌之扩张“用意至为深远”。

清末“新政”时期,清王朝自开商埠为数更多。计有云南昆明、湖北武昌、广东香山、湖南常德、湘潭、福建鼓浪屿、江苏海州、浦口等地。1905年日俄战争结束,东北三省被日、俄分踞,特别是沙俄一直企图独占东北地区,虽然败于日本,但沙俄在长春以北的势力仍不断扩张,形势依然危急。清王

---

① 关于近代中国最早自开的商埠,在以往的相关论著中有多种说法,杨天宏认为应该注意奏准开埠时间与实际开埠时间的差别,并据此认定1899年4月28日正式开放的福建三都澳,是中国最早的自开商埠。见杨天宏:《口岸开放与社会变革——近代中国自开商埠研究》,中华书局,2002年,第68—69页。

② 朱寿朋编:《光绪朝东华录》,第4册,中华书局,1958年,第4158页。

朝为了抵御沙俄的侵略渗透,采纳张之洞提出的全面开放东北,“借各国商务为牵制他人保护根本之计”,自行增开16处商埠。中国在清末自开商埠总数为多少,过去的记载与说法并不统一,并且出入较大,有的说是15处,有的则说是12处,还有的认为是23处。后有学者依据相关史料进行深入考察和分析,认为到清末为止,中国自开商埠应为36个。这36个自开商埠依地域分布,可分为沿海型、沿江(湖)型、内陆型和“关外”(东北三省)型等四种类型;若依照商埠所在城市的行政级别划分,又可分为省会级、府厅州县级和乡镇级三类;再根据自开商埠自身的特征,还可分为普通自开商埠,免税自开商埠和临时起下货物的“招呼口岸”(又称“过口埠”、“访问口岸”)三类。到民国时期,中国继续主动对外开埠,而且进一步拓宽了范围。据初步统计,民国时期中国主动开设的商埠为22个(其中6个是清末奏准,因故延至民初开放),加上清末实际开放的30个,截止到1924年,中国自开商埠总共已达到52个。①

至于自开商埠与条约口岸相比较,则存在着更加明显的区别,是性质完全不同的两类通商口岸。其中最大的不同是,自开商埠中的各方面主权完全属于中国,各项相关事务的管理权也皆属于中国,更不准在自开商埠设立租界。具体而言,自开商埠在以下的一些重要方面,都与条约口岸有着明显的不同之处。

关于租地年限及相关权利,在条约口岸或者租界中,外人租地多享有“永租”的权利,并无租期之限制。有的虽然满30年要“换契续租”,但也无续租次数的规定,而且续租只需换契,毋庸重纳租银,这与“永租”实无区别。天津英租界的土地租期,尽管有年限规定,但却长达999年,实际上也根本没有任何租期年限的意义。自开商埠租地的年限,则均有明确具体的规定,主要分为30年和33年两种。如果租期届满不换契,或者一年租银及钱粮未缴清,租契即自动注销,“产业归中国”。如果续租,仍规定为30年或33年,续租期满后,“所有界内产业,如中国国家购回,可请中人公平估定

① 杨天宏:《口岸开放与社会变革——近代中国自开商埠研究》,中华书局,2002年,第112—113、396页。江苏南通的天生港即属于“招呼口岸”,允许外国轮船来往停泊,上下客货,与其他通商口岸有所区别。

价值，全数购回，无论何国人不能霸阻。”[1]除非中国政府不拟购回，才能再议续租。据此规定，外人在自开商埠租地，可续租一次，续租期满后是否再租，决定权取决于中国，“该地或取回，或照新订之价再租，听中国之便。”[2]

关于租地地价及缴价方式，条约口岸与自开商埠也显有不同。以作为条约口岸的苏州与自开商埠的岳州为例，《苏州日本租界章程》规定，界内地价，每亩议定租价银洋160元，租契以30年为限，满限后准其换契续租30年，不得再给租价以及别项费用。由于30年只付一次租金银160元，期满后续租30年也不再付银，实际上60年租期内每亩也只是一次性缴纳160元。《岳州城陵租地章程》则规定，租价分为上中下三等，每年均须缴纳，具体规定为上等每亩每年租银100元，中等每亩每年80元，下等每亩每年50元。租期以30年为限，30年后续租仍须每年缴纳。

除此之外，为了防止条约口岸外人所租土地不断扩充，甚至越界经营的弊端，自开商埠所订的租地章程一般都对租地数量进行了较为严格的规定，一般都限定至多在10亩以内，不得超过。从上述租地年限、租地地价、租地数量的规定不难看出，条约口岸或租界中的土地主权对中国来说是名存实亡，而在自开商埠中国则明确无误地拥有土地主权。无怪乎张之洞对岳州开埠后评价甚高，认为岳州自开口岸，“租价甚优，年年收租，各口所无”。[3]

关于巡捕的设立及其管理，在条约口岸都是由租界的外国当局设立巡捕房，并且直接由租界当局进行管理，成为外人控制的一支武装力量。在自开商埠，则是中国政府设立巡捕衙门，并制定相关章程进行管理。例如岳州自行开埠后，中国政府制定了《巡捕总章程》、《巡捕衙役应遵章程》、《巡捕衙与地方官交涉公事章程》，根据章程规定，巡捕衙门由中国设立，巡捕差役由中国的关道选派。差役的各项装备、薪俸以及“所有日夜轮班听差，查拿匪人，禁止赌博、斗殴、吵闹等事，悉当恪遵巡捕衙督捕驱使”。按照这些规定，自开商埠中的巡捕并非外人控制的武装力量，而是中国政府掌握的以维护商埠治安为宗旨的类似警察性质的新式武装。

---

① 《济南商埠租建章程》，《济南市志资料》，第4辑，第183页。

② 王铁崖编：《中外旧约章汇编》，第2册，三联书店，1957年，第14页。

③ 彭雨新：《论清末自开商埠的积极意义》，载章开沅等主编：《对外经济关系与中国近代化》，华中师范大学出版社，1990年，第198—199页。

关于自开商埠的管理机构，有的自行设立了开埠工程局，有的成立了商埠总局，一般都是设总办 1 名，会办若干名，坐办和提调各 1 名。作为主要负责人的总办、会办及坐办，均由所在省份的督宪委派，提调由总、会、坐办呈请督宪札委。总局下设警务、发审、工程、捐务会计等科，分别负责相关事务，负责人由总、会、坐办委任。另外，有些自开商埠还明确规定，“埠内邮政、电报、电话、自来水、水道等，均由中国自办或招商承办”，主权也自然掌握在中国手中。有些商埠则在保持中国主权的前提下，制订了招商引资办法，并且在实施之后取得了一定成效。

民国时期，除在个别方面略有改动之外，在总体上仍沿袭了清末自开商埠的规定与管理办法，而且更加强调维护中国在商埠中主权。1915 年，民国北京政府颁布新的《自开商埠章程细则》，作出了全国统一的规定。其主要内容有：一、凡自开商埠，本国人与外国人均可居住贸易，但外国人以商埠界内为限，界址以外，不得租赁房屋，开设行栈；二、商埠界内一切行政、司法权，统归中国官员管理执行；三、设立商埠局，管理自开商埠界内有关土地、工程、警察、杂税各事宜；四、界内土地租期，以 50 年为限。以上规定，除了土地租期有所延长，在其他方面并无改变，而且还明确宣布自开商埠内行政、司法权统归中国。①

不过也应看到，在整个近代中国主权已经大量丧失的情况下，自开商埠也不可能在方方面面都能够做到自行控制和管理。例如，受当时整个海关制度及办理海关业务的制约，清末自开商埠设置的海关不能自成体系，只能是整个中国海关的一部分，其主要负责人税务司也仍然是由海关总署委派，而担任海关总税务司的一直是英国人赫德，被任命为自开商埠的税务司，起初也主要都是外国人。例如，岳州海关第一任税务司，即为原在赫德手下任职的美国人马士，三都澳海关的首任税务司，也是由原任闽海关副税务司的俄国人单尔出任。另外，受不平等条约规定的治外法权限制，外国人在自开商埠违规或犯法，中国巡捕如要捉拿，也必须事先取得领事官签发的“印票”。在案件审理过程中，如果被告系外国人，同样需要按照约章之规定送该国领事官办理。尽管有这些限制，使自开商埠在某些方面似乎也打上了

① 杨天宏：《口岸开放与社会变革——近代中国自开商埠研究》，中华书局，2002 年，第 397 页。

半殖民地的烙印，但相对于条约口岸及租界而言，自开商埠仍然称得上是一种性质完全不同的通商口岸。

从自开商埠的影响看，在当时的历史条件下这一举措也产生了一些值得肯定的积极作用。彭雨新先生曾在一篇专论清末自开商埠积极意义的论文中，归纳总结了以下四个方面的作用：第一，在面临帝国主义各国强行划分势力范围的恶劣形势下，清王朝实行自开商埠，变被动外交为主动外交，在一定程度上缓冲了当时急转直下的危局；第二，租界制度是近代历史铸成的大错，末代的清王朝不可能从根本上否认过去的不平等条约，但不能阻止它否定这种制度于自开商埠。商埠租地主权操自中国，正是这个王朝不甘垂首帖耳充当"洋人朝廷"的表现；第三，清末自开多处商埠，到民国时期继续增开，对中国进出口贸易的增长和关税的增收，也具有一定作用；第四，东三省在清末自开十余处商埠，并实行大放垦，在当时是重要的实边要政，对于东三省经济发展与抵御外来侵略，有着不可忽视的积极影响。[①]

稍后，又有学者从更广的范围论述了自开商埠的影响，认为"从中国的历史看，这应该可以称为一个划时代的重要决策。半封闭的中国国门终于由中国人自己打开，并很快对正在中国广泛发生的社会变革产生了促进作用"。其具体表现是：商埠自开导致了口岸城镇的社会变迁，包括人口的地域性流动，不同社会阶层的流动，社会结构的变化等；社会生活和风俗时尚也出现了近代变迁，尤其是社会生活的规范，包括建筑规划和标准的"公益性"规定，环境卫生及疫病防治，交通规则的制订与实行，"公德"的提倡和违禁处罚。"总之，自开商埠推动了所在城市工商业经济的发展，并以此为基础和动力，吸纳了大量的人口由乡村进入城市，改变了城乡人口的比例和职业构成。在城市人口增加的基础上，城市规模扩大，结构功能得到改观，市政建设与管理也出现了以'趋新'为特征的变化。虽然由于城市的等级及内外条件的差异，各自开商埠的城市'近代化'发展尚存在明显的程度差异，不能简单以昆明、济南等省会城市的情况类比其他城镇，但所有自开商

---

① 彭雨新：《论清末自开商埠的积极意义》，载章开沅等主编：《对外经济关系与中国近代化》，华中师范大学出版社，1990年，第198—199页。

埠的城镇近代化建设都在自身的基础上有所发展，应该是可以确定的。”①

思考题

1. 近代中国通商口岸的产生及其双重影响。
2. 近代中国自开商埠的特点与作用。

阅读书目

1. 张仲礼主编：《近代上海城市研究》，上海人民出版社，1990年。
2. 费成康：《中国租界史》，上海社会科学院出版社，1991年。
3. 杨天宏：《口岸开放与社会变革——近代中国自开商埠研究》，中华书局，2002年。

① 杨天宏：《口岸开放与社会变革——近代中国自开商埠研究》，中华书局，2002年，第361页。

第四讲

近代中国抵制洋货运动

> 夫中国为二千余年之老大专制，无论内政外交，向任执事独断独行，国民纤介不得预闻，内政之腐败在是，外交之失策亦在是。现今略施教育，顿使雄狮睡醒，振摄精神。此次抵制禁约，是我四百兆同胞干预外交之第一起点。[1]
>
> ——黄驾雄：《为抵制美货与华工禁约致尤先甲函》

上面这段文字，是苏州商人在清末1905年爆发的全国性大规模抵制美货运动中，向社会各界阐明此次抵货运动的意义时所说的一段十分深刻的话语。言词之间，明显反映了当时国人对封建专制制度及其危害的严重不满，揭示了中国内政腐败与外交失策，均缘于"两千余年之老大专制"，这在当时称得上是一种相当深刻的先进认识，尤其是它出自于商人而不是思想家，更属难能可贵。同时，这段文字还阐明此次民间大规模的抵制美货运动，"是我四百兆同胞干预外交之第一起点"，意味着国民外交在近代中国的兴起，可谓敏锐地捕捉和观察到近代中国发展演变出现的一种新趋向。

在近代中国，此起彼伏而又轰轰烈烈的抵制洋货运动，一直是反帝爱国运动中较为行之有效的一种文明斗争方式，也是中国人民炽热的爱国救亡热情的集中体现，并留下了不少可歌可泣值得肯定的英勇事迹。在当时的历史条件下，一次又一次的抵制洋货运动，对于反抗帝国主义的侵略和奴役也产生了重要的积极作用。

---

① 苏州市档案馆藏：苏州商会档案，第295卷，第20页。

一　抵制美货运动

爆发于1905年的抵制美货运动，是近代中国第一次大规模的抵制洋货运动。这场运动的目的不仅在于保护旅美华工免受虐待，维护华人的利益，同时也是为了抵制列强对中国的蹂躏，维护中国的主权。上海商务总会在运动之初发布的通电，就是以“伸国权而保商利”为口号，号召各地商人与民众参与抵制美货的行列。因此，抵制美货斗争既是一场维护民族利益和国家主权，具有新时代特征的反帝爱国运动，也是广大商人政治参与热情有所提高的具体表现。

抵制美货运动爆发的原因，是美国一直奉行排华政策，迫害在美华人。从19世纪中叶起，除一部分沿海民众为谋生而漂洋过海来到美国之外，美国的一些不法商人也采用各种方式和手段，诱拐大批华工到美国从事垦荒、采矿、修铁路等重体力劳动。华工的血汗换来了美国西部的开发与繁荣，连美国的舆论也承认：“没有华工就没有西部的垦殖”，“西部的铁路也无法完成”。19世纪80年代美国出现周期性的经济危机，工厂接连倒闭，工人相率失业。为了转移国内民众的视线，美国政府别有用心地散布各族仇视情绪，制造排华事件，颁布排华法案。1880年，美国即强迫清政府签订限制和排斥华工的条约，1894年再次迫使清政府签订“限禁来美华工保护寓美华人条约”（时称“华工禁约”），规定以10年为限。明明是限制和迫害赴美华工、华商的虐待性条约，却美其名曰“保护寓美华人”，令海内外华人无不感到愤慨。

1904年中美续订条约期满，按规定应另议新约。海外华侨报纸和国内报刊都相继载文揭露美国排华的真面目，坚决主张废除这一迫害华侨的苛约。清政府指令驻美公使梁诚与美国政府磋商改约，尽管所提改约条件很低，但仍横遭拒绝。美国政府的企图不仅是要继续维持原有的排华条约，而且还意欲增加新的排华条款，因此交涉数月均无结果。1905年春，美国政府派新任驻华公使柔克义与清政府直接谈判，一再威胁清政府应允签订续约。面对美国政府这种盛气凌人的蛮横态度，软弱的清政府虽迫于舆论未敢应允签订续约，但也不敢理直气壮地公开予以驳斥和要求废除苛约。中国人民则自发地以抵制美货为斗争方式，掀起了一场大规模的反美爱国运动。

在上海，各种新闻媒介早已不断向社会各界报道有关续订“华工禁约”的消息。上海商人从一开始也对废除虐待在美华侨的这一苛约甚为关注，意识到如不废除此约，势必“辱国病商，损我甚巨”。在关键时刻，上海商人又率先号召以抵制美货作为反抗美国压迫与欺辱的斗争手段。1905 年 5 月 10 日，上海商务总会专为抵制美约之事，召开了有各业商董共同参加的特别大会，集体商议采取何种抵制办法。在会上，身为福建商帮领袖和上海商务总会会董的曾铸（号少卿），登台作了“激昂慷慨，语语动人”的演说，提出以两个月为期限，如到期之后，“美国不允将苛例删改而强我续约，则我华人当合全国誓不运销美货以为抵制。”他的这一建议得到各业商董的一致支持，“在座绅商无一人不举手赞成”。会上还公议分别致电清政府外务部、商部及南、北洋大臣，要求拒不签订续约；同时致电全国 21 个重要商埠的商会，呼吁各地商人届时共同采取行动。

上海商务总会的号召，很快即得到上海及全国各地商会与商人的积极响应。紧接着，上海的千余名广东帮商人也在广肇公所集会，提出了更为具体的几项抵制措施：中国无论公私，一概不用美人；华人受雇于美机构、企业者自行辞职；所有华人相戒不用美货。福建帮商人也集议于泉漳会馆，曾铸在会上提出了五项抵制办法：美来各货（包括机器等件）一概不用；各埠一律不为美船装货；华人子弟不进美人所设学堂读书；华人不在美国商行内应聘任职；美人住宅内所雇华工，劝令停歇，不为美人服务。会后，也将所议上述办法通电 21 埠商会以一应照办。

其他许多地区的商会与商人，同样都积极行动，函电纷驰，一致表示“全体赞成”并“坚决照办”。有的也拟定了各自的具体抵制办法。例如天津商务总会召集各帮商董举行特别会议，表示“吾绅商尤当始终无懈，分途布告，切实举行不购美货”。汉口商人接连召开大会，争先恐后登台演说，一致同意凡定购和销售美货者，一律停办；原本不销美货者，则一律不购用美货。杭州商人也表示要“坚持到底，共伸义愤”。湖南商人组织了“湖南全省绅商抵制美货禁约会”，广东商人成立了拒约会。与此同时，许多中小城镇的商人也都踊跃参加了这场斗争。

除商人之外，社会各界人士也无不对抵制美货的倡议积极表示支持和声援，其中学界人士尤为活跃。美人在沪设立的清心书院因学生抵制，不得不全学期解散，中西书院的学生也纷纷停课、退学。北京各学堂接到上海商会的通电,“大动公愤,所有学堂均议不用美货,以示抵制。”一时间,抵制美货成为社会舆论的焦点,“内而穷乡僻壤,外而英荷属岛,亦均函电纷来,一律照办,人心大异从前”,“义声所播,震动全球”。① 这样的热烈场面,在以前的中国是不曾有过的。

上海商务总会倡议抵制美货的正义行动及全国各地社会各界的积极响应,使美国的在华商人深为惊恐,担心其经济利益将因此而遭受巨大损失,匆忙致电本国政府,要求尽快解决修约纠纷。美国驻沪总领事与新任驻华公使也惶惶不安,他们一方面向清政府施加压力,声称抵制美货是危害中美邦交的行为,清朝政府必须对由此而引发的后果负责;另一方面以软硬兼施、威逼利诱的手段压制上海商会,企图阻止抵制美货的正式实施。5 月 16 日,美国驻沪总领事劳治师致函上海道袁树勋,要求参加商会召开的抵制美约集会,与商会领导人进行磋商。17 日,美国新任驻华公使柔克义又专程到沪。

几天后,上海商会的数名领导人赴美国驻沪总领事馆与柔克义、劳治师等举行会谈。会议中柔克义编造诺言,竭力否认美国曾推行排华政策,提出请允以六个月作为正式实施抵制的期限,如果“六月之后,美不改约,则听中国抵制”。这显然是谋略借故拖延,理所当然遭到上海商会领导人的严词拒绝。曾铸手持“华工禁约”,当面严厉指陈美国迫害华侨的事实人所共知,不容抵赖,并坚决表示正式实行抵制美货只能以两月为期,决不妥协退让。

1905 年 7 月 20 日,两个月的期限届临。劳治师再次找曾铸谈判,企图向上海商会施加更加强大的压力,破坏抵制美货运动的开展。曾铸当即正气凛然地回答:“不用美货,人各有权,不特贵国不能干预,即敝国政府亦不能勉强,所谓人人自有权也。”强调抵制美货是民众拥有的权利与自发行动,而与中国政府无关,这是一种较好的策略,使美国找不到干涉的借口与理由。当天下午,上海商会召集各帮商董讨论正式实行抵制美货的步骤,决定从即日起正式实施抵货行动。同时,还通电全国 35 个商埠,宣告抵制美货行动正式开始。

① 苏绍柄辑:《山钟集》,第 1 册,第 32 页。

自此以后，全国各地的抵制美货运动达到了高潮。从大都市到小中小城镇，美国商品无不受到抵制，在市面上几近绝迹。短时间内，抵制美货的斗争即迅速发展成为一场大规模的全国性反帝爱国运动，其高涨声势和普及程度均属前所未有。1905 年 8 月 11 日天津《大公报》发表的文章指出："自抵制美约之问题出现以来，民气之发达光芒万丈，亘耀全球。……各省各业，无不各自聚会，实行抵制。"据不完全统计，160 多个城市相继成立了"拒约会"、"争约处"或"抵制美货公所"等各种团体。从 7 月到 10 月，各地商、学各界举行的大大小小集会多达 200 余次。

需要特别强调的是，抵制美货运动的开展，在许多方面都产生了值得重视的积极作用与影响。

第一，通过发动和参加这场大规模的抵制美货运动，商人的政治思想意识进一步得到明显提高。例如在运动期间，商会的领导人即明显表露出必须在国家对外交涉中享有发言权的政治要求。作为运动领导者的曾铸，在致清朝外务部的禀文中曾明确地表示："此次约本必须寄予沪商公阅，方能由部画押"，否则国人将不予承认。这显然是向清政府表明，政府如欲与美国签订新的有关条约，必须先将约本交与商人公阅并讨论通过，才能签字画押。向专制政府提出类似的要求，对以前的商人而言完全是不可想象的。即使这一要求难以实现，也充分反映了当时的商会对清朝统治者的独断专行与丧权辱国颇为不满，试图依靠民众的力量维护国家主权与民族利益。

商界中的一些有识之士，还在斗争中明确指出：清政府长期压制民众，吾民"屈极求伸，无往不复，遂于今日而发其端焉"；同时公开宣称："不必依赖政府"，而应"专恃民气"，以国民"自力抵制之"。不难看出，当时的商人自身也已意识到其所独立从事的抵制美货运动，是争取在国家外交事务中拥有发言权的首次尝试。因此可以说，抵制美货运动是经上海商会的发起与联络，全国各地商会与广大商人所共同进行的第一次大规模的政治参与行动。

第二，商会在商人当中的重要领导作用及其影响得以充分体现，由此促进了更多商会的成立。这次大规模的抵制美货运动，虽未完全达到预定的目标，但对上海商务总会来说，通过发起和领导这场全国性的反帝爱国运动，显示了上海商务总会不同凡响的能量与号召力，上海商会也因此而受到各地商界的敬仰，成为众望所归的一面旗帜，从而进一步奠定了作为中国

“第一商会”的地位。

有些地区在抵制美货运动兴起时，商会尚未正式成立，给运动的深入开展带来了诸多不便，使商人深感设立商会之刻不容缓。例如苏州商人即意识到：“计自设会以来，小而驳斥词讼违章，大而抵制美国工约，皆得收众志成城之效，内地要区，闻风踵起。”在抵制美货运动中，苏州商人的表现也比较积极，但由于没有商会的组织和领导，各行帮、公所大都单独行动。随着运动向纵深发展，苏州商人无商会协调和领导的局限更显得十分突出。于是，在抵制美货运动深入发展的推动下，创立商会更进一步成为摆在苏州商人面前的紧迫课题。随后不久，苏州商务总会即于1905年10月正式成立。由此可见，一部分地区商会的设立，与抵制美货运动的开展有着较为密切的联系，这可以说是抵制美货运动的又一积极影响。诚如1905年7月19日《时报》发表的文章所称：“商会之利虽不止于争约，而与争约固有密切之关系也。故争约者怂恿商会之立成，亦所以为抵制之预备。”

第三，在经济方面，抵制美货运动沉重地打击了美国的对华经济侵略势力，促进了民族资本主义工商业的发展。连美国的报纸也不得不承认：“华人这次实行杯葛主义，有条不紊，无远弗届，其团体之固，抵挡出人意料之外。”[1]在抵制美货期间和以后的两年中，美国对华出口一直处于下跌状态，1905年为5700万元，1906年减至4400万元，1907年又减至2600万元。美国商人甚至一度无可奈何地哀叹：“中国不用美货之举动坚持不懈，美国各厂家须闭歇六个月。”与此同时，中国的民族资本主义工商业则因此而获得了一定发展。尤其是棉纺织和面粉等工业的发展，显得更为突出。这两个行业，也正是美国对华出口遭受打击最大的两个主要行业。

在抵制美货运动期间，商界中的有识之士还借当时的大好有利时机，广泛宣传改良土货，发展民族资本主义。例如1905年8月4日《时报》刊登的一篇评论即指出：“今为抵制美约，不用美货，办法文明，民志齐一，正我制造家改良土货，杜绝外货之机会。倘能及此振作，事事改良，则中国商业之发达，借此一举。”毫无疑问，在当时社会各阶层民族主义爱国情绪空前高涨的特定历史条件下，这种宣传往往能够产生更为显著的作用。因此，抵制

---

① 丁又：《1905年广东反美运动》，《近代史资料》，1958年第5期，第51页。

美货运动在经济方面也具有不应忽视的积极影响。

第四，抵制美货运动的蓬勃开展，对于改善美国华侨的处境也产生了一定程度的影响。以往的近代史著作和教材，大都认为抵制美货运动最终完全失败了，对改善在美华侨的待遇未产生明显影响。实际上，抵制美货运动在这方面也有一定的积极作用。由于抵制美货运动的沉重打击，美国政府不再强迫清政府签订新的禁约，只是单方面通过了经修订的有关条款，而且不得不稍作让步，对过去采取的疯狂排华政策进行了一些修改。例如对中国人赴美的限制，只是限于劳工，至于中国商人、学生以及其他人员，则"一律照各国优待"，并对中国留学生提供一定的资助。尽管美国所作的让步十分有限，但它表明抵制美货运动在这方面并非无任何作用。当时的美国因经济不景气，劳动力过剩，对国外劳工入境加以限制，这可以说是其内政，并非对他国主权的侵犯。同时，美国对劳工入境的限制，也不是单纯针对中国，还包括其他国家，例如对日本的劳工，美国也采取了同样的政策。所以，就改善除劳工之外其他中国人在美国的待遇而言，抵制美货运动已基本上达到了应有的效果。

第五，开创了抵制洋货这一行之有效的新斗争方式，为以后的历次反帝爱国运动提供了一个较好的范例。此前以"扶清灭洋"为主旨的群众性义和团反帝运动，往往被人批评或指责为"野蛮"的盲目排外，相比较而言，抵制洋货则是一种文明的斗争方式，而且由于抵制美货运动在各方面都显示了积极的影响，故而成为日后中国人民在反对列强压迫和奴役过程中屡次沿用的一种斗争方式，产生了历久不衰的示范作用与效果。

二　抵制日货运动

在"五四运动"前数年反对日本灭亡中国的《二十一条》斗争中，中国人民即曾掀起过抵制日货的斗争，可以说是"五四运动"期间大规模抵制日货运动的前奏和预演。除此之外，1908 的"二辰丸"事件、1909 年安奉线改筑、1923 年收回旅大等事件，也都曾引发抵制日货，只是延续的时间不长，规模也比较小。下面，我们主要对 1915 年反对《二十一条》和"五四运动"期间抵制日货斗争的情况，作一简要介绍。

1915 年 1 月，日本趁第一次世界大战欧美列强无暇东顾之机，向袁世凯政府提出企图将中国变为其附属国的《二十一条》。根据这些条款的规定,日本不仅得以吞并满蒙,而且将取得监督和垄断中国的政治、军事、财政、警察、军火等各方面特权。袁世凯为换取日本对其复辟帝制的支持,派代表与日方多次举行秘密谈判,意欲接受灭亡中国的《二十一条》。消息传出后,引起中国人民的强烈反对,并由此爆发了一场较大规模的反日爱国运动。

在这场救亡图存的爱国运动中,抵制日货同样成为有效的斗争方式之一,而且也是由上海商人首先发起。1915 年 3 月 18 日,上海商界联合各界爱国人士共计 3 万余人,举行“国民大会”,一致通过抵制日本奴役的六项措施,其中抵制日货是较易操作也较易产生成效的措施之一。此外,还包括通电政府请维持国家体面,力保利权;组织中华民国请愿会,共图救亡方法;通电各省组织请愿分会;组织民团募集经费,以备不测,创办一种白话报,作为舆论机关。与此同时,上海和各地商会还纷纷发出通电,表示坚决反抗日本对中国的侵略行径,誓死不承认灭亡中国的《二十一条》。上海总商会另还发起“救国储金”活动,成立了中华救国储金团总事务所。全国各地的商会也积极响应,相继设立分事务所。但是,“救国储金”活动因袁世凯通过其控制下的北京总商会,盗用救国储金作为复辟帝制的经费,不久即告夭折。对政府所施加的压力,也因袁世凯一意孤行而未产生明显作用。在此情况下,行之有效的斗争方式还是抵制日货。

3 月中下旬,上海商界率先以“中日交涉迄今尚未解决”而“群谋抵制日货”,使抵制日货的斗争在上海首先兴起。同时,上海总商会也号召各地商界积极响应。上海商人的行动很快得到全国各地商人的遥相呼应,旬日内广东、安徽、松江、福州、烟台、营口、济南、汉口等 10 多个地区的商会都掀起了抵制日货斗争。随后,又有长沙、哈尔滨、昆明、天津、奉天、重庆等许多城市的商会加入了这一斗争行列,由此形成继 1905 年抵制美货运动之后的又一次全国性抵制洋货的高潮。

大规模的抵制日货斗争,不仅使日本对华经济侵略遭受沉重的打击,而且与各界爱国人士的其他反日斗争相结合,对袁世凯政府形成了更强大的压力,最终使袁世凯政府未敢轻易接受《二十一条》,从而使中国避免沦为日本附属国的悲惨处境。

“五四运动”期间,抵制日货再一次成为反对日本攫取山东主权,维护国家权益的有效斗争方式。“五四运动”除抵制日本企图侵占山东的阴谋外，还具有反对北洋政府出卖国权的意义。因此，在运动当中商会不仅领导商人开展了抵制日货的斗争，而且还举行了罢市和抗税。

“五四运动”一开始，许多商会的态度即非常鲜明。1919 年 5 月 4 日北京学生集会游行遭逮捕的消息在各地报刊登载之后，天津总商会就致电巴黎和会中国专使，阐明：“日人对于我国青岛，无条件根据承袭德人之后，竟强占不归，殊与我国领土主权攸关。刻全国合力协争，期于必达目的，使日人将青岛完全归还。用特电恳诸公力为主张，勿稍退让，必将青岛收回，以保领土。”[①]苏州总商会也分别致电北洋政府和巴黎和会中国专使，说明：“青岛关系我国存亡，非由和会直接交还，并取消密约，概不承认，商民一致誓为后盾。”汉口总商会也曾与汉口各团联合会联名致电北洋政府，强烈要求中国专使勿在巴黎和会上妥协签字，否则“国人将以激烈之手段对付”，并表示“宁为玉碎，勿为瓦全。非国民尽死，决不甘心以主权让人。”如此强硬的话语，显示了商会强硬的态度和决心。

随着“五四运动”的进一步开展，全国许多地区的商会还在学界的敦促和配合下，相继领导商人开展了抵制日货的斗争。

苏州总商会在 5 月 15 日召开的特别会议上，即议定“由本会各会员分任调查日货与国货种类之分别”，并宣布振兴电灯公司已售与日商，“此项电灯亦属日货之一，应劝各界一律停燃，为不用他项日货之倡。”苏州总商会的这种态度，受到各界欢迎。苏州学生联合会曾致函表示：“贵会对于抵制日货，素表热忱，实深感佩。”在组织商人抵制日货的过程中，苏州总商会一直与学界密切配合。苏州学生联合会曾拟订五项办法，请总商会议决施行。其具体内容为：(1)由商学两界联合设立查验所，严查进出口货物；(2)杜绝日货进口；(3)禁止原料及杂粮输入日本；(4)各商店现有之日货，概由商学两会加盖图记，无图记者即系新进之货；(5)凡有私运日货进口，一经觉察，即予以严厉惩罚。苏州总商会经过集议，对这些办法均表示同意并推广实施，再次赢得学界称道。学生联合会认为总商会“热心救国，以抵制某货为提倡土产之先，可钦佩靡已。”还有苏州市民致函总商会，寄希望于商会继续“莫

① 天津市档案馆等编：《天津商会档案汇编(1912—1928)》，第 4 册，天津人民出版社，1992 年，第 4715 页。

畏强梁,任劳任怨”,并表示抵制日货事宜,“端赖诸公一言九鼎,受福无涯。”

在抵制日货的斗争中,苏州总商会还发挥了特有的维持和协调市场的作用。例如,实施抵制日货之后,各界提倡国货,一部分商人却乘机抬高价格,致使市场出现混乱。苏州总商会一方面宣传劝谕商家维持现价,一方面致函上海国货维持会,说明“现值各界热心劝用国货之际,敝会同人亦竭诚劝导,提倡实业,正宜乘此时机,推广国货销路。迭据各方报,国货需要物近日价值骤昂,以致热心购用者不免因而障碍,请设法劝令平价,以利推销等情。”此外,苏州总商会还曾召开临时会议,议定劝谕米市同业维持米价,不遽涨昂。同时,联络商团公会派商团成员分段出巡,维持抵制日货斗争兴起之后的市场秩序。

在天津,学生联合会也请总商会出面组织各业商人抵制日货,并表示“抵制日货为当今急务,贵会具指挥商家特权,劝勉阻止责无帝贷,抵制之有效无效,固视贵会为转移也。”天津总商会遂召开专门会议集议抵制日货事宜,对学生联合会所提出的各项办法完全表示同意。经学界奔走呼吁以及“商会提倡,频频劝勉”,许多行业的商人意识到“抵制日货,诚为自救第一要著”,在抵制日货的斗争中表现十分活跃。例如:海货业商人召开抵制日货会议,议定12条抵制办法;绸缎、棉纱、洋布同业公会议定抵制日货简章12条,表示“自议定之日起,同业各号对于日行货物现买批定,概行停止”;洋广货行商也“开会讨论议决,一律清理,绝不再购日货”,并议定抵制日货的11条具体办法;糖杂物商同业的89家商号还发表抵制日货宣言,声明“情愿牺牲营业,共救危亡”;五金铁行同业也坚决表示:“同是国民,应发天良,各尽个人之天职,虽忍痛须臾,牺牲营业上之利益,在所不惜,俾免贻害于子孙,永为他人之奴隶。”[1]此外,天津茶商、麻袋行商、洋纸商、灰煤商、木商、水炎保险业、洋广杂货、颜料等行业的商人,也均拟定简章,坚决抵制日货。

在罢市斗争中,天津总商会也发挥了重要的领导作用。6月5日上海罢市的消息公布之后,天津总商会即意识到:“此次罢市风潮沪上开之于

---

① 天津市档案馆等编:《天津商会档案汇编(1912—1928)》,第4册,天津人民出版社,1992年,第4733、4748、4754页。

先，各地应之于后，蔓延全国，势所必然。”遂召集全体会董聚会，议决“通电各省商会，要求取一致之行动。”直隶省长曹锐闻讯急忙训令天津总商会“转谕各商安心营业，勿滋疑虑”。但是，天津总商会于6月9日召集各行商董事举行特别会议时，仍决定次日举行罢市。天津总商会还于当日发出告示说：“对于外交失败，惩办国贼，惟有以罢市为最后要求。本会鉴于人心趋向，局势危迫，无可挽回，当即决定自明日起罢市。望各商号一律办理，以待政府解决”。同时，天津总商会还理直气壮地致电北洋政府，告以“趋势所迫，万众一心，言词激昂，已竟不可挽回，临时共同议决，即行罢市，以待解决”。①

在总商会的部署下，天津各业继实行抵制日货之后，为了反对政府的软弱妥协，又于6月10日一律停业罢市。1919年6月11日的天津《益世报》报道：“各绸缎洋布庄等，其罢市景象尤觉可敬，诚不愧为头等商号。”“宫北之各家银号，均为本埠巨商，其一日出入即可获巨额之利息，今亦毅然决然全体罢市，虽为重大牺牲，亦在所不惜，其爱国救亡之观念，似又加人一等矣。”天津作为毗邻京城的华北贸易中心，罢市之后引起北洋政府极大恐慌。10日下午，北洋政府将准予曹汝霖引咎辞职的消息通电各省，曹锐马上抄交总商会，企图缓解罢市风潮。但天津总商会坚持继续举行罢市，又于当日致电北洋政府说：“仅准曹汝霖辞职，以此可以谢国人乎？”并再次强烈要求北洋政府“急以明令惩免曹、陆、章及保护学生，以谢国人，而救目前”。北洋政府见民情激愤，害怕事态扩大，由内务部于10日晚急电天津警察所，告以曹汝霖、陆宗舆、章宗祥三人均准免职，请转达总商会。与此同时，曹锐及国务院参议兼交通次长曾毓隽等人也于当日深夜先后到总商会，宣读曹、陆、章免职令，劝谕总商会宣布开市。

天津总商会以为目的已经达到，拟定了开市布告。但各界人士认为，北洋政府并未公开明令惩办曹、陆、章三人，也未宣布释放被捕学生，不应复市。天津总商会于11日召开紧急会议，议决再次致电北洋政府，限于当日夜12时前回电答复此两项要求，如逾时未复，仍继续罢市。电文的言词也较前更加激烈，表示：“国亡死且无日，何有商业可言？……本会顺从舆意，

---

① 天津历史博物馆等编：《五四运动在天津》，天津人民出版社，1979年，第106、107、110、111页。

如中央在此相当时间无正当允准，商民惟有同归于尽。”当晚，未见政府电复，天津总商会于12日晨发出第二次罢市通告，说明政府面对商、学各界之要求，“形同木偶，漠然无闻”，“合亟通告，望各商号自今日起仍行继续罢市，作积极进行。”[①]通告发出之后，各业商家又积极响应，《益世报》在次日的报道中描述第二次罢市情形说：“各商家鉴于学界爱国之热情，商会最后之决心，遂各激起爱国救亡之观念，复为二次之休业，其一种坚决之气象较比第一次尤为整齐。”

应该指出的是，在“五四运动”期间的抵制日货斗争中，曾经发起大规模抵制美货运动的上海总商会，却因受到主张由中国任命日使，与日本交涉收回青岛的“佳电”风波影响，不仅未能担当领导商界抵货斗争之责，而且受到商界的批评与谴责。虽然在稍后上海总商会又再次致电北洋政府，表示“本会对于青岛问题，前发佳电，因各界舆论，以仍向欧洲和会交还为是。今经会议公决，自应取消佳电，一致对外，以免纷歧误会。”[②]但是，总商会的威望仍因此受到严重影响，其正副会长随后均不得不提出辞职。

不过，“佳电”风波虽使上海总商会威望扫地，但却并未影响到上海商界积极投身于当时的抵制日货运动。在总商会处于群龙无首的状态时，由50余个工商小团体刚刚联合组成的上海商业公团联合会取而代之，担当了联络商界进行抵制日货斗争的重任。

5月6日，上海各界在西门外公共体育场召开国民大会，与会者一致赞成停办日货及拒用日本钞票，“通函全国与日本断绝商业关系，至密约取消、青岛归还时为止。”随后，商界的一些行业也各自酝酿抵制日货办法。5月13日，上海商业公团联合会召开临时会议，决定通电各省商界，一律不用日货，并在上海率先行动。6月5日，上海商家在学生联合会的号召下先后闭门罢市。一些店铺还在门前张贴白纸，上书“罢市请命，商学一致，挽救学生，罢市救国”、“不除国贼不开市”等字样。军警曾“挨户勒令开市，其势汹汹，令人生怖”，但商人均“以买卖自有自由权答之，警察无如之何”。在

① 天津市档案馆等编：《天津商会档案汇编（1912—1928）》，第4册，天津人民出版社，1992年，第4725—4726、4728—4729、4728页。

② 中国社会科学院近代史研究所近代史资料编辑组：《五四爱国运动》，下册，中国社会科学出版社，1979年，第133页。

抵制日货与罢市的斗争中，上海总商会和上海县商会不仅都未曾发挥领导作用，而且在商人罢市之后，与官厅一起竭力劝导开市，说什么“罢市三日，金融因之停滞，人心为之恐慌，危险已甚。若再相持，谁能保地方不糜烂”。上海总商会还于6月9日发出通告，要求工商各业“先行开市，照常工作”，受到工商业者的强烈抨击。

上海总商会之所以在“五四运动”期间未能发挥领导和联络工商界进行斗争的应有作用，并非由于受到官府的限制无法独立开展活动，而是商会领导人自身的原因所致。一方面，上海总商会的主要领导人在经济上一直与日本保持着十分密切的联系；另一方面，直至“五四运动”时期上海总商会仍然是原有的一批老年绅商出任领导人。这批绅商型的领导人虽然曾对上海商会以及工商业的发展作出过重要贡献，但在新时代和新形势之下，与受过西方教育的一批新兴的年轻企业家相比，在政治上已经落伍，其政治表现也显得较为保守，缺乏进取精神。

上海总商会的领导人不能与时俱进，自然引起工商界的不满。“五四运动”后期，上海商人即发起组织“平民商会”。当时的舆论认为，总商会“所办事务，除仰承官场鼻息外，不复与商家利害有何关系”。“今次外交事件，有种种不满人意之举动。沪地商家，遂生莫大之觉悟，发起组织平民商会。……俾免商家利害为少数官僚资格家所垄断。此举赞同者已数十人，将来必能成一真正商人团体，代表其真正商人利益。”①“五四运动”之后，上海总商会也因威望受到严重损害，自身不得不进行大改组。不仅正副会长另换人选，而且原有的33名会董中，改选者也多达31人，出现了上海商会有史以来从未有过的大换班。一批受过各种专业高等教育、具有新思想文化素养的新一代工商界代表人物，进入了上海商会的领导层，其平均年龄从前一届的57.2岁降为44岁。经过此次大改组，上海总商会开始了新的历史发展时期，并逐渐重新赢得上海工商界人士的信任与拥戴。

事实充分表明，作为工商界重要领导团体的商会，如果在抵制洋货运动中不能充分体现和反映广大商人的意愿，积极担当抵制洋货运动的领导重任，反而起相反的作用，就会受到整个工商界和社会各界的公开谴责乃至无

---

① 中国社会科学院近代史研究所近代史资料编辑组：《五四爱国运动》，下册，中国社会科学出版社，1979年，第287—288页。

情唾弃。最具影响力与号召力的上海总商会，在“五四运动”期间抵制日货斗争中的表现及其最终结局，就是这方面再好不过的一个鲜活事例。

在北伐军挥师齐鲁之际，日本帝国主义以保护侨民为借口，再次出兵山东，引发各界群起抗议。上海特别市商民协会同样也以全体会员名义发布了通电，愿作革命政府与北伐军之后盾，反对日本帝国主义的侵略行径。通电表示：“当此革命行将成功之际，苟有阻挠，即属国民共敌。本会谨敢代表全体会员，对于日本出兵山东，绝对反对，愿以全力，作国民革命军后盾。”①上海商民协会连同上海总商会、各省商会联合会、上海县商会、各马路商界总联合会等团体的通电，表达了整个上海商界的一致要求，再加上农工学界各团体的通电，形成了整个民众团体的共同呼声，产生了较大的声势与广泛的影响，对于提高广大商人的民族主义爱国热情不无积极作用。

随着济南惨案的发生，全国抗议日军暴行的反日运动更趋于高涨。此时，上海特别市党部民众训练委员会也发出了告商民书，号召“革命的商民们，国民革命是全国民众共同的要求。我们的敌人，便是压迫全国民众的国际帝国主义者。最近日人又在济南不断的残杀中国军民，强占中国领土了，我们应该团结起来，继续‘六三’的精神，抵抗外来的暴力侵略，拿着‘经济绝交’的武器，向日本帝国主义进攻。”②当时，各界团体除要求政府坚决进行抗争之外，还积极采取了其他一些具体措施，包括抵制日货的行动。

上海特别市商民协会在常务委员骆清华的建议下，召开全体执行委员会议，议定“联合本埠各商业团体，作一致有力之对付”，组织商界反日出兵委员会，“从事抵制日货工作”。会后，商民协会致函各商业团体，阐明“兹经敝会执行委员会议决，联合上海总商会、上海县商会、上宝两县闸北商会、上海各路商界联合会、国货维持会，对于此次日本横暴事件，为一致之表示，作共同之努力，在商业上、经济上予以相当之惩戒，以促日本田中内阁之觉悟，而为国民革命军强有力之援助。用特函请贵会推定代表五人，于三日内示知，以便召集联席会议，讨论完善办法。事机急迫，同舟共济，务祈迅饬示复，毋任企盼。”③这一举动，可以说是上海特别市商民协会成立之后，与其

① 《商学界严重反对日本出兵》，上海《民国日报》，1928年4月21日。

② 《市民训会告商民书》，上海《民国日报》，1928年6月3日。

③ 《上海民众对日兵暴行之义愤》，上海《民国日报》，1928年5月6日。

他商人团体，特别是主动与商会联合采取的为数不多的几次共同行动之一。

在该日举行的全体执行委员会议上，上海特别市商民协会执委会即一致决定联合各商人团体，成立上海商界反日出兵经济绝交委员会，并由各商业团体召集全体会员特开代表大会，“从事宣传调查等运动”，另还通电“各省各特别市商业团体，一致进行”。对于商民协会的动议，各路商界总联合会和国货维持会给予了积极响应，很快即推举了代表，与商民协会的代表共同商议开展各项相关具体活动。

1928 年 5 月 7 日，国民党上海特别市党部组织各界人士在总商会举行大会，讨论反日事项与办法。市商民协会与总商会、县商会、各马路商界总联合会以及其他各界团体的千余名代表出席了会议，议决成立上海各界反对日军暴行委员会，以各团体为单位，推举委员。市商民协会的代表在大会发言中，介绍了该会发起成立上海商界反日出兵经济绝交委员会的动议，希望能够纳入上海各界反对日军暴行委员会之中，大会议决交执行委员会决定办理。商民协会还应允率先与各省商会联合会总事务所共同筹垫 200 元，用于反对日军暴行委员会开支所需，如有不足再另行筹措。[①]

5 月 17 日，上海各界反对日军暴行委员会接受市商民协会等五个商业团体的建议，拟订对日经济绝交进行计划大纲，并予以公布。该大纲对已购未售之日货、已订未到之日货的处理方式，做出了若干原则性规定，具体实施办法另订细则。市商民协会等商业团体根据这一情况，“以经济绝交计划大纲，现已由反抗日军暴行委员会议决实行，一俟施行细则规定后，即由五商业团体召集所属各分会、各公所、各公会，遵照办理。一面将由全国商会总事务所所函各省商会，一律照行，藉求一致。”[②]上海特别市商民协会还召开全体执委会议，议决将对日经济绝交计划大纲“分送各业分会，遵照办理”。同时还规定：“各业分会之有日货关系者，应即推派代表二人至三人，由市商民协会备函，随时与反日暴行委员会接洽，以便处置。”[③]

随后，经市商民协会最初发起的上海商界反日出兵经济绝交委员会，由上海总商会、上海县商会、闸北商会、各路商界总联合会以及市商民协会等

---

① 《各界积极反对日军暴行》，上海《民国日报》，1928 年 5 月 8 日。

② 《对日经济绝交已有具体计划》，上海《民国日报》，1928 年 5 月 18 日。

③ 《标本兼施之爱国运动》，上海《民国日报》，1928 年 5 月 25 日。

上海五大商人团体的代表多次商议，决定以该会名义共同发出紧急通告，正式实行停止订购日货，已购未售者检出登记。如有阳奉阴违商家，查出即予重罚。通告指出："济南惨案，旷古奇耻，凡属国民，无不愤慨，努力救亡，责在同胞。兹经本会等公同议决，自即日起，各商号应一律停止订购日货，所有已购未售各货，各店应自行检出登记，静候处置办法。持之坚毅，行以恒心，国耻未雪，此志不懈。特此通告，愿各遵守。"①

实行对日经济绝交之后，对日货在华销售的停滞立即产生了明显影响。例如"糖业决议停进日糖，并要求定货延期交割"，尽管日商各洋行多方施加压力，"惟华商方面，亦坚决抵制，日内日糖进口，必将搁置。因之连日日糖市面，业已低落，日商极为惶恐。"另外，"日本有光纸及报纸，长江一带，销路极旺。日来各埠抵制颇力，加之华商不为运送，是以销路完全停顿。"由此可见，抵制日货的斗争成效显著。当时的上海《民国日报》刊文报道相关消息，还用醒目文字表示，抵制日货使"日商方面已感极大恐慌，中国方面并无十分不便"。

为了进一步扩大抵制日货斗争的范围与影响，上海特别市商民协会还通电各省各特别市各县商民协会，呼吁在抵制日货斗争中共同采取一致行动，并注意防止出现以往在类似斗争中持续短暂而被人诟病的弊端。通电指出：

> 此次日军暴行，薄海同愤，各处对日抵货，亦经自动进行，具见人心未死，国魂犹在。惟是在空间应求统一之组织，在时间应求持久之办法，方能一洗以前五分钟热度之耻，而予彼方以经济上之重大打击。现在上海各界反抗日军暴行委员会，业经通过经济绝交计划大纲，切实执实，施行细则，及救国基金简则，亦复继续公布，计划周详，规定妥善，所有各地反日团体，均应一致采用，以厚力量。因念商民协会，为领导商民努力革命之集团，其责任至为重大，投袂奋起，责无旁贷，用特检附计划大纲、施行细则、基金简则各一份，务希贵会提出当地反日团体，根据执行。如当地尚未有反日团体组织者，并祈迅速筹组，统一意志，集中力量，幸无蹈以前商业团体因循懈沓之覆辙，丧失商民协会革命之精

① 《五重要商业团体昨日通告停止订购日货》，上海《民国日报》，1928年5月20日。

神，致负先总理改善商民组织之愿望。临电神驰，谨祈鉴纳。[1]

除上海特别市商民协会积极投身于反日运动之外，其所属之行业分会也踊跃参与。例如布业商民协会专门召开了全体执纪委员会议，议决如下办法："一、电请政府严重交涉，驱逐山东日兵，人民愿为后盾；二、积极劝募二五库券，接济前方忠勇同志，俾早完成北伐；三、唤醒同业，速起组织大规模之国货工厂，以为日货彻底之抵制。"[2]又如绸布业商民协会执委会作出决定，"对于抵制日货，议决一致严厉执行。所有本业日货登记办法，议决遵照上海各界反抗日军暴行委员会对日经济绝交大纲施行细则第四条之规定，组织本业登记处，即日开始登记。凡本业商号所有已购日货，或已定未到，已到未出，各项日货，应分别来会领取登记表，照章登记。除分函所属各商号一体知照外，并登本埠各大报封面通告，一面呈请上级会备案。"[3]熟货业分会举行全体会员大会，议决"反日运动宣传案"。具体实施办法是"组织家庭宣传队，由各会员在本店宣传，并劝导各朋友及家属，一律不买日货"。[4]这些抵货行动，在当时对于反抗日本帝国主义的侵略行径都产生了积极的影响。

二　抵制英货运动

在中国近代历史发展的过程中，除大规模抵制美货与日货之外，也曾多次发生抵制英货运动，只不过规模稍小一些。

1925 年，发生了震惊中外的"五卅惨案"。惨案发生的导火索，是 1925 年 5 月上海日商数家纱厂借口存纱不敷，故意关闭工厂，停发工人工资。工人顾正红带领群众冲进厂内，要求复工和开工资，遭到镇压。顾正红被枪杀，另有 30 余名工人受伤，激起民众强烈愤慨。5 月 30 日，上海工人、学生 2000 多人在公共租界各马路散发反帝传单，抗议日本资本家枪杀顾正红的暴行。租界当局大肆逮捕爱国学生，仅南京路老闸捕房就拘捕了 100 多人。

---

① 《商协会电各省进行经济绝交》，上海《民国日报》，1928 年 5 月 24 日。
② 《悲痛难抑之五九纪念·布业商民协会》，上海《民国日报》，1928 年 5 月 9 日。
③ 《工商界实行抵货》，上海《民国日报》，1928 年 5 月 13 日。
④ 《熟货业商协会记》，上海《民国日报》，1928 年 6 月 12 日。

数千名愤怒的群众聚集在老闸捕房外，要求释放被捕的学生，英国巡捕逮捕学生40余人，并又枪杀10名学生，击伤学生6名，路人受伤者10余名。6月1日再次开枪射杀3人，打伤10余人。造成死伤多人的“五卅惨案”，由此引发大规模的反英反日运动，抵制英货与日货的斗争也随之兴起。

6月13日，苏州各界联合会议就议决自即日起，“对英、日两国实行经济绝交”，亦即对英货与日货进行全面抵制，并请苏州总商会通告各业商家予以配合。随后，苏州学生联合会通过查禁仇货（此时多以“仇货”一词代替洋货）决议案，对有关查禁英货与日货的办法作出了严厉的具体规定。另外，苏州总商会也召开各业代表会议，阐明“自五卅惨案发生以来，抵制仇货之运动几遍全国，良以此举不特为抵抗外国侵略之有效方法，且于杜绝漏卮，推广国产，均有裨益。自救之道，莫善于此。顾迩来南京、杭州以及邻邑如锡、常等处均已实行检查，停止续运，而吾苏迄未有具体办法，殊为遗憾。本会同人等以为爱国之心，人所同具，若由各商家自动协商，厘定范围，分别步骤，群策群力，进行勿懈，当有事半功倍之效”。[①]会议对各业共同抵制仇货进行了具体讨论，最后议决如下办法：各业代表担任分劝各商店不进仇货；各业已进及定存之仇货，由各该业自行分别种类，开明数目，报告总商会备查；截止仇货来苏，由总商会通知各转运公司会议办法，报告商会，另还由各业自行推举调查员，报呈商会颁发统一凭照，负责进行调查仇货工作；对于违反禁令私运仇货者，查实即将违禁店铺之牌号公诸报端，使其声誉扫地，并受到公开谴责而难以立足；发起集股组设国货商场，提倡国货。随后，惟勤公所、武林会馆、苏州铁机丝织业公会、云锦公所、布业尚始公所、南北海货业、京苏缎业、烟兑业等许多行业，都积极推选了调查员。与此同时，学生联合会也成立了调查科，选定12名调查员，与商会推举的调查员一起，在各界联合会的统一安排下组成商学两界联合调查队，专门负责调查仇货事宜。

杭州总商会也积极领导各业商人开展抵货运动，会长王祖耀强调商界应自觉自动地积极投入抵货运动，以收实效：“在商界自动，则易于就范，如外界干涉，难免冲突，稍一不慎，尽弃前功。”杭州各业商人也表示：“此次抵

① 马敏等主编：《苏州商会档案丛编》，第3辑，下册，华中师范大学出版社，2009年，第1587—1588页。

制，全凭良心主张。”杭州总商会为使抵货运动切实进行，召集经营进出口贸易的各业商董，举行临时特别会议，部署查禁仇货具体办法，并推定检查员6人，在总商会领导下负责查封仇货。同时，杭州公团联合会也推举学生调查员若干名，划分区域，与商会调查员一起共同担任查禁仇货工作。特别是学生调查员，在查禁过程中十分严格认真，对抵货运动的开展发挥了很好的作用。

以上介绍的严格查禁英货与日货的方式，并不限于苏杭，全国其他许多地区也大都如此。保定商会在学生联合会提出联合查禁仇货要求时，起初尚有所犹豫，致函天津总商会征求意见，表示将与“京津取一致行动”。天津总商会答复：“沪汉惨案，全国愤激，津商鉴于英日残暴，除议决与其实行经济绝交外，并速筹募款项汇沪，以为接济罢工同人之需。”①天津总商会发布的公告还阐明：“噩耗所播，震动海宇，全国同情，慨愤填胸。敝会忝列四民之一，兴亡匹夫有责，不平则鸣，当仁不让，准据各方情形，以作外交后盾。在商言商，惟有抵货与之经济绝交，促其早为反省，不达最后胜利，绝不息止。持以恒心，坚以毅力，勿徒爱国之虚名，致遗将来之重累。特此通告。务望各商一致抵制仇货，已买者赶速结束，未买者万勿再为批定，必期断绝，实行经济绝交，共图国难，而襄义举，幸勿观望。”② 6月中旬，天津总商会将筹募的3700元通过中国银行汇寄上海工商学联合会，“请转给各罢工人作为养赡之需。”此外，天津教育团体也公开发表宣言，提出三项主张：(1)实行经济绝交，抵制英日货物，不用英日货币；(2)拒绝与英日合作，不与英日合资贸易，不与英日人作工及充当仆役等；(3)救济失业同胞，在英日商店、工厂罢市、罢工者，为英日人劳动解雇者，设法救济之。

各地在抵货运动期间，对于查禁的英货与日货，主要是采取封存、扣留、没收、拍卖、罚款、焚毁、退回原地等几种处理方式。运动之初，有些地区对查扣的仇货似乎处理较为宽松。除退回原地外，有的对抵货运动以前所进英货，允许打上标识出售。例如南京学生在店铺查到英货，均贴上印有“良心”二字的印花之后，仍准允商家售出。但当抵货运动发展到高潮之后，处

---

① 天津市档案馆等编：《天津商会档案汇编(1912—1928)》，第4册，天津人民出版社，1992年，第4929页。

② 同上书，第4937—4938页。

理的方式即日趋严厉，如查出有偷运仇货者，学生多采取直接焚毁或拍卖的方式进行处理，商家则主张先予封存，或是捐给善堂等慈善机构。

在广东，声援上海罢工工人以及抵制仇货的斗争，发展成为省港两地爱国大罢工。罢工工人在广州沙面岛（英、法两国租界所在地）实行封锁，组织罢工纠察队维持秩序，不准英国船艇货物人口出入。6 月 3 日广州工农商学兵各界联合省港罢工工人举行示威游行，各界群众与 5 万多人出席。示威游行队伍行至沙基西桥时，沙面英军突然向对岸的游行队伍开枪射击，死亡 52 人，伤 117 人，又造成了“沙基惨案”，使广东地区的反英运动激发至高潮。7 月 3 日，在中华全国总工会直接领导下，成立了“省港罢工委员会”，下设干事局、财政委员会、工人纠察队、水陆调查队、劝捐处、审查仇货委员会、验货处等机构。为了破坏广东反英斗争，港英政府对广州实施封锁。广州方面则针锋相对地宣布对香港进行封锁，拒不供应食粮，禁止一切交通来往，抵制所有英货，不准英籍轮船出入。另还规定广东对外出入口均不得经过香港，不用英轮运载，外国商船如停泊香港亦不准往来广东。

在大罢工和严厉封锁的双重打击之下，香港经济很快就陷入空前困境。货物不能出入，商号店铺停业，市面萧条，垃圾堆积，交通停顿，对外往来断绝，粮食短绌，价格猛涨，香港变成了“臭港”和“饿港”，人心惶惶不可终日。不仅如此，英国在华南的贸易也急剧下降，1924 年平均每月有 160 至 200 艘英国轮船出入广州，而此时英轮在华南的交通货运几乎完全停止，由其他外国轮船取代。英货进口也大幅下降，由 1924 年的 18900 万元降至 1925 年的 14000 万元，英货在中国全国外货入口总价所占比率，1924 年为 12.4%，1925 年降为 9.8%，1926 年也只有 10.3%。可以说，省港大罢工对英帝国主义在中国和香港的利益无疑是有史以来最沉重的打击，英国在华的经济地位与利益也一落千丈。

在大力开展抵制英货与日货的同时，倡用国货实际上也成为了当时抵货运动的内容之一。1925 年 7 月底，设在上海的中华国货维持会致函苏州总商会以及各地商会，说明“国货不发达，则外货充斥，而我国商人悉成他人制造品之贩卖者，不啻他人席卷我金钱之代理者，为从驱雀，为渊殴渔，当非我爱国商人所乐为”。中华国货维持会印刷了大批誓用国货的誓言书，希望各商会“联合同人一致宣誓，登高一呼，群山响应，于最短时间收事半功倍之效。”誓言书所附的“宣誓服用国货办法”说明了以下主要内容：一、学校由校长督领学生宣誓，自宣誓日起，无论四季衣服，概皆购用国货，如违反本旨，应受驱逐出校处分。二、商店伙友工人（虽业洋货，同属国民，自应同为奉行），由店东或经理督领宣誓，自宣誓日起，无论四季衣服及烟酒，概皆购用国货，如违反本旨，应受停职处分。三、各级议员、各自治机关、各法定团体，由该议长或会长或领袖，督领全体宣誓，自宣誓日起，四季衣服及烟酒皆购用国货，如违反本旨，即丧失国民代表或地方领袖之资格，一经发现，应由各该机关予以名誉上之惩戒。宣誓之后，宣誓人必须在誓书上签名盖章，寄交中华国货维持会以资查考，并随时制表公布。其“誓书式”格式如下：

> 谨以至诚宣誓，于本日起本人所用四季衣服或烟酒一概购用本国织物及出产品，藉以救国，天日共鉴，实式凭之。谨誓。[①]

苏州总商会积响应中华国货维持会的呼吁，于8月初致函吴县议事会、教育会、农会、市乡公会、各业公所，表示“劝用国货，敝会极端主张”，中华国货维持会来函“所拟誓用国货办法七条，尤为切实易行。除商界已由会召集，分别劝导，并将签名誓书复送报告外，相应检附办法书式……希烦广为劝导，务使多一宣誓之人，即多一服用国货之人。振兴实业，即挽回利权，不独敝会之幸，抑亦中华民国前途之幸也”。[②]

在其他地区，商界和社会各界同样也积极响应倡用国货的号召。例如著名民族资本家简照南、简照介兄弟创办的南洋兄弟烟草公司，就曾向罢工的工人慷慨捐赠10万元，另又出资支持“上海市民提倡国货会”，作出了重要的贡献。为了倡导国货，有些商家直接用“五卅”、“国耻”作为产品的商标，出现了“五卅面盆”、“五卅表”、“五卅肥皂”、“国耻毛巾”等商品，令人耳目一新，销路也十分可观。可以肯定，“五卅惨案”之后的大规模抵货运动，以及倡用国货的普及与兴盛，使英货与日货的在华销售均受到较大的打击，民族资本主义则借此获得了发展的机遇。

近代中国的抵制洋货运动，是涉及诸多社会阶层，具有相当普及性的群众性爱国运动。

---

① 马敏等主编：《苏州商会档案丛编》，第3辑，下册，华中师范大学出版社，2009年，第1577页。

② 同上书，第1576页。

首先，无论是主动发起还是被动参与，几乎在每一次抵制洋货运动中都可以看到商人和商人团体的身影。商界的态度与表现，对抵制洋货运动是否能够深入开展也具有至关重要的影响。例如抵制美货运动之所以能够在短期内即达到前所未有的高涨声势与普及程度，主要即是由于商会主动发挥了倡导和联络的重要作用，再加上各地商人予以积极响应的结果。但是，相比较而言，商人阶层在抵制洋货运动中又是遭受损失最大的一个群体。出于切身经济利益的考虑，商人在抵制洋货运动发展到一定阶段之后，又会产生犹豫和退缩的现象。作为代表商人利益的商会，有时为了维护商人的利益，在抵制洋货运动中也会对抵货的具体方式提出一些变通的办法，这应该是可以理解的。但我们过去却只是一味地加以批评和谴责，很少站在商人和商会的角度给予“理解的同情”。

其次，学界与学界团体是抵制洋货运动中最为活跃也最为激进的社会力量。有些地区的抵货运动，即是以学界作为主导力量，产生了不可或缺的重要作用。尤其是热血澎湃充满爱国激情的青年学生，没有经济利益的牵挂与羁绊，在抵制洋货运动中表现十分积极。甚至连小学生也比较活跃，1905 年上海即有“童子军”参与抵制美货运动，随后的抵货运动中也经常会看到“童子军”的身影。另外，在学生群体中还可见到一些女学生在抵货运动中也有积极的表现。一位名为张竹君的广东女士，还在抵制美货的集会上登台演说，“阐明此事非独男子之责，亦我女子之责。我广东通商最早，女子用美货最多，故不用美货，我广东女子关系尤大。”①学生群体除了大力开展形式多样的抵货宣传活动，还担当了在商界查禁洋货的最主要力量，有时甚至因采取过激行动而与商家发生冲突。因此，可以说学生群体是抵制洋货运动中的主力军与生力军，但他们往往较少考虑抵货的策略，行动偏向于激进。

再次，工人、店员、车夫等下层社会民众，也是抵制洋货运动中的重要力量。当然，他们参与抵货运动的方式有其职业特点，有的是拒绝向被抵制国侨民提供各种服务，有的是拒绝搬运“仇货”。还有一种方式，是拒绝购用抵制的洋货，积极使用国货。还有一些店员、工人积极协助学生查禁“仇

---

① 张存武：《光绪卅一年中美工约风潮》，中研院近代史研究所，1966 年，第 129 页。

货”。工会成立后,也曾领导工人有组织地参与抵制洋货运动,发挥了一定的积极作用。一般说来,下层民众往往是抵制洋货运动中的基本力量。

最后,党人和政党等政治力量,也是抵制洋货运动的重要推动者。例如1905年的抵制美货期间,一些革命党人即参与其中,并试图将抵制美货与反清革命联系起来。1919年“五四运动”期间的抵制日货运动,国民党人也曾鼓动学生参与。“五卅惨案”发生后,中共中央也曾号召工会、农会、学生以及各种社会团体援助罢工工人,并“造成排货运动”,后又要求“全国学联发各地通告,以募款援助、抵制日货为最要口号”。当时,国民党也大力号召实施包括抵制英日货内容在内的对“英日两国经济绝交”,并通过商民协会开展有关具体行动,产生了较大的影响。不过,党人和政党并不是抵制洋货运动的组织者和领导者,只是起到一些推动作用。

思考题

1. 抵制美货运动的产生及其影响。
2. 近代中国抵制洋货运动的主要参与者。

阅读书目

1. 潘君祥主编:《近代中国国货运动研究》,上海社会科学院出版社,1998年。
2. 冯筱才:《在商言商:政治变局中的江浙商人》,上海社会科学院出版社,2004年。
3. 朱英:《近代中国商人与社会》,湖北教育出版社,2002年。

第五讲

近代中国著名实业家

> 謇营南通实业、教育二十余年，实业、教育，大端粗具。言乎稳固，言乎完备，言乎发展，言乎立足于千百余县而无惧，则未也未也。实业未至人尽足以谋生，户尽不至乏食，教育未至乡里学龄儿童什七八有就学之所，儿童长成什五六有治生常识，未足云大效。謇方目计之，心营之，而年日以长，力日以薄，智能日以绌，未知观成之何日也。
>
> ——张謇：《南通中等以上学校联合运动会演说》

上面这段话，是近代中国最著名的实业家，同时又是著名教育家和慈善家的张謇，于年近古稀之年，在一次公开演讲中所说。张謇一生成功地开办了众多企业，建造了实力雄厚的"大生资本集团"，也创办了许多学校，还苦心经营慈善公益事业，成就卓著，无人可比。但他并未陶醉于自己所取得的各种成就，能够实事求是地用这段话进行自我评说，堪称难能可贵。

张謇的一生颇具传奇色彩。青少年时期，他与那个时代千千万万的年青学子一样，发愤苦读四书五经，一心向往科举中第。尽管张謇自幼机灵聪慧，勤奋刻苦，但科举考试却屡屡不中，并曾遭人讹诈而背井离乡。直至年逾不惑之年，持之以恒的张謇才终于状元及第，打开了通向宦海生涯之门。然而，张謇却并未由此跻身宦海，而是毅然决然地走上了荆棘丛生的创办实业之路，成为当时以状元身份经商办厂的第一人，令世人极为震惊。

一　张謇家世与青少年生涯

张謇，字季直，50岁以后以啬庵为号，有时也称张季子，晚年则自号啬翁。1853年7月1日，张謇出生于江苏海门常乐镇一个普通的农民兼小商人家庭。在兄弟5人中，他排行第四。

张謇祖籍为江苏长江北岸的通州(今南通)。原本家庭比较富有,祖上在当地是一个拥有较多地产的地主。但好景不长,延至祖父辈即由于“不治生计”,并染上赌博的不良嗜好,很快即家道中落直至破产。张謇的祖父朝彦因家庭贫穷,不得已而入赘吴家,迁居海门。吴家也不富裕,除租种了几亩田,偶尔也从事贩运瓷器。张謇父亲彭年,先后娶葛氏、金氏,生有5子。

少年时期的张謇即显聪颖灵性,5岁能背《千字文》,开始就读私塾。至11岁已读《三字经》、《百家姓》、《千家诗》、《大学》、《中庸》、《论语》、《孟子》,13岁就已经能作帖试“八韵诗”,并且“制艺成篇”。一次,先生出题“人骑白马门前去”,张謇巧妙地对以“我踏金鳌海上来”,深得先生喜爱。看到张謇如此聪明,其父一心希望他能金榜题名,光宗耀祖。

1868年,张謇16岁时开始了漫长而艰难的科考生涯。起初尚比较顺利,县、州两试都得以顺利通过,但州试成绩不佳,排在百名之外。后经过发愤苦读,院试被取中26名附学生员,获得秀才名号。18岁,又取科试一等16名,具备了乡试的资格。但在此之后,张謇在科试的路途上即开始屡遭磨难。同年,参加江南乡试未中,次年又因“冒籍风波”,给张謇及其家庭都带来了无可言状的极大痛苦与沉重负担。按照通州科考之旧例,凡家庭三世无隶名学官为生员者,即被称为“冷籍”,其子弟如参加科考须有学官、廪膳生从中予以“保结”,由此难免有所破费甚至遭受勒索。当时,张謇的家庭即属于“冷籍”,为免遭破费或刁难,张謇经人介绍冒充江苏如皋人张驹之孙,改名张育才在如皋应试。但是,在张謇取为秀才之后,张家就开始不断前来敲诈勒索,并经常威胁要向官府举报,斥革张謇秀才称号。此后数年间,张謇家庭虽不堪其累,负债银累计达千两之多,但也只得忍受敲诈与凌辱,不敢有所声张。

不仅如此,当张謇家庭濒临倾家荡产的边缘,敲诈者难以满足欲望时,又串通学官、董事反诬遭受陷害,使张謇面临陷入牢狱之灾的危险。由于害怕被官府拘押,张謇只得躲避他乡。令人欣慰的是,一些惜才的地方官员给张謇提供了宝贵的帮助,经他们从中斡旋,1873年张謇终于得以经礼部核准而“改籍归宗”,平息了“冒籍风波”。

风波虽得以平息,但此后张謇的科考之路却仍不平坦。1873年科试取一等第15名,乡试却未中。1874年,十分赏识张謇才华的通州知州孙云锦调任江宁发审局,为了减轻张謇家庭的经济负担,邀请张謇担任书记员。由此使张謇开始了新的游幕生涯。江宁乃四方人才云集的六朝金粉之都，也是东南文化中心，张謇在这里的社交圈得以明显扩大，不仅结识了许多学富五车的知名学者，学问更加精进，而且对动荡不宁的社会状况也有所了解，甚至还开始担忧国家的前途命运。两年后，23 岁的张謇又应邀改投庆军统领吴长庆幕府，后来还曾作为幕僚随军到达汉城，经历了“壬午之役”。

此役是因 1882 年朝鲜发生“壬子兵变”，日本政府又乘机派兵进抵仁川，朝鲜国王遂请求清朝政府出兵援助，吴长庆部被征调赴朝，张謇也随军前往。从张謇日记中不难看出，作为一位主要幕僚，他在此役全力帮助庆军运筹帷幄，劳苦功高，协助清军在对外战争中取得了一次少有的胜利。

青年时期的张謇总共经历了 8 年军旅幕僚生活，特别是“壬午之役”的历练，使他对军政事务和外交也有了初步了解。在 8 年的军旅幕僚生涯中，张謇的才华得到进一步显露，甚至得到朝鲜有识之士的好评。他离开朝鲜回国前，国王还赐以三品官服，一些朝鲜高官要员也与他依依难舍。另外，张謇还曾撰写《朝鲜善后六策》，提出了许多独到的见解。清廷虽未采纳，但张謇的声望却得以大大提高。他虽然连举人的身份都一直未曾获得，却成为许多官员延揽的对象，这在当时是不多见的。吴长庆死后，两广总督张之洞曾托人请张謇入幕，后又向北洋大臣推荐请其聘用，但张謇都婉言谢绝了。

张謇起初确想通过担任庆军幕僚而建功立业，光宗耀祖，但后来对统治集团内部为争权夺利而相互倾轧的内幕多有了解，尤其是吴长庆虽建立了功业，但仍受到李鸿章等人的压制，最后竟然抑郁病重而死，使张謇颇有些心灰意冷，不愿再继续出任幕僚。1884 年，已是 31 岁的张謇回到了故乡，其内心深处并无多少荣归故里的感觉。

受父兄的催促以及“学而优则仕”传统习俗的影响，当时的张謇仍未放弃科考目标，还是希望通过科举“正途”跻身于官宦行列。实际上在担任幕僚期间，他就曾多次参加各级科考，成绩十分优异，并受到主考官赞赏，但遗憾的是参加争取举人名号的乡试却屡试不中，成为才华横溢的张謇一生中难以跨越的一个关卡。经过多次科场考试磨练与场屋迭遭蹉跌，张謇尽管对撰写八股文之套路已经烂熟于胸，完全是轻车熟路，然而却一直难以在乡试中题名，举人的名号对于张謇而言似乎是可望而不可及。不过，张謇有着愈挫愈奋的性格，虽然也偶有心灰意懒之时，但却并未因屡次失败而放弃。

从1884到1894年的10年间,张謇一直都坚持不懈地在科场上努力奋斗。

1885年,即回乡之后的次年,32岁的张謇又再次提起精神,北上参加了顺天乡试。他在日记中写道:此行"求不可必得之名于二千里之外,事与心违,思之泣下"。由于当时的张謇已有一些名声,在他进入考场前旧友新朋均前来相送,并表达鼓励之情。在担任此次乡试正考官的兵部尚书潘祖荫和副考官工部尚书翁同龢的帮助之下,张謇排名第二,在当时称"南元",即南方士人参加顺天乡试的第一名。从秀才到举人,张謇经历了16年场屋蹉跌的折磨,个中酸甜苦辣真可谓一言难尽。

1886年3月,张謇参加了礼部会试。当天"晨起受寒",张謇身体出现不适,预示着此次会试不会顺利。张榜之后,张謇果然成绩不佳,与上年高中"南元"的情景形成了鲜明对比,又一次遭遇到挫折。1889年,他再次北上应会试,但已流露出些许不得已而为之的消极情绪。此次会试,张謇在考场上未能充分发挥其才华与水平,结果又再次受挫。1890年,系光绪帝亲政的恩科会试,张謇也北上参加,但临行前就出现寒热咳嗽症状,赴京后又发作齿痛,加上情绪不佳,考试结果仍是"报罢",不日即返归故里。1892年,张謇第四次北上参加会试。尽管有翁同龢等人竭力从中相助,但阴差阳错,原本是想提携张謇,判卷时却出现张冠李戴之误,张謇又一次名落孙山。师友一再前往慰问,翁同龢亲自出面推荐张謇留京在国子监任教,学内诸生还主动表示愿意为他捐纳学正官职,但张謇"坚谢至再,未遂许也"。

在辞幕僚职"归隐"家乡后的8年间,除了顺天乡试还算比较顺利之外,随后的连续会试都是一次又一次落榜,以及一次又一次地怀着自责愧悔之心返回家中,这种打击对张謇不可谓不大。但在此期间,除了科场连连失利,张謇利用自己的声望与影响,还是为经营乡里做了一些有益的事情,包括办理通海花布减捐,提倡改良和发展蚕桑事业,参与筹办地方渔团,提议平粜放赈和建立社仓,恢复设立海门溥善堂等。同时,在这期间他还致力于教书与著述,写下了不少有关抨击时政与改良社会的篇章,并产生了一定的影响。

1894年,时逢"慈禧太后六十万寿,举行恩科会试"。当时已是41岁的张謇并无参加此次会试的迫切愿望,倒是其父一再恳求他再往应试,故而不得不又一次赴京。此次恩科会试张謇本人其实未抱多大希望,甚至连考试用具也未自备,均"杂借自友人"。但翁同龢、李鸿藻等一直非常赏识张謇的主考官员，却决心要帮助这位才子考中状元。特别是翁同龢担心再次出现张冠李戴之误，令收卷官坐候张謇交卷，随即直接送交自己手中。翁同龢简单阅看之后，马上批示："文气甚老，字亦雅，非常手也。"次日晨，他又与李鸿藻等其他考官商议，将张謇的考卷列为第一名。在向光绪帝禀报此次会试举子成绩排名时，翁同龢又特地介绍说："张謇江南名士，且孝子也。"连光绪帝也甚为欢喜。

就这样，经过26个春秋的坎坷曲折，并且历经了无数次的失败挫折之后，已逾不惑之年的张謇，终于在翁同龢等官员的大力帮助下，达到了状元及第的目标，获得了科举士人最高的荣誉。但当亲朋师友纷纷祝贺张謇以一甲一名考中状元，由此得以大器晚成、苦尽甘来之时，他却并无欢欣鼓舞、得意忘形之情，相反还心潮起伏且惶惑不安："栖门海鸟，本无钟鼓之心。伏枥辕驹，久倦风尘之想。一旦予以非分，事类无端矣。"在《啬翁自订年谱》的记述中，他想到的是已经去世的慈母与几位恩师，再也看不到自己金榜题名，又念及甲午战事阴云弥漫，国家前途堪忧，内心的悲情难以抑制，"不觉大哭"。

张謇的这种伤感表现是情有可原的。尽管张謇具有坚韧不拔、愈挫愈奋的品质，但任何一个人在经历了如此漫长、曲折、坎坷的人生挫折，尤其是历经无休止的科考失利的煎熬之后，都难免会有一些沮丧之情。在此情形之下，即使最后达到了目标，也会感慨万千，心潮起伏，这应该是完全可以理解的。

二　张謇实业活动与成就

张謇考中状元后被朝廷授以翰林院修撰，正式取得了清朝官员的身分，但他并未借此机会在官场中寻求步步高升，而是转而投身于创办实业。在当时的历史条件下，状元办厂堪称令人惊导之举，但对张謇而言却决非偶然。数十年在科举考场中的多次挫折，使张謇耗费了不知多少心血，同时也使其对追求功名利禄趋于淡泊。最后一次的应试其实主要是出于孝道，而不是渴望进士或状元名号。加上其父随后又病逝，更使他感到"一第之名，何补百年之恨，慰亲之望，何如侍亲之终"。由是之故，张謇对做官看得愈益轻淡。与此同时，张謇的经世致用与爱国救亡思想则日趋强烈。特别是甲午一役，中国惨败于“蕞尔岛国”日本，签订空前丧权辱国的《马关条约》，深深刺激了张謇的爱国之心。他在自订年谱中抄录了《马关条约》全部内容的提要，并特地注明“几罄中国之膏血，国体之得失无经矣”，以此对自己予以警醒。与此同时，甲午战争之后仁人志士与社会舆论纷纷呼吁“设厂自救”，大力倡导发展中国民族资本主义工商业，以有效抵御西方列强和日本的扩张渗透。这一时期，张謇也曾向张之洞起草《条陈立国自强疏》，提出加强国防、广开新学、提倡商务、讲求工艺等一系列建议，并且特别强调发展近代实业与近代教育，对于自强救亡的重要作用。由此可以说，张謇的“实业救国”思想此时也逐渐形成，从而促使他毅然走上了同样艰难的创办实业之路。

在当时的历史条件下，张謇以状元和翰林身份而走上兴办实业之路，在很大程度上可谓一种情操上的牺牲。因为从一向居于“四民之首”而且以清高自命的封建士大夫群体中的一员，忽然转而与长期被视为“四民之末”的商人为伍，这在一般士人看来似乎不可思议，他本人也未尝没有经过一番思想交锋。但张謇坚定地认为，自己是以爱国者的姿态兴办实业，并非出于个人利害的考虑，应该能够得到世人的理解。事实证明，后人对他的这一选择不仅能够理解，而且深为敬佩。此外，张謇投身实业后，坚持“言商仍向儒”，始终以儒商的身份出现。他强调自己兴办实业是为了筹措经费发展近代教育，即由士林出发，经过商贾又回归士林，这在当时可以说是他在道义上寻求的创办实业的一种依据。①

幸运的是，由于张謇经营有方，并依靠其状元身分与封建势力斡旋，他最早创办的通州大生纱厂开工后利润比较可观。之所以首先创办纱厂，是因为棉纺织业乃关系国民生计的重要工业部门之一，而且西方列强向中国倾销的商品，又是以洋纱所占的比重最大，故而中国要振兴实业，就必须首先从发展棉纺织业开始。在大生纱厂近四年的筹办过程中，张謇碰到的困难也不少，如招股集资、建造厂房、购置机器等都不顺利，有时甚至因资金短绌，连最起码的日常开支也难以应付。但张謇凭着坚定的决心与顽强的毅力，克服重重困难，终于在1899年将大生纱厂建成开工。该厂开工的第一

① 章开沅：《开拓者的足迹——张謇传稿》，中华书局，1986年，第54页。

年，张謇制定了健全的规章制度，进行奖惩分明严格有序的管理，当年即获纯利规元 26800 余两，有时还出现了“纱未纺出，已被卖空”的大好形势。

大生纱厂的成功创办，不仅使经济落后的江苏长江北岸诞生了第一家近代化工厂，而且也意味着张謇开始从传统的士人群体，转向近代企业家这一中国前所未有的新社会群体，对于张謇而言这无疑是一个质的转变，其意义非同小可。正如章开沅先生所说：“张謇在士人群体中的梯登诚然历尽艰辛，但那毕竟是在旧的社会框架内的升迁。这是一条千百年来千百万人走过的老路，不仅有一整套陈旧的规章程式可以遵循，而且还可以得到许多为皇帝觅才访贤的前辈显赫人士的识拔援引。现在张謇正在从一个旧的群体走向一个新的群体，他不仅为了脱离旧传统的‘脐带’而拼命挣扎，而且还得为争取新群体的认同而殚精竭虑。中国第一代企业家的道路是艰险而又崎岖的，他们大都来自旧的营垒，走的是一条前人（就国内而言）没有走过的道路，路上充满着荆棘和陷阱，时时刻刻都面临着被外国资本吞噬的危险，要有很大的勇气、毅力和机智才能不断前进。”①

大生纱厂初办即获得较为可观的利润，这使张謇兴办实业的信心大增。1901 年他又开始筹办通海垦牧公司，希望将濒于荒芜的海滩改造成为近代棉纺织业的原料基地，此举也表明张謇的企业活动开始从工业扩展到了农业。但是，创办通海垦牧公司遇到的困难更多，“开办之始，无地可栖”，只能“搭盖草屋，率数人一屋，湫隘嚣杂，寒暑皆苦”。另外，工程费时也更长。从 1901 年基建工程开工，到 1910 年基本完成，整整花费了 10 年时间。其间碰到的主要难题，一是为数甚多的地权纠纷，处理这些纠纷即耗时 8 年，最终才得以逐个将土地产权清理收买完毕。二是多次遭遇狂风巨潮自然灾害的影响，每当风潮来袭，都不得不“昼夜守护危堤，出入于狂风急雨之中，与骇浪惊涛相博”。但有时灾害巨大非人力所能抵御，只能遭受严重损失。例如 1905 年夏，本已修成长堤 7 条和一部分河渠，并开垦土地 7 千余亩，但却遭遇一场连续数天未停的强大暴风雨，巨浪冲垮了建好的长堤，牧场的羊群也不知被冲向何处，损失极为惨重。值得称赞的是，张謇在重重困难之前并未退缩，仍然咬牙坚持筹划补救办法，修复冲毁的干堤。

---

① 章开沅：《张謇传》，中华工商联合出版社，2000 年，第 93 页。

就这样，经过整整10年的艰苦创业，终于使垦牧公司建成，使原来的一片荒野之地变成了一个小社区，“各堤之内，栖人有屋，待客有堂，储物有仓，种蔬有圃，佃有灶社，商有廛市，行有涂梁，若一小世界矣。”①此外，还建有初等小学、中心河闸以及“自治公所”。垦牧公司的创办对张謇的实业发展也不无帮助，它可以为大生纱厂提供大批价廉质优的棉花，从而保证了大生纱厂持续不断的发展。

不仅如此，从1901年到1907年，张謇还以大生纱厂为轴心，又先后创立了众多企业。其中包括大生二厂、同仁泰盐业公司、广生油厂、人兴面厂、阜生蚕桑公司、翰墨林印书局、资生铁厂、资生冶厂、颐生酿造公司、大达轮步公司、懋生房地产公司等19个企业，并联合组成通海实业总公司，后人也称大生资本集团。这些企业都直接或间接地为大生纱厂服务，或者是利用大生纱厂生产后的余料，进行再加工，制造出另外的产品。由此可以说，大生纱厂带动了通海地区整个实业的发展。另外，张謇还在外地也参与投资创办了许多企业，例如上海大生轮船公司、镇江大照电灯厂、吴淞江浙渔业公司、徐州耀徐玻璃厂、景德镇江西瓷业公司、苏省铁路公司等。

此时，尽管张謇已昂首进入工商业者的行列，成为著名的实业家，但他终究还是一个不同于一般资本家的儒商，仍然魂系文化教育事业，并没有忘记自己兴办实业以发展教育的初衷，于1903年在通州创办了师范学校，聘请著名学者王国维等人担任教员，接着又兴办了通州女子师范学校，这在当时可谓开风气之先。1904年，他还曾参与设立“通州五属学务处”，作为统筹推广新式教育的办事机构，并相继兴办了一批中学和小学。此时的张謇，已在江南乃至全国都赢得了很高的声誉，成为令人瞩目的社会名流。

到20世纪20年代初，张謇的实业生涯更是进入了鼎盛时期。在1912至1921年的10年间，他不仅又扩建了几个大生分厂，垦植公司也得到进一步扩展，另还发展到冶铁、供电、金融以及许多轻工行业。1918年，为便于大生企业扩充资金，创办了淮海银行。另为适应大生公司产品运输的需求，又先后创办大达轮船公司、南通大储栈等企业。大达公司拥有自购江轮7艘，并代管大储栈驳轮2艘及广祥轮船1艘，经营成效较为显著。另外，张

---

① 张謇：《垦牧乡志》，转引自章开沅：《张謇传》，中华工商联合出版社，2000年，第144页。

謇还创办或协办了大昌纸厂、通燧火柴厂以及许多服务性的企业，包括旅馆、浴室、药店等。当时的张謇，身兼南通实业、纺织、盐垦总管理处总理，大生第一、二、三纺织公司董事长，通海、新成、华成、新通等盐垦公司董事长，大达轮船公司总理，南通电厂筹备主任等多项重要职务，成为海内外声名显赫的实业家。

与此同时，张謇在兴办社会教育方面也取得了突出的新成就。他先后创办了专门技艺学校、职工学校以及幼稚园、教育馆等，另又兴办了以南通地方社会公益福利为中心内容的各类事业，包括医院、图书馆、博物馆、气象台、公园、残废院、育婴堂、养老院、伶工学社、模范监狱等。经过张寒的努力，南通已逐渐从一个封闭落后的封建小城镇，发展成为粗具规模的近代新型城市。

但是，在此之后张謇的实业生涯即开始走下坡路。由于欧战结束后帝国主义变本加厉地向中国进行经济侵略，军阀混战又给民族资本企业造成无穷灾难，张謇经营的大生企业集团也和其他许多民族资本企业一样，未能幸免于难。另一方面，大生资本集团除了扩建太多的分厂，而且投资的其他领域和企业也越来越宽，经常碰到资金周转不灵的情形，只有不断截留大生一、二厂的利润甚至是公积金，用以缓解燃眉之急，使原本利润丰厚的大生一、二厂也逐渐出现资金储备严重不足，无法更新机器设备，乃至生产受到严重影响，最终趋于亏损的不利局面。

1922 年，大生一厂和二厂这两个台柱企业即因巨额亏损开始负债。当年，大生一厂亏损银将近 40 万两，负债总额高达 1200 万两；二厂也亏损 31 万多两，负债总额为 350 万两。两厂的负债多为“借入款”，一厂为 700 余万两，二厂为 120 余万两，但这些借款并非用于生产，而是被挪用于支付盐垦系统的拖欠，另一部分则用于垫付非生产性开支的“地方事业”。例如是年大生一、二厂的资产负债表记载，“借出款”分别多达 470 余万两和 120 余万两，表明两厂资金被抽调挪用的情况十分严重，而且这些“借出款”根本不可能在短期内归还，最终都会变成大生纱厂的负债。1921 至 1922 年间，通海垦牧公司的许多下属子公司也因灾害影响和经营不善，同样开始亏损负债。例如，1921 大有晋公司遭遇严重水灾，使原已收获的棉花全部损失殆尽。1922 年大丰公司播种垦田 15 万多亩，因在秋季遭遇强台风和暴雨袭击，最后颗粒未收。受台风暴雨影响，新南、新通两个公司创立不久即宣告倒闭，大豫、大赉、大丰公司的负债总额也高达250余万两。在此情况下，整个大生资本集团都开始面临岌岌可危的困境。

在迫不得已的情况下，大生纱厂将厂基作价70万两抵押给了永聚集团，而且还不得不按照约定的条件，聘请永聚的大股东费善本为经理。1922年，大生资本集团向银钱业抵押借款近400万两。如此东挪西借，并不能从根本上缓解资金短绌引起的诸多危机。于是，张謇又冒着极大的风险，寄希望于向日本企业家借得大宗款项，但却未能如愿以偿。随后又想向美国福特、大赉等资本集团贷款，并为此而远涉重洋到美国四处奔走游说，但同样未能达到预期的目的。

到1925年，大生纱厂对外借款累计已高达1000余万两，无力再继续维持，被江浙财团接办，后又落入四大家族的官僚资本手中，并使得整个大生企业集团及张謇经营的一系列事业先后发生产权的转移。张謇的良谟宏愿最终付诸东流，对此他只能无可奈何地感叹："謇不幸而生中国，不幸而生今之时代，尤不幸而抱欲为中国伸眉、书生吐气之志愿。"

三　张謇社会公益活动及影响

张謇除了毕生经营实业取得了显著成就，他的慈善公益思想与活动，在近代中国慈善公益事业的发展进程中，也具有不可忽视的重要地位与影响。他不仅在观念上使慈善公益思想的内涵更为丰富和更具近代色彩，而且还克服种种困难努力付诸实际行动，使慈善公益事业具备了新的功能与作用，从而为中国近代化的发展作出了令人瞩目的重要贡献。

张謇慈善公益思想最为显著的一大特点，是不像以往的慈善界人士那样，仅仅单纯地就慈善而论慈善，而是将慈善事业纳为整个改良社会的系统工程中的重要一环，视之为具有深远政治意义的一项活动。这种深刻的认识，应该说在当时是不多见的。

张謇认为，慈善事业与地方自治、实业、教育等各项致强救亡的举措都有着密不可分的联系，而且是相辅相成，缺一不可。1903年他从日本考察回国以后，就开始将其以往所主张的村落主义与具有近代观念的地方自治结合起来，强调地方自治必须与发展慈善、实业、教育紧密地结合在一起，才能充分发挥其作用，达到预期的目的。因此，他在兴办南通地方自治时一再强调慈善和其他相关事业的重要性，并曾反复阐明相互之间的密切关系："窃謇抱村落主义，经营地方自治，如实业、教育、水利、交通、慈善、公益诸端，始发生于謇兄弟一二人，后由各朋好友之赞助，次第兴办，粗具规模。"①

实际上，张謇是将实业、教育、慈善三大项作为地方自治的主要具体内容。他曾比较详细地诠释实业、教育、慈善这三者之间的关系："以为举事必先智，启民智必由教育；而教育非空言所能达，乃先实业；实业、教育既相资有成，乃及慈慈，乃及公益。"②之所以强调实业，是由于"自治须有资本"，就此而言可称实业是地方自治的"根本"；但实业的振兴与教育的发展不可分割，因而也不能忽视教育；慈善公益事业在这三者当中的地位与作用虽处于最后，但也同样不能忽略。用张謇的话概而言之，即是"以国家之强，本于自治；自治之本，在实业、教育；而弥缝其不及者，惟赖慈善"。可见，张謇是将慈善公益事业的地位与作用提到了相当的高度，给予了过去所没有的全新认识和理解。

张謇慈善公益思想的另一特点，是十分重视慈善教育。作为近代中国儒商的典型人物，张謇自然对发展教育非常关注。他在清末即认为："世变亟矣，不民胡国？不智胡民？不学胡智？不师胡学？"③这显然是将国民教育作为立国自强的根本大计。1895年，他为张之洞起草条陈立国自强疏，就提出"广开学堂"，戊戌维新期间又主张废科举、兴学校，并为之付出了艰辛的努力。

值得强调的是，清末民初重视发展教育者不乏其人，但像张謇这样关注慈善教育，特别是残疾人教育的却为数不多。张謇在清末创办师范和中小学校的同时，就已开始注意盲哑等残废人的教育事业，并且提出了发展盲哑人教育的独特见解。1907年他曾致函署江苏按察使，阐明"盲哑学校者，东西各国慈善教育之一端也。教盲识字母，习算术，教哑如之。入其校者，使人油然生恺恻慈祥之感，而叹教育之能以人事补天憾者，其功实巨"。但是，张謇的建议并未得到积极的回应。当时的中国，没有多少人意识到盲哑人教育的重要性。尽管如此，张謇并不气馁，仍继续不断呼吁此事，并决心

① 张謇研究中心等编：《张謇全集》，第4卷，江苏古籍出版社，1994年，第457页。
② 同上书，第468页。
③ 同上书，第72页。

依靠自身的力量创办盲哑学校。稍后，他进一步认识到要发展中国的盲哑人教育事业，首先必须培养专门的师资力量，否则只会流于空谈。1912 年他在筹设盲哑师范传习所时，一再说明"知师范学校之重要而建设者，殆及于中国行省十之五六，则非残废之儿童，不患教师之无人。惟盲哑之儿童，贫则乞食，富则逸居，除英、美、德教士于中国所设之二三盲哑学校外，求之中国，绝无其所"。

张謇慈善公益思想的又一特点，是重视对各种自然灾难，尤其是水灾的标本兼治，并提出了导淮治灾的一系列主张。张謇认为灾象显现之后，赈灾固然必要，但还须从长计议，不能单以赈灾作临时应付之策。因为"水道不修，则水灾尤必有之事，有灾即又须赈。徒赈无益，甚且养成一般人民之依赖性，故以工代赈，为中国向来办赈至善善策"。[1]为了使更多的人意识到导淮治水的重要意义，张謇曾经无数次地向各界人士多方阐明其主张，也曾向官府上疏请求予以重视和支持。

最后需要说明的是，张謇对慈善公益事业所包含的具体内容的理解也更为宽泛，与同时期其他人对慈善的认识有着明显的不同。他曾结合自己所从事的慈善公益活动，指明在新的历史条件下，"慈善除旧有恤嫠、施棺、栖流诸事外，凡特设之事六：曰新育婴堂，曰养老院，曰医院，曰贫民工场，曰残废院，曰盲哑学校"。[2] 实际上，除了上面所列内容之外，随着时代和社会的发展，张謇对慈善公益活动内容的理解也在不断扩展。例如他认为学校兴办之后，还应创设相关的辅助性公益事业，包括图书馆、博物院，"以为学校之后盾，使承学之彦，有所参考，有所实验，得以综合古今，搜讨而研论之耳。"他还说明创设气象台，也"为自治公益事业之一"，"对于旱潦之预防，更有裨益"。在张謇看来，创办公园也属社会公益事业，"公园者，人情之圃，实业之华，而教育之圭表也"，其作用是"以少少人之劳苦，成多多人之逸乐"。

综上所述，张謇的慈善公益思想确实具有值得重视的特点。他的一系列主张，在很大程度上标志着近代中国慈善公益思想已发展到一个新的阶段。如果说戊戌维新时期经元善提出救急不如救贫、兴女学、开风气、正人

① 张謇研究中心等编：《张謇全集》，第 2 卷，江苏古籍出版社，1994 年，第 101 页。
② 同上书，第 407 页。

心的新慈善观,体现了中国早已有之的慈善观念已开始从传统向近代转变;那么,清末民初的张謇则在经元善新慈善观的基础上,又使中国的慈善公益思想具有了更为明确、更为丰富的近代内容。特别是他将慈善公益事业与地方自治、实业、教育的发展紧密相联,从新的层面阐述慈善公益事业的功能与作用,并且十分重视盲哑人教育,将创办图书馆、博物院、医院、公园等都纳入到社会公益事业之中,称得上是张謇对中国近代慈善公益思想的一大发展。

清末民初的张謇,既是商学两界举足轻重的巨擘,也是慈善界的头面人物,他不仅提出了一系列新的慈善公益思想,而且还尽其最大的努力,在自己的家乡南通积极从事各种慈善公益活动,在实业、教育和慈善公益方面都取得了十分显著的成就,为当时工商慈善界的一般人所远远不及。"实业如农、如垦、如盐、如工、如商之物品陈列所,教育如初高小学、如男女师范、如农商纺织医、如中学、如女工、如蚕桑、如盲哑、如幼稚园之成绩展览及联合运动,慈善如育婴、如养老、如贫民工场、游民习艺、如残废、如济民、如栖流之事实披露,公益如水利所建各堤闸、涵洞、河渠、桥梁,如交通所辟县乡干支各道之建设。"[①]除此之外,张謇还先后创办了医院、图书馆、博物苑、气象台、公园、警察传习所、工学社、更俗剧场、模范监狱等。可以说,近代中国还没有谁能够像张謇这样依靠个人的力量,在自己的家乡从事这种整体性的社会改造工程。

在从事慈善公益活动的实践中,张謇也体现出以下若干不同于他人的特点。

其一,张謇在经营创办许多慈善和公益福利事业时,都是将其作为与整体社会改造工程,亦即近代化进程中不可分割的具体内容之一,而不是简单地视之为单一的慈善活动。例如他创办盲哑学校时即阐明:"盲哑学校,慈善教育之事也……夫人人能受教育以自养,则人人能自治,岂惟慈善教育之表见而已。此愚兄弟创设斯校之微旨也。"[②]其目的显然重在"人人能受教育以自养,则人人能自治"。又如张謇兴办图书馆、博物苑等公共设施,也认为这是"足裨自治"的重要举措。即使是创设气象台,张謇也认为是"自

① 张謇研究中心等编:《张謇全集》,第4卷,江苏古籍出版社,1994年,第463—464页。
② 同上书,第108—109页。

治公益事业”之一。

其二,张謇创办众多社会公益和福利事业,“在前清固未尝得政府分文之助,在今日仍不敢望政府格外之施”,所用经费绝大部分是来自于其经营实业所得的利润。换言之,他主要是依靠自己个人的力量兴办各项公益事业,而不是靠他人或者是社会的捐款。尤为难能可贵的是,张謇花费巨资不断兴办社会公益事业,完全是出于自己主动的行为,并不是受他人安排或是被动地从事这些活动。他曾经说明自己在南通兴办的各项事业,“向系自动的,非被动的,上不依赖政府,下不依赖社会,全凭自己良心做去。”在近代中国,慈善公益事业一般都是以社会和某些人的捐款而兴办的,很少像张謇这样的主要依靠自己的力量,兴办如此众多的社会公益事业。有的人或许能够独自捐资做一二件善事,或是为地方兴办少数福利事业,但却无人能够与张謇相提并论,更难以独自承担一个城市慈善公益事业的整体社会改造工程。

其三,在从事慈善公益活动的过程中,张謇还表现出勇于克服各种困难、一往直前的坚韧品格和精神。尽管张謇经营实业比较成功,具有超出他人的强大经济实力,但由于在实业、教育、慈善公益等方面的建设项目太多,开支过大,同样也经常面临经费短绌的困难。特别是在他晚年实业经营开始走下坡路时,这一困难变显得更为突出。即使如此,张謇也从不放弃自己的追求,仍想方设法克服诸多困难,力争达到预期的目标。遇到经费开支出现困难时,张謇除多方筹措资金之外,还常常以卖字的方式筹款。例如,残废院、盲哑学校建立之后,他公开发出启示,每日抽出两个小时,“不论何人,皆可牛马役仆,又可助仆致爱十笃癃无告之人,而勉效地方完全之自治”。稍后,“预计岁支尚绌,又有地方他公益待作”,张謇又“继续鬻字,以资所乏”。由此不难看出,张謇为从事地方慈善公益事业所付出的艰辛与努力。直到70岁高龄,他仍然继续为筹款维持慈善公益事业“鬻字一月”,并诚恳地表示“任何人能助吾慈善公益事者,皆可以金钱使用吾之精力,不论所得多寡”。

正是由于上述各方面原因,张謇在近代中国从事地方慈善公益活动所取得的成绩也相当突出,尤其是对南通的社会改造产生了深远的影响。经过他的辛勤努力,在原本较为偏僻的南通出现了近代第一所由中国人自办的盲哑学校,第一所地方博物馆、公共图书馆和气象台,此外还有其他各种为数众多的社会公益福利事业。"南通县者,固国家领土一千七百余县之一,而省辖六十县之一也。以地方自治实业教育慈善公益各种事业之发达,部省调查之员,中外考察之士,目为模范县。"

张謇的努力及其取得的成绩,受到了中外人士的一致赞誉。日本人驹井德三在《张謇关系事业调查报告书》中说:"惟公张謇独居南通,拥江北之区域……所怀之理想,数十年始终一贯,表面以分头于实业交通水利之建设,里面则醉心于教育及慈善公益之学理,乃唯一主新中国之创造者,诚可谓治现今中国社会之良药,而非过言者也。"这段文字虽有过誉不当之处,但却反映出对张謇一生的业绩与贡献的极大推崇。北京民国政府内务部、教育部曾呈文时任大总统的袁世凯,以"南通县绅张謇慨捐巨款,提倡公益,振兴教育,请特予褒扬"。袁世凯遂专门发布策令,褒扬张謇"在南通提倡自治,办理学校、善举及一切公益事业,迭次捐资二十余万元。……以创办实业之余财,为嘉惠地方之盛业,洵属急公好义,为国楷模"。[①] 但是,面对中外人士的赞誉,张謇却对自己未能完全达到整体改造南通社会的目标,特别是对最终未能实现导淮兴垦,从根本上治理江淮水灾的抱负而深感愧疚。

胡适在《南通张季直先生传记序》中说:张謇"在近代中国史上是一个很伟大的失败英雄","他独力开辟了无数新路,做了三十年的开路先锋,养活了几百万人,造福于一方,而影响及于全国"。客观地讲,张謇确实为南通也为整个近代中国实业、教育与慈善公益事业的发展,作出了不可磨灭的贡献,因而值得后人深深地怀念。

四　张謇政治活动及其无奈

在近代中国,张謇又是一个十分独特的历史人物,他不仅是著名的实业家、教育家、慈善公益活动家,而且还与政界联系密切,曾满怀救亡图存的爱国激情,积极参加一些政治活动,并曾在中华民国初期出任南京临时政府的实业总长以及袁世凯政府的农商总长,但最终也未能在政界一展宏图,只能

① 沈家五编:《张謇农商总长任期经济资料选编》,南京大学出版社,1987 年,第 403 页。

怀着失望和悲愤的心情仍然回归实业界。

甲午战争前后，张謇即与翁同龢、李鸿藻等清朝军机大臣关系甚密，加上翁、李对自己有知遇之恩，由此更是积极为其出谋划策，成为“帝党”中的一名重要成员，参与到与“后党”主要官员李鸿章之间的争斗之中。当时，翁同龢位居汉人军机大臣之首，与张謇保持着频繁的书信往来，相互讨论中日战争的对策，并谋划削弱李鸿章的势力与影响，借由这种方式他向翁同龢提出了不少建议。

甲午战败之后，救亡图存的舆论日趋高涨，以李鸿章为代表的淮系与“后党”广受谴责，“帝党”与维新派又借此机会联合起来，积极推动变法维新，张謇还与清流派官员的代表人物张之洞、刘坤一加强了联系，并应张、刘之聘请主持江宁文正书院。1895 年 10 月，维新团体强学会在北京成立。随后，张謇与南下的康有为以及张之洞等人，联合在上海建立了上海强学会，并创办了《强学报》。至此，张謇已经作为“帝党”的成员之一，主动参与到维新变法之中。

在维新变法运动进入高潮的前夕，张謇来到作为政治中心的北京。当时，也是帝后党争趋于激化的紧张时刻，翁同龢受到“后党”官员的一再奏劾。但光绪皇帝下决心变法，诏定国是，“百日维新”揭开了帏幕。张謇也参与了维新活动，向翁同龢提出若干具体的革新建议，包括《农工商标本急策》、《代拟请留各省股款振兴农工商务折》以及改革税收措施等，并为即将成立的京师大学堂代拟实施办法。然而，尽管“百日维新”已经揭幕，但“帝党”的力量毕竟有限，“后党”以慈禧太后作为后台，仅 4 天后即借光绪名义谕令翁同龢开缺回籍。张謇因此而深受打击，大失所望，同时也不得不感慨政治斗争之残酷无情。他在当天所写的日记中，尤其担心“朝局至是将大变，外患亦将日亟矣”。依依送别翁同龢离京后不久，张謇也怀着复杂的心情离开北京回到了通州。随后不久，戊戌政变发生，“百日维新”也如昙花一现宣告失败。

翁同龢被罢官与维新变法的失败，使张謇再一次亲眼目睹了宫廷之争的冷酷与政治改革的错综复杂，失望与担忧之情溢于言表。他后来曾描述 19 世纪末的清朝政局说：“嗟呼！晚清朝政之乱，表病在新旧，本病在后帝，始于宫廷一二人离异之心，成于朝列大小臣向背之口，因异生误，因误生猜，因猜生嫌，因嫌生恶，因恶生仇，因仇生杀。恶而仇，故有戊戌之变；仇而杀，故有庚子之变。戊戌仇帝，仇小臣，卒仇清议；庚子杀大臣，杀外人，卒杀无辜之民。"①张謇有关当时"表病"与"本病"关系的这番认识，未必十分准确，说明他对维新变法性质的理解也并不全面。

应该说明的是，经历了维新变法的失败之后，张謇的爱国之心与政治热情并未因此而完全泯灭。20 世纪初，清王朝为了应对新形势又发布推行"新政"诏谕。张謇应两江总督刘坤一邀请赴江宁商议要政，草拟了《变法平议》，强调变法的必要性和紧迫性，并具体阐明三大变法原则，一为"必先更新而后旧可涤者"，二是"必先除旧而后新可行者"，三是"新旧相参为用者"。其目的是吸取戊戌变法失败的教训，以折中调和的方式推行变法。但是，张謇的这些主张并未受到刘坤一的重视，"意绪为之顿索"。1903 年张謇赴日本考察，此时国内的政治形势又发生了变化，在反清革命运动开始逐渐趋于高涨之际，朝野上下呼吁君主立宪改革的舆论也开始兴起。东瀛之行使张謇目睹日本实行君主立宪制，实业得以蓬勃发展的现实，回国之后他也开始公开赞成君主立宪并积极投入立宪运动。

起初，张謇主要是联络一些有影响的封疆大吏，推动朝廷进行宪政改革。除湖广总督张之洞、两江总督魏光焘（刘坤一已病逝）之外，张謇还联络了其他各省督抚，包括写信给已绝交 20 年的直隶总督兼北洋大臣袁世凯，劝他带头向朝廷奏请立宪，争取做中国的伊藤博文。在请求宪政改革的呼声日益高涨的情况下，清王朝也于 1906 年 9 月发布了预备仿行立宪的诏令。资产阶级立宪派为了促使宪政早日实现，纷纷组建立宪团体，创办相关刊物，大力进行宣传与鼓动，掀起了一场颇有声势的立宪运动。张謇也作为工商界的代表人物积极投身立宪运动。

1906 年 12 月在上海成立的预备立宪公会是全国最早建立的宪政团体，出版有《预备立宪公会报》和其他许多立宪书刊，面向全国发行。该团体成立之后，不仅是江浙以及东南地区开展立宪运动的核心，也是在全国声势和影响最大的立宪团体，并在很大程度上对全国立宪运动起着主导作用。其主旨是"敬遵谕旨，以发愤为学、合群进化为宗旨"，"使绅民明晰国政，以为预备立宪基础"，成员以实业、教育界知名人士居多。此时的张謇，已是

① 张謇研究中心等编：《张謇全集》，第 5 卷（上），江苏古籍出版社，1994 年，第 450 页。

在江浙乃至全国工商界都享有很高声望的著名实业家，加上热衷于宪政，自然成为了预备立宪公会的发起人之一。该会成立时，推举郑孝胥为会长，汤寿潜、张謇为副会长，后郑孝胥辞职，相继由朱福诜、张謇担任会长。于是，张謇又成为了资产阶级立宪运动的领袖人物之一。

1907年底，清王朝也进一步作出了预备立宪的姿态，谕令设立资政院作为正式议院的基础，同时又谕令各省筹设咨议局。次年秋，张謇奉旨筹办江苏省咨议局，到1909年正式成立，张謇当选为江苏省咨议局议长。他一心希望利用咨议局这个新舞台，能够代表绅商民意多办实事，使之发挥应有的作用与影响。但咨议局并无实权，与督抚多有冲突，而且按照规定咨议局通过的议案，必须报请本省督抚认可批准才得以生效，所以很难真正发挥作用。例如，1911年上半年苏省咨议局开会讨论宁属预算案，议决将两江总督张人骏原提案删减30余项，减少预算50余万两。张氏大为光火，不仅拒绝批准公布这一议决案，而且也不交回咨议局复议，仍坚持按原案执行。身为咨议局议长的张謇连同副议长和常驻议员全体辞职，以表示抗议，但最后不仅无济于事，反而使江苏咨议局无形解散。这样的结果，使张謇又一次深感失望和无奈。

1909年，为推动清王朝加快预备立宪的步伐，速开国会，组织责任内阁，各省立宪派联合发动了国会请愿运动。在这一运动中，张謇也起了重要的倡导作用。他积极联络当时较为开明的江苏巡抚瑞澂以及预备立宪公会的主要成员，商定由瑞澂出面联络各省督抚，奏请清廷组织责任内阁，由张謇等人出面联络各省咨议局，要求迅速召开国会。同年底，16个省份的咨议局代表应邀来到上海，在预备立宪公会召开会议，决定组成33人的国会请愿代表团，立即赴京向清王朝递交请愿书。代表团临行之前，张謇等人设宴饯行，并由他连夜改定《请速开国会建设责任内阁以图补救意见书》。但第一次请愿很快以失败告终，只换来了清廷所谓"具见爱国热忱，朝廷深为嘉悦"的口头称赞，并未产生任何实际效果，

不过，张謇对国会请愿运动仍抱有希望。1910年上半年，江苏咨议局又决定发起第二次请愿，吁请各省政团、商会、学会以及华侨商会分别推举代表，赴京与各省咨议局代表汇合，组成代表性更为广泛的请愿代表团。在第二次请愿中，共向清王朝呈交了10份请愿书，舆论声势也更大，在请愿书中签名的号称有30余万人，但仍然遭到朝廷的拒绝。不过，在反清革命运

动不断高涨的危急形势下，清王朝也作出了一些姿态，宣布将原定1916年召开国会的时间，提前至1913年，并预行组织内阁。资产阶级立宪派本以为国会请愿运动多少产生了一定的成效，但1911年上半年"皇族内阁"的建立与铁路国有政策的出台，却再次使张謇等立宪派人士失望至极，对清王朝的幻想也开始破灭。因为千呼万唤才得以产生的责任内阁，在13名阁员中满族亲贵7人，蒙古贵族1人，汉族官员5人，还不及清廷先前例设尚书2人，满汉各1，侍郎4人，满汉各2的表面对等，当然会引起立宪派的强烈不满。张謇也愤然表示清廷"皇族内阁"的设立，"举国骚然，朝野上下，不啻加离心力百倍"，"举措乖张，全国为之解体"。

1911年10月10日武昌起义爆发，并一举获得成功。随后，众多省份相继响应，脱离清王朝的统治而宣布独立，延续两千余年的封建帝制即将灭亡。起初，张謇对辛亥革命尚难以理解，并敦劝清廷赶紧公布宪法，召开国会，以便挽回民心，使革命得以平息。但革命浪潮以沛然莫遏之势向前发展，无可逆转地荡涤着清王朝已经腐朽不堪的根基。形势逼人，特别是上海光复之后，相当一部分原来立宪派中的活跃人物，其中包括与张謇关系密切的的一些人，都相继转向支持民主共和。于是，张謇也在革命大潮的裹挟之下，由主张君主立宪转为支持民主共和。他本人曾说明："今共和主义之号召，甫及一月，而全国风靡，征人之心，尤为沛然莫遏。"[①]对于张謇来说，这显然是一次顺应历史潮流的重要选择，也是他一生中最大的政治转变。

11月13日，张謇与汤寿潜、熊希龄等人联名致电张家口商会，转请内蒙古各界人士赞成共和，这也是他在武昌起义后首次公开表态支持共和的具体行动。同时，他还通过各种方式敦促袁世凯也审时度势，转向共和，不要为清王朝尽愚忠。另外，在江浙革命军攻打南京的战斗中，张謇也曾积极予以支持，先以江苏省议会的名义送50头牛、千瓶酒，旋又以通海实业公司名义赠送6000元、面千袋、布千匹，以示犒劳。1912年1月，作为中国历史上第一个民主共和政府的南京临时政府宣告成立，张謇出任实业总长。但一个多月之后，因孙中山在临时政府财政极为困难的情况下，希望以汉冶萍公司向日本抵押借款，引起张謇的很大不满，尽管孙中山、黄兴作了许多解

① 《张季子九录·政闻录》。转引自章开沅：《张謇传》，中华工商联合出版社，2000年，第254页。

释，但张謇还是不顾孙中山的挽留，辞去了临时政府实业总长一职。

不久之后，袁世凯窃取了辛亥革命的胜利果实，登上了民国大总统的宝座。张謇原本希望袁世凯转向共和，对他抱有很大幻想，此时，又在许多方面支持袁世凯巩固统治地位。1913 年，以孙中山为首的革命党人为捍卫辛亥革命的胜利果实，发起武力讨袁的"二次革命"。张謇却公开表示拥袁反孙，将讨袁革命武装称为"叛军"，批评和指责革命党人再次引发战争，破坏了和平秩序和发展实业的大好局面。"二次革命"失败后，张謇于 1913 年 10 月应邀赴京出任袁世凯政府的农商总长。

不过，在担任农商总长的两年间，张謇利用这一职务致力于保护与发展民族资本主义工商业，率领农商部制订颁行了 20 余项法令、条例、规章，产生了明显的积极作用与影响。他曾特别强调："仆夙夜孜孜所欲告无罪于诸君者，实在修订法律，及金融、及种种保息、奖励、补助、开垦、畜牧之法，为国民谋一线之生机。"①事实表明，他不仅是这样说的，而且也是这样做的。

例如，1914 年 3 月颁布《商人通例》73 条，较诸清末仅 9 条内容的《商人通例》内容更加丰富完善，也更多地体现了工商业者的意愿。同年 7 月，又颁布了《商人通例施行细则》14 条。与《商人通例》同时颁行的还有《公司条例》251 条，规定"凡公司均认为法人"，由此明确承认了企业和企业家的法人地位，使之均可享受国家的法律保护，这对广大的工商业者来说是非常重要的。另还制定了《公司注册规则》及施行细则，大大减少了新公司的注册费。在保护工商业发展方面，于 1914 年 1 月公布了《公司保息条例》，该条例对于吸引更多人士创办新的公司企业，具有一定的积极作用。1914 年 3 月，颁行《权度条例》24 条，次年 1 月修改为《权度法》，同时还实行权度营业特许法，通过推行这一系列措施，不仅改变了以往度量衡混乱的状况，使之走向统一，而且使中国的度量衡逐渐与国际标准趋于一致。除此之外，张謇担任农商总长期间，农商部还颁了奖励经营实业的奖章规则，规定"凡创办经营各种实业，或其必需之补助事业，确著成效者，得依本规则之规定，由农商部给予奖章"。奖励的范围除工商矿业，还包括农林、贸易、垦荒、交通运输、水产及办理实业团体等。与实业相关的法令和规章还有，

① 江苏省商业厅等编：《中华民国商业档案资料汇编》，第 1 卷，上册，中国商业出版社，1991 年，第 66 页。

《证券交易所法》及施行细则、附属规则和《物品交易所条例》,《矿业条例》、《国币条例》、《保护华侨投资实业之通令》、《商品陈列所章程》等。1915年《证券交易所法》和《物品交易所条例》正式实施后,很快即催生了中国近代第一个华商创办的交易所——上海证券物品交易所,"半年之间,盈余竟达五十余万之巨。同时,华商证券交易所、面粉交易所、杂粮油豆饼交易所、华商棉业交易所,俱急起直追,积极筹备。"①

张謇执掌农商总长期间制订颁行的这一系列法令、条例、规章,都不同程度地对促进中国民族资本主义工商业发展产生了积极的作用与影响,但唯独《商会法》的颁行却遭到了全国商会和工商界的反对,这是一个比较特殊的例外。1914年9月,农商部颁布了《商会法》,这本是全国商会期盼已久的一项重要法规,但《商会法》无一字提及全国商会联合会,只规定各商埠及其他商务繁盛之区可设立商会,各省城得设立商会联合会,实际上将原已成立的全国商会联合会取消于无形之中。另外,《商会法》修改了以往商会与本省外省行政司法各官署行文采用公函的程式,规定行政各级官厅对于商会一概用令用批,商会对各级官厅一律用呈,由此极易导致各级行政官厅"微员末职皆得令之",使"商会事宜将呼应不灵,惟有任人摧抑,俯首听命而已"。②由于上述原因,自《商会法》颁布之日起海内外商会都联合予以抵制,要求农商部予以修改。

全国商会联合会、上海总商会以及各地许多商会都曾上书农商部提出修改意见,1915年3月全国商会联合会又在上海召开临时大会,专门讨论应对办法,并致函张謇请暂缓实施《商会法》,按照商会的要求予以修订。但张謇却不以为然,认为《商会法》甫经参政院议决颁布,"岂能擅改"。张謇的这种态度使商会更为不满,连一些海外的中华商会也指出:"不意民国告成,共和伊始,而农商部张总长,更加专制,使下情不能上达而后快。"面对这种严厉的指责张謇似乎颇感委屈,表示"仆对我商人尊之、重之,而商人之疑仆,则以为轻之、蔑之"。③ 张謇之所以在《商会法》的问题上与商会

---

① 上海市档案馆编:《旧上海的证券交易所》,上海古籍出版社,1992年,第340页。

② 天津市档案馆等编:《天津商会档案汇编(1912—1928)》,第1册,天津人民出版社,1992年,第676页。

③ 江苏省商业厅等编:《中华民国商业档案资料汇编》,第1卷,上册,中国商业出版社,1991年,第65页。

出现如此严重的分歧，并非因为他不重视商会的作用，而是由于身为农商总长的他较多地偏向于“立法贵划一，不贵迁就”，希望将农工商会等团体作出相同的法律规定，由此忽略了商会的历史独特性。1915 年 4 月，张謇主动要求辞职。在此之后，全国商会仍为修改《商会法》进行不懈的抗争，农商部最终接受了商会的要求，于同年 12 月公布了经过修订的新《商会法》。

张謇出任农商总长后，除了因《商会法》之争与工商界产生嫌隙，进而感到委曲之外，对袁世凯的所作所为也多有不满。他到任伊始，就亲眼目睹袁世凯强行解散国会，接着是地方议会被停止，另又逼迫内阁总理熊希龄辞职，其称帝之野心日益显露。张謇对此不无警觉，也不愿与袁世凯共同承担恢复帝制的责任与风险，于 1914 年 11 月即提出辞职，但未获袁世凯批准。1915 年上半年，袁世凯加紧称帝步伐，不惜出卖国家与民族利权，也不顾全国舆论的一致反对，准备接受日本提出的《二十一条》，以换取日本的支持。一向亲美仇日的张謇对袁世凯此举更为不满，但又无可奈何，只能再次提出辞职，得到了袁世凯批准。就这样，张謇在失望和无奈之中退出了政治舞台，回归于专心致志地从事实业经营活动，而不久之后大生企业集团迎来了鼎盛发展时期，或许对于弥补他政治上的失利略微有所安慰。

思考题

1. 张謇实业思想与实业活动的特点。
2. 张謇何以能成为中国近代著名实业家？

阅读书目

1. 章开沅：《开拓者的足迹——张謇传稿》，中华书局，1986 年。
2. 章开沅：《张謇传》，中华工商联合出版社，2000 年。
3. 张謇研究中心等编：《张謇全集》，江苏古籍出版社，1994 年。

第六讲

近代中国富商大贾

文明进步，出产丰富，器用繁多，万国交通，因利生利。而商人居中控御，浸浸乎握一国之财政权，而农工之有大销场，政界之有大举动，遂悉唯商人是赖。

——关百康：《粤商自治会函件初编》序

19 世纪末 20 世纪初，随着民族资本主义的发展，近代中国新兴商人不断崛起并发挥了重要作用与影响。除了像张謇这样独特的著名实业家之外，还有一大批通过自身艰苦创业，最终取得成功而成为富商大贾的代表性人物。从他们身上，我们不仅可以看到近代中国企业家在创业过程中的艰辛磨难，同时也可以了解近代企业家的聪明智慧，并从中汲取若干有益的经验教训。

一　一叶扁舟起家的叶澄衷

叶澄衷(1840—1899)原名成忠。浙江镇海人。根据有关史料记载，可知他出身于一个贫苦的农民家庭，而且在其年幼之时家庭即遭不幸。当他 6 岁那年，父亲就撇下未成年的 5 个子女离开了人世，家境陷于极度的贫困之中。苦命的母亲不得不一人撑起家庭的全部生活重担，白天下地耕种，晚上挑灯纺织，虽得以勉强维持生活，但穷困潦倒的程度可想而知。叶澄衷 11 岁时，母亲被迫将他送至邻近的一家油坊作帮工，一年的报酬仅得钱一缗，另加柴薪一捆。受尽欺凌辱骂的叶澄衷咬牙坚持了 3 年的帮工生涯，最后实在忍无可忍愤而离开了油坊。但是，家境的贫困并无改变，必须另谋出路。这时，一位经常来往于宁波、上海的乡邻倪先生，出于好心表示愿意将叶澄衷带到上海混口饭吃，母亲以田中秋谷作抵，向人借得 2000 文钱作为路费。这样，14 岁的叶澄衷于 1853 年身无分文地闯入了上海滩，开始了他在上海白手起家的奋斗历程。

叶澄衷到上海后，先在法租界的一家杂货铺当学徒。每天清晨，他即驾着一只装有杂货的小船，在黄浦江上向往来船只的水手叫卖兜售，直到傍晚才返回店铺。如此日复一日，年复一年，许多水手对这位驾着一叶扁舟的少年货郎已十分熟悉。加之他聪明勤奋，学会了一些商场中流行的洋泾浜英语，还能与外国商船上的水手进行交易。3 年之后，17 岁的叶澄衷终于有了一点自己的积蓄，已不满足于继续当学徒，决心离开杂货铺独自经营。起初的数年，他仍然驾着一叶扁舟在黄浦江上叫卖，而且更为勤劳，虽属小本经营，但也年有盈余。脑子灵活的叶澄衷还经常以食品和杂货，到外国商船上换回一些船用五金工具和零件，然后设摊售卖，赢利愈见可观。

叶澄衷还具有诚实的品行与信誉。许多书籍都曾记载这样一个故事：某日中午，一位名叫哈利的英国洋行经理，因有急事需要过黄浦江，但却一时找不到渡船，于是请求搭乘叶澄衷的小舢板，到岸后即匆忙离开，将装有数千美元的提包忘在了船上。叶澄衷发现后，并未见财心动，而是一直守候在码头，等到哈利回来寻找时，将提包原封未动地完璧归赵。哈利十分感激，拿出一些美钞表示谢意，叶澄衷却坚辞不受。哈利又表示以后如有需要，愿意帮助他开设五金店，并提供充足货源。这虽然只是一个传说故事，但也从一个侧面体现了叶澄衷的良好人品。

1862 年，叶澄衷结束了在黄浦江上漂泊叫卖的生涯，在虹口美租界开设了近代上海第一家专门售卖五金零件、废旧铜铁以及洋货杂物的五金行号，取名为“老顺记”。由于叶澄衷注重信誉，得到外商的信任，业务不断扩大。美商开办的美孚石油公司以十分优惠的待遇，请由“老顺记”推销煤油，规定可在进货的 3 个月之后再付清货款。当时电灯尚未引入上海使用，煤油需求量较大，“老顺记”不仅能在一月内即将进货销出，而且还可得到两个月的资金周转使用期。周转资金的不断积累与扩大，使叶澄衷五金行号的生意越做越大，获利也自然更多。

据有关记载，数年之后，叶澄衷便已“拥资累巨万，名显海内”。在此大好形势之下，精明的叶澄衷乘势又不断扩大经营规模与范围，相继投资于许多领域，创立了一个又一个新企业，而且大都取得了可观的利润。1870 年以后，他就陆续在上海开设南顺记、义昌顺记、新顺记、可炽顺记、可炽铁栈等新商号，经营范围也扩大到五金、煤油、机器、钢铁、洋烛、罐头食品等，另还以低廉的价格收购废旧外轮，利用附设工场修配翻新后再出售，所获利润十分惊人。随着实力进一步增强，叶澄衷开始从上海走向全国，先后在汉口、九江、芜湖、镇江、天津、营口、宁波、烟台、温州等商埠，都分别开设了"老顺记"的分号，发展成为影响及于全国各地的新兴富商。

此时的叶澄衷虽然通过自己的艰苦努力，已在上海乃至全国商界占居了重要的一席之地，但他并未陶醉在成功的喜悦之中，而是进一步规划和发展其宏图大业，继续不断开拓新的投资领域。1890 年，他在上海创办了最大的华商火柴厂——燮昌火柴公司，资本额为 20 万银元，产量占上海火柴总量的三分之一以上。1897 年，又在汉口创办汉口燮昌火柴公司，直到 1917 年一直垄断了整个湖北的火柴市场。1894 年，他还曾开办纶华纱厂，这也是上海机器缫丝业中的一家大型企业。在房地产行业中，叶澄衷也创办了树德地产公司，拥有地产 400 余亩。另在钱庄、运输行业中他也有巨额投资，并收到良好的效益。由其经营的钱庄资金相当雄厚，营业鼎盛时期钱庄多达百余家，广泛分布于全国各地，"镇海叶家"也因此成为上海声名显赫的九大钱庄家族之一。在船舶运输业方面，叶澄衷自备的沙船多达百余号，频繁往来于沿海和长江航线，生意十分兴隆。

就这样，经过几十年的艰辛努力与奋斗，叶澄衷从当年闯入上海滩时身无分文的贫穷少年，跃居为实力雄厚的宁波帮首富，同时也是当时上海商界众所周知的顶尖富豪，人称"五金大王"。到他 1899 年因病去逝时，资产累积已高达银 800 万两。①

叶澄衷经商致富之后，也成为当时热心于赈济救贫和发展教育事业的商董之一。晚清时期，山西、河南、河北、山东诸省经常发生较为严重的水旱灾荒。每当灾荒形成，他都踊跃输财劝赈，时人称之为"积财而散财者"。例如某年奉天遭遇少有的大饥荒，他不仅"首出巨金赴赈"，而且在以商界和亲朋中积极募捐。由于叶澄衷德高望重，他亲自出面募捐后响应者为数甚多，从而为缓解奉天饥荒作出了重要贡献。另外，叶澄衷还曾捐出白银 2

① 郑祖安：《一叶扁舟起家的巨商叶澄衷》，见杨浩等主编：《旧上海风云人物》，上海人民出版社，1989 年，第 58—64 页。

万两，在上海设立怀德堂，赡养故友及同业中无所依靠的家属。又建“义庄”、“忠孝堂”，周济族内的贫困者，设义塾教育同族子弟，创办牛痘局施药救贫。叶澄衷的这些善行义举，深得时人好评，由此使其社会声望又进一步得以提升，并且受到清廷嘉奖，并捐得候选道员加二品顶戴。

由于家境过于贫穷，叶澄衷自幼即失学，年少时就到油坊当学徒，一直未曾受过良好的教育，他一生为此而深感遗憾。为了使更多的贫困少年能够上学读书，避免重蹈其覆辙，他慷慨主动地捐出自己拥有的上海虹口塘山路24亩地皮，并输银10万两，用于创办“蒙学堂”。遗憾的是学堂尚未开工修建，叶澄衷即因病去逝。弥留之际，他还不忘叮嘱子女：“吾死必竟吾志”。遵照其遗愿，蒙学堂的修建于1900年开工，他的长子后又加捐银10万两，第二年顺利完工建成。这所凝聚着叶澄衷心血的学堂，当时被命名为“澄衷蒙学堂”，后来则成为“澄衷中学”。

二　呼风唤雨的朱葆三

朱葆三是近代上海商界中的头面人物。他生于1848年，浙江定海人，原名佩珍，最初也是穷苦学徒出身，但后来却成为了能够在上海商界呼风唤雨的富商大贾。他的一生，起伏曲折，晚年曾因故受到社会各界指责，因而颇有一些传奇色彩。

朱葆三早年家境尚好，父亲担任平湖县乍甫都司，虽属小小武官，收入并不多，但全家的生活能够有所保障，倒也无忧无虑。然而在朱葆三14岁时，父亲突然身患沉疴，一病难起，不久就撒手而去。作为全家生活支柱的父亲去世后，遗下的母子三人因家无积蓄，顿时陷于贫困之中。当时，宁波府属各县赴上海经商者已为数众多，且有不少人由此致富，因而闯荡上海滩不乏吸引力。朱葆三之母一方面为家中生计所迫，另一方面也想让其子到上海碰碰运气，尽管对从未出过远门且尚未成年的儿子去十里洋场的上海很不放心，但最终仍狠下心来，委托一位宁波熟人将朱葆三带到了上海。

初到上海的朱葆三，经人介绍在一家名为“协记”的五金店铺当学徒。他人生的最大幸运，是碰到了一个好东家，加上他十分勤奋好学，能够在单调苦累的学徒生活中，挤时间学习珠算、记账，阅读商业尺牍。看到英语在当时的上海商场颇为吃香，他又暗自下决心自学英语。但学英语要请教师，请教师就得付学费。即使是晚上到实习学校上英语课，每月也需缴付 3 元钱。对每月仅 5 角工钱的朱葆三来说，根本付不起这笔学费。然而他并不灰心，当得知邻近店铺的一位学徒每晚到实习学校学习英语，他就找到这位学徒，倾其每月全部工钱，诚恳地请求这位学徒教他学英语，最终如愿以偿。虽然这种办法不可能学得精通，但多少可以学到一些简单的英语，打下初步的基础。

由于朱葆三既勤快又好学，而且诚实厚道，深得“协记”老板赏识。在学徒期间，老板即破例先后让他当跑街、进货员、会计员。1864 年，即朱葆三 17 岁那年，“协记”的总账房去逝，老板将他升为总账房兼营业主任，这是改变朱葆三地位的一次重要机遇。他当时虽然年轻，但在担任这个重要职务后，精打细算，任劳任怨，显出与其年龄不相称的成熟老道，极少出现差错，使“协记”的经营业务不断扩大。3 年后，“协记”的经理也因病而逝，他又顺利地升职为经理。于是，仅仅 7 个春秋，年轻而又无任何靠山的朱葆三，得以从学徒跃升为经理，这在当时是非常少见的，足见他具有经商的天份。当然，朱葆三也非常感激老板的赏识与信任，以自己的全部能力精心经营，使“协记”的生意越来越兴旺发达，自己的积蓄也随之日益增加。但到 1878 年，因老板谢世，“协记”不得不暂时关门歇业，朱葆三虽分得一笔红利和额外酬劳金，但却感到十分悲痛。

不过，“协记”老板的离世对朱葆三来说或许并非坏事。因他颇重情义，对老板满怀感恩戴德之情，如果不是老板去世，他肯定还会继续在“协记”干下去。“协记”关门后，朱葆三以其数年的积蓄，马上在上海新开河创办了一家属于自己的五金店，取名“慎裕”，寓“吃剩有余”之义。此时的朱葆三已积累了丰富的经验，深谙经商之道。在他的苦心经营之下，“慎裕”的生意十分红火，利润甚为可观。不久，朱葆三结识了当时已是上海商界巨头的宁波同乡叶澄衷，在叶的帮助下，将店铺搬至繁华的福州路叶氏产业大楼内，进一步扩大经营业务，从事五金机器进口贸易。此后，朱葆三的财源更是滚滚而来，其地位和声誉也随之扶摇直上。英商平和洋行招聘买办时，头号人选即是看中了朱葆三。他的四个儿子，后来也都在洋行中长期担任买办。兼任买办职务后，又为朱葆三自己的商号扩大业务经营创造了许多有利的条件。

经济实力增强之后，朱葆三开始拓展投资领域，进军其他行业。1907

年参与投资创办浙江兴业银行，1909 年参与兴办四明商业储蓄银行，并出任董事长。在航运业中，他先后独自创办或投资于越东轮船公司、镇昌轮船公司、顺昌轮船公司、同益商轮公司、宁绍轮船公司、大达轮船公司等 10 余个企业，并将越东、顺昌、镇昌、同益四个公司合组为朱葆三航运集团。除此之外，朱葆三还曾相继投资上海四大榨油厂、中兴面粉厂、同利机器纺织麻袋公司、华兴水火保险公司、华安人寿保险公司、华成保险公司、江苏海州赣丰饼油厂、宁波和丰纱厂、广州自来水厂、汉口暨济水电公司等众多企业，投资的领域包括五金、钢铁、航运、金融、纺织、水泥、造纸、榨油、保险等许多行业，成为清末民初上海商界名副其实的领袖人物之一。

此时的朱葆三，在上海商界已是举足轻重的头面角色。1902 年上海商业会议公所成立，他被推举为总董。1905 年，由该公所改组而成的上海商务总会进行改选，他又被选为协理(即副会长)。该会是当时领导上海工商各业的重要团体，具有“登高一呼，众商皆应”的巨大号召力和影响力。这一年，上海商务总会为抗议美国政府强迫清朝政府续签歧视排斥华工华人的苛约(时称“华工禁约”)，发起抵制美货运动，朱葆三积极参与这场反帝爱国运动，在商务总会首次抵货大会上即代表洋广五金业签名响应。清末要求改变君主专制制度的立宪运动兴起之际，朱葆三同样也表现较为积极，参加了在全国成立最早也是影响最大的资产阶级立宪团体——预备立宪公会。1911 年 10 月 10 日辛亥革命爆发，上海革命党人积极响应武昌首义，于 11 月 3 日举行起义光复了上海。随后成立的沪军都督府，先是由沈缦云担任财政部长，以后由朱葆三继任。1912 年底，朱葆三还曾在同盟会与其他党派合并组成的国民党中，也担任了重要职务。由此可见，随着经济实力的增长以及在工商界地位的上升，朱葆三的政治地位与影响也与日俱增。

民国时期上海商务总会改组为上海总商会，朱葆三又接连数次当选为会长，登上了上海工商界的头把交椅。1916 年中华全国商会联合会改选时，他还曾当选出任这一全国商界最重要的社会团体的副会长。这表明朱葆三不仅在上海商界，而且在全国商界都颇具威望与影响，以至于无论说话还是办事都已具有相当的份量。因此，清末民初的上海工商界曾经传闻这样一句话：“上海道台一颗印，不及朱葆三一封信”。《上海总商会月报》发表的一篇文章，也曾评价朱葆三“性慷慨，重然诺，以故为士大夫所推重，同业所信仰，欧美各国巨商大贾所敬佩。上海诸领事间有强而黠者，独于先生有加礼。遇难决事,先生出,片言即解。”①这些传闻与评语虽不无夸大之处,但或多或少也能够从一个侧面反映朱葆三的重要地位与突出影响。

但是,晚年的朱葆三也曾遭遇过一些挫折。事情的起因主要是由于“五四运动”期间,仍担任上海总商会会长的朱葆三受“佳电”风波牵累,声誉大受影响,最终不得不被迫辞去了会长一职。

“五四运动”爆发后,上海商界与各界爱国人士一样,坚决要求在巴黎和会上直接收回青岛,废除中日密约,释放爱国学生。但上海总商会却于1919年5月9日致电北京政府(时称“佳电”),提出由中国任命日使,“径与日廷磋商交还手续,和平解决”的主张,这与日本的愿望与要求正好如出一辙。因此,“佳电”见诸报端后,立即激起上海工商界的一片谴责。由于“该电未经商会议董通过,由会径自发递,则商会会长实已违背商会规则”,所以工商界对身任总商会会长的朱葆三指责尤多。加上朱葆三的实业经营活动与日商多有联系,更易引起世人猜测他为了自身经济利益而有意媚日,有的甚至直指朱葆三为“民国之叛逆”,呼吁罢免他的会长职务。尽管朱葆三一再公开解释“佳电”绝非有意取悦日本,只不过是提出了另一种解决方案,其目的也完全是为了收回青岛,废除中日密约,可以达到殊途同归的最终结果。但他的种种解释,都不能令工商界和社会舆论信服,反而遭致另一波更为强烈的批评和谴责。陷于窘境的朱葆三不得不提出辞职,当时虽经总商会一部分会董竭力挽留而暂时未去职,但早已是威望扫地,两个月之后仍正式宣告辞去总商会会长职务,由此在自己的晚年生涯中留下了一段不太光彩的插曲。

虽然朱葆三在“五四运动”期间曾经饱受指责,但他在近代上海商界终究还是不容忽视的重要人物。1926年9月,79岁的朱葆三在上海病逝,其灵柩运回浙江家乡时,场面之隆重壮观,在十里洋场的上海也可谓少见。仅在上海,灵柩经过的马路上,即设有36处路祭,送祭的仪仗队多达32种。朱葆三谢世后,法租界公董局还破天荒地将朱葆三的名字定为路名,上海现在的溪口路就是当年的朱葆三路。

按照惯例,近代上海自建立租界以后,马路的名称一般在公共租界多用

① 《朱葆三先生的路》,《上海总商会月报》,第7卷,第2号。

外省市地名代替，法租界的街路则大都使用外国人名，只有为数很少的几条路系以中国人的名字命名。除朱葆三路之外，另还有虞洽卿路和灵桂路。因此，这为数甚少的几条以中国人名字命名的马路一直十分引人瞩目。

三 “赤脚财神”虞洽卿

虞洽卿是近代上海乃至全国商界的另一位领袖级重要人物，同时，他也是以学徒出身在上海白手起家，后来成为商界巨擘的典型代表。

1867 年，虞洽卿出生于浙江宁波府镇海县的龙山，取名和德，字洽卿。父亲在镇上开了一个小杂货店，家境并不宽裕，仅能维持全家生活。尤其是在虞洽卿 6 岁时，父亲突然病逝，家庭生活更为艰难。母亲方氏靠给人做些针线活，勉强维持半饥半饱的日子。但方氏个性强而且有眼光，她在如此困难的情况下，仍咬牙坚持让虞洽卿上了 3 年私塾，使虞洽卿掌握了一些宝贵的文化基础知识。不过，由于家庭生活愈趋贫困，方氏无力让虞洽卿继续读书。于是，少年时期的虞洽卿，常常与同伴一起在海滩上拾蛤蜊，然后拿到镇上去换几个铜钱，以补贴家用。虞洽卿 15 岁时，其母辗转托人介绍，为他在上海瑞康颜料店求得一个当学徒的位置。未见过什么世面的虞洽卿跨入纷扰险恶却又充满机遇的上海滩，从此开始了新的人生之路。临行前，依依不舍的母亲赶做了一双新鞋给他穿上，千叮咛万嘱咐要他勤快节俭，争取早日出人头地。

抵达上海的那天，恰逢天下瓢泼大雨。虞洽卿格外珍惜母亲一针一线赶制的新布鞋，担心被大雨淋坏，遂脱下新布鞋装进布包，冒雨赤脚来到瑞康颜料店。据传说，虞洽卿进店堂时因路湿泞滑，不小心摔了个仰面朝天。迷信的店老板看到虞洽卿长得天庭饱满，长面阔嘴，一派福贵之相，跌跤的姿势又好似一个金元宝，就认定虞洽卿是“赤脚财神”，对他另眼相待。这一传闻后来不胫而走，虞洽卿也因此获得了“赤脚财神”的绰号。

做了学徒以后，虞洽卿牢记母亲的教诲，每天早起晚睡，不仅干活十分勤快，而且极为麻利，更深得老板欢喜。数月之后，尚未满师时老板就提升他做跑街，外出当供销员。由于虞洽卿胆大心细并善于观察，通过一笔大生意，所得利润使瑞康的资本几乎增加了 20 余倍，他的名声也在颜料业中渐为同行知晓。虞洽卿当跑街后，工钱有所增加，另还赚取一部分回佣，有时自己也囤买出售颜料,手头日见宽裕。这时,他对上海商场情况的了解也越来越多,深知买办是当时上海令人羡慕的职业,不但收入更丰厚,而且能以洋行作靠山,发展自己的事业。这个职业对虞洽卿也具有相当的吸引力,为达到这一目的,他较早即事先做好相关的准备,利用工余坚持每晚到基督教青年会学习英文。

1894 年,虞洽卿离开了瑞康颜料店,经人介绍到德商鲁麟洋行当跑楼(相当于副买办),不久即升任买办,收入更加可观,因买办在进出口贸易方面能分别收取佣金 10% 至 20% 。5 年后,他又曾在华俄道胜银行和荷兰银行担任买办,特别是在荷兰银行当买办期间,经常利用该银行的名义,通过开发远期本票换取现金,从中获得利息。至此,当年不名分文踏入上海滩的小学徒,已逐渐成为上海商界拥资巨万的名流之一。他不仅在家乡盖起了高大的楼房,而且在上海闸北顺征里也购置了属于自己的楼宇和地产。与此同时,虞洽卿还独自创办了升顺、顺征等公司,开始做房地产生意。另又开办惠通银号,并参与组织四明商业储蓄银行,俨然已是上海商界的活跃人物。

虞洽卿在上海商界和租界中声誉日隆,还得益于他调解华洋纠纷的杰出能力与影响。晚清的上海华洋杂居,相互之间经常发生磨擦和纠纷。洋人大都仗势欺压华人,官府也因害怕开罪洋人而不敢申张正义,一般人更不愿出面调停,使得华人不得不忍气吞声。但虞洽卿因经常与洋人打交道,熟知洋人习性,又受到洋人的信任,同时也能为华人说话,与洋人据理力争,故而经他调解平息了不少华洋纠纷。在上海曾轰动一时的两次四明公所纠纷案中,虞洽卿均参与调停,为抵制法租界强行征收四明公所地界发挥了重要作用,受到旅沪宁波商人以及整个上海商界的高度赞扬。1904 年发生的周有生事件和 1905 年引起极大风波的会审公堂案,虞洽卿也都居间作为主要调停者,并使案件的最终解决基本上能为华人所满意,他也因此在上海成为家喻户晓的名人。

声誉鹊起为虞洽卿扩大自己的实业投资规模创造了良好的条件。1909 年,虞洽卿与另一宁波籍巨商严信厚发起创立宁绍轮船公司,并担任公司总经理。虽然遭到外商轮船公司的多方排斥倾挤,但宁绍公司在虞洽卿的努力经营下仍站稳了脚跟,并且业务蒸蒸日上。1913 年虞洽卿在家乡三北龙山乡修筑码头,购置 3 艘百吨小轮,分别命名为“慈北”、“姚北”和“镇北”,

独自创办了“三北轮船公司”。次年他不再担任宁绍公司的总经理，遂全力经营“三北”，将资本从20万元增扩至100万元，购得3000吨的海轮行驶于南北线。他还将公司的名称也更改为“三北轮埠公司”，设总公司于上海。时逢第一次世界大战爆发，外商轮船大多奉命调回国内征用，中国境内船少货多，航运趋于紧张。“三北”遂大获其利，财源日趋兴旺。随后，虞洽卿又进一步将公司的资本额增至200万元，添购轮船多艘，在长江及沿海各埠广设码头和堆栈。另还盘进英商鸿安轮船公司，改名为鸿安商轮公司。于是，虞洽卿在航运业名声大振，被誉为上海的“航运大王”。到抗日战争前，他在航运业的投资又增至450万元，在全国设有20多个分公司，拥有大小轮船共计65艘，达9万多吨位，约占当时中国轮船总吨位数67.5万吨的13%。他自己也曾自豪地说：“重庆民生公司、天津政记轮船公司和上海三北公司，为中国三大民营航运业。”

此外，虞洽卿还曾投资于金融业，在上海的金融界也享有盛誉。前面已曾提到他独自创办过惠通银号，并参与创设四明银行。后来他又参加创立官商合办的劝业银行，而且担任该银行的总经理。不过，使虞洽卿在上海金融界得以独树一帜的重要事件，是他敢于开风气之先，发起创办了上海也是全国的第一个证券交易所，该交易所的名称为上海证券物品交易所。在此之前，日本财阀以中日合资的名义，开办了经营证券和物品交易的“上海取引所股份公司”，企图控制上海的证券市场。为抵制日商的这一企图，虞洽卿联络李云书等沪上绅商，向江苏实业厅和北京政府农商部申请自办交易所。为使交易所尽速成立，虞洽卿未等正式批准即广泛筹集股份，以每股12.5元，筹得10万股。1920年2月，在上海总商会召开了证券物品交易所成立大会，推举虞洽卿为理事长。7月1日交易所正式开张，生意格外兴隆，短短5个月内即获纯利30万元。紧接着，其他华商创办的交易所层见叠出，一年之后在上海即多达100余家，从而使日本财阀独家控制上海证券市场的企图未能得逞。

由于虞洽卿在上海商界资本雄厚，并享有较高的威望，在政治上也开始显得日益活跃。在清末，他就积极参与了立宪运动，是上海预备立宪公会的主要成员之一。随后，他又从主张立宪转为支持革命共和。辛亥革命时期，上海的革命党人对他寄予了很高的希望，积极动员他支持革命。在革命党人举义之前，虞洽卿即在同盟会上海秘密机关与革命党领导人陈其美会晤，并慨然提供8000元作为起义经费。因此,有学者估计虞洽卿当时已经加入了同盟会,否则陈其美不可能在同盟会的秘密机关与他会晤。另外,虞洽卿不仅本人在光复上海的过程中,从各方面对革命党人给予了宝贵的支持,而且还说服其他商界巨子参与或援助革命。所以,上海光复后沪军都督府都督陈其美即任命虞洽卿为顾问官和闸北民政长。1924年,虞洽卿当选为上海总商会会长,也一度坐上了上海商界的头把交椅。次年,他又被推举为全国商会联合会副会长,成为全国工商界的领袖人物之一。

1936年10月,鉴于虞洽卿的重要地位与社会影响,上海公共租界首次以一位华人的名字为租界内的道路命名,将中区与西区的分界线以及作为南北向干道的西藏路,改名为虞洽卿路。在宣布命名时,还举行了声势较为浩大的庆祝仪式。这也成为了虞洽卿一生中的独特殊荣。1943年,汪精卫政府接收公共租界,又将该路恢复原名西藏路。

不过,晚年的虞洽卿同样也曾给自己的一生留下了斑斑污点。1927年蒋介石发动"四·一二政变",虞洽卿积极予以配合,在财政上提供支持,深得蒋介石青睐,在政治上身价大增。抗日战争期间,由于日军封锁和战乱影响,上海储粮日渐减少,市面米价暴涨。虞洽卿出面设立"上海平粜委员会",通过自己悬挂"华伦洋行"旗号的轮船承运,以缓解粮荒的名义免税进口平粜米,在市面上打七折出售,差额由捐款补贴。但虞洽卿同时又暗中将一部分进口米高价抛售,从中牟取暴利。此事败露后,原被认为是大慈善家的虞洽卿,在人们的眼中又变成了"米蛀虫大王",声誉受到严重影响。

1945年4月26日,虞洽卿因病在重庆逝世,终年79岁。是年11月,虞洽卿的灵柩由专轮运回其家乡三北,安葬在伏龙山上。

四　煤炭大王与火柴大王刘鸿生

在近代中国以"煤炭大王"和"火柴大王"著称的刘鸿生,生于1888年,浙江定海人。其父任一艘客轮的总账房,家境尚好。但他7岁时父亲不幸去世。母亲坚持让他读书,直至考入美国教会在上海主办的圣约翰中学和大学。由于成绩优异,颇受器重,大学二年级时学校本想送他到美国留学,学成后回来当牧师。但刘鸿生因不愿当牧师而拒绝,校方恼羞成怒将他开除。失学之后的刘鸿生一时无所适从,经人介绍到英商开平矿务公司上海办事处当跑街，从此跨入了经商的大门。

所谓跑街，亦即推销员。刘鸿生在当跑街推销煤炭时，勤奋钻研有关知识，很快对煤炭十分精通。做到随手拿起一块煤，即能说出该煤的名称、产地、品种和成份，而且既熟悉全国各矿区煤炭的生产情况和各城市的用煤消费数量，又了解国际市场行情和煤价涨落趋势，这些都为他推销开平煤炭提供了不少便利。开平煤此前在上海的销量非常有限，经刘鸿生精心筹划不久即打开了市场，他也由此赢得了开平矿务公司的信任。

1901 年，21 岁的刘鸿生即被开平公司授权在上海设立煤炭售品处，并与他签订了 30 年独家经销开平煤的合同，将上海、苏州、无锡、宜兴、常州、镇江、南通以及江阴至浦口一带地区，除外商企业用煤外，都划为他的独家经销范围。刘鸿生的勤奋，不仅表现于他通过刻苦钻研达到精通业务知识，对国内外市场行情了如指掌，同时还体现在他以不懈的努力，采取诸多措施既为客户提供便利，又为自己赢得了可观的利润。设立煤炭售品处之后，他又创办了煤炭化验室和锅炉技术室，聘请了一批技术专家，负责对煤炭进行化验和为用户检查锅炉设备，颇受用户的欢迎。此外他还在浦东购地建造开平煤专用码头，设置煤炭堆栈，保证及时向各用户供应煤炭。

在经销方式上，他也采取薄利多销、贴补佣金、跌价竞销、赊销等灵活多样的办法，从而使业务范围不断得以继续拓展，将开平煤打入京沪铁路沿线地区的广阔市场。另又不辞辛劳，多次奔赴农村从事调查，想方设法将开平煤销往农村。随着业务的发展，刘鸿生在长江下游各地相继设立码头、堆栈、煤号，建立了广泛的经销网点。第一次世界大战爆发后，由开平、滦州两矿务局合并而成的开滦公司，因英籍职员多被征召回国，又将所有外商企业用煤也全部划归刘鸿生经销，使其经营范围进一步扩大，营业额随之急剧上升，年收入高达 20 万元以上。大战结束后，刘鸿生已成为富甲一方的百万富翁与"煤炭大王"。

在经销煤炭方面占据垄断地位后，刘鸿生又开始向火柴业进军。当时，在中国火柴市场上畅销的主要是瑞典的凤凰牌与日本的猴子牌火柴，特别是猴子牌火柴系日商在华设厂生产，销量很大。国产火柴因容易自燃，且有毒性，使用不安全，难以与日本和瑞典火柴竞争。但刘鸿生决心创办能够生产安全火柴的新型火柴厂，与洋商比个高低。在创办火柴厂的过程中，他仍以勤奋务实的精神，首先钻研有关的业务知识，开展详细的调查研究，很快掌握了火柴工业的产销情况。为了能生产出安全火柴，他不仅阅读了大量的技术资料和化学书籍，还亲自参与研究化学配方。及至鸿生火柴厂于1920年正式创立时，他已成为精通安全火柴关键生产技术的专家。在引进国外先进的设备时，他又亲自赴日本磷寸株式会社的火柴厂考察和学习，对各国的机器设备进行多方面的详细比较，最后选定购买适合于本厂使用的设备。由于刘鸿生勤奋务实，事必躬亲，各方面安排井井有条，火柴厂开工后即获利甚丰，完全达到了预期的目标。其产品质量好，成本低，价格也低于瑞典的凤凰牌与日本的猴子牌火柴，因而受到消费者的喜爱，销路甚广，问世不久即为国产火柴夺回了相当一部分市场。

1925年“五卅惨案”发生，引起全国各地风起云涌的抵制日货浪潮，日产火柴在中国已毫无市场，瑞典火柴也销路大减，鸿生火柴厂的产品则更加畅销。同时，刘鸿生在火柴业的实力与影响也越来越大，当瑞典火柴公司收买日商火柴厂，企图东山再起夺回失去的市场时，他又审时度势，多方奔走说服中华、荧昌两个大火柴厂与鸿生火柴厂合并，组成实力更加雄厚的大中华火柴公司，由他担任总经理。大中华火柴公司后又相继合并和收购了裕生、燮昌、大昌、耀华等中小火柴厂，特别是在20世纪30年代合并了规模较大的光华火柴公司。至此，大中华火柴公司已拥有7个分厂，资本多达365万元，是中国规模最大、产量最高的火柴公司，作为公司总经理和全国火柴同业联合会主席的刘鸿生，自然而然地又登上了“火柴大王”的宝座。

20世纪20年代，刘鸿生还曾创办上海水泥公司，也取得了巨大的成功，其奥秘仍是勤奋与务实。如同创办火柴厂一样，他在建造水泥公司之前，一方面做深入细致的调查研究，另一方面勤奋刻苦地钻研有关水泥生产的专业知识。他首先是亲赴唐山参观当时我国最大的华商水泥生产厂家，即启新洋灰厂。后又三次东渡日本，到日本小野田的水泥厂考察学习。日商因害怕华商又一大型水泥厂建成后，使日本水泥在华的倾销受到影响，并未真心让刘鸿生了解其生产水泥的先进技术。于是，他又经朋友介绍不辞劳顿远赴欧洲，在德国的一家水泥厂足足学习一月之久。每天，他都按时到厂里细心观摩各生产环节和关键技术，与厂里的工程师交朋友，虚心向他们请教，不但掌握了水泥生产技术，而且还与厂方签订了购买全套生产设备的合同，得以顺利地克服筹备过程中的许多困难。上海水泥公司投产后，年年盈利，由其生产的象牌水泥很快就独占了上海的水泥市场。

在20世纪30年代，刘鸿生俨然已是中国实业界巨头之一，除上面介绍的经营活动外，他还曾创建中华码头公司，拥有3座码头和10余座仓库，打破了洋商码头的绝对优势。另还创办章华毛纺织公司，承揽了国民党军需部门和邮电系统的全部制服呢用料；所办华丰搪瓷厂，投产第一年营业额即达到90万元；辞去开滦公司买办职务后自行创办华东煤矿，完全摆脱了外国资本的控制。另还投资创办有中国企业银行、大华保险公司等企业。1931年，刘鸿生的投资额即已达到740余万元。

刘鸿生创业之初，既无家产殷厚的家庭作其经济后盾，又无显赫的亲友充当政治背景，但他创办的一系列企业却大都获得成功，其因素当然是多方面的，但首先应归功于他的勤奋精神。由于勤奋，他对自己所办企业的产供销情况、同行之间的竞争能力、市场需求等各个方面都做到心中有数、举措得当，很少有失误。经营煤炭时，他可以判断每一块煤的产地、品种和成份；经营火柴时，又可以毫不困难地背出各种配方和化学公式；经营水泥时，也只需观看工厂烟囱中冒出的黑烟或白烟，即可了解生产操作情况。

刘鸿生的另一特点，是尊重人才、善于使用人才。他在各个企业中聘请的经理、厂长、工程师、会计师等，都是具有真才实学的一流专家，其中有不少是留学生和外国专家。为用户排忧解难，也是刘鸿生注重务实而赢得顾客信赖，产品得以畅销的一个重要因素。“处处为用户着想”，一直是刘鸿生奉为座右铭的格言。他千方百计提高质量、降低价格、信守诺言，使用户感到与刘鸿生做生意无需担忧，决不会因上当受骗而吃亏。因此，刘鸿生与大多数用户保持着良好的关系，产品也拥有广阔的市场，企业的发展自然也就十分迅速。①

刘鸿生虽然早年曾在英商开平矿务局当买办，但后来辞去买办职务成为纯粹的民族资本家，为推动近代中国民族工商业的发展作出过突出的贡献。抗日战争时期，刘鸿生先生曾先后辗转于香港、重庆和兰州，投资创办中国火柴原料股份有限公司、中国毛纺织公司、西北毛纺公司等企业，并曾一度任重庆国民政府火柴专卖公司（后改火柴烟草专卖局）总经理。抗战胜利之后，又出任国民政府行政院善后救济总署执行长兼上海分署署长、轮

---

① 崔美明：《实业巨子刘鸿生》，见杨浩等主编：《旧上海风云人物》，上海人民出版社，1989年，另请参阅李帆等编著：《三十个富商大贾》，吉林文史出版社，1993年，第236—247页。

船招商局理事长等职。

1956年刘鸿生病逝,胡厥文先生曾为之作铭:"明察秋毫,恢恢大度。创业惟新,不封故步。细大不捐,勤攻所务。爱国心长,义无反顾。"这可以说是对刘鸿生一生的特点及业绩比较准确的评价。

五　北洋工商巨子周学熙

在清末民初的实业界,由于经营工商实业卓有成效,周学熙曾经与张謇一起被誉称为著名的"南北四先生"(因他们二人在兄弟中都排行第四),更有人称他为"北洋实业之导师,民国财政之权威",后人也将"南张北周"视为近代中国实业开创时代的南北双雄。

周学熙,字辑之,又字止庵,早年号卧云居士,取自陆游诗"身卧云山万事轻"之意。晚号松云居士,又号研耕老人。安徽至德县(今东至)人。生于1866年1月,1947年9月病逝,享年近83岁。

周学熙出身于显赫的缙绅官僚世家,其父周馥在清代曾官至两江、两广总督要职,是名震一方的封疆大吏。早年的周学熙与许多官绅子弟一样,在家庭的严格管教之下,潜心攻读四书五经,接受传统的封建教育,以应科举考试。他16岁时应童子试入泮,后经多次乡试,直至29岁时才中举。但其后在京会试又屡屡落第,这与张謇的经历颇为相似。所不同的是,张謇历经艰辛终于在年逾不惑之年状元及第,而周学熙却终无进展,并且对科举渐感厌烦,最终放弃了科举仕途。而饶有趣味的是,张謇虽然考上了状元,但却弃官而经商,周学熙虽未考中状元,也走上了创办实业之路,二人可谓殊途同归。

放弃仕途之后,周学熙结识了当时的一些社会名流,受到"中学为体,西学为用"思想的影响,加上甲午战后民族危机空前严重,"设厂自救"的舆论日趋高涨。于是,周学熙也决心走"实业救国"之路。由于他的父亲和袁世凯都出自于李鸿章幕府,是北洋系官僚的重要成员,因而周学熙颇受北洋系关照,其最初的实业活动也是在北洋官方的支持下,创办北洋官营实业。1897年,周学熙开始在北洋官办企业开平矿务局驻上海分局任监察。次年8月报捐候补道,9月由北洋大臣裕禄札委为开平矿务局会办,10月又提升为总办。这是周学熙接触近代新式工业的开始,对他后来的实业活动不无影响。

1901年周学熙到山东，接受时任山东巡抚的袁世凯委派创办山东高等学堂，曾编印《中学正宗》、《西学要领》等教材。次年其父出任山东巡抚，按清朝惯例周学熙必须回避，只得又回到了直隶。不久，袁世凯升任直隶总督，派周熙担任北洋银元局总办。当时，因受八国联军侵华战乱影响，兵燹虽平，但创巨痛深，市面制钱极度匮乏，官与商均颇感窘困。为了尽快恢复市面，袁世凯饬周学熙先设厂赶铸银元、铜元。在缺乏厂址、设备、资金和人员的情况下，周学熙受命之后白手起家，想方设法克服了重重困难，召集机匠日夜连续鼓铸，70天之内铸出当十铜元150万枚，发市行用，使天津钱市趋于稳定。袁世凯大为赞赏："诧其神速，推为当代奇才"，"嗣后以一切工业建设相委"。[①]此后，周学熙即成为北洋实业建设的栋梁人物。

1903年，周学熙奉袁世凯委派赴日本考察实业，往返虽仅两月余，但他感触极深，更进一步坚定了实业救国的决心。回国后，他即向袁世凯建议创办北洋工艺总局，得到袁的支持并被任命为工艺总局总办。工艺总局系"振兴直隶全省实业之枢纽"，虽仍属官办，但其目的是通过各项示范，促进民营工商业的发展。周学熙在主持工艺总局的五年期间，取得了显著的成绩。总局下设实习工场、考工厂（后改为劝工陈列所）、工艺学堂（后改为高等工业学堂）等经济、教育实体，又创设北洋造纸厂、北洋劝业铁工厂和国货售品所等近代官营工商企业，初步奠定了北洋官营实业体系。此外，还推动了民营工商业的迅速发展。直隶省城乡创立民营工场11处，顺、直各属设立的工艺局、所、厂更多达85处。丹凤火柴公司、中国造胰公司、绢染缝纫公司以及宝坻、香河两县的毛巾厂等企业，也在这一时期相继创立。此时，周学熙的官职也随之不断递升，先后出任通永道、天津道、长芦盐运使直至臬司。1907年末因丁母忧而去官职，但一直保留工艺总局总办之职。

周学熙自己也曾参与创办或经营不少著名的民营企业的活动，而且同样取得了十分显著的成效。例如，创设近代中国最早最大的水泥厂——启新洋灰公司，即是周学熙实业生涯中的重要成就之一。该厂的前身是唐山细棉土厂，由督办开平煤矿的唐廷枢创设，后因亏损停办。八国联军侵华

① 周小鹃编：《周学熙传记汇编》，甘肃文化出版社，1997年，第125—126页。

时，开平煤矿连同该厂均被英国商人以欺骗手段攫取。1906 年，时任长芦盐运使的周学熙奉命办理收回开平产权的交涉，提出先收回唐山细棉厂，经多次谈判获得成功。该厂收回后，原股本已亏蚀殆尽，周学熙利用与袁世凯的关系，说明机器大多已坏，“毋庸计价”，只将厂房、地亩等按原值扣除折旧，作价银元 7.4 万余元，由其全部接收了唐细棉厂，改名为启新洋灰股份有限公司，由周本人任总理，孙多森任协理，总理处设在天津，厂赴则仍在唐山。随后在袁世凯的支持下，周学熙从天津官银号筹集大宗垫款，用于购置生产水泥的国外先进窑磨设备。所借款项原定 10 年内还清本息，但 8 个月后“启新”公司就募集到商股 100 万元，将所借官款全部付还。

同时，周学熙着力改进生产技术，提高产品质量，降低成本。因此，“启新”投产后，很快达到年产水泥 24 万桶（每桶 170 公斤）的可观规模，在 1915 年的 9 个月中即获利 114 万元。为适应市场竞争的需要，还在上海、天津、沈阳、汉口设立了四个总批发所，使“启新”所产水泥广受欢迎，畅销全国，生产规模也不断扩大。当时湖北水泥厂是唯一规模稍大的企业，但因经营不善负债日益增加。“启新”为了独占水泥市场，一直谋划兼并湖北水泥厂。起初的谈判并不顺利，未能达成协议。但“启新”并不放弃，借湖北水泥厂债务危机愈陷愈深难以维持之际，采取各种措施，终于将该厂吞并。这样，“启新”消除了唯一的竞争对手。经两次扩建，“启新”形成甲、乙、丙、丁四厂，有近 5000 名职工和 3000 余户股东，日产水泥 4700 桶。直到 20 世纪 20 年代初上海华商水泥厂创办之前，“启新”的产品一直长期独占了整个中国的水泥市场，所获利润自然相当丰厚。

周学熙还曾创办著名的滦州煤矿，并与英商控制的开平煤矿进行过激烈的竞争。开平煤矿系英商以诱骗手段，通过与督办开平的张翼签订合同而骗取。时任开平矿务局总办的周学熙对其内幕毫不知晓，愤而辞职后一直耿耿于怀，曾多次向袁世凯提出将开平煤矿收回。但因遭到英商拒绝，没能如愿以偿。此后，周学熙又提议自行在滦州另开一矿，与开平竞争，达到“以滦收开”的目的，得到袁世凯大力支持。他本人曾回忆此事缘由说：“其时，英人占踞开平，交涉讼争讫无收回成议。不得已发生创办滦矿问题，实力抵制，以为外交后盾。惨淡经营，操纵张弛，无非以实行抵制为收回开平张本。”

1906 年下半年，“北洋滦州煤矿有限公司”即宣告成立，仍由周学熙任总理，孙多森任协理。1908 年，滦州煤矿陈家岭附矿因陋就简率先出煤，产煤 12648 吨。到 1909 年，滦煤产量已经达到 231731 吨，并开始在天津市场上与开平煤争夺市场。1910 年上半年，滦州煤矿公司的赵各庄矿、马家沟矿又相继正式建成投产，产量达到 357205 吨，大量运抵天津市场与开平煤竞争。在此情况下，英商甚为恐慌，采取软硬兼施的手段百般阻挠和破坏，甚至连英国公使也出面向清朝外务部进行交涉。但周学熙下定决心坚持不妥协。最后，英商不惜将每吨煤价降为 1 元多，而当时的市价是每吨 2.5 元至 3.2 元之间。结果导致滦州煤矿所产之煤大量积压，出现严重亏损，面临破产的困境。英商乘机提出开平和滦州合办的方案，周学熙坚决表示反对，只同意各自独立、分产合销，其目的是想借开平煤矿便利的运输途径，解决滦州煤的销售不畅困难。但许多大股东看到滦州煤矿已难以维持，加上英商提供了一些合办的优惠条件，纷纷表示赞成合办。周学熙见此情形提出辞职，经众股东一再挽留而未果。最后，经过讨论拟定出一个"联合营业"的方案，即开平、滦州两公司在所有权上仍各自独立，将开采和销售联合，设立"开滦矿务总局"。1912 年 6 月，正式签订了联营合同，周学熙"以滦收开"的计划终未取得成功，他深为感慨："成立滦州，实为收开，然成合局，终违我愿。"

除此之外，周学熙另还创办了其他许多企业。例如 1915 年，经多年筹划他创立了华新纺织股份有限公司，一定程度地改变了以往华北近代纺织业大大落后于东南的局面。该公司初创时为官督商办，由周学熙之弟周学辉担任督办，后改为商办，周学熙在股东的推举之下出任董事长兼总经理，并开始筹建分厂。至 1920 年，华新纺织公司已发展为天津、青岛、唐山、卫辉四厂联营体系，成为近代中国举足轻重的商办纺织企业之一。在金融业方面，周学熙也曾于 1919 年筹办中国实业银行，出任总理。此后又创设华新银行，由启新、华新、滦州煤矿投资为股东，资本 100 万元。在周学熙的实业生涯中，他还曾创办中国自来水公司和玻璃公司，并设立了普育机器厂。

中华民国创立后，袁世凯出任总统，周学熙曾两度担任财政总长。在任期间不仅力图整理财政，而且鼓励发展新式工商企业，民初的财政法规和章程，有许多也都是经他之手订立的。1913 年 4 月，周学熙因奉袁世凯之命向英、德等五国银行团筹借"善后大借款"，受到舆论指责而辞职。1915 年再次出任财政总长，袁世凯称帝时周学熙表示反对，遭到软禁。1924 年实业总汇处成立，周学熙担任理事长，负责管理所属各企业。60岁之后，周学熙辞卸了在各公司所担任的职务，除了从事慈善事业，主要是安度晚年，一心向佛，直至病逝。

以上通过对近代中国工商界几位代表性人物的简略介绍，我们不难看出近代商人与古代商人的差异及其特点，同时也应对商人有一个新的认识。由于各种因素的影响，贱商轻商的习俗在中国长期沿袭难改。“士农工商”的四民定位，也成为中国传统社会中一成不变的凝固模式，商人始终处于极为卑贱的地位，抬不起头来。提起商界，在一般人眼中似乎也只是充满倾轧欺诈、无信无义的污浊世界。这些片面的看法，直至近代晚清时期，随着各方面出现前所未有的新变化和重商思潮的兴起，才逐渐有所改变。事实上，无论是商人的思想与行为，还是整个商界的实际情况，都绝非一般人主观所想象的那样一无是处。

特别是近代中国的商人，应该说是一个顺应历史发展并且颇具活力的新兴社会群体，在社会生活的诸多领域中都产生了相当重要的影响。与古代商人所不同的是，近代的所谓商人，并非是单指买卖人的狭义概念，而主要是指一种广义商人的称谓。在近代，除了将从事商业和金融业的人称为贸易商、钱商、金融商、证券商之外，还将从事生产制造和交通运输的人也称为制造商、生产商、运输商等。换言之，凡从事实业活动的人几乎在近代都被称为商人。不仅晚清和民国时期的习俗如此，而且在法律上也有这种广义的商人界定。例如民国北京政府1914年3月颁布的《商人通例》，就将商人的范围界定为：从事买卖、赁贷、制造、加工、水电煤气、出版印刷、金融、信托、劳务承揽、旅店、堆栈、保险、运输、托运、牙行以及居间代理等业之人。因此，从当时的实际情况出发，所谓商人其实是广义概念的商人，而不是单指狭义的买卖人；所谓商界，实际上也就是指整个实业界。即使是在今天，这种广义的商人概念也仍然在很大的程度上和范围内沿用，所谓“下海经商”就不仅仅是指从事商业买卖，而是指从事实业活动。

除了广义和狭义之分，近代的商人与古代的商人相比较，在其他许多方面也存在着显著的不同。例如，近代商人的思想意识也明显出现由旧趋新的很大变化。晚清时期的商人就已萌发了过去所没有的合群思想与时代使命感，同时还初步产生了具有近代意义的民族主义爱国思想，其信义观和诚信观较诸古代商人也出现了新的发展演变。在组织发展方面，近代商人成立了商会、商团以及商办地方自治组织等各种新型社会团体，这些新社会团体的结构、功能与作用都与传统的商人组织有着明显的差别。近代商人所开展的活动也更为丰富多样化，尤其是在一些重大的政治运动中发挥了比较重要的作用，包括在民族主义运动、立宪请愿运动以及旧民主主义革命运动中，商人都是其中不容忽视的一支社会力量。此外，近代商人还曾开展地方自治活动、"国民自决"运动，并多次出面调和政争，所产生的影响虽然不尽相同，但却表明近代商人在政治上已日趋活跃。在经营管理方式上，近代的商人尽管仍保留了一些传统的落后残余，但也具备了体现新时代特征的开拓勇气与竞争精神，不断学习西方先进国家的经营管理经验，结合中国的实际情况推陈出新，而且敢于与实力强大的外国资本一争高低，取得了明显的成效。上述种种，可以说都充分体现了近代中国新兴商人的特点与影响。

思考题

近代中国商人的特点及其影响。

阅读书目

1. 杨浩等主编:《旧上海风云人物》，上海人民出版社，1989 年。
2. 李帆等编著:《三十个富商大贾》，吉林文史出版社，1993 年。
3. 朱英:《商界旧踪》，江西教育出版社，2000 年。

第七讲

近代中国中层社会

会计师者，应具有独立自由之地位，高尚诚信之道德，以及经济上、政务上、商业上、会计上专门之学识与丰富之经验，以承各方面之委托，而为办理会计、财务、商呈上一切问题，藉以建立一般社会之信用。

——潘序伦：《中国会计师业的过去与今后》

律师在社会上之任务，厥为拥护正义，保障人权，协助司法之进行，巩固法治之精神。凡在尊重法治之国家，其律师之地位，均为一般人所重视。……与医师、教授，同为高尚之职业，与一般商人、工人、贩卖其商品制品之经营业不同，亦绝非如吾国昔时社会之所谓讼棍。

——刘震：《律师道德论》

一　近代中层社会含义

就近代社会分层而言，所谓中层社会主要是指自由职业者群体。自由职业者群体之所以属于中间层次，是因为他们既非传统研究之官僚、地主及资产阶级，亦非时下正热之下层民众、边缘社会，其职业属性、知识素养及社会参与均有自身特色，是整体把握近代社会阶层及群体变动不可或缺的环节。

从历史上看，所谓自由职业的概念，最初应该是产生于西方的一些资本主义国家，大体上类似于英语中的 profession 一词，指那些需要接受高深教育及特殊训练，进而获得特定从业资格的专门职业。从事这些职业的人，就是我们所说的自由职业者，如律师、医生、会计师、建筑师、工程师等。实际上，《现代汉语词典》也将“自由职业”定义为：“在资本主义社会里，知识分子凭借个人的知识技能从事的职业。如医生、教师、律师、新闻记者、著作家、艺术家等”。其所指范围虽稍宽一些,但仍有所限定,也并非指包括现在广义上所说的一般“个体户”在内的所有自由从业人员。

随着近代中国自由职业者群体的研究逐渐引起一部分学者的关注,已有人对这一概念进行了具体说明。例如尹倩指出,近代自由职业者群体具有以下特点:(1)近代新式知识分子,并以此身份投身某一职业。(2)经过系统学习,具有某一专业的相当知识,并在这一行业内不论是知识还是市场都具有垄断性。(3)职业生涯相对独立,可以自我聘雇(self-employed,这可能是最体现“自由”的地方)。(4)经济地位和社会地位远较一般劳动者为高。[①]对于近代自由职业群体的范围,学者们现在也基本上取得了较为一致的认识,认为主要应包括律师、会计师、医生、新闻记者、工程师、教师等。这也与西方社会的 professional 的范围基本一致。台湾的学者偏向于将 profession 翻译为“专业”,并将上述自由职业者群体表述为“专业群体”。这一表述可能更加偏重于律师、医生等职业的专业化,特别是对其专业知识和市场的垄断,同时也强调这一职业群体在执业方面应具有的“专业主义”(professionalism)特性。

称之为专业群体,或许与这些群体的职业特性更为相适,但这一名称在名、实两个方面都难与近代中国的历史情境完全相符,不仅语源来自于西方,也带有太过明显的当代色彩。为尊重历史起见,最好还是使用当时原本的称呼。本书所说之特定意义的自由职业者概念,不是当今的研究者想当然式的自我概括,而是在民国时期即已有之,因而它完全是一个“原生态”的概念。倒是不少不解内情者望文生义,认为“自由职业者”的概念更为“现代”,实是一种误解。这倒提醒研究者应该尽量根据历史上自由职业者概念的内涵对其加以界定,不应依其主观意愿或是按照当代的理解扩大其外延。

查检民国时期的官方有关文献,不难看到自由职业者的提法。1929 年中央法制委员会曾就是否对自由职业团体进行专门立法的问题进行过讨论,最后议决“自由职业团体”如果是指商业联合会或商会,不需要制订单独的章程,但如果是指律师、医生或其他类似职业的组织,则有必要再制订

---

① 尹倩:《中国近代自由职业群体研究述评》,《近代史研究》,2007 年第 6 期。

相应的章程。尹倩在其文章中提出,这很有可能是“自由职业者”一词首次出现在官方的语汇中。及至 1930 年代,在国民党政府相关部门的文件中“自由职业团体”与“职业团体”已明显区别开来,专指由律师、医生、会计师、工程师、记者所组成的团体。与此相应,这些人也就被称为“自由职业者”。1940 年以后,大部分自由职业团体已都有单行法规加以规范。民国时期政府文件中列入讨论的自由职业团体,主要包括律师、医师、会计师、技师、教师、新闻记者、引水人(领航者)等团体。按照政府相关规章的规定,自由职业团体之成员,必须通过国家考试取得专门的资格,并以从事专门职业者为限。获取专业资格者,如未加入同业公会,仍然不得执业。如此看来,民国时期所说的自由职业者,与前述西方国家的自由职业者还是稍有某些区别。

按照政府有关部门的认定,“自由职业者”显然需有文本化的法律标准加以核定。但在社会层面,自由职业者的提法也非常普遍,不仅用以自称,而且也被社会用于对相关群体的指称。例如 1930 年 11 月的《社会日报》曾刊载一篇题为“会计师抛弃选权之真相”的文章,对于各职业团体多获选举权而会计师公会未获选权予以讥评:“如自由职业团体中之律师公会,选法初颁,则充分预备,果能如愿以偿,于省区中获选,其精神之团结,手腕之灵敏,殊足令人钦佩。独平日与律师公会相提并论之会计师公会不特无人获选,抑且放弃选权……”[①]此文所说之事,缘于该年国民党中央作出召开国民会议决议后,于次年公布了《国民会议代表选举法》,规定部分代表可由职业团体推选,律师公会、医师公会、会计师公会等自由职业团体均赫然在列,不料上海会计师公会最后竟因规则问题被排除在外。这则新闻虽然是负面报道,但从其中也可发现社会一般亦将会计师、律师并划为一类群体,而会计师平日亦自视为与律师并列的自由职业者,两大公会屡相颉颃,互争短长。潘序伦等会计师也认为,“会计师者,应具有独立自由之地位”,“独立不倚之精神”[②],虽在实践上未必都能做到,但会计师已将之归为其职业的“自由精神”之列。可见,不论政府层面或是在社会层面,“自由职业者”

① 上海市档案馆藏:上海会计师公会档案,S447-2-252,“会计师抛弃选权之真相”,1931 年 11 月。

② 潘序伦:《会计师业概况》,中华职业教育社 1928 年印行,第 2 页。

及“自由职业团体”都已是具有明确指称和含义的历史概念。

就目前的社会群体研究现状而言，不论是“眼光向上”还是“眼光下移”，在近代中国社会群体的研究中还存在一个明显的缺陷，那就是对作为社会中间阶层的自由职业者群体的忽视。近年来，史学界虽然对近代自由职业者群体的研究日益重视，并有一些成果问世，但总体说来尚处于初期起步阶段，还需要加大力度进行更加全面和深入的探讨。

研究近代中国的自由职业者群体，不仅具有重要的学术价值，而且也不乏现实借鉴意义。其学术价值首先是可以弥补近代中国自由职业者群体研究的不足。我们已经知道，近代中国的自由职业者群体大多是在近代中国社会转型过程中出现的新兴社会群体，如律师、会计师、医师等在职业特质及社会属性方面，与原来的讼师、账房、郎中均有极大差异，而记者、报人等则完全是新兴群体，这些新兴的群体作为中间阶层在当时的整个社会中发挥着不可或缺的作用。多年来，近代史学界对自由职业者群体的研究却十分薄弱，早先甚至根本没有纳入研究视野，这显然与自由职业者群体的在近代中国的地位与作用极不相称，亟需加以弥补。

其次，加强对自由职业者群体的研究，还可以丰富和完善中国近代史研究的内容，推动中国近代史研究的深入发展。笔者几年前曾在一篇论文中指出，无论提出何种理论与方法，也无论在其他各个方面做出何种具体努力，走向更加完整与客观的中国近代史，应该是 21 世纪中国近代史研究发展的一个长期的基本总体目标，甚至也可以说是整个中国历史学的发展趋势。所谓完整的中国近代史，无非是通过对近代中国方方面面的问题，包括许多过去认为无关大局的小问题（实际上也未免就是小问题）都进行深入细致的研究，而不是忽略或是放弃对某些问题的探讨。[①]显而易见，如果不对具有重要作用和影响的近代自由职业者群体进行深入考察和分析，也就谈不上完整的中国近代史研究。

再次，对近代中国自由职业者群体的研究，还将促进相关行业史和社会团体研究的发展，弥补以往研究中的严重薄弱环节。不难发现，近代中国每一个自由职业者群体的形成与发展，实际上都是伴随着一个新兴行业的出

---

① 详见拙文：《更加完整与客观：中国近代史研究的发展走向》，《史学月刊》，2004 年第 6 期。

现而导致的必然结果。长期以来,近代史学界不仅对这些自由职业者群体的研究很不充分,而且对其赖以依成和发展的所属行业更缺乏探讨。除了对其中的律师业等个别行业略有论及之外,基本上都属于研究的空白点。而研究近代各个自由职业者群体,首先就需要对其所属行业的产生与发展进行考察,随之将可以带动如律师业、医师业、会计师业、工程师业等许多新兴行业史研究的发展,进而为促进整个近代社会经济史研究的拓展产生重要影响。此外,近代自由职业者群体形成之后,几乎无一例外地都成立了自己的同业团体,如律师公会、医师公会、会计师公会等,有的还建立了其他一些社会团体,并依靠这些团体规范和维系同业的职业活动和开展其他各种社会活动。但是,近代史学界对这些社团却基本上没有进行深入研究,以致成为中国近代史研究中的又一空白点。而对近代自由职业者群体的研究,离不开对其职业组织和社会团体的考察,也势必会促进学术界对这些团体进行研究,从而弥补中国近代史研究中的又一薄弱环节,对丰富中国近代社会史研究更是具有重要意义。

就现实意义而言,自 1949 年以后,在社会主义改造大潮的冲击下,这些以专业知识自重、以市场需求自立的自由职业者多被纳入到国家事业或者公营单位之下,成为单位制度之内的国家职工,或者失去社会存在的基础,归于消逝。但这种单位体制并不一定符合一个开放社会的需求。自改革开放之后,自由职业者作为一个社会群体重新发展起来,其规模与影响也越来越大,成为所谓中产阶级、中层社会的重要组成部分。当代的自由职业者的观念、组织情况当然与近代有所差异,但其发展也存在内在一致性。因此,追寻近代自由职业者群体的发展历程对于当代的自由职业者群体的构建当有助益。可以肯定,历史的经验对于从业者、政府管理的启示也是双向的。

下面,我们主要就近代中层社会中的会计师、律师、医师等重要群体的有关问题略作具体说明。[1]

---

① 以下内容主要根据本人主编、尚未出版的《民国时期的自由职业者群体研究——以会计师、律师、医师为中心的考察》的相关内容撰写。参与撰写此书的有魏文享、李卫东、李严成、尹倩等人。

二　近代中层社会的产生

在中国，近代意义上的职业会计师、律师以及医师等自由职业者群体，均系适应清末民初社会转型之需要而产生。故而就总体而言，自由职业者群体即近代中层社会的产生，是中国近代社会阶层分化的一个重要表征，它主要受到经济因素、制度因素及专业知识体系发展等三个方面的影响。但相对于中层社会中的不同职业者来讲，其具体因素又略有不同，可以说既体现出某些相同的趋向，又表现出不同行业的略微差异。

会计师是与旧式“账房”不同的新式职业，在近代中国最早出现的是外国会计师，本国会计师职业产生的根本原因则在于市场经济与社会发展的需要。鸦片战争以后，西方列强在华设立洋行从事贸易，为其服务的相关经济产业也不断在中国建立，均采用本国的会计制度，不少外国会计师因此来华执业，并建立会计师事务所，产生了明显的示范效应。中国虽然没有本土职业会计师，但新式会计制度已开始逐渐受到重视，不少有识之士都认识到发展职业会计师的重要性。20 世纪初，清朝政府受西方会计制度之影响，也已着手调整预决算制度及财计机构，并始进行官厅审计制度的改革。到民国时期的 1914 年 3 月，北京政府正式公布了《会计条例》，同年 10 月改颁为《会计法》，第一次确立政府会计之规章。1918 年又颁行《会计师暂行章程》，由此正式揭开近代注册会计师发展的序幕。该章程规定：凡中国人民年满 30 以上、大学经济学科毕业主修会计的，或曾在资本 50 万元的银行或公司任主要会计人员 5 年以上的，经农商部批准，即颁给会计师证书，准其开业。此后，获政府授权的注册会计师及会计师事务所渐趋增多，会计师亦逐渐成为近代新兴中层社会的职业群体之一。

1912 年，北京政府还设立簿记讲习所，聘请杨汝梅讲授新式官厅簿记。一些新式行业及企业则纷纷引用西式簿记，在银行业、外贸业中加以应用。1915 年，中国银行即聘请中国首位注册会计师谢霖等设计新式会计制度，交通银行等其他银行纷纷效法，银行会计得以统一。早期留学海外并掌握西式簿记知识的会计人才受到国内重视，如谢霖即因此而受到重用。他根据自己对国际会计大势的了解，认识到需发展中国自身的职业会计师制度，方能从学术与职业上开拓中国的会计事业。因此，在学校式的新式会计教育不断受到重视的同时,以职业会计师为主体的新式会计从业人员实负有学术与社会的双重使命。

不过,初期阶段能够获得会计师资格而开业者的人数并不多。即使是在开风气之先的上海,获会计师资格开业者也为数不多,1921 年 4 人,1922 年 1 人,1923 年 4 人,1924 年 12 人,1925 年 2 人,1926 年 15 人,1927 年 4 人。截至 1927 年,上海开业会计师也只有 40 余人。1925 年上海成立了中华民国会计师公会,后改为上海会计师公会。1926 年,上海会计师公会的会员共约 30 人,1927 年初约 42 人,同期全国也仅百余人。到南京国民政府时期,会计师事务所创办的会计学校培养了大批人才,符合标准的职业会计师迅速增加。据统计,在民国北京政府时期领得会计师执照者约有 284 人,到南京国民政府时期的 1933 年截止,领得证书者有 962 人。另一统计数据是自 1927 年到 1937 年,全国登记的会计师人数总计有 1488 人,至 1942 年总计 2283 人。

近代中国早期的会计师,如谢霖、徐永祚、潘序伦等人多就读于美、日等国。20 世纪 20 年代以后,国内大学的会计及商科教育发展比较迅速,毕业于国内有关大学的会计师日益增多。如复旦大学会计学系、上海商科大学会计系、暨南大学会计系,都培养了不少会计师。据 1932 年的统计,上海会计师公会的会员有 50 余人毕业于复旦大学会计系,毕业于清华大学、东南大学、东吴大学、暨南大学、武昌商科等学校者 63 人。其余会员有的毕业于美国西北大学、哈佛大学及一般州立大学,有的毕业于英国剑桥大学,还有的毕业于日本庆应大学理财科、东京商科大学、明治大学。从整体上看,近代中国的会计师显然以国内相关大学的毕业生居多数。

中国历史上虽较早即有“讼师”和“代书”,但律师职业在中国封建社会中是不存在的,它起初也是从国外引进,其进一步发展则是近代商品经济发展的产物,但同时又与近代民主制度的发展相关。鸦片战争之后,西方列强在中国攫取领事裁判权,一方面破坏了中国完整的司法权,另一方面又将西方诉讼制度带到中国,律师职业市场也随之出现。清政府为了谋求废除领事裁判权并使自己在国际交往中与他国处于平等地位,也不得不主动改革中国传统的法制。与此同时,近代社会经济的转型也带来了大量的近代法律服务需求。可以说,中国近代律师制度的产生,主要是社会经济结构和经济交往形式变迁的结果。在没有自行设立正式的律师制度之前,中国人所接受的早期法律服务主要由外国律师提供，甚至连清政府的官员在从事具体的经济活动或解决纠纷时也会向洋律师求助。但是，随着各种诉讼的增加，这种状况显然不能适应日益广泛的需求。为切实保护中国人的利益，一部分有识之士开始提出中国应该向西方学习，培养自己的律师，建立律师制度。晚清之际，清政府颁布《各级审判厅试办章程》和《法院编制法》、《刑事民事诉讼法草案》等，这几部法律均在条文中对律师代理、律师辩护等作出了具体的规定。此时，近代中国律师制度尽管没有正式实施，但已经开始初显端倪。

光绪三十二年（1906）三月，修订法律大臣沈家本、伍廷芳向朝廷奏请颁布《刑事民事诉讼法》，明确提出了民、刑事独立审判的主张。伴随《刑事民事诉讼法草案》的出台，中国近代律师制度的雏形开始显现。1909 年，清政府颁布《各级审判厅试办章程》，次年又颁布《法院编制法》，这两部法律均在条文中对律师代理、律师辩护等作出了具体的规定。1911 年初，修订法律馆又重新编成《刑事诉讼法草案》和《民事诉讼法草案》，再次对律师制度作了具体的规定。1912 年 9 月 12 日，民国北京政府颁布中国历史上第一部全国性的律师法规——《律师暂行章程》，标志着中国近代律师制度正式确立，中国的律师群体也随之开始产生。费孝通先生曾说明：中国近代律师制度的创设实际上是社会性质转变的一个表现，“讼师改称律师，更加大字在上。打官司改称起诉，包揽是非改称法律顾问——这套名词的改变代表了社会性质的改变，也就是礼治社会变为法治社会。”①

具体而言，近代中国律师的产生与近代新式法学教育密切相关。由于中国近代的法学教育分为国外留学教育和国内教育两大部分，因而中国近代律师群体的来源也包括两大部分，一部分是在本土法政学校培养的学生，以及通过仕学馆、进士馆或学治馆进行法政学培训的封建官员或者候补官员；另一部分是在国外接受法律教育的留学生。国内法政教育方面，1904 年清政府颁布《奏定大学堂章程》，即规定在“政法科大学”下设“法律门”，1905 年经沈家本等奏请，清廷在京师设立法律学堂，招收现任官吏进行法学教育，后来发展成为京师法律学堂。同年，直隶总督袁世凯也在天津开办

① 费孝通：《乡土中国 生育制度》，北京大学出版社，1998 年，第 54 页。

直隶法政学堂。此后各类法政学校(堂)纷纷建立,法政教育在全国迅速发展。近代中国的多数律师,都是出自于国内的各类法政学堂。国外留学教育方面,最早接受西方法律教育的中国人大多在欧美学习,如伍廷芳、陈季同、何启、施肇基、梅华铨等。后来也有一部分留学生在日本法政速成科和其他大学学习法律。从总体上看,多数留学生接受了比较完整而深入的法学教育,法律学识深厚,社会影响也比较大,其中许多人后来都成为民国时期中国法律界和外交界的名人。

在民国初期,北京政府对于律师资格的取得,就已明确规定了一些相应的条件。根据这些条件,获取律师资格一般有两种途径,一种是参加律师考试合格,另一种是按照相关法律规定,取得免试资格直接获得律师身份。就前者而言,《律师暂行章程》第3条分为五款详细规定了具有考试资格的五种情况,归纳起来则可分为三类:一是曾经系统接受过法学教育者;二是正在从事法学教育者;三是具有一定司法实践经历者。

从有关统计数据可以看出,近代中国律师的数量明显呈增长趋势。在民国初期请领律师证书的律师共458人,其中曾经留学国外的律师有151人,国内毕业的律师有307人。1927年南京国民政府司法部对律师进行严格复验,合格的律师人数有所减少。但进入30年代后,律师人数增长显著。以上海律师公会会员为例,1935年会员为1282人。与1927年的会员人数323人相比,增加了959人,几乎多了3倍。1931年全国加入律师公会的人数达到6211人,这一数字与民初相比,增长速度也较快。到1932年,加入公会的律师数又达到6969人,比上年增长778人,1933年达7651人,比上年度多682人。1934年达8397人,比上年多746人。1935年更是突破万人大关,达10249人,比上年多1852人。

医师并不是新兴的职业,中医很早就已产生,但中医绝大多数并没有固定的医院,医生也很分散。中国近代的医师群体由中医和西医构成,因此,医师群体的兴起既包含了中医的渊源和传承,也包含了西医的引进和发展。西医东来之前,所谓医生,只是专指中医。鸦片战争后西医开始传入,西医药房和医院的出现为中国医药业发展开辟了广阔的市场空间。上海地区医院成立的历史比较悠久,在1910年以前即已设立医院15家,但其中绝大多数是外国医院,而且多在租界地区。因此,供职于这些医院的医师也以外籍医师为主,以至于上海民众"拿医院来代替外国人的面目"。

民国之后，随着西医的普及和医师人数的增多，上海地区又出现了一些劳工医院、医学院的附属医院，以及市外一些规模较小的公立医院，如四明医院、粤商医院、平民产科医院等等。此外，还有40余家可以容纳病人住院的私人医院。另还有中美、中法等大小西药房数百家。如此繁荣的医药市场自然催生了数量庞大的医师群体。据统计，在上海开业或供职医院者达1182人，占全国22%。全市以350万人口计之，每3010居民中有医师1人，每百万人口中有医师332人。社会上新行业、新机构的出现，也为医师提供了广阔的活动空间。医师的职业选择相当多，如在当时的报刊上可以看到带有医师"头衔"的主要有：医院医生、慈善机构医生、药房医生、个人诊所医生、军队医官、政府及社会各团体机构中的医疗人员、医事顾问、医学期刊著述者、医学教材编写委员、卫生行政人员等等。于是，医师日益成为社会上举足轻重的职业群体。

近代中国早期的本土西医大都是由教会医院和医校培养出来的，传教医士创办医院时，在业务增多，人手相对不足的情况下，往往在医院或诊所招收一二名中国助手。稍后，在国外留学毕业的医学生陆续回国，进一步扩大和充实了国内的本土西医队伍。但更多的西医，还是来自于民国时期从国内各类医学院校毕业的学生。民国初期，北京、直隶、江苏、浙江、广东等省即先后设立一些国立或公立医学校。如1912年成立的北京医学专门学校、1912年杭州成立浙江省立医药专门学校、1912年苏州成立江苏医学专门学校、1916年成立的省立直隶医学专门学校、1921年南昌成立江西公立医学专门学校、1927年创办的国立同济大学医学院、1928年创立的河南省立中山大学医科等。另还陆续创办一些私立医学院校，也培养了不少西医。例如1909年创办的私立广东公医医科专门学校（中山医学院前身），1912年张謇创办的南通医学专门学校（南通医学院前身），1915年创办的私立北京协和医学院，1918年黄胜白、沈克非等创办的私立同德医学专门学校，1930年改称私立同德医学院，1919年设立的私立辽阳医学校（1923年停办），1920年上海留日学生顾南群创办的私立南洋医学院（1930年停办），1922年创办的奉天同善堂医学校（1932年停办），1926年上海郭琦元创办的私立东南医科大学（1930年改称东南医学院）等。

随着各类医学教育在数量上显而易见的发展，国内的西医队伍迅速地发展壮大起来。在教会医院中，据1915年基督教会统计，当时共有383名外国医生，119 名中国医生，509 名中国医助，142 名外国护士和 734 名中国护士。另据医学教育委员会 1937 年对国内已知的 21 所医校的毕业生所做的调查统计，共有 5358 人，毕业生最多的 1932 年，已达 617 人。不仅沿海等发达城市出现大批的西医毕业生，就连一些边远地区如宁夏、青海、新疆、贵州等也开始出现了西医毕业生。[①] 由于中国境内还存在着相当数量的非科班出身的西医，整个西医队伍的确切数量无从考证，估计在抗战前国内西医总数应近万。但从中国人口总数看，医师的数量仍然偏少，按南京国民政府内政部 1934 年人口统计来看，当时每百万人口平均只有 12 名西医师，而且分布极不平衡，西医师大多分布在通商大埠，内地乡县则极为少见。即使城市间的差别也相当大，例如上海医院林立，医师众多，全国 5390 名医师中即有 1182 人在此间开业或供职医院，占全国医师的 22%。全市以 350 万人口计之，每 3010 居民中有医师 1 人，每百万人口中有医师 332 人，当地甚至还有“医师过剩”的说法。

由上可知，作为中层社会的近代自由职业者群体，其产生和发展的路径基本上有着大致相似的趋势，都是由引入至本土化，由微弱至规模化，由分散至组织化，最后逐步壮大成为近代中国中层社会的重要组成部分。但根据不同行业的服务对象及应用范围的差别，其发展趋势又并非完全同步。会计师受工商业经济发展程度及国家经济政策影响更大，律师则受近代司法及政治制度影响更为直接，中西医师之竞争则因西医的急剧扩张而激化。

三 近代中层社会的职业观念

所谓职业观念，一般是指自由职业者的自我身份认同及职业认同，即从业者对于所属职业的社会属性、职业伦理、群体身份方面的认知。职业观念不仅影响着从业者的自我价值判断与执业准则，也影响着社会对于从业者的观感与评价。近代中国自由职业者的职业观念，既受到西方的影响，也不可避免地受到本土文化的熏陶。会计师、律师及新兴医师，不仅与传统的账房、讼师及郎中相区分，强调其专业能力及独立地位；而且也与一般工商业

① 《我国医学院校最近概况》，《中华医学杂志》，第 8 期，1937 年。

者相区别，强调其职业精神及诚信服务。但从实际情况看，社会之认知与自由职业者之自我认知仍存在着较大落差，从业者之理论认知与其执业实践也存在某些名实不尽相符之处。

近代著名会计师徐永祚曾经说明，职业会计师"其业务之性质，表面上虽似商家所雇用之高级会计员，但其所处之地位大不同，不专为特定之个人、商店或公司所雇用，乃系受社会公共之委托，处于独立的地位，不为外界所拘束，虽亦收受报酬而供给劳力者，但能本其自己之见解，以公平之态度，自由行使其职权"。[①]这段话特别强调了会计师的公共使命，需要保持独立的地位，自由行使职权，称得上是会计师对其职业所具有的社会属性的集中概括。近代另一著名会计师潘序伦创办的立信会计事务所，一直奉行"信以立志，信以守身，信以处事，信以待人"的原则，这是对会计师职业伦理的最好阐释。由此可以说，独立与诚信是会计师最重要的职业观念与职业道德，也是近代会计师与传统"账房"先生的最大区别之所在。另外，独立与诚信又是互为表里和相辅相成的，只有真正处于独立自主之地位，将个人置身于利益冲突之外，会计师才能保持不偏不倚的公正态度审核财务，这实际上也是揭示了保证会计师诚信度的唯一途径和方法。

而要养成这样的职业观念与职业道德，会计师必须具备良好的职业操守，应充分意识到"会计师之职业，实为商界保障信用而设，苟其有不道德行为，而自丧信用，则此项职业即失其根本存在之理由"。因此，潘序伦认为会计师不可缺少的三大基本素质是学识、经验和道德，其中尤以道德最为重要，"学识经验及才能，在会计师执行事务之时，固无一项可缺，然根本上究不若道德之重要。"有了良好的职业操守，并具有丰富的会计学识、经验与职业道德，会计师才能真正具备独立自主之地位与高尚诚信之品行。

不仅如此，近代会计师自身还意识到，作为一个合格的职业会计师，应该不为利诱，也不惧威胁，在保持"不隐徇"的同时，又须谨守"不泄密"的界限，维护雇主之利益。这两者在表面上看似矛盾，但实际上却是一致的。所谓"不隐徇"是不隐瞒与所办业务相关之会计信息，"不泄密"则是不泄露由执行查账等业务而获知业主的商业或经营上的有关秘密。这两个原则职业

---

① 徐永祚：《会计师制度之调查及研究》，徐永祚会计师事务所1923年11月印行，第2页。

会计师均应严格遵守,“否则信用一失,职业全隳”。

近代律师的职业观念与会计师有相似之处,但又有其特点。上海律师公会印行的《律师道德论》曾经阐明律师的社会责任与职业特点:“律师在社会上之任务,厥为拥护正义,保障人权,协助司法之进行,巩固法治之精神。凡在尊重法治之国家,其律师之地位,均为一般人所重视。……与医师、教授,同为高尚之职业,与一般商人、工人、贩卖其商品制品之经营业不同,亦绝非如吾国昔时社会之所谓讼棍。”可见,当时的律师对其职业的社会属性与职责有着较为充分的认识。

一般而言,近代律师多以个人身份从事诉讼和非诉讼业务,故而其职业行为往往是独立进行的,并没有一个专门的行政机构代表他们的利益,或对他们进行直接管理。在此情况下,律师需要有意识地联成一个具有共同追求和共同目标的群体,以有效维护自己的利益。而专业背景的一致性和面临问题的同一性,又使不同的律师之间有着许多共同点,由此也能够促使律师形成一种自我群体认同意识。在民国时期,律师公会就是将律师联结成为一个整体的同业团体。律师公会不仅是律师的自治组织,也是律师群体的共同代表。除了政府颁布的《律师暂行章程》等法律、法规所规定的学历、资历等必备条件之外,各律师公会还纷纷将老会员介绍新会员入会的方式,作为接纳新会员执业的必备条件。律师公会的这种准入制度,在很大程度上可以说就是实现群体认同的一种方式。

律师是一种特殊的职业,它是否应具有经营性,是关涉律师职业发展和对律师执业行为进行评价的重要问题。这一问题涉及律师职业伦理规则和如何规范律师行为,也关系到律师应该树立怎样的执业观念和执业过程中具体行为方式的选择问题。起初,《律师暂行章程》并没有对律师职业及其职业经营范围进行界定,导致这一问题存在着相当的模糊性。直至1927年南京国民政府司法部颁布《律师章程》,才明确规定“律师受当事人委托或法院命令得在通常法院执行法定职务并得依特别之规定在特别审判机关行其职务。律师得受当事人之委托为契约、遗嘱之证明或代订契约等法律文件”。根据这一规定,各地律师公会纷纷制定了自己的管理章程,对律师职务范围及收费(公费)项目,如出庭辩护、撰写状纸、契约证明等进行详细的规定,由此确定了律师基本的经营规范。

不过,律师的经营活动虽受到各种限制,其职业观念也不允许他们兜揽诉讼、唯利是图,但作为一项自由职业,如何统一和协调获得足够多的收入与保持律师职业的崇高性这二者之间的关系,仍然是民国时期律师职业经营观念中需要解决的一个重要问题。在这方面不仅要靠律师的严格自律,而且需要律师公会加以协调和管理,为了扩大业务量,许多律师在早期都曾在报上以所谓"大律师"名义刊登广告,其中不乏自夸以广招徕之词,有失律师诚信原则。为了维护律师的职业道德和社会形象,律师公会对此种现象发挥了干预作用。例如 1933 年 5 月,上海律师公会向会员发出通告:"曾任公职之律师,有以旧日职衔登报榜门盛自炫鬻者,以高尚之业务何必形同商贾夸饰市招……于律师道德风纪关系甚巨,不得不明加申儆用戒。"[①]在律师公会和相关管理部门的严令禁止下,律师刊登不实广告的情况得以扭转。稍后虽仍有广告出现,但在形式上已不同于以前的律师广告,大多是以"启事"或"代客声明"的形式出现,主要是就客户委托事项进行说明或澄清,已经较少律师自我标榜的内容。即使如此,律师公会对这类广告依然比较关注,多次强调律师不能主动招揽业务,并反复说明为维护律师职业的公正性,律师不仅自己不能招揽业务,而且也不得代表客户招揽业务。

医师是自由职业中不同于会计师和律师的另一群体,所谓"医师者,以摄生疾病为任务,于社会上为一职业",他们同样需要协调营业与职业道德的关系,因而也有其独特的职业观念。民国时期医师的自我定位是:"医师行医确是一种营业,但是这种营业,是应用科学原理和原则,为人谋预防或诊疗其疾病为目的的。所以和原始的生业(像农业渔业)及狭义的营业(像工商业和不需高等学术的劳作比如理发之类)单以营利为目的者完全不同。其实医业是社会上一种学问的职业。"[②]可见,医师自身在这方面是有所认识的。

对于医师来说,医德尤为重要,因为它关乎许多人的生命与家庭的幸福,也直接影响医师的社会形象。在这个问题上,当时的医师也都有比较一致的共同认知。在 20 世纪 20—30 年代的各种医学刊物上,论述医德的文章连篇累牍,有的分析检讨医界心理和人生观,有的揭发批判医界种种不良现象和行为,还有的深入探讨医德规范的意义及范畴,使当时的医界内出现

---

① 《上海律师公会至各会员函》,《上海律师公会报告书》第 32 期,1934 年 1 月。

② 姜振勋:《什么叫做医师》,《医药评论》,第 23 期,1929 年。

一股探索职业道德规范的热潮。上海医师公会领导人之一，震旦大学医学教授宋国宾在这方面致力尤多。他不仅在各个报刊大量撰文，并借《医药评论》发起医德讨论专号，而且为上海医师公会起草《上海医师公会信条》，为震旦大学医科毕业生订立《震旦大学医学院毕业宣言》，还撰写了我国最早的《医业伦理学》一书，从医师自身、医师与病人、医师与同道三个部分"确立医家道德之标准，举凡良医之素养，应诊之规律，莫不详述靡遗"，成为我国医学伦理学的奠基之作。与此同时，各地医师公会、中华医学会、国医公会等等医界团体，也都相继制定了医师信条或公约，对会员的道德规范予以规范，由此使医界的基本职业道德规范得以逐渐确立。

对于自己所承担的社会职责，对病人以至人类的重要影响，当时的医师也较为明确："医之责职至重，地位至高，事关至大，攸关于国力民生者巨。"西医在这方面的理解与认识，较诸中医似乎更加突出。医师朱季青明确指出："医与人类的关系比任何职业都要密切，人类中的社会，国家，以及其他各项组织，其目的无非为人类互谋幸福，发展人类的才智，护卫人群的化育。如农、工、商、政府、教育等都是间接的谋人类的幸福，替人类制造一个绝完美的环境，使吾人可以享受一种极便利、极安逸、而极有意识的生活。医与其他职业所以不同的地方，就是因为它是直接为人类谋幸福，它一切的设施都是关于人类本身而作的。换言之，就是医学的一切设施都是关于人类的健康问题，生命问题，生死问题。其于人类本身的关系当然要比别种职业密切的多，学医者的责任也就比学农、工、商、教育、政治、经济者较为大。"[①]还有医师特别说明：医师对于病人的责任，可分为两种：即时的责任是治病，将来的责任是增进病人的健康。"一个病人赤条条的将他自己最宝贵最亲爱的身体完全交托给医生，一切生死存亡的关键都完全在医生手里，他将来的健康，和事业的成败亦都在医生一人身上，他对于家庭应负的责任，对于社会应尽的义务是否完成，亦都以他的健康为标准。所以医生对于病人的责任不是一时的，亦不是仅关系及一身的，医生失责，影响及人类的生命、健康及社会事业的发展"。[②]

但是，对于医师这一特殊职业而言，既要以此谋生养家，又要施医行善

① 朱季青：《医生与医学·病人及社会》，《医学周刊集》，第1卷1期，1928年。

② 李振翩：《中国新医学的背境与前途》，《医学周刊集》，第1卷1期，1928年。

“悬壶济世”，两者兼而有之似乎存在着矛盾，这也是医师职业观念中经常纠结而又不得不面对的一个难题。有的医师认为，“医学是由‘爱’、‘怜’产生的，……‘医’不是营业，也不是‘求富之道’，不能带有丝毫的‘图利性质’”。这当然可以称得上是比较高尚的职业观念，但当医师面临养家糊口的责任时，就很难全然不顾及自己应有的收入，将行医等同于行善。因此，更多的医师认为不能将两者混同，而是应该两者兼顾，有机地进行结合。例如有的指出：“医者清高自守，慈善为怀，不抱金钱主义，不含营业性质，固非惟利是视者，然而医亦职业也，个人恃之以生存，家属赖之以赡养，则其需要索酬金亦是自然之理。”有的甚至认为：“家中之犬马，尚须饲养，医生之起死回生，独不可以饱食暖衣，岂医生反犬马之不若耶？”这是一种比较现实与切合实际的认识，即使是在当今也不应完全予以否定。

四　近代中层社会的生活实态

作为近代中层社会中十分重要的会计师、律师、医师等自由职业群体，他们的实际收入如何？生活状态怎样？社会形象良否？都是我们十分关心的问题。

在一般人的眼中，会计师、律师、医师都被认为是收入较高、生活优裕的社会群体。从实际情况看，整体上大致也是如此。不过，由于专业学识、个人声望、职业所得的差别，再加上各个历史时期受政治经济影响，职业市场常有波动，所以群体中个体之间的收入并不完全相同，在不同时段整个群体的收入也不无差异，需要进行具体的考察与分析。

以会计师为例，在民国初期绝大多数会计师的业务量还比较有限，只有少数会计师可以完全依赖会计业务来维持事业及自身的生活所需，时人称“会计师虽身负社会如此之重务而实无升斗之俸给，今日社会又尚未知会计事业之重要，委事无多，酬报尤薄”。于是，各会计师及事务所为求生存与发展，不得已而兼他职。当政府试图禁止会计师兼职时，一些会计师公会还竭力说明兼职系维持会计师存在之重要方式。例如上海会计师公会阐明：“会员百余人，能以会计师自维生活者百不及什，而什之八九咸赖兼职之维持，上海为全国工商荟萃之区，智识昌明之域，且犹如此，他可勿论。今若一旦严限兼职兼业，则鱼与熊掌势必舍其不足为生之会计师而不为。如是则全国之会计师百难留一，欲以之提倡会计事业促进工商，诚恐缘木求鱼，无是理也。”[①]到南京国民政府时期，随着经济发展与业务量的增加，会计师的收入也明显得以提高。尤其是在所得税开征之后，会计师的业务普遍改善，即使是普通会计员薪水也较为丰厚。当时，一般会计员每月的薪水在40至60元左右，会计主任的薪水则在百元以上，可以过上比较优裕的生活。

民国时期律师的报酬主要是“公费”收入。所谓公费，是指律师按照委托人的意愿进行法律服务后获得的劳务报酬。北洋政府司法部曾规定了全国统一的律师公费标准，作为各地律师公会制定各自收费办法的主要依据。该规定将律师公费的收取分为一般标准和最高标准，规定律师只能在一般与最高标准的幅度内收取酬金，不得超越最高限额。1927年9月，上海律师公会打破原律师收费中仅规定最高及一般收费额的规定，采取只规定最高收费额，并将收费种类分为总收和分收两种。这两种收费方式由当事人自愿选择，随后其他律师公会纷纷效仿。

应该指出的是，社会经济发展水平较高的地区，如上海和江浙等地，律师收费标准较高。而在一些内地和偏远地区收费标准较低，有的差距甚至在一倍以上。例如，据《上海律师公会报告书》以及其他相关资料记载，在社会经济比较发达的上海和地处内陆的成都，1930年律师总收公费最高额即有较大差别。民事案件第一、二审成都律师收取的公费数额最高为600元，上海律师收取的公费数额最高为1500元；民事案件第三审成都律师收取的公费最高数额为300元，上海律师收取的公费最高数额为800元；标的物在万元以上的民事案件，第一、二审成都律师收取的公费最高额为不超过标的物的2%，上海律师收取的公费最高额达到标的物的2%；第三审成都律师收取费用不超过标的物的1%，上海律师达到1.5%；刑事案件第一、二审成都律师收费最高额为400元，上海律师收费最高额为800元；刑事案件第三审成都律师收费标准为200元，上海律师收费标准为500元；如果案情重大或者委托人有特别身份，成都律师收费至多不超过800元，上海律师则采取与当事人商定的方式收取。1930年秋，知名法学家吴经熊博士在上海

---

① 中研院近代史研究所档案馆藏：17-23-12-(1)，《呈为请求暂缓施行会计师条例第十一条不得兼任其他职及第十二条不得兼营工商业之规定》，1930年3月，第2页。

开始从事律师职业。在其开业的第一个月就收入4万余两银子,相当于美金4万元。他本人甚为感慨,觉得当律师比此前做“法官和教授加起来的钱都要多”。①

尽管成都律师的收入比上海律师少,但相对于当地其他社会阶层而言,仍然算得上是收入可观的群体。据任耕硕士学位论文《南京国民政府时期成都律师业研究》的考察,1940年成都律师的大致收入情况,每位律师的年收入为21720元,月收入为1810元。这其中还不包括律师代理刑事第二审案件的收入、标的物在5万元以上的民事案件的收入,也不包括代理非诉讼事件的收入、担任常年法律顾问的收入、律师在兼区执行职务代理案件的收入和在四川高等法院代理第二审案件的收入。同时期成都的家庭生活费大约为240余元。律师月收入1810元,足够开支家庭生活费用且颇多盈余。

除收取“公费”之外,一些知名律师还有另外一个方面的收入来源,这就是担任一些大银行、钱庄、知名企业或大地主的长年法律顾问,不仅每年收入可观,而且既轻松又体面。上海知名律师吴凯声曾回忆说,当时的顾问费基本标准为每年100—200元,如有涉讼业务,费用另算。②他本人就曾担任中央银行、哈同洋行以及当地各行业公会、商会等数十家单位和组织的法律顾问,另外还担任着一些知名导演和演艺人员的私人法律顾问,这些顾问费加起来应该是一笔不小的收入。另外,律师还可以作财产继承、赠与、买卖缔结书面契约的公证人,这笔收入也颇为不菲。有些律师就专门从事该类业务。民国时期律师的职业收入中往往还有“谢金”。所谓“谢金”,是指当事人委托律师代理诉讼或处理其他法律事务时,除按规定支付公费外,根据私下约定,当事人还要付给律师一定数量的酬金。“谢金”并不是一个法律上的概念,是在具体的法律活动中,约定俗成的一种报酬偿付方式,后来曾受到《律师章程》和律师公会的禁止。

到民国中期以后,律师从业人员日益增加,律师的总体收入水平开始下降,部分律师也只能勉强维持一家的生计。抗日战争开始后,由于许多大城

---

① 吴经熊:《超越东西方》,中国社会科学文献出版社,2002年,第52页。

② 吴凯声:《我的律师生活》,《上海文史资料存稿汇编》(十二),上海古籍出版社,2001年,第84—85页。

市被日军占领，正常的法律活动无法开展，许多律师整年没有法律事务收入，纷纷向律师公会请求救济，还有一部分律师转向其他的营生，到大公司兼职或到学校教书等。

医师的收入，尤其是中医之间也存在着较大差别。1927 年王一仁在《中国医药问题》一书中说："以上海论起来，中医门诊号数，多的有百数十号，其次也有数十号，少至数号。出诊多的四五十家，少的数家。"当时，以每号最低 0.6 元计算，一天能看百数十号，仅门诊收入就有 60 多元，一个月近 2000 元，因此中医名家的收入也较高。但一般中医的收入则要少很多，一个营业正常的中医诊所，每月的营业收入在 100 元至 300 元之间。有少数中医经常一天枯坐诊所也没有几个病人，如果不幸"治死"了病人，则一年半载都难有人上门，连维持家中温饱都岌岌可危。相比较而言，善堂医生的收入是最低的，只有大约 30 元。

西医的诊金一般都较中医为高。一方面是因为西医在学习期间所花成本较高，开业所需药品、仪器也较贵，另一方面也是因为西医的生活方式受西方影响颇深，生活消费也较大，因此需要更高的收入来维持生活。但西医的职业收入，在供职医院和自开诊所这两种情况下存在着很大差别。一般来说，供职于医院的医师薪金并不高。即使是一名留学回国的医学博士，担任医院医务主任的薪水也只有 200 元，还被医院董事认为薪金过高；可以推定一般驻院医师的薪金会更低。因此一般医师仅把供职医院作为积累经验的手段，而把个人开业作为主要的奋斗目标。

由于一般医生收入不高，所以民国时期医师除了正当的职业收入外，也从药品回扣中获得灰色收入。这种情况在中西医师中都不同程度地存在，有的药肆是医生兼营的副业，按方抓药，从中获利颇丰。没有卖药业务的医师，也往往会有指定药店，开方后对病人指明，此味药某某药堂最好，用某某堂的某某丸最佳，实则与该药肆暗中有约，从中提取回扣。西医出现之后，由于西药的利润巨大，西医界拿回扣之风较诸中医称得上是有过之而不及。

就总体而言，中层社会的收入高于一般下层民众，其生活状况也比较好。例如大部分律师的主要职业收入除了日常生活方面的开支外，主要用于租赁房屋、子女教育、雇用女佣等。另外，不少律师还少不了娱乐场所的消费，在日常活动中"出入律师公会与娱乐场所最多"。这一方面是律师职业需要经常与各界人士接触，另一方面律师多有西学背景，比较热衷新潮的社会生活方式。在电话并不普及的民国时期,律师一般都已安装有电话,名律师还购买有绝大多数人都无法享受的汽车。

医师的家庭生活与社交闲暇生活也远比一般人更加优越。例如在商业和娱乐业极其发达的上海,电影院、跑马场、跳舞厅、大世界都是医师打发业余时光的去处,下馆子也习以为常。上海医师陈存仁回忆其当时的日常生活,经常是每天诊务完毕后偕妻子去看电影,并四处挑选有特色的著名餐馆就餐,日子过得相当舒适悠闲。①上海中医界形成了三个聚餐会形式的交往娱乐方式,分别称为杏林社、春在社和医林社。每月均聚餐一次,餐费为 1 元 2 角。依据年龄划分,年老的多数参加杏林社、春在社,年轻的多数参加医林社,有的人也同时参加三个社。②这种聚餐会的交往方式,既是一种娱乐性的聚会,也起到联络中医界内同业间感情的作用,同时也加快了业内各种信息的传播和流通。

这些自由职业群体的社会形象,在近代有一个发展变化的过程。会计师群体产生之初,国人对于会计师职业的性质和业务范围知者甚少,社会评价也不高。在一般人的眼中,会计师与过去的账房、记账员似乎并无多大差别,即使是工商界对会计师也存在着某些偏见。但随着会计师人数的增多,以及会计师作用的日益重要,其社会形象逐渐有所改观。特别上海会计师公会以及其他各地相同专业团体成立之后,在这方面也广泛进行宣传,使社会公众对会计师的职业观念与职业道德有所了解,也促使会计师的社会形象进一步得到改善。

律师的社会形象似乎要比会计师更突出一些。在民国的报刊杂志中,时可见到称律师为"在野法曹",律师著文也经常以"在野法曹"自诩,将自己的律师角色与讼师完全区别开来。认为讼师"其游词诡辩,抵隙蹈暇,而使无理者得直,犯法者苟免,则讼师而非律师也"。③从"法曹"一词看,律师作为一种法律职业,其地位与法官一样,具有与法官相同的社会影响。从"在野"一词看,律师又与法官不同,他不代表国家,是一个"非政府"的组织与群体。此外,"在野"一词还暗含与法官对抗之意,表明了律师独特的社

① 陈存仁:《银元时代生活史》,广西师范大学出版社,2007 年,第 88 页。
② 同上书,第 234 页。
③ 邓镕:《律师制度述要》,《法学会杂志》第一卷第二号,民国二年(1913 年)3 月。

会角色特征与社会形象。

民国时期,医师认为自己“直接为人类谋幸福”,“与人类的关系比任何职业都要密切”,医师也是一个无比崇高的职业。[①]但医师的社会形象却没有他们自己所认为的那样崇高。社会民众对于医师的负面评价反而随着医疗技术的提高而增多。如果说,在中国传统社会中,民众对于医生中的儒医尚表现出一份对士人的尊敬,那么在民国时期,视医师为“商人”却是一般民众较为普遍的现象。在各种报刊或小说中,医师常常以一副为富不仁或是虚伪势利的面目出现,面对贫病无动于衷,行道几近诈骗,对医师的指责也不绝于耳,甚至有人将医师视为比妓女更势利,“无罪亦可杀”。[②] 这使当时的医师也无可奈何地感叹:“在中国的小说戏剧,以及近几年自制的影片里,凡有医师这个角色的地方几乎全是丑角”。[③]

社会舆论对医师的批评主要集中在以下几方面:一是有的医师唯利是图,视行医为敛财之道,对病人肆意索取,甚至坑蒙拐骗,给病人增添了精神上和身体上的痛苦。二是有些医师态度冷漠或粗暴,对待病人不能一视同仁,使得病人对医生望而生畏。三是有些医生粗疏的工作作风,不规范的医疗操作以及不负责任的态度,引起许多病人的强烈不满,医患纠纷屡有发生。以上被批评指责的现象,尽管并非所有医师都是如此,但也确实时有所见。即使只有少数人,也会破坏整个医师群体的名誉和形象。民国时期,由于政府和医团都未对医疗队伍实现有效的规范,不少对医学一知半解的不法之徒也混入医疗队伍,在医疗市场招摇撞骗,既损害了病人的切身利益,也败坏了医师的名誉。加上一些医师索取高昂诊金,对病人缺乏关心和爱护,导致不少病人有遭遇不良医师的经历,也使其心目中的医师形象越来越像商人。

思考题

1. 近代中层社会的含义。
2. 近代自由职业群体的职业观念与生活状况。

---

① 朱季青:《医生与医学、病人及社会》,《医学周刊集》,第1卷1期,1928年。

② 《妓女律师医生》,《益世报》,1933年6月15日。

③ 魁:《关于“医师之妻”》,《医学周刊集》,第6卷1期,1928年。

阅读书目

1. 朱英、魏文享主编:《近代中国自由职业者群体与社会变迁》,北京大学出版社,2009 年。
2. 赵友良:《中国近代会计审计史》,上海财经大学出版社,1996 年。
3. 陈同:《近代社会变迁中的上海律师》,上海辞书出版社,2008 年。
4. 王申:《中国近代律师制度与律师》,上海社会科学院出版社,1994 年。

第八讲

近代中国股市兴衰

如公司一端，人见轮船招商与开平矿务获利无算，于是风气大开，群情若骛，期年之内，效法者十数起。每一新公司出，千百人争购之，以得票为幸，不暇计其事之兴衰隆替也。然积而久焉，其弊有不可胜言者。

——《上海平准股票公司叙及章程》，《申报》1882年9月27日

鸦片战争之后，西方资本主义势力侵入中国，不仅在通商口岸纷纷设立洋行与公司，而且开始发行股票，将股票这一近代资本主义的产物也引入中国。19世纪70年代，洋务运动从初始兴办官办军用企业发展到创办民用企业之后，也开始有华资企业股票之发行，并且掀起了近代中国股市的第一次繁荣兴盛。但是，由于近代中国股市的发展缺乏坚实的经济基础与规范制度，具有较大的盲目性与投机性，因而很快又出现了股价狂跌与股市崩盘的情形。可以相信，研究与认识近代中国股市一波三折的兴衰历程，总结历史的经验与教训，不仅具有较高学术价值，而且也不乏现实借鉴意义。

一　近代中国股票的产生

从世界范围看，股票的诞生至今已有将近400年的历史。大约在17世纪初，西方资本主义工业获得比较迅速的发展，许多企业的生产经营规模随之扩大，出现了资金不足的困难。在此情况下，产生了由股东共同出资经营的股份公司这种企业形式。稍后，这些股份公司为了筹集更多的资本，又将集资范围进一步扩展至社会，开创了以股票形式集资入股的方式。购买股票者按拥有股票数额，享受相应权益并承担一定责任。其进一步发展的结果，又出现了买卖交易转让股票的需求，进而促使股票市场形成。有一种说

法认为，世界上最早的股份有限公司诞生于荷兰，即1602年成立的东印度公司，并且在数年后开始有商人在阿姆斯特丹从事东印度公司的股票买卖交易，形成了世界上第一个股票交易市场。至于中国最早的股票诞生于何时，有人认为近代中国股票的前身可追溯至明末清初。当时，在上海沙船业、四川井盐业、云南、广东矿冶业和山西金融业等一些规模较大的行业中，已陆续开始出现类似于招商集资、合股经营的组织形式。这种组织形式已具有某种股份制特征，而写明合股经营者权利与义务的契约，就被认为是中国最早的股票雏形。

但这显然不是我们所说的具有现代意义的真正股票。中国最早的股票应该是诞生于鸦片战争之后，而且是由外资在华各类股份制公司或企业发行，并非出自于中国自办的股份制企业。因此，近代中国最早的股票实际上也是从西方资本主义国家移植引进的产物。随后，中国也模仿创设了股份制企业，开始发行股票。当时的《申报》即曾报道："自通商以后，渐见西人经营事业皆极大，自顾不免赧然，于是试学其法，亦为股份之集中。"

鸦片战争之后，外资洋行就纷纷进入到上海、广州等通商口岸，由此使西方资本主义国家已非常普遍的股份公司被引入中国。起初，经济实力与经营规模较大的有英商怡和洋行、宝顺洋行、沙逊洋行，美商琼记洋行、旗昌洋行等，这些洋行随后还陆续在中国创办了其他股份公司，如旗昌洋行创办的旗昌轮船公司，琼记洋行创办的省港澳轮船公司。据统计，到1872年在中国的通商口岸总共有近50家洋行和近10家外资航运公司。根据相关史料记载，19世纪50年代在上海等地已开始出现股票买卖交易活动，1862年《上海新报》就登载了出售股票的广告。但当时的股票买卖仅限于外商之间，并未形成有影响的股票交易市场。不过，随着华商附股外国洋行的情况日益普遍，洋行和各种外资企业的股票也越来越受到欢迎。

为了获得更多资金，进一步扩大经营规模和增强竞争实力，在华外资洋行和公司都纷纷设法以认购股票的方式吸引买办和华商入股。起初，对洋商和股份制公司缺乏了解的华商，并未踊跃认股，并且多有怀疑。1882年9月17日的《申报》即曾报道："谓以有用之金银，付托于素不相识者之手，生意进出无从而询之，伙友臧否不得而问之，且必数年以后，利则分其余，钝则须增其股本，为自己之资财，反听他人之主宰，且事多西人为政，言语不通，嗜欲不同，保无我诈我虞乎？"因此，"寻常经商之人，未闻有人乐从而买股者"。

但随后在洋行的多方劝导和高回报利润的引诱之下,到19世纪50年即开始有不少华商相继认购了洋股,并获得了较丰厚的利润,从而刺激了更多的华商踊跃购买洋行股票。19世纪60—70年代,华商附股洋行、外资轮船公司以及其他企业的现象已相当普遍,到80年代更是达到"狂热"程度。此时,许多洋商的股票已是供不应求,难以购得,市价不断升高。例如1882年上海第一家外资电厂上海电光公司创办时,在报上登载招募500股(每股100两)的消息,而申请入股者达到了8000股,以致该公司不得不"拒绝了许多要求入股的人",公司股票的价格,也在公司正式开办前的三个月已升值60%。[①]与此同时,在华外资银行的股票也普遍大幅升水,如1864年利华银行面值为10英镑的股票,市价曾高达25英镑。外资航运公司的股票也一直十分紧俏,以致当时证券交易额的洋股交易"日以百万计,投机交易有时延至深夜",出现了此前少有的景象。

外商企业股票交易的兴盛,还促使从事股票买卖的证券公司也开始出现。1869年在上海即诞生了中国第一家专营有价证券的英商长利公司,随后又有数家类似公司相继设立。上海的华文报纸《上海新报》也于1871年开始刊载股票行情表,所列数十种洋行股票的市价变动十分明显,表明股票之交易较为活跃。至此,洋商在华组织的证券市场初步形成。1891年,在沪各国证券商为加强联络,又成立了上海证券掮客公会,即上海股份公所。

在此情况下,倡导华商效仿西制,创设股份制公司企业,发展民族工商业的呼声也屡屡见诸报端。例如《申报》发表的文章就曾指出:"盖一人一家之利,其资本虽巨,贾而有限也。若以众股纠成,所谓千金之裘,非一狐之腋,在投股者所出不巨,而积少成多,规模闳富。"这样的效果,当与一人一家之力相比完全不可同日而语。郑观应也在其名篇《盛世危言》后编中特别强调:"泰西公司之制,意至美,法至良,我中国所当效法也。"于是,中国的股份制企业及其发行的股票也已是呼之欲出了。

中国仿效西方,采用股份制发行股票,组织近代企业公司的活动始于19世纪70年代。而最早的股份制企业的创办,与此前洋务运动的开展有着直接关系。19世纪60年代,清朝统治集团中一部分被称为洋务派的开

---

① 江敬虞:《十九世纪西方资本主义对中国的经济侵略》,人民出版社,1983年,第522页。

明官员，鉴于内忧外患日趋严重，打出“自强”的旗帜，开始创办近代军用工业。10 年之间，江南制造局、福州船政局、金陵机器局、天津机器局等近 10 个大型近代军用企业陆续建立，但紧接着即碰到一系列难以解决的困难，包括资金严重不足，缺乏相应的燃料工业、矿冶工业和交通运输业相配合。这些实际困难使洋务派官员意识到，单纯兴办军用工业而没有民用工业与之相匹配，仍然无济于事，“当效西法，开煤矿、创铁路、兴商政”，兴办民用企业。因此，19 世纪 70 年代洋务派官员又在“求富”的口号下，开始创办民用企业。

然而，洋务派在筹办近代民用企业的过程中，同样遇到了资金短缺的困难。清政府原本即财政竭蹶，不可能挪出大宗款项创办新企业，加上经营近代民用企业需要专门人才，而清朝官僚大都无从知晓近代民用工业的经营与管理。为解决这些困难，洋务派官员转而寻求与商人合作，一方面利用商人手中的资金弥补经费的短缺，另一方面在商人中间网罗管理人才，“官督商办”的民用企业经营模式由此产生。郑观应在《盛世危言》中对此曾有过论述，认为“全恃官力，则巨资难筹；兼集商资，则众擎易举。然全归商办，则土棍或至阻挠，兼倚官威，则吏役又多需索。必官督商办，各有责成，商招股以兴工，不得存心隐漏，官稽查以征税，亦不得分外殊求。则上下相维，二弊俱去”。

19 世纪 70—80 年代，轮船招商局、开平煤矿、云南铜矿等涉及航运、工矿、纺织、电讯等行业的一批官督商办民用企业相继诞生，成为中国最早的一批股份制企业。在这些企业中，最早在社会上公开发行股票的是 1872 年创办的轮船招商局。

轮船招商局最早发行的股票在现今看来非常简陋，文字也颇有时代特色。下面是全文照录的轮船招商公局股票影印件的文字（标题及骑缝文字略），从中可窥见一斑：

> 轮船招商公局　为给股份票事奉　直隶爵阁督部堂李　奏准设局招商，置备轮船运漕揽载，札饬商办等因在案。当经本局议定召集股银壹百万两，分作千股，每股银壹千两，先收银五百两，每年壹分生息，闰月不计，另给息折。期至八月初一日，凭折给付。如本股出让，须遵定章办理，毋许私相授受。倘有故违，一经查出，即将本股停息，俟缴票到

日，给本销册，以昭慎重。今据送到股本，合给联票壹纸、息折一扣、局章一本收执。须至股份票者。

今收到 省 府 县人 壹股豆规银五百两正

同治 年 月 日给 商总商董 第 号

著名近代经济史专家朱荫贵先生对轮船招商局发行的这份股票有专门的论述，他认为从这份股票的文字及其严厉的语气可以看出，除了有关企业的一些规定外，给人的印象是企业股票味道少而官方文告的味道多；从票面形制看，这份当时被称为"股份票"的老股票，除文字和标题外，没有更多的图案装饰，文字四周用线条圈围，圈围出来的票面形状与清代过去流行的当票、煤窑的窑照和盐商的执照等几乎完全一样。显而易见，当时新型股份制企业的股票采用这种具备官方认可、又被社会熟知承认、具有法律效力的凭证和执照的形制，与从法律方面保障其有价证券性质的考虑分不开。在当时交通、信息和金融条件均不完善的条件下，轮船招商局发行的第一股起初主要是通过人脉关系进行推销认购，时人形容为"因友及友，辗转邀集"。关于股票发行的规定和程序，轮船招商局局规有如下记载："本局刊立股份票、取自手折，股各收一纸，编列号数，填写姓名、籍贯，并详注股份册，以杜洋人借名。其股票息折，由商总商董会同画押，盖用本局关防，以昭凭信。如有将股让出，必须先尽本局，如本局无人承受，方许卖与外人，一经售定，即行到局注册。但不准让与洋人。设遇股票息折遗失，一面到局挂号，一面刊入日报，庶使大众咸知。俟一月后准其觅保出结，核对补发。"①

据记载，由于刚开始广大商人对洋务派创办的官督商办民用企业不太了解，对投资入股这类企业缺乏足够的信心，因而轮船招商局发行的中国第一股似乎并未像洋股那样受到普遍欢迎，相反还受到冷遇。轮船招商局成立的半年时间内，实收股金还不到 20 万两，与预期的数额相差甚远。第二年，轮船招商局拟以发行股票的方式集资 37 万两，结果却只募集到 18 万余两，尚不足预期筹款数的二分之一。1876 年轮船招商局为凑足额定资本 100 万两，拟再次集股 39.7 万两，而招徕的股金仍然不过 8 万余两。②尽管

① 朱荫贵：《近代中国第一股》，《书摘》，2005 年第 7 期。

② 张国辉：《洋务运动与中国近代企业》，中国社会科学出版社，1979 年，第 291 页。

如此，轮船招商局的商股依然获得了比较可观的利润，使更多商人的认股积极性大为提高。尤其是招商局实行改组之后，由熟谙新式航运业的商董唐廷枢、徐润出任总办和会办，全盘负责所有集股和运输业务，另两名会办朱其昂、盛宣怀负责漕运和处理一切"官务"，加之清朝政府许诺向招商局提供许多优惠待遇，大力予以扶植，使招商局呈现出更好的发展前景，其股票也因此而大受欢迎。改组后的招商局决定集资 100 万两，先招 50 万两，分作 1000 股，每股 500 两。消息公布后，认股情形"大异初创之时，上海银主多欲附入股份者"，当年即招股 47 万 6 千两。招商局股票的面值也随之不断上涨，到 1882 年，面值 100 两一股的招商局股票，在上海的市价已经涨至 200 两以上，有一段时间甚至达到了 260 两的高位。此时，要想购得招商局的股票已是非常困难的事情。

不仅如此，招商局的成功还带动了中国更多股份制企业的产生与股票市场的发展。如仁和保险、济和保险、开平煤矿、上海机器织布局、上海电报局等，都是继招商局之后中国近代最早一批发行股票的官督商办股份制企业。各种股票的市值在当时也不断上涨，例如 1881 年底，开平煤矿正式投产前夕，其面值 100 两的股票在上海市场上的价格已涨至 150 两左右，到 1882 年 6 月，竟还有人愿以每股 237 两的价格收进。上海电报局 100 两面额的股票，在 1882 年同样突破了 200 两大关，上海机器织布局的股票价格也溢出原价的 15% 左右。当时的报纸曾经报道："如公司一端，人见轮船招商与开平矿务获利无算，于是风气大开，群情若鹜，期年之内，效法者十数起。每一新公司出，千百人争购之，以得票为幸，不暇计其事之兴衰隆替也。"[①]早先附股于外资企业公司的华商，在这一时期也纷纷转而移资或是投资于洋务民用企业，还有一部分自立门户，创办近代工矿企业公司。据不完全统计，到 1885 年，也即轮船招商局建立后的 13 年，类似通过发行股票创办的股份制企业，数量已达到近 40 家，在当时掀起了一个兴办股份制企业的小小热潮。公开发行的各个公司企业的股票，自然也是随之而越来越多。

除上述轮船招商局发行的中国第一股之外，目前能够看到的早期第一

① 上海市档案馆编：《旧上海的证券交易所》，上海古籍出版社，1992 年，第 263 页。

批股票还有徐州利国矿务总局的股份票、股份票存根、股折式，以及湖北矿务总局的股份票和股份票存根(股折式缺)。由此我们可以得知，当时的中国第一批股份制企业在发行股票时，印刷发行的有关文件凭证除股票之外绝大多数还有存根和股折式。股份票及其关联部分，一般都是雕版印刷，高约八寸，宽约六寸，标题文字横写，其余文字竖排，空格部分填写购股人籍贯、姓名、股银数、填票之年月日、经收人姓名、股票编号等。股份票存根是股份制企业在股东认购股票并收到股款后，付给股东股票的同时留存的原始凭证，一般与股票的正文内容几乎完全一样，只是标题和行文中的个别文字略有差异。有的同时还附有招股企业的“局章”、股折式和股份收银单。“局章”是指经过官方批复的“招股章程”，由企业在股东认股时随股票一并发给，这是股东了解企业情况、享受权利和承担义务的主要法律依据之一。所谓股折式，在当时又称“息折”或“息折式”，是指股东在购买股票以后，从企业获得的以后领取“官利”或“余利”等股息的凭证。股份收银单则是某些以分期收款方式发行股票的股份制企业，在收到股款时开具给股东的相应收据，可以说是一种临时性的凭证。当股东按企业的相关规定交足了认股资金后，必须上交所有的有关“股份收银单”，然后才能得到近代中国第一批股份制企业的正式股票。①

需要指出的是，虽然中国第一批股份制企业发行的股票，在19世纪80年代以后已逐渐受到欢迎，但从整体上看，中国的股票在当时还只能说是刚刚开始起步，存在着较为明显的不足之处，尚未达到兴盛与普及的程度。

例如在起步阶段整个股票的发行量还非常小，总数不多。即使是当时规模最大的轮船招商局，发行的股票总量直至1895年也只有2万股，另一个规模较大的上海机器织布局，发行的股票则不超过5千股，其他中小矿业的股票发行量更少得多，这表明当时股票的发行数量比较少，规模十分有限。与此相应的是股票的日成交量也不大，能够称得上“大盘”购入或抛售的充其量每次也仅仅只有数百股。

此外是初期阶段“股民”的数量也比较有限，而且地域范围较为狭窄。当时，认购股票者主要还只是部分买办和商人，社会其他阶层较少参与“股

① 朱荫贵:《近代中国的第一批股份制企业》,《历史研究》,2001年第5期。

民"队伍。从地域上看,这一时期的持股者则主要集中于上海地区,其他地区关心股票这一新鲜事物的人还比较少,购买股票者也不多,这说明购买股票在当时还只是少数地区中少数人的行为,并不是一种普遍的社会现象。

更重要的是当时还缺乏对华资企业股票和股市的正规管理,清朝政府并没有对官督商办股份制企业股票的上市和交易制定一整套管理办法,也没有成立有价证券交易所,缺乏固定的股票交易市场,这些都制约了股市的健康和发展。初期阶段华资企业发行股票,与早期外资企业的股票买卖方式相似,或者是由股份制企业直接出售股票,或者是股票持有者与购买者双方直接交易,另还有少量股票经纪商充当中介。这种方式在初期股票交易规模较小的情况下,尚可暂时维持,当股票种类增多,交易规模扩大,则远不能适应需求。

除此之外,当时的人们对股票的风险认识也较为肤浅,遇到股票市值上涨而获利,自然是十分高兴乃至得意忘形,但是,"当股票市价暴跌时,一些股东就大吵大闹,要求按原价退股;一些股东挪用亏欠了企业资金而又拿不出现金抵补时,往往用企业股票按面额抵补亏欠;更有甚者,连洋务派官僚和洋务企业的某些经营者,也以此为准则,大搞'通盘彻查',整垮自己的对头。"①

二　近代中国股市的发展

有学者认为,1862 至 1872 年是中国股票交易初步兴起的第一阶段,这一阶段股票交易规模较小,而且只是买卖外商在华企业发行的股票。1873 至 1982 年秋是中国股票交易规模扩大的第二阶段,此阶段中国第一批股份制企业也开始发行股票,虽仍无固定股票交易场所,但股票发行的数量与规模明显扩大。1882 年秋至 1883 年冬,则是中国历史上首家自办股票交易所出现,股票交易逐渐规范化的第三阶段。②

如前所述,19 世纪 80 年代初是近代中国股票交易趋于活跃的第一个历史时期。当时,不仅是招商局等大型官督商办企业的股票受到欢迎,其他

---

① 卢伯炜:《官督商务洋务企业股份票研究》,《苏州大学学报》,1995 年第 4 期,第 93 页。

② 田永秀:《1862—1883 年中国的股票市场》,《中国经济史研究》,1995 年第 2 期。

企业的股票也是如此。开平煤矿正式投产前股票市值已上涨50%,投产后产量不断提高,更是获得了商人的信任,在增开林西煤矿时,计划招商股30万两,结果很快就在上海集得50万两。其他矿业的股票也都大幅升值,据《上海新报》、《申报》等华文报纸报道,荆门煤铁矿、长乐铜矿及鹤峰铜矿等十几种刚上市不久的矿业股票,价格很快超过其面值,筹集的股金多达300万两。长乐铜矿和鹤峰铜矿的股票面值均为100两,1882年最高价分别达到220余两和170余两。1881年创办的天津电报总局,次年改为官督商办,并上海集股创设分局,所售股票"不胫而走",商人争相认购。在公开招股的一个月内,股票市价就出现了15%的升水,"已挂号而不得票者"尚为数不少。在1882年的全年中,许多官督商办企业的股票,在上海股市的价格始终维持在票面额之上。据有人估计,洋务运动中期所招商股共计数千万元。

华商之间股票交易的活跃,开始迫切需要成立一个专事股票买卖的华商证券公司,并建立股票市场。由于起初没有固定的股票交易场所,也没有制定相应的股票交易规则,股票的转让、买卖一般都只能通过"以亲带友、以友及友"的方式进行。股票交易的价格,则是根据外商证券行情和证券本身的市场供求而定,远远不能适应股票交易的扩大与发展。特别是19世纪80年代初,股票发行量已开始明显扩充,股票持有者逐渐增多,并且股票的品种和数量也越来越大,使股票买卖更为频繁。于是,专门股市的建立自然也随之成为一种较为迫切的需求。

1882年10月24日,专营股票交易的上海平准股票公司应运而生,也标志着中国历史上首家华商股票交易所的出现。《申报》刊载的平准公司叙及章程,阐明该公司之设立"其利有五":一为"利于公司者",由平准公司"克访底蕴,广采舆评,持平定价,务使涨则实在宜涨,跌则实在宜跌,则人人有探讨真实之处,浮论自息"。二是"利于买票者",改变"初来沪上者,人地生疏,欲买股票,苦无门路"的原有状况,公司"逐日悬牌,定出真价",使股票购买者"可以一览而知"。三是"利于藏票者",由于以往之道听途说"徒令藏票者心意惶惶","今有平准公司,而市虎之讹言可以不信"。四是"利于卖票者",过去每逢年节,各钱庄清账之秋,持股者或遇资金短绌之困,不得不贱售以清庄款。"今有平准公司可以押银,则度过年关价仍复旧,不致受人挟制。"五是该公司可"自居之利",因为"股本所存,非银即票,并无积货，不须栈储，开销省而担荷轻”。上述之“五利”，尤其是所说之前“四利”在当时的特定历史条件下，确实对于股市交易的正规发展具有重要的积极作用与影响。

上海平准股票公司章程第一条又进一步说明：“本公司事属创始，为各项公司通径路而固藩篱起见，故取用不敢不廉，立法不可不善，既维持乎商务，又挹注乎善举。”公司的具体业务范围，首先主要是确定每日股票市价，“逐日行情除写挂水牌外，送登《申报》。”其次是抵押股票，“以一个月为期，期满者不赎，照市价出卖，除去押息，盈亏向原主结算。”再次是代为买卖股票，“门庄买票者，欲买何项股票，订期限价，书立合同，定票如到期，而照限兑进，毋得毁议。如远处函托素昧平生者，须付定金一成。门庄卖票者，须先将股票送到本公司，给与合同收票，订期限价代售，如欲先取几成银两，售出后照押款算息。”①

上海平准股票公司本身也是招股设立的股份制公司，初创时确定招股10万两，分为1000股，每股规银100两，“以备凡有新创公司入股及抵押各项股票之用，惟不得囤积各项股票，预防日后流弊。”创设之后，“将来生意畅旺如须添本，先尽旧股之人，旧股中不足者招新股。”由上可知，平准公司的设立首开中国有组织的证券市场的先河，公司内部组织分明，业务经营明确，并订有详细章程，为股票交易提供了甚大的便利。

但是，由于当时对矿业股票的过分投机，加之富商胡光墉大肆囤积投机丝业，最后失败破产，中法关系此时也趋于紧张，战争阴云日益密布，这种种原因促使1883年底发生了中国近代史上第一次严重的倒账金融风潮。首先是矿业股票下跌，接着连累其他许多华资企业的股票，在短时间内都急剧大幅下跌。众多股票以很低的价格出售仍无人问津，即使是一直享有很高信誉的招商局、开平矿务局股票，价格也不断创新低，矿业的股票更是无人问津，几乎达到形同废纸的程度。不仅如此，许多参与股票投机和承做股票质押的钱庄均受到牵累，纷纷倒闭破产。于是，此前刚刚出现繁荣兴盛的股票市场，一路走低，最后跌落至极点。新成立的上海平准股票公司也受此影响而一蹶不振，不及一年就宣告倒闭。多年之后，受到沉重打击的许多商人

① 上海市档案馆编：《旧上海的证券交易所》，上海古籍出版社，1992年，第264页。

仍然“视集股为畏途”。

直至甲午战争以后,由于民族危机空前严重,“设厂自救”的社会舆论日益高涨,维新变法运动开始酝酿,清朝政府的经济政策也逐渐转变为“以恤商惠工为本源”,清廷上谕还特别强调:“振兴商务,为富强至计,必须讲求工艺,设厂制造,始足以保我利权。”受上述各种因素的影响与推动,在近代中国出现了第二次设厂办公司的小高潮。据统计,1895—1900年中国新设工矿企业共计122家,其中商办107家,官办、官督商办15家,官商合办2家。很明显,这一时期商办企业已大大超过官办、官督商办企业的数量,而且资本总额也占整个总资本额的83.3%,因而无论是数量还是资本额都占居了主导地位。

戊戌变法虽然很快就以失败告终,但工矿交通运输企业的发展并未因此而中断。特别是20世纪初清朝政府又推行新政改革,在经济方面更进一步大力实施“振兴工商、奖励实业”的新政策,在中央设立了商部,“要在保护开通,决不与商民争利,必痛除隔阂因循之习,始克尽整齐利导之方。”商部颁行了《商人通例》、《公司律》、《公司注册试办章程》、《商标注册试办章程》、《破产律》等一系列法规章程,并且对华商设立厂矿与创办公司也给予奖励,制定了《奖励华商公司章程》、《奖给商勋章程》等。除此之外,这一时期还掀起了轰轰烈烈的收回利权运动,各省商办铁路公司纷纷建立,矿业公司的设立也再度兴盛。这样,20世纪初中国工矿交通运输企业以及其他许多行业的股份制公司,在19世纪末的基础上又获得了更加迅速的发展。1901—1911年间,中国先后创办新式厂矿企业380余家,在机械制造、电力、采矿、棉纺织和其他行业的发展速度与规模,都达到了前所未有的程度。

甲午战后至清末商办厂矿企业的发展热潮,也再次带动了近代中国股市的回潮与升温,并且在某些方面获得了一定的发展。

先是洋商看准这一大好时机,于1903年将原上海股份公所酝酿改组为上海证券交易所。次年在香港注册,定名为上海众业公所,地址设在上海外滩。该交易所采取会员制,只有会员才能参与证券交易,初期仅100名左右的会员,以洋商会员居多,华商会员较少,但基本上都是大股东。交易买卖的证券,主要也是中国和远东各地外商公司的股票和公司债券以及南洋各地的橡皮股票。

这一时期的华商股票交易市场,主要是处于恢复阶段。在这一阶段,除先前受打击非常严重的矿业股票发展逐渐回暖之外，银行股票和铁路股票成为股市交易买卖的新热点，促使整个股票交易趋于兴盛。中国通商银行于 1897 年在上海设立后，清政府又采取"官商合办"方式设立了户部银行（1908 年改称大清银行）和交通银行，一些地方性省银行和私营商业银行也在这一时期纷纷设立。诸多银行发行了大量的股票，在股市中颇受青睐。1903—1907 年间，全国计有 15 个省份先后设立了 18 个“官商合办”和“商办”的铁路公司，也发行了大量的铁路股票，购买者人数甚从，几乎涉及社会各个阶层，成为近代中国股市发展的一个新趋向。例如在民族工商业比较发达的江浙两省，铁路公司主要采取认股和购股两种方式，一般每股仅 5 元，购买者除地方、商人、华侨之外，在当时收回利权运动的推动下，工人、农民、职员、学生也都踊跃认购股票。史料记载：“农工各界，缩衣节食，勉尽公义”；在宁波，“农工两界投资附股者尤多”。四川铁路公司的资金绝大多数采取“租股”的方式筹集。所以“川路股款独持人民租股为大宗”，股民不仅有地主、商人，甚至还有许多自耕农和佃农，“其股数之多，股民之众，复在各省之上。”

值得一提的是，1904 年清朝商部奏准颁行的《公司律》，对公司股份作了一些原则性的规定，虽然内容还不是很完备，但可以称得上是第一个与股份与股票有关的法律性规章，在当时对股票发行、股票交易的统一规范化均有重要影响。《公司律》定有股份、股东权利等专节，规定“股份银数必须划一，不得参差”；每股银数至少以 5 元为限，“惟可分期缴纳”；附股人需填写“入股单”，在期限内缴纳股银；须遵守公司所定规条章程，“不能以公司所欠之款抵作股银”；公司不得自己买回及抵押所出股票；如附股人逾期不缴清股银，公司“可将所认股数另招人接受”；公司股票须由董事签押，加盖公司图记，依次编号，票面须写清公司名号、注册年月、总股份若干、每股银数、分期缴纳股银办法，附股人姓名、住址等；“股票可以任便转卖，惟承买之人应赴公司总号注册方能作准。”

关于股东权利和股东会议，《公司律》规定：“附股人不论官之大小，或署己名，或以官阶署名，与无职之附股人均只认为股东，一律看待，其应得余利暨议决之权以及各项利益，与股东一体均沾，无稍立异。”这既限制了官股的特权，又在很大程度上保障了一般商股的权利。另外，还规定“凡购买股票者，一经公司注册即得为股东，所有权利与创办时附股者无异，其应有之责成亦与各股东一律承任。”关于股东会，规定公司每年至少必须召开一次股东寻常会议，于会期15日前通知各股东，并在报上登载告示，简要说明股东会议所议之内容。公司的年度报表，也必须在15日前分送各股东查核。举行股东常会时，“公司董事应对众股东宣读年报，并由股东查阅账目。众股东如无异言，即行列册作准，决定分派利息，并公举次年董事；众股东有以账目为未明晰者，可即公举查察人一二名详细查核。”对公司有关人员违反各项规定的处罚，《公司律》也都分别作出了详细具体的规定。①

上述规定，在中国历史上首次为公司制度的建设以及股票的规范发行，确立了一个所有华商公司共同遵守的统一规章。《公司律》不仅首开中国公司立法之先河，而且也分清了股东的有限责任与无限责任，并为中国公司企业的经营运作提供了依据和准绳，促进了更多商办公司企业的出现。自《公司律》颁行后的1904年7月到1910年1月，共有345家企业在商部（农工商部）注册，其中公司企业296年，股份有限公司197家，股份无限公司2家，合资有限公司68家，合资无限公司29家。②

但是，19世纪末20世纪初中国专门经营证券业务的公司却没有明显的发展。在遭受1883年的首次金融风潮之后，上海平准股票公司不久就宣告倒闭。在很长时期内，再无类似的股票公司设立。据说在1907年曾有袁子壮、周舜卿、周金箴等上海商董，提出仿照日本取引所组织证券公司，但未付诸实现。到光绪末年，王一亨、郁屏翰等商董在上海南市开设专营证券的“公平易”公司，稍后又有孙静山发起，在上海九江路开设了另一家专营证券的“信通公司”，但规模和功能远不能与原先的上海平准股票公司相比。当时，由于缺乏大规模的股票证券公司，许多茶商、钱商、皮货商、古董商和杂货商乃至买办等人，也兼做股票买卖，被称为股票掮客。“此种掮客，大都另营他业，……而仅以证券买卖，为其副业。”他们经常出入茶馆，在经营本业的同时，洽谈股票生意。具体地点为当时上海大新街、福州路转角之荟芳茶楼，“是曰茶会”，故有人也称这一时期为“茶会时代之证券市场”。

另有记载称，1914年原“信通公司”等成立了上海股票商业公会。该公会属于与股票交易业务有关的一些机构的共同组织，并非正规的证券交易

① 《商律》，《东方杂志》，第1年，第1期。

② 李玉：《晚清公司制度建设研究》，人民出版社，2002年，第3章，第1、2节。

所。据说公会初期有会员12—13家,此后又有所增加,会所设于九江路渭水坊,“附设股票买卖市场于内,至其制度形式,则一仍茶会之旧。”到民国初期,虽证券交易盛极一时,股票同业,亦号称多达60家左右,但却仍无股票证券交易所设立,这显然不利于股市以及股份公司的发展。1910年梁启超曾在《敬告国中之谈实业者》一文中指出,股份有限公司必赖有种种机关与之相辅才能获得发展,“中国则此种机关全缺也”。股份有限公司之最大特色,“在其股票成为一种之流通有价证券,循环转运于市面,使金融活泼而无滞也。”而要达到这一效力,必须有两大机关作为辅助,“一曰股份懋迁公司,二曰银行。股份懋迁公司为转买转卖之枢纽,银行为抵押之尾闾。不宁惟是,即当招股伊始,其股票之所以得散布于市面者,亦恒借股份懋迁公司及银行以为之媒介。今中国既缺此两种机关,于是凡欲创立公司者,其招股之法,则惟有托亲友辗转运动而已。更进则在报上登一告白,令欲入股者来与公司直接交涉而已。以此而欲吸集多数之资本,其难可想也。而股东之持有股票者,则惟藏诸笥底,除每年领些少利息外,直至公司停办时,始收回老本耳。若欲转卖抵押,则又须辗转托亲友以求人与我直接,非惟不便,且将因此受损失焉。……是故人之持有资本者,宁以之自营小企业,或贷之于人以取息,而不甚乐以之附公司之股,此亦股份公司不能发达之一大原因也。”梁启超的这番说法,虽然并非能够全部言之成理,但他在当时比较充分地意识到股票交易所付之阙如,对股票买卖不便以及股份有限公司发展所造成的严重影响,却是切中时弊之语。

实际上,民国初期政府相关部门与工商界人士也意识到成立证券交易所,规范股票证券交易的重要性。1913年,时任农商总长的刘揆一曾经约请工商界的一些代表人物商议成立交易所事宜。次年底,农商部颁布了《证券交易所法》,规定“凡为便利买卖、平准市价而设之国债票、股份票公司债及其他有价证券交易之市场,称为证券交易所”。交易所设于商务繁盛之地,须禀请农商部核准成立。[①] 1915年5月,农商部又制定了《证券交易所法施行细则》

《证券交易所法》及其施行细则虽已颁行,但交易所的正式设立却仍然

① 上海市档案馆编:《旧上海的证券交易所》,上海古籍出版社,1992年,第274页。

延宕数年之久。1916年,孙中山也热心于建立证券交易所之事,与上海工商界头面人物虞洽卿等共同商议,在同情中国革命的日本神户航运业巨商三上丰夷的支持下,创设上海交易所。1917年初,由孙中山领衔和虞洽卿等8人附议,向北京政府农商部呈请创办上海证券物品交易所。农商部于2月批复:"其证券一项,系为流通证券起见,应准先行备案。惟呈请手续核与《证券交易所法施行细则》第二条规定未符,应即遵照办理。"虞洽卿等人于3月又开呈各要款及章程等件,请由上海县知事转详核办。但此后北京发生"府院之争",政局动荡,张勋企图复辟帝制,上海商业停滞,孙中山也匆匆南下,申请创办交易所事宜只得"暂缓进行"。1918年初,农商部还曾催促虞洽卿等人加速筹备设立交易所,"如逾期未能开办,应即准由他商设立",因为交易所法施行细则规定"自暂行立案后满一年并不禀请批准设立者,其立案无效"。于是虞洽卿又联合各业,呈请准予成立兼营证券与物品的交易所。

当时,日商也正筹备设立上海取引所股份有限公司,以经营证券、纱花等商品之期货与现货买卖为业务,总行设于日本大阪,分行设在上海。日人的这一举动对华商创办证券交易产生了较大的刺激,"外人已有上海交易所之组织,我不自办,彼将反客为主,代我而办,则商业实权,实操外人之手,华商命脉不绝如缕。"于是,虞洽卿等人也加紧筹备成立交易所,确定股本500万元,共10万股。至1918年10月,认股即告顺利完成。但农商部坚持认为证券和物品交易所应分别设立,因当时金业商董施兆详等也呈请设立上海金业交易所,原上海股票商业公会同时还要求成立证券交易所,因而需要分别成立三个交易所。虞洽卿等人则认为只应组织一个交易所,因为"日人之取引所包含各种营业,我非联合各业各商帮团结为一,则资力皆无能与之对抗,故决议上海交易所全体组织为一公司,以期利害共同,互相辅翼。"农商部遂令上海总商会召集各商帮讨论,征求交易所合办还是分办的意见。多次讨论的结果是,金银业坚持要求单独另办,其他各业则主张合办。鉴于意见争执不能统一,部分认股人认为交易所之成立期限难以确定,纷纷要求退股,虞洽卿也一度发出通告,准备发还所认股银。上海工商界不愿看到交易所的成立又遭遇流产,再次发出呼吁据理力争,江苏省实业厅、上海总商会也出面向农商部说明情况,虞洽卿还赴京面告。最后,农商部才"准予先行开办"。

1920年2月，上海证券物品交易所在上海总商会召开成立大会，选举理事17人，监察3人，虞洽卿被推举为理事长，确定7月1日为开业之日。这样，上海第一家华资证券物品交易所终于正式成立。当时，上海诸多报纸都对该交易所的成立予以报道，连在上海的外文报纸也非常关注，例如《远东时报》就曾以《中国第一家证券物品交易所》为题，配以图片进行了详细的介绍，可见舆论之重视。

原上海股票商业公会先前认为，“虞和德（洽卿）筹办交易所，并不征求股票业真意，遂行混用证券名义，迹近扰乱”。由于这一争议，加上农商部倾向于分别成立三个交易所，才导致上海证券物品交易所的成立不得不延迟。在证券物品交易所获批之后，该公会也加紧成立证券交易所，于当年5月举行股东创立会，通过所定章程，宣告成立上海华商证券交易所，于1921年1月正式开业。

综上所述，不难看出“上海证券物品交易所是上海华商发起成立的第一家综合性的交易所，称得上是上海最早的正式证券交易所，上海华商证券交易所则是近代上海唯一的专门经营证券的交易所，这两所的相继成立标志着近代上海华商证券市场的正式形成”。①

上海证券物品交易所和上海华商证券交易所开业之后，均十分兴旺发达，获利颇丰。证券物品交易所自身发行的股票市价也因此而不断上涨，上海华商证券交易所数次增资扩股，也均获热烈响应，短期即告完成。这一状况，刺激了更多交易所的成立。各行各业，无论实力雄厚的金业、面粉业、棉业、皮毛业，还是规模较小的竹业、木业、纸业，也都积极筹备成立本业的交易所。至1921年的春夏，不断有新的交易所设立，到11月已多达112家，进入上海交易所发展的鼎盛时期，各个交易所的股票均莫不飞涨，呈现出前所未有的“泡沫型”繁荣景象。这些交易所分为证券专营与物券兼营两类，在营业时间上有的专门经营夜市，有的日夜兼营，更多的只是白天营业。

在上海交易所层见迭出的同时，许多信托公司也相继在上海成立。仅1921年5—7月，即成立了12家信托公司。其经营业务除银行、储蓄、保险之外，更重要的是“信托”，即经营公私财产，介绍证券买卖，经办房地产交

---

① 刘志英：《近代上海华商证券市场研究》，学林出版社，2004年，第12—13页。

易,承募股票、债票,对企业资信作出评估等。因此,信托公司也与股票交易有着密切的联系。

然而物极必反,好景不长。上海交易所和信托公司在短时间内的极度膨胀,以及各种交易所发行的股票市价持续攀高,不久即导致了一场"信交风潮"(即交易所与信托公司风潮),证券价格急剧暴跌,众多成立不久的交易所和信托公司都相继宣告倒闭。此前,上海钱业公会和上海银行公会曾联名致电农商部,认为"贪利之徒,竞相买卖,举国若狂,悖出悖入,贻害无穷",特别是各交易所之"本所股票在本所买卖,尤属违法",要求政府采取得力措施加以制止,以维持金融,但农商部并未予真正重视。

在1912年12月发生的"信交风潮"中,大量交易所被归并或是宣布倒闭。原来的140余家交易所,经过清理、解散和归并,在12月下旬仍挂牌营业并在报纸刊行市价单者,只有17家。到1922年3月,在统计的87家交易所中,能够继续勉强营业的仅剩12家,其余尚未开业者16家,暂停营业的7家,已经清理的41家,改组或合并的11家。[①] "信交风潮"导致交易所和信托公司在短短半年时间内,即从鼎盛阶段迅速跌至低谷,而且在很长时期都一蹶不振。经济实力较为雄厚的上海证券物品交易所和上海华商证券交易所在经历"信交风潮"后虽未倒闭,但由于股票交易从狂热到低靡,其业务的经营也是步履艰难,信誉全失,只能勉强维持,无法再现昔日之辉煌。不久,上海华商证券交易所宣布暂停股票期货买卖,交易品种主要以政府公债为主。上海证券物品交易所则不得不成立一个临时整理委员会,负责清理所务,处理银行钱庄及各经纪人欠款事项。

南京国民政府成立之后,于1929年颁布了新的《交易所法》,规定每一区域内,买卖有价证券或买卖同种物品之交易所,只能设立一所;此前如有二所以上,必须在三年之内合并,否则即予解散。这种争议在上海交易所的酝酿时期就一直存在,后来正式成立者也有上海证券物品交易所和上海华商证券交易所。但两所均不愿合并,到1931年上海证券物品交易所呈请国民政府准允立案续存,但行政院批复合并后再予办理,未合并前暂准继续营业。直至1933年6月,经过多次磋商之后两所才正式合并。在此之后,即

① 刘志英:《近代上海华商证券市场研究》,学林出版社,2004年,第18页。

由上海华商证券交易所经营整个上海的证券交易，实现了上海华商证券市场的统一。

三 近代中国的股市风潮

在近代中国，曾经多次发生大规模的股市风潮，使股票的信誉受到沉重打击，对原本即发展不成熟的股票交易市场也形成了巨大的冲击。

第一次股市风潮发生于1883年中国股票发行的初期阶段。学术界多称之为近代中国第一次金融风潮，但也有学者指出，导致这次金融风潮爆发的主要原因，实际上是以股票为形式的产业投资过度和股票的过份高涨，而且这次危机也体现为股市崩盘，故其实也是一次股市危机。①

19世纪80年代初股票买卖的空前狂热程度，在第一节已有简略介绍。当时，股市吸纳的大量资金，远远超过了正常范围之内。其实，当时的市场上并无如此之多的流动资金投入股票市场。这批资金主要是上海"钱庄汇划之银"，"平时存放与人，有收回之时，一入各公司股份，永无可提之日矣。"钱庄见有利可图，大肆放款，有些钱庄"资本不过数万多之庄，而放账竟多至数百万"。一旦钱庄放款届时无法收回，就会倒闭，金融市场也立刻就会出现银根奇紧，资金难以周转的困境。再加上股票大幅升水，更使得上海金融市场不堪重负，面临崩溃边缘。另一个不正常的情况是，时人购买股票，极少过问公司的经营状况，具有很大的盲从性和投机性。《申报》曾经报道说："今华人之购股票者，则并不问该公司之美恶，及可以获利与否，但有一公司新创，纠集股份，则无论何如，竞往附股。或十股、念股、数十股、数百股，惟恐失之。"各矿局股票在当时十分抢手，一些矿局"其何处开矿，何处采金，事无征兆"，有的甚至"所谓矿产者不过买得山地几亩，所谓矿厂者不过搭成草屋数间，所谓矿质者，也无非为掩耳盗铃之计"。②尽管如此，这些矿局的股票仍然被盲从者大肆抢购，由此也埋下了日后出现危机的祸端。

1883年底，上海数家丝栈因投机与经营不善出现倒账现象，很快波及

---

① 田永秀：《试论中国近代的三次股市危机》，《西南民族学院学报》，总21卷，第10期（2000年10月），第136页。

② 《论致富首在开矿》，《申报》，1882年9月23日。

其他行业。各家钱庄立即停止放款，并催还先前的大量放账，但却无法收回，许多钱庄因此而歇业或倒闭，特别是红顶商人胡光墉的阜康钱庄倒闭，引发严重的金融风潮。股市受此影响，先前市价一路飙升的众多股票，开始以无可阻挡之势全线暴跌。详见下表①：

1883 年股票亏损表　　（单位：银两）

股票名称	正月价	十二月价	亏耗	亏耗总额（万两）
招商局 2 万股	150	60	90	180
平泉铜矿 3 千 4 百股	126	40	86	29.24
仁和保险新股 1 万股	72	35.5	36.5	36.5
济和保险 1 万股	71.5	35	36.5	36.6
开平煤矿 1 万 2 千股	169	60	109	13.8
电气灯 8 百股	约 70	约 30	40	3.2
长乐铜矿 1 千股	142.5	42	100.5	10.05
公平繅丝 1 千股	约 85	28	57	5.7
鹤峰铜矿 2 千股	127	30	97	19.4
叭喇糖 5 千股	42	28	14	7
上海保险 5 千股	52.5	30	22.5	11.25
金州煤铁矿 1 万 2 千股	92.5	40	52.5	63
池州煤铁矿 1 万 2 千股	37.75	16.5	21.25	25.5
沙岩开地公司 4 千股	约 25	15	10	4
荆门煤铁矿 5 千股	约 21.5	15	6.5	3.25
施宜铜矿 4 千股	约 98	24	74	29.6
承德三山银矿 8 千股	71	约 30	41	32.8
贵池煤铁矿 1 万 8 千股	26.6	13	13.5	24.3
电报二月初二日起 8 千股	101 元	50 元	61 元	48.8 万元
合计	共亏银 620.59 万两，亏洋元 68.3 万元			

① 田永秀：《试论中国近代的三次股市危机》，《西南民族学院学报》，总 21 卷，第 10 期（2000 年 10 月），第 137 页。

到1984年，股市仍然继续走低，轮船招商局股票仅维持在40两左右，开平煤矿30两左右，鹤峰铜矿、仁和、济和保险公司、平泉煤矿的股票低至20两左右，池州煤矿和三山银矿股票更只有几两，荆门煤铁矿、长乐铜矿、徐州利国驿煤铁矿等企业的股票在市场上已不见踪影。“股票万千，直如废纸。”各种股票纠纷，也是“案牍山积”。

这次股市风潮在各方面都产生了严重的影响。很多从事股票买卖的个人、钱庄和经济组织都蒙受了重大经济损失，人们普遍产生了对公司、股票的恐惧厌恶心理，投资新兴企业的积极性受到严重挫伤。每当论及公司、股票，即“有谈虎色变之势”；“公司”二字，“为人所厌闻”；“一言及集股开矿，几同于惊弓之鸟”，股市从此一蹶不振长达10余年。另外，钱庄大量倒闭，1883年初上海南北两市有钱庄78家，到1883年底只剩下10家。中国第一批股份企业的发展也因此而遭受重大打击，无法正常经营运作，先前筹建十分顺利的一些企业则不得不陷入停顿。

中国近代第二次股市风潮，是1910年爆发的“橡皮股票风潮”。此次风潮，完全是因洋商的蒙骗欺诈行为所导致。

1903年，英国投机商人麦边在中国成立蓝格志拓殖公司。该公司在开业后的几年中，实际上并未开展多少业务，一直默默无闻。但在当时，世界汽车工业日益兴盛，成为带动整个经济发展一个新的增长点。汽车轮胎的生产需要大量橡胶，由此又刺激了橡胶业的发展。一时间，世界市场上橡胶供不应求，价格不断上涨。看到橡胶的需求和价格持续增长，麦边又在上海设立橡胶公司，得到在华外商银行的大力支持，公司发行的股票可以在外商银行照票面押借现款，逐渐受到欢迎。于是，紧随其后仿效设立橡胶公司者源源不断，到1910年已多达40家，其中有不少实际是空头公司。自1909年冬开始，在半年的时间里橡皮股票的市价都一直呈持续上涨的态势，出现了自第一次股市风潮后少见的兴旺景象，许多投资者又盲目跟风抢购橡皮股票。

为了获得更多的利润，麦边公司于1910年初四处制造舆论，竭力宣传经营橡胶业能获厚利，而且谎称该公司在澳大利亚已经开辟了大片橡胶园，虚拟出一幅前景无限美好的经营发展计划，声称公司股票每年分红可高达45%左右。与此同时，该公司还暗中操作，竭力掀抬股价，使橡皮股票价格继续暴涨。加上麦加利、汇丰、花旗等实力雄厚的外商银行，争相承做橡皮股票的抵押放款,从中谋利,更在表面上造成该公司实力非常雄厚,盈利相当可观的一种假象。许多人都因不明真相而上当受骗,竞相购买该公司和其他公司的橡皮股票。麦边公司面值 60 两的股票,最高哄抬至 1650 两的离谱高位,其他公司的股票价格也不断高涨,“仅仅十先令之股票,未及标卖,已有以七十两之巨价承购者。”不仅如此,“由上海兑款至伦敦购买股份者,为数亦甚巨。”

在橡皮股票市价暴涨的过程中,上海钱庄也再次被深深地卷入其中,其“资本几乎完全被投入到橡皮股票交易中去了”。众多钱庄“不仅以大量短期贷款贷放给投机商人,而且自己也积极收购和持有橡皮股票。许多钱庄还向外商银行拆借款项,用以购买橡皮股票。单单正元钱庄一家,就买进橡皮股票达三四百万两。有人估计,华商在这次橡皮股票交易中,投入上海市场的金额约在 2600 万—3000 万两,投入伦敦市场约为 1400 万两,两方面加起来,投入资金的总额约在 4000 万—4500 万两。上海钱庄不仅将自己手中的资金都投入了股票市场,而且还从外商银行处拆借了大量资金投入股市”。①

不久之后,世界金融中心伦敦交易所的橡皮股票价格开始下跌。而麦边公司却已于 1910 年 3 月暗地在高位时抛售全部橡皮股票,席卷大批款项离去。稍后,其他外商均相继抛售手中的橡皮股票,外资银行也立即宣布停止办理橡皮股票的押款。在橡皮股票价格一路下跌之时,惊慌的持股者无不争相抛售,但因无人购进而无法卖出。麦边公司的橡皮股票暴跌至 20—30 两,斯呢王股票则跌至 10 余两。于是,橡皮股票价格一落千丈,直至最后成为废纸。“国人对于橡皮营业之信仰一落千丈,无有敢尝试者。”大量持有橡皮股票者纷纷破产,卷入其中的钱庄也都深受其害,先是积存大量橡皮股票的正元、谦余、兆康三大钱庄资金周转失灵,先后宣告闭歇,亏欠的款项多达数百万两,随即连累与其往来的 20 余家钱庄也不得不倒闭。市面金融吃紧,出现极度恐慌,终于又酿成了一场严重的金融风潮,不仅使中国股市再次遭受沉重打击,而且还牵连诸多工厂倒闭和大批工人失业。

第三次股市风潮,即是前面曾经提及的因滥设交易所和信托公司而引

---

① 杜恂诚:《中国近代的三次金融风潮及其启示》,《改革》,1997 年第 2 期,第 117 页。

发的“信交风潮”。

如前所述，上海的交易所于 1921 年底在短时间内即成立了 140 家，而且大多很不规范，据当时报纸报道：在这 140 家交易所中，仅有 10 家是经农商部正式立案的合法交易所，另有 2 家在驻沪军队系统注册立案，16 家在法国领事馆立案，17 家在西班牙领事馆注册，1 家在意大利领事馆立案，2 家在公共租界会审公堂立案，4 家在美国政府立案，其余大多数交易所甚至未曾办理任何注册登记手续，也没有制定相关章程条例和公开发布招股简章，可谓趁当时政府管理混乱之机一哄而上。信托公司在很短的时间内也成立了 12 家，而且同样也不规范。

尽管如此，这些交易所、信托公司“群以资本雄厚相召，大则千余万，小则数百万”。总计各交易所、信托公司的资本，据说达到了 2 亿元，而 1925 年包括中国银行和交通银行在内的中国 158 家本国银行的实收资本与公积金的总和，也只有 2 亿多元，故而这个数字在当时几乎称得上是一个天文数字。受这些假象的蒙蔽，在短期内交易所似乎十分兴旺发达，但不久之后即爆发了危机。

一些交易所在“单靠股票交易，不能维持所用”时，又违反股票交易之惯例，开始争做本所股票的交易，“莫不股价飞涨，获利倍蓰。”由此造成当时投机之风盛行，以及股市繁荣兴盛的另一假象。然而上海一地的交易所即叠床架屋多达 140 家，显然远远超出了社会经济的实际需求与承受力，其正常业务量根本得不到保证，只能专注于投机行为，其结果不仅不可能保持发展势头，而且必然很快就会给交易所的业务经营造成困境。1921 年 11 月，许多交易所即开始门庭冷落，业务清淡，随后类似情形越来越严重，“而用人开支，则无法节省。黔驴之技既穷，倒闭之风渐起。”

受此影响，市面上银根突紧，现金周转不灵，许多公司行号纷纷出现倒账现象，股票和公债均价格狂跌，有些交易所的股票更跌至一文不值，从而因“信交风潮”再次导致股市崩溃。在此期间，因投机而破产者不乏其人，交易所歇业倒闭者，也几乎日有所闻。到 1922 年尚能勉强维持营业的交易所，从 140 家骤降为 12 家。到最后风潮平息时，硕果仅存的交易所仅为 6 家，信托公司也只保留下来 2 家。

上述三次股市风潮给近代中国股市发展造成的影响都相当严重，首先是摧残了稚嫩的股票市场，每次风潮都是股市的一场大劫，不仅对股市自身的发展带来了难以估计的负面影响，而且也沉重打击了股民，使得股市人气涣散。其次是影响商业、金融，并波及全国各地，导致全国范围的经济危机。再次是影响了近代股份制企业的创办和发展，同时也在很大程度上影响了中国近代民族资本主义的发展。①

近代中国的股市风潮既产生了严重的负面影响，同时也给我们留下了若干值得重视的教训与启示。在这方面，也有些学者曾作过很好的总结。例如杜恂诚认为：启示之一，是股市不会单独成熟。股市也不会率先成熟，资本市场一定要以资金市场为基础，否则就会出现危机。启示之二，是企业发展状况不容忽视，资本市场的微观基础在企业，只有企业在总体上发展到一定阶段，股市才能自然而然地形成气候。启示之三，是股票市场的成熟需要一个很长的历史时期，并非一蹴而就，不仅需要上市企业有相对的稳定性，而且需要整个经济和社会大环境有一种相对的稳定性。②历史上的这些教训和启示，即使是在当今也仍然值得我们认真地汲取。

思考题

近代中国三次股市风潮及其影响与教训。

阅读书目

1. 朱荫贵：《中国近代股份制企业研究》，上海财经大学出版社，2009 年。
2. 李玉：《晚清公司制度建设研究》，人民出版社，2002 年。
3. 刘志英：《近代上海华商证券市场研究》，学林出版社，2004 年。

① 田永秀：《试论中国近代的三次股市危机》，《西南民族学院学报》，总 21 卷，第 10 期（2000 年 10 月），第 139—140 页。

② 杜恂诚：《中国近代的三次金融风潮及其启示》，《改革》，1997 年第 2 期，第 119—120 页。

第九讲

近代中国风俗流变

水之西流不可障之使东也。……时处今日，万国交通，民智大启，而欲阻之遏之，使返于上古淳朴之风，为政者势不能家谕户晓，又不能以武力强制。痛时之士，亦仅恃一口一笔，长于讽刺，虽日日痛哭流涕长叹息，恐听者一二，而掩耳者什伯，俭者一二，而奢靡者千万也。……因民之所利而利之，又何怨今世之奢靡。

——吴我尊：《兴实业以救奢靡论》

在近代中国特定的过渡转型时期中，传统的风尚习俗也在不断发生显著的变化。众所周知，近代中国的社会风俗之所以会发生变化，可以从政治、经济、文化、社会等许多方面的内外因素中探寻原因，而资本主义经济的产生与发展以及近代商业文化的影响，无疑是其中相当重要的因素。在这个转变过程中，传统的东方文化虽仍然产生了一定的影响，但在西方文化的冲击之下，其影响逐渐被削弱。

一　衣食住行的变化

衣食住行是最能反映某个时代人们的消费与生活习俗发展变化的几项重要内容。在近代中国，促使人们衣食住行发生变化的原因大致包括有三个主要方面。一是西方的物质与精神文化传入之后，在诸多生活领域中都产生了显著的影响，导致近代中国人衣食住行出现了明显的西化倾向；二是近代中国资本主义经济的产生与发展，为衣食住行的变化提供了必不可少的物质基础，并且发挥了重要的推动作用；三是维新变法、辛亥革命等政治运动，也对包括衣食住行在内的生活方式与社会风俗，尤其是对服饰方面的变革，产生了一定的影响。实际上，除第三个方面属政治因素外，前两个方面主要都是经济因素。这说明经济的发展，与衣食住行的变化息息相关。如果从文化学的角度看，则主要是近代新型商业文化促使了近代中国人衣食住行的发展变迁。

下面，我们先来看一看近代中国人衣装服饰的发展演变。

首先，就制作衣装服饰材料的变化而言，即与经济的发展紧密相联。在男耕女织的中国传统农业社会中，一般家庭做衣服的材料都是自行纺织的粗糙土布，这是中国封建社会自给自足的落后自然经济所形成的必然结果。富裕的达官贵族和富商大贾家庭，除采用手工纺织的土布外，比较豪华的衣料也是手工制作的绸缎，不可能使用精美的机制呢绒布料。到了近代，制作衣装的材料即发生了重要变化。除了贫穷闭塞的农村中许多农民仍继续自行纺纱织布做衣服，城市中已逐渐流行用"细密光泽"的机制布取代粗糙的土布。导致这一变化的主要因素，先是由于西方资本主义国家向中国大量倾销机制棉纱、棉布与呢绒，由于机制布较诸土布具有许多显而易见的优点，因此为中国人所乐于接受。只要是经济条件允许的家庭，都先后开始有人穿戴机制纱布和呢绒做成的新质服装。在这种情况下，中国原有的家庭棉纺织业也开始逐渐瓦解。随后，中国自行设立的纺纱织布厂以及呢绒厂相继出现。特别是甲午战争以后，不仅外国资本得以在中国直接投资设厂，而且中国私营机器织布厂大量设立，更进一步加速了家庭棉纺织业的解体，促使国人各种衣装服饰材料由土布向机制布转变。当然，这也并不意味着土布会在中国完全绝迹，事实上在落后闭塞的山区，土布仍然长期存在，只是在城市中愈加少见了。

对衣装服饰来说，制作材料以及由手工到机制的完全更新并不是局部的些微变化，它称得上是服装领域中的一场革命，将会给各种衣装服饰进一步带来许多重大的改变。而服装领域中的这场革命，又是直接导缘于资本主义工商业在近代中国的产生与发展，其中包括外国资本主义的输入和本国资本主义的出现，因而也可以说是新的经济因素在中国社会上所造成的变革之一。由此可见经济的发展与衣食住行变化之间所存在的直接关联。

其次，从服饰具体形式的变化看，由于受经济发展与政治运动的影响，在近代中国也十分令人瞩目。中国传统的服饰习俗源远流长，不同的时代虽有某些变化，但从东周的曲裙袍服到清代的长袍马褂，其总体特点是宽大松缓。满族统治者建立清王朝之后，曾强令汉族男子剃发蓄辫和穿满装，所谓满装即是长袍马褂。另外，中国传统封建社会的服饰还体现出等级森严的特点。许多朝代都有关于服制的等级规定，包括公服朝服在冠式、冠饰、服色、花样、腰带、佩绶、鱼带、朝笏等方面严格的官阶区别，以及对商人、奴隶等下等人服饰的严格限制。瞿同祖在《中国法律与中国社会》一书中说："古代的人不必看全身的冠服，只须任何一件物饰，如一顶帽子，或帽上的一颗珠子，一条腰带，或带的一块玉，使可以晓得它的主人是什么官。"这种等级制同时还体现在对商人、奴仆、娼优、皂隶等人服饰的服色、衣料质地不得与常人相同，也不准僭越的若干规定。由于上述原因，在中国封建社会中传统服饰一般都很难发生明显的变化。

但是到了近代，中国传统的服饰却出现了较大的改变。随着经济的发展和观念的变化，在交际场所中以衣着取人的特点，在商业发展比较迅速的通商大埠已日益明显。于是，人们趋新求异和追求体面服饰的现象也越来越突出。例如清末的上海，"无论其为官为商为士为民，但得稍有赢余，即莫不竞以衣服炫耀为务，即下至娼优隶卒，就其外貌观之，俨然旺族之家。"民国初期，这种社会现象较诸清末更是有过之而无不及。《中国实业杂志》第三年第二期登载的一篇纪实性社会小说即曾描述当时的情景说："近几年来，我们中国的风气，也大变了，上海第一，不论何等人物，全是绸缎裹身，分不出上下高低，这也算得是法国风罢。奢侈两个字，也算是民国最大的结果了呢。"这种变化实已开始从某些方面打破了封建社会在服饰上的传统等级规定。

西方服饰亦即西服的传入，对近代中国服饰的变化也产生了较大的影响。据有的记载说，中国人最早穿洋服，在鸦片战争后的沿海城市即已出现，但当时还为数甚少。随着时间的推移，到清末效仿洋人着西方服饰的中国人逐渐增多，特别是买办在正式场合大都已较为普遍地身着西服。及至民国时期，西服则为更多的中国人所接受，西装革履已成为许多交际场所中的一种时髦。

清末的维新运动和辛亥革命，也推动了服饰方面的变革。维新运动期间，一些维新派代表人物在倡导改良传统风俗时，曾主张改穿西服。例如号召"与欧美同俗"的康有为，即曾专门向光绪皇帝上了一道《请断发易服改元折》，阐明改穿西服的优点。为了减少阻力，如同将其变法主张附会孔子改制一样，他将西服也说成是符合中国古制的服式，认为“西服未文，然衣制严肃，领袖洁白，衣长后衽，乃孔子三统之一”。辛亥革命期间，一部分曾留学国外的革命学生也曾宣传剪辫易服，改穿西服。他们甚至认为，改穿西服有利于国人学习西方的进取精神，可振工艺，可善外交，可以强兵、强种。因为改穿西装之后，就会有所感触，进而讲求西装之精神。所谓西装之精神，在于发奋努力，雄武刚健，有独立之气象，无奴隶之性根。既讲求西装之精神，则不能不取法西人之政学、法律、工艺、农商之美法。这种认识显然是将改穿西服的作用给予了不切实际的过高估计，不过却从一个侧面促进了服饰的变革。辛亥革命胜利后，南京临时政府以法令形式推行剪辫易服，废除了“前清官爵命服及袍褂、补服、翎顶、朝珠”，不仅彻底打破了“衣服有制”的封建传统，而且进一步使服饰出现了多种多样的形式。

辛亥革命后，民族资本主义工商业也获得了发展，商业文化越来越渗透到社会生活的各个领域，以致在许多通商大埠，人们“趋改洋服洋帽，其为数不知凡几”。当时，家境稍优裕者“必备洋服数套，以示维新”，即使是“衣食艰难之辈，亦多舍自制之草帽，而购外来之草帽”。由于尚处于转变过程之中，这一时期大中城市市民的服饰呈现出多姿多彩的特点。无论是长衫、马褂，还是西服、中山服，穿着者均随处可见。有的甚至中西服装混穿，“西装东装汉装满装，应有尽有，庞杂至不可名状”。到20世纪二三十年代，各种西式服装公司越来越多，西装在男子服饰中逐渐占居了主导地位，连清废帝溥仪也一度穿上了西装。此外，中山装既具有西方服式的特点，又富有中国气派，显得十分庄重实用，而因也受到了广泛的欢迎。

女子服饰的变化更是具有多样化和开放性特色。例如，在满族妇女旗袍基础上，结合西方女子服饰改进而成的旗袍，在长度、腰身、袖口、开叉等方面经过不断变化，发展成为一种流行的新女服。在发达的商业和商业文化的影响下，上海、天津、北京等大城市的女子服饰，经常紧随西方的服装潮流，不断翻新花样。有些女子甚至出现“赤胸露臂，短袖青衣，云环高垂，皮鞋耸底”的摩登装束。类似《申报》、《新闻报》和《大公报》等有影响的大报，均用不少版面刊登推销各种时髦的新式女子服装的广告。许多时装公司、百货公司则常常举办时装表演会，介绍中西各类时兴的服装式样。所有这些，无疑都促使了女界服饰的趋新和善变。如同《申报》副刊《自由谈》登载的一首竹枝词所说："趋时妇女竞新妆，荷叶边兮滚满裳，梳得时新元宝髻，夜间权作枕何妨。"除商业发达的大城市，较为偏远的省区也有程度不同的变化。据《奉天县志》记载，该省"妇女装束益趣新奇，先是旗袍短才及膝，袖达肘际，赤露两臂，裤长仅尺余，下服高腰洋袜，两腿皆外露，首挽圆髻，不钗不冠，近则截发烙之，使曲散垂耳际。……足着高跟鞋，头戴斜顶小帽，除戒指、臂钏外，簪环皆废矣"。

新的穿着打扮，在民国初期成为许多人追求的一种时髦。当时的上海即有人在《申报》上发表文章，以不无讽刺的口吻描述这种追求时髦的穿着："女界所不可少的东西：尖头高底上等皮鞋一双，紫貂手筒一个，金刚钻或宝石金扣针二三只，白绒绳或皮围巾一条，金丝边新式眼镜一副，弯形牙梳一只，丝巾一方。再说男子不可少的东西：西装、大衣、西帽、革履、手杖外加花球一个，夹鼻眼镜一副，洋泾话几句，出外皮篷或轿车或黄包车一辆，还要到处演说。"①这可以说是对民初上海男女流行的时髦穿扮活神活现的描绘。

这种崇尚洋服洋货的现象对中国某些传统行业的生存与发展造成了严重的威胁，维持国货丝绸的呼声随之兴起。1912 年 6 月江浙沪丝绸同业曾致电北京政府工商部，要求"注意货绸缎"，工商部也表示国务院认定服制时，"仍以维持本国绸业为宗旨"。但也有人认为："商业竞争之根本上解决，须在实力改良，仿造洋货，扩张制呢厂，于各种毛织品尽心研究，而后可以抵制洋货。"应该说，这种主张在当时是有一定见地的。

需要指出的是，近代中国服饰的变迁虽显示出日趋西化的趋向，但最终实际上并未完全走上西化的道路。中国传统的服装经过改进之后，仍较为普遍地成为一般民众的主要衣装，如男式大襟长衫、对襟唐装、折腰长裤，女式斧口衫、大襟短衫等，都是普通老百姓更为习用的装束。这一方面是由于传统文化的影响，另一方面也是因为经济方面的原因，同时，中国服装在某些方面也有其优点，并非一无是处。

下面，我们再来看一看商业文化对近代中国饮食习俗变化所产生的影响。

众所周知，中西饮食习俗在许多方面都存在着明显的差异。包括食品的原料、烹制方法与进食方式等，无不相差甚大，因而形成泾渭分明、截然不

① 见《申报》，1912 年 1 月 6 日。

同的中餐与西餐。在近代,西餐开始传入中国,受到相当一部分人的青睐,尤其成为中上层社会时髦的消费方式之一,从而使中国传统的饮食习俗出现了新的变化。

西餐的传入以及近代中国饮食习俗的变化,与进出口贸易的发展和商业的兴盛,有着直接的联系。西餐传入中国的原因,是随着进出口贸易的迅速发展,西方各国来华的商人和其他人士日益增多,他们初到中国时很不习惯中式餐饮习俗,于是将西餐也引入中国。所以,西餐在初期主要是出现于广州、上海等外国人较多的通商口岸,在其他地区则较少看到。

西餐为更多的中国人所认识和了解,则主要是得力于餐饮业中的新式行业亦即西餐业的诞生和发展。清末民初,许多大城市中即开始设立西式餐馆,民国时期为数更多。从其设立的地点看,越是商业繁华的地带,西式餐馆也越多,而且比较集中,这说明饮食业是以商业的繁荣兴盛作为基础。在清末民初的广州,西式餐馆即主要集中于万商云集的东堤大沙头和沙基谷埠。上海开埠之后,很快就取代广州成为全国进出口贸易的中心,中国西式餐饮业的重心不久也随之移到了上海。民国时期的西式餐馆,既有豪华高贵的大酒店,也有设备简陋的小餐室,即价格便宜的番菜馆。其经营者也是既有洋商,也有一部分华商。像近代上海的礼查饭店、汇中饭店、大华饭店、国际饭店,北京的六国饭店、德昌饭店、长安饭店等大酒店,只有上流社会的各色人等才能光顾,而价格低廉的番菜馆则主要是面向一般市民。

无论高档的酒店,还是简陋的番菜馆,都使西餐在近代中国一度成为流行的时尚。由于社会风气的商业化和盲目崇洋日益浓厚,许多人都以赶时髦的心态吃西餐。上流社会更是以此大讲排场,炫耀其地位和影响。在北京,有些官绅宦室甚至一改传统的饮食习俗,“器必洋式,食必西餐”。“向日请客,大都同丰堂、会贤堂,皆中式菜馆。今则必六国饭店、德昌饭店、长安饭店,皆西式大餐矣”;“昔日喝酒,公推柳泉居之黄酒,今则非三星白兰地、啤酒不用矣。”从实际情况看,真正喜欢吃西餐的中国人并不很多。但是,在不少地区的西式餐馆中却常常是宾客满座,其中相当一部分人乃是将吃西餐视作赶时髦,同时与西式餐饮业连篇累牍的广告宣传也有一定关系。20年代初期北京的一家报纸曾就此作过一次民意测验,只有23%的被调查者表示爱吃西餐或“中餐西式”、“西式中餐”、“兼食中西食”;77%的人则仍表示爱吃中餐。[1]这表明由于各方面因素的影响，中国人仅有少数真正喜爱西餐，事实上直到今天这种状况也并无多大改变。可以说，西餐当时在中国的红火并不是一种正常发展的饮食文化现象，而是多少表现出在商业炒作和崇洋心理状态下的畸形发展。清末的报刊已对这种现象进行了批评，例如1903年8月10日《大公报》发表的一篇文章即指出："北京自庚子乱后，城外即有玉楼春洋饭店之设，后又有清华楼。近日大纱帽胡同又有海晏楼洋饭馆于六月十七日晨开张。盖近年北京人于西学西艺虽不知讲求，而染洋习者正复不少，于此可见一斑矣。"

不过，西餐的传入以及由此带来的中国饮食习俗的变化，仍在一定程度上起了促进中国饮食改良和饮食业发展的作用。例如西菜传入中国之后，对中国传统的饮食习俗形成了一定的冲击。广东饮食业人士遂取长补短，采取中西结合的方式，借鉴和采用西餐烹饪技术，探索出中西特色兼具的新品种；同时还吸收中国其他菜系的优点，经过不断改良和创新，创立了制作精巧、色味俱佳并且颇具地方特色的粤菜谱系。

另外，伴随着西餐的传入，西式餐饮业这一过去所没有的新式商业行业也逐渐形成，并成为近代中国餐饮业中非常重要的行业之一。其结果不仅促进了中国第三产业的发展，而且也为中外文化交流和进出口贸易的发展创造了若干条件。就像大多数中国人不适应西餐一样，西方各国来华者大都也不适应中餐，如果中国没有西式餐馆，势必会给外国人造成生活的诸多不便，难以在中国居留，也就谈不上从事经济与文化的交流活动。类似的情况，至今也依然如此。

还应看到的是，西餐传入中国之后，各种西式糖果、糕点、酒水也相应被引入中国。与西餐相比较，西式糖果、糕点和酒水更容易为中国人所接受，其特点是甘香可口、整洁卫生、品种繁多，且便于携带和收藏，因而受到比较广泛的欢迎。加之商家在报纸上大做广告宣传，使其家喻户晓，日益畅销。受其影响，在清末和民国时期，华商创立的生产西式糖果、糕点和酿酒的工厂也越来越多，不仅使中国民族资本轻工业获得发展，也更进一步促进了传统饮食习俗的变迁。例如近代著名侨商张振勋于1895年在烟台设立张裕

---

① 邱钟麟:《新北京指南》第2编，转引自李少兵《民国时期的西式风俗文化》，北京师范大学出版社，1994年，第13页。

葡萄酿酒公司，借鉴国外酿制葡萄酒的技术与工艺，经过多年不懈的辛勤努力，终于酿造出能够与外国名牌抗衡的优质白兰地和葡萄酒，而且产量不断上升，最高年产量曾达到15万箱。孙中山1912年曾到张裕公司参观并品尝佳酿，题写“品重醴泉”四字相赠，对张振勋及张裕公司给予了高度的评价。1915年张振勋携张裕公司所产白兰地，赴美国参加盛大的巴拿马——太平洋万国酒赛会，一举荣获金质奖章和最优质奖状，既使张裕的产品扬名世界，也为中国增光添彩，被外国人誉为“中国科学文化进步的标志”。

除了衣和食之外，近代中国人在居住方面随着经济的增长和都市化的发展，也出现了以往所没有的变化，而且其转变的趋向同样是逐渐仿行西式。

中西房屋建筑的明显差异，主要体现于尚平房和喜好楼居的不同。中国传统的民居，大都是土木结构的院落式低层建筑，这种建筑尽管有其优势，但在通风采光等方面也存在着诸多缺陷。欧美各国的建筑风格虽各有不同，不过却可以明显地看出，西式建筑的总体特点是多为楼房。鸦片战争时期，澳门的西式建筑已是“重楼叠居，多至三层，绣闼绿窗，望如金碧”。其优点是节约地皮，通风与采光条件好，并安装自来水管和煤气管道，能给日常生活提供许多便利。

鸦片战争后，外人通过划分租界，取得土地的永久租赁权，得以在中国的土地上不断建筑房屋。伴随着进出口贸易的迅速发展，各种外资公司也纷纷来华建房设立分公司，从而将西式风格的建筑引入中国，使中国人领略到西方建筑的特点。通过直观比较，中西建筑的优劣显露无遗。当时的报纸即曾发表有关文章，说明中国路政不修，房屋低矮，行其道则尘沙蔽空，入其室则黑暗世界；而西人洋楼高矗，窗闼洞开，“比之华民住屋，真有天堂地狱之分。”因此，一部分中国人尤其是买办富商，在晚清也开始仿照西式风格建筑楼房。到民国时期，在大城市中各种西式风格的建筑已是屡见不鲜。

商业的发展与经济的增长，促使都市化的发展日趋显著，吸引了越来越多的人来到都市，使城市人口剧增，人口密度较诸以往也大为提高，原有的平房式建筑已经远不能满足人们居住的需求，导致地价持续上涨，房租不断上升。而占地面积小，居住面积大的西式建筑，则可以解决居房不足的难题。于是，社会经济和都市化的发展，也推动了中国人在居住习俗方面发生变化，使中国人从习惯居住传统的平房，转而居于西式建筑之中。

近代新兴商业行业——房地产业的诞生，对近代中国建筑的西化发展与变化也产生了显著的影响。中国最早的一批房地产公司,大都是由洋商创办。随后,一部分华商也开始经营房地产,并取得了相当可观的利润。如广东籍买办商人徐润,清末在上海经商,参与创建房地产公司。据他在自叙年谱中称:"余所购之地未建者达二千五百多亩,已造洋房五十一所又二百二十二间,住宅二所,当房三所,楼平房一千八百九十余间,每年可收租金十二万二千九百八十余两。"民国时期,外资与华资创办的专营或兼营房地产的公司越来越多,而且在各大城市均有设立,此时的房地产业已成为一个相当重要的新兴行业。例如在20世纪40年代的上海,有新沙逊洋行、业广地产公司、哈同洋行、昌业地产公司、恒业地产公司、英法产业公司、德和洋行、普益地产公司等10余家外商房地产企业。华商创建的规模较大的房地产公司,在抗战胜利后也有新亚、永业、泰山、新中、永新、联华、中和等20余家,并成立了房地产同业公会。有的房地产公司是低价购买荒地,修建西式高层楼房;有的则是拆除原有的简陋平房之后,重建西式新房。通过房地产公司的不断开发,新式建筑在中国的各大城市与日俱增。这称得上是经济发展直接促进居住习俗变化的具体表现。房地产公司建好房屋之后,一般都要在报纸上刊登广告,以广招徕。如1916年哈同洋行在上海静安寺路新建市屋住宅500余幢,即在《申报》上刊登广告说:"交通之利便、马路之平坦、胡同之广阔、院落之宏敞、建筑之坚固、装饰之华美,为沪西独步,居家最为合宜。"这样的广告宣传,对于那些具有一定经济条件又想改善居住环境的中上等家庭来说,是具有一定吸引力的。

在近代,除居民住房出现西化倾向,街面建筑和公用设施的西化更为突出。一些大型公司、商场的建筑,绝大多数都是颇具西式风格的高层楼房。如近代上海先施、永安、新新、大新等四大百货商场,都是修建在当时非常流行的宏伟西式高层建筑,十分引人瞩目。清末咨议局、商会、新式学堂的建筑,也早已是明显的西式风格。这些更进一步增加了近代中国建筑向西化发展变化的趋向。

不过,与中国人居住条件变化直接相关的还是居民住房的变化。这种变化在商业不很发达的地区并不明显,而在商业繁华的大都市则十分显著,在一些通商口岸城市中也不鲜见。例如在天津,小洋楼渐次取代北方的传统四合院,成为当地居室建筑的新潮流;在沈阳,"建筑宏丽,悉法欧西,于是广夏连云,高甍丽日,绵亘达数十里";在青岛,"市内住屋多属欧式建筑”;在杭州,西湖周围别墅大多为西式建筑,以至于有人要将“欲把西湖比西子”的诗句改为“近来西子作西装”;在汉口,也是“中西厂肆,角胜争奇”。

不仅住房式样发生变化,连屋内的布局与陈设也相应有所改变。包括建有西式客厅,摆设西式家俱,上层社会的富裕之家甚至建有西式花园。例如上海人“从前家中陈设不过榆树器具,及磁瓶铜盆,已觉十分体面。今上海人红木房间,觉得寻常之极,一定要铁床、皮榻、电灯、电扇,才觉得适意”。在这一变化过程中,富商大贾仍然是走在了一般人的前列。有位外国人曾这样描述上海一个买办商人的家室:“余曾访问一买办,虽只系所称之中等者,然此家内有一西式花园,四季花草无一不备。至其与客晋接之所,又分西式与中式两种,其乐器如钢琴等,皆一一均备。……外人见之,无不叹其华丽。”①而商人能够率先享受如此高档的住房消费,无疑是因为商业的迅速发展,使其经商致富,具备了必需的雄厚经济基础。

就近代绝大多数普通居民的住宅而言,虽不可能全部变成西式建筑,但也在不同程度上出现了中西结合的转变趋势。例如上海大部分居民的住宅,是被称作“石库门”的里弄房屋。种房屋即可以说是中西风格结合的产物,其总体布局是仿照欧洲联排式房屋,而各个单元内部又是源于中国传统的三合院或四合院。大约在 19 世纪 70 年代初,老式石库门建筑即开始出现,由于结构简单,造价低廉,实用性强,很快就成为上海普通市民流行的住宅。到 20 世纪以后,上海又出现了改良型的新式石库门住宅,而且得到更进一步的普及。近代上海的建筑物五花八门,因而有建筑博览会之称,西方各种风格的建筑,包括“文艺复兴式”、“哥特式”、“巴罗克式”、“古典主义式”等,在近代上海都随处可见。这是近代中国建筑受西方影响发生变化的具体反映,同时也带动了普通居民住宅的某些改变。

最后,我们来看一看在经济发展影响之下近代中国“行”的变化。

所谓行的变化,主要指的是人们代步工具的演变。在中国古代封建社会中,应该说代步工具也不少,但与西方先进的交通工具相比较都十分落后,而且速度也非常慢。例如陆路上的马车、牛车、骡车、独轮车、轿子、滑杆等,以及水路中的木船,都不是以机器作为动力,所以无法提高速度,耗费的

① 姚贤镐编:《中国近代对外贸易史资料》第 3 册,中华书局,1962 年,第 1525 页。

时间也较多。交通的落后不仅给人们的行动造成种种不便，而且也制约了信息的交流与经济的发展。及至近代，不少有识之士都阐明中国要致富图强，就必须改善落后的交通状况，大力发展现代化的交通事业。

在近代中国衣食住行的变化中，行的演变称得上相当突出，并且与经济发展的关系也更为密切。因为许多现代化的新交通工具的出现，像火车、轮船、电车等完全可以说是经济发展的直接产物。另一方面，近代中国行的变化过程，也明显受到西方资本主义国家的影响。

近代西方资本主义国家相继经过工业革命之后，纷纷以机器取代人工作为动力，制造出火车、轮船、电车、汽车等各种机动交通工具。西方资本主义入侵中国之后，为了更好地服务于其对中国经济的掠夺，将这些机动交通工具也先后带入了中国。例如19世纪60年代，英国商人即在北京宣武门外修建了一条短距离的小型铁路试行小火车，70年代又修建了淞沪铁路。到19世纪末，西方各国更是强行攫取在中国各地修建铁路的权利。

起初，中国人对铁路采取了抵制态度，但很快即认识到铁路的重要作用。薛福成在《出使英法义比四国日记》中即写道："夫西人之所以横绝宇宙而莫之能御者，火轮舟车之力为最多，而皆发轫于英；且其缔造，不过在百年数十年之内，宜其独擅富强之效欤。"清朝的封疆大吏张之洞也认为："铁路成，则万里之外旦夕可至，小民生业靡不流通，朝廷耳目靡不洞达，山川之产靡不尽出，风俗之陋靡不尽除；使中国各省铁路全通，则国家气象大变，商民货物之蕃息当增十倍，国家岁入之数亦增十倍。"[①]于是，清朝政府也开始筹集资金修建铁路。特别是在清末维护路权运动的推动之下，商办铁路形成为一股热潮，许多省份都收回了被洋商攫取的铁路修筑权，并成立了民营性质的商办铁路公司，以商人和各界人士认股的形式，集资建造本省的铁路。自建铁路的出现，不仅使中国形成了一个新的经济部门，而且无疑是近代中国交通工具最重要的一大变革，它改变了人们过去长途旅行耗费漫长时日的极大不便，大大缩短了空间距离，对于促进经济的发展更是产生了不可忽视的重要作用。

轮船的出现也是如此。鸦片战争后，洋商即在中国设立了轮船公司，使

---

① 张之洞：《吁请修备储才折》，见《张文襄公全集》第37卷，北平文华斋1928年刻本，"奏议"37。

中国人亲眼目睹了以机器为动力的轮船较诸木船的许多优越性。洋务运动时期，清政府先是从国外购买轮船，后也开始以“官督商办”的方式创建轮船招商局，中国近代新式航运业由此产生。到清末，商办的航运公司也纷纷出现。据不完全统计，至 1911 年全国各地大小规模不等的商办轮船公司已多达 100 余个。轮船的普遍使用，也是近代中国交通工具的一大更新，它很快即取代木船成为水路中的主要交通工具。清末曾有一首竹枝词这样描述轮船说：“报单新到火轮船，昼夜能行路几千。多少官商来往便，快如飞鸟过云天。”由此可见，当时的人即已清楚地看到轮船具有旧式木船所无法比拟的优越性。

如果说火车、轮船为人们的长途旅行提供了前所未有的方便，那么汽车、电车的诞生，则改变了城市居民短途行程所采取的传统方式。1901 年，上海第一次有了汽车，据说是一位匈牙利人带入的。此后汽车不断增多，但主要只是中外富商和达官显贵享用的高档奢侈品，一般老百姓根本无法享受。1906 年 2 月天津即有电车开行，其线路由“闸口起，沿河至东北隅，围绕全城”。电车开通的当日，“搭客甚多，道傍观者如堵”。1908 年上海的有轨电车诞生，1914 年无轨电车也开通。作为公共交通工具的电车开行之后，才真正使市民能够以车代步。1924 年公共汽车开通之后，又使市民的现代公共交通工具更加多样化。截止到 1949 年，上海已有 12 条有轨电车线路，总长 69 公里；无轨电车线路 9 条，总长 42.8 公里；公共汽车线路 23 条，总长 138.6 公里。显而易见，人们得以用火车、轮船、汽车、电车取代步行和种种传统的落后交通工具，是与这些新兴行业的出现分不开的，因而也可以说是经济发展的直接结果。

与交通工具的改变紧密相随的是新式马路的出现。中国城市的旧式马路一般都是土路，高低不平且尘土飞扬，如遇大雨更是泥泞不堪，给行人带来诸多不便。西方人定居中国之后，开始修筑以沙石铺设的简易西式马路。据记载，中国最早的新式马路是 1842 年香港英人在西人居聚区修筑的。1861 年，天津租界建成马路，华界的马路始建于 1883 年，1900 年即出现了环城马路；上海的第一条新式马路诞生于 1862 年，也是在北市的租界区内，不久又修筑了 4 条由东至西的通江马路，南市华界的马路在 1896 年也建成。到民国时期，一些大城市的马路又由沙石路面变成水泥路面，显得更为宽敞平坦。应该强调的是，马路的修建在很大程度上也是为了适应经济发展所采取的一项新措施，商人在其中所产生的影响不容忽视。对于清末民初上海许多马路的修筑扩建，商人即发挥了重要作用。例如1905年由商人组成的上海城厢内外总工程局，辟建、修筑马路60余条（段），1909年总工程局改组为自治公所之后，又修筑或扩建马路40多条（段）。西式马路的建成，既为汽车、电车等新式交通工具的使用创造了条件，也给行人提供了便利，免除了以往天雨泥淖之患，称得上是“行”的又一重要改变。

在火车、轮船、汽车、电车等机动交通工具传入中国的同时，国外的许多非机动交通工具也相继被引入中国，而且同样改变了中国人“行”的习俗。最早传入中国的新型非机动交通工具是西式马车。清乾隆五十八年（1793）英国使臣马戛尔尼来华，代表英皇向乾隆帝赠送了两辆华丽的四轮双马车，但乾隆并未使用。19世纪中叶，西式四轮马车开始在香港、上海、广州、天津等城市出现。西式马车传入之后，其新奇的式样和快捷的行驶令华人耳目一新，不久华人也自行模仿制造，使马车的数量和式样日益增多。“有双轮、四轮者，有一马、双马者，其式随意构造，宜雨宜晴，各尽其妙。”于是，马车逐渐从初期仅为洋人乘坐变成华人上层社会的主要交通工具之一。因费用高昂，一般老百姓极少能乘坐马车。在近代，出行坐马车成为富人招摇炫耀的一种方式。当时曾有一些竹枝词描述其情形说：“宽衣珠圈色色新，招摇过市彼何人？比肩比翼循西例，马走双头车四轮。”“驷马高车意气横，飘风暴雨路中行。从来权势都如此，倾轧苍生总不停。”近代上海上层社会更是时兴“飞车拥丽”，即偕妓乘马车游观，并被喻为所谓“沪北十景”之一。

在近代传入中国的除了马车之外，还有人力车。此车因系日本人发明，故而又称东洋车。其特点是使用人力，但比中国传统的轿子先进，同时又比西式马车简易、廉价，所以能够为更多的人所接受。这种人力车在19世纪60至70年代逐渐传入中国，仍然是在香港、上海、天津、北京等商业文化非常发达的都市中最先出现。对于这种新引入的交通工具，各地的称呼略有不同。例如在香港称“手车”，在上海叫“黄包车”，在北京叫“东洋车”，或简称“洋车”，在天津则叫“胶皮（车）”。另外，在传入中国之后的大半个世纪中，其式样和制作材料也不断改进，有的也布置得较为华丽。

自行车是西方传入的另一种新式交通工具，它对中国人“行”的改变影响深远，至今仍历久不衰。自行车传入中国的时间较早，但因当时新式马路未修而难以快捷骑行，所以无法普及。及至19世纪末和20世纪初许多城市的马路相继修成，自行车本身也有所改进，遂在中国日趋多见，渐成人们的代步工具。据《申报》报道，在19世纪末的上海，自行车在黄浦滩一带已是“此往彼来，有如梭织”，起初还主要是外国人使用，后华人也争相骑行，“迩日此风盛行于沪上，华人之能御者亦日见其多，轻灵便捷，其行若飞。”自行车专卖店和修理店的出现，则为自行车在中国的普及起了重要的促进作用。1901年《中外日报》刊登踏飞洋行的一则广告云：“本行专办各种脚踏车，出售外洋头等机厂奇造一种飞轮脚踏车，其速较快。”次年，天津鸿顺洋行也发布广告，声称“本行开设在法租界马家口大街，专售英美各国男女自行车，各样飞车，时式无练[链]快车，车灯、车铃以及车上应用之件一概俱全”。这些专业店铺的出现，既方便了人们选购自行车，也可解除购买之后使用过程中的后顾之忧，当然有利于自行车的普及与发展。

在商业化的社会中，随着各种新式交通工具的出现，人们“行”的观念也发生了变化。其一是乘坐各种新式交通工具，演变成为不同社会阶层显示其身份地位的重要标志之一。稍有地位或是富有之人都耻于步行，而必须时时以车代步，并且是西式马车或东洋车，否则就会感到有失身价。商人买办也是如此。清末的上海竹枝词即写道：“衣衫华美习为常，抱布贸丝作大商。几句西人言语识，肩舆日日到洋行。”其二是在大都市的一般人当中，有许多虽然经济并不宽裕，但受商业化社会风气的影响，也不乏刻意追求以车代步者。其目的是借此显示其不同于常人之处，实际上是消费行为中不正常的虚荣心理的表现。例如在上海，“乃不分贵贱，出必乘舆”。《申报》曾发表文章批评耻于步行的社会风气说：“即一出门，一里二里之地往往坐东洋车。若在他处则虽十里八里不过安步当车尔，岂他处能行，而在上海独不能行乎？”由此可见，商业文化对人们衣食住行的变化，在正负两个方面都产生了比较显著的影响。

二　消费观念的转变

在中国传统社会中，崇尚节俭和力戒奢侈是一以贯之的信条，也是社会各阶层共同推崇的道德风尚和消费观念。无论是儒家、墨家还是道家、法家，虽然在其他许多问题上都存在着不同的见解，但对待崇俭戒奢却几乎可以说达成了一致的认识。历代统治者尽管过着奢侈豪华的生活，但在口头上也不得不经常标榜勤俭，一般民众更是将其作为治家理家的原则。“成由勤俭败由奢”，已是家喻户晓的生活箴言和人生座右铭，被视为国之大脉、家之根基。

应该说，崇俭戒奢有其不言而喻的合理性。因此，直至近代甚或当代仍经常看到人们加以提倡。曾国藩身为清朝战功显赫的封疆大吏，依常理当属十分富裕的官宦之家。但他却经常告诫子孙不得养成奢侈之习，并在一封家信中阐明：“大抵士宦之家，子弟习于奢侈，繁荣只能延及一二世；经商贸易之家，勤勉俭约，则能延及三四世；而务农读书之家，淳厚谨饬，则能延及五六世。”所以，崇俭戒奢关系到家族的盛衰存亡，自然不能不予以重视，并一代一代地沿袭相传。

但是，如果我们换一个视角，从经济与社会发展的长远方面看，崇俭戒奢的传统观念又未必是十全十美的观念和习俗。消费需求的扩大，是刺激工商业发展的一个重要因素。要是一味过于强调节俭，消费的需求就难以扩大，工商业的发展也就受到了限制。在中国封建社会自给自足的自然经济条件下，这种状况尚不十分明显，而在资本主义工商业已经产生的近代，则会表现得非常突出。因此，对俭与奢的认识应该结合当时经济发展的实际状况作出分析。只要不是超出当时经济发展的水准，适当地倡导和鼓励消费未尝不是利大于弊。对侈奢的理解同样也是如此。李剑华对这个问题的论述不无道理，他曾经指出：“奢侈生活，是不适当的、不必要的、享乐的消费生活，而且这消费生活，是超过了其时其地一般社会生活的水准以上的。”[①]换言之，也就是说如果未超过当时当地社会生活水准以上，只要经济条件允许，适当的消费享受是无可指责的，而且也是属于有利于经济和社会发展的正常经济行为。

就实际情况而言，戒奢与崇俭的消费观念与生活方式，在历代也未必能够真正贯彻落实于生活实践中。且不说那些皇亲国戚、达官贵人一方面在口头上念念不忘崇俭戒奢，另一方面又大都过着骄侈淫逸的糜烂生活，就是一般民众在收入增加、经济状况有所改善时，其生活水平也会不断提高，而

① 李剑华：《奢侈生活之社会学的观察》，《社会学刊》，第2卷第4期（1931年）。

不会一成不变地真正死守“新三年，旧三年，缝缝补补又三年”的遗训式戒条。因为不断追求更好的生活环境与条件是人之天性，它必然会影响到人们消费观念的改变和生活方式的变迁。传统社会盛行崇俭戒奢的观念，同时也是与当时经济不发达，产出有限，以及抵御各种天灾人祸的能力低下紧密相关的。在产出不丰、灾年频仍的情况下，如果不崇俭戒奢，随时都会面临衣食无着、家破人亡的困境。随着经济的发展，特别是资本主义产生之后，各方面情况都相应发生变化，传统消费观念当然也会出现不同于以往的改变。

明清时期，商品经济较前获得更快的发展，商人不仅队伍更趋扩大，而且经济实力也显为增强，在消费方面更表现出一种与传统观念格格不入的骄奢之风。例如徽商在明中叶以前的创业阶段，因尚未在全国商界立稳脚跟，所以仍“勤俭不改其初”。而到明中叶以后，实力已臻雄厚的许多徽商，在消费方面即放弃节俭而趋于奢侈化。安徽歙县人汪道昆曾描述徽商的这一变化说：“（徽州）纤啬之夫，挟一缗而巨万，易衣而食，数米而炊，无遗算矣。至其子弟，不知稼穑之艰难，靡不斗鸡走狗，五雉六枭，捐佩外家。”[①]及至明清时期，徽商奢侈的生活消费更是愈演愈烈。如徽州盐商，“入则击钟，出则连骑，暇则招客高会，侍越女，拥吴姬，四坐尽欢，夜以继日，世所谓芬华盛丽非不足也。”[②]在徽商云集的扬州，许多徽商生活的消费甚至称得上是穷奢极欲，其“衣物屋宇，穷极华靡，饮食器具，备求工巧，俳优妓乐，恒舞酣歌，宴会嬉游，殆无虚日，视为泥沙。甚至悍仆豪奴，服食起居，同于仕宦”。[③]

不过，也要看到，明清时期类似徽商这样的生活消费，虽打破了传统的节俭观，但却并非是缘于消费观念的根本改变，而只是一种单纯的物质享受，或者说是一种弥补其内心空虚和掩饰其地位低下的消极方式。当时的徽商之所以不惜金钱，在日常生活中的消费如此奢侈，同时还耗费巨资结纳官府，从心理学的角度分析，是由于社会上普遍地轻商贱商导致其内心的自卑，而自卑又造成其强烈的心理苦闷与压抑，为了得到他人重视和羡慕，徽

① 汪道昆：《太函集》卷55。
② 汪道昆：《太函集》卷2。
③ 《清朝文献通考》卷28。

商只有通过奢侈的生活消费，显示出与普通人的不同优势，进行自我夸耀和自我表现。即使如此，徽商的奢侈性消费，对于促使当时社会风气由俭转奢，也产生了一定的影响。

到近代，新型工商业的发展与商业文化的形成，对传统消费观念的冲击与影响更加突出。19 世纪末 20 世纪初，重商之风日益兴盛，商人不仅社会地位已明显提高，而且成为最具经济实力的社会力量，对社会风气变化的影响自然也随之更为显著。尤其值得注意的是，受近代商业文化的影响，人们的消费观念开始逐渐发生了过去所没有的转变。如果说在传统社会中尽管达官贵族和富商大贾不乏奢侈的消费现象，但就社会舆论而言仍然是以崇俭抑奢居主导地位，而且也很少有人敢于公开反对这种长期沿袭的传统观念；那么到近代则开始有社会舆论公开反对一味提倡崇俭，并且主张鼓励消费，这较诸过去无疑是一种重要的变化。

例如，在晚清上海的报刊上，就曾开展过一场有关俭与奢问题的讨论。传统的上海社会，与其他许多地区一样，也是“士习诗书，民勤耕织，俗尚敦厚，少奢靡越礼之举”。但是，随着上海成为近代中国工业和商业贸易最发达的地区，这种传统的风俗即发生了改变。报刊上发表的文章对此多有感叹，认为：“在他处则欲俭尚易，在上海则欲俭甚难”，其原因无疑是由于上海的商业文化对当地社会风气的影响最深。使得“上海各业中人于勤俭二字全无体会”，不仅“上等者不能俭，即降而于东洋车夫亦且不知俭”。因为在一个高度商业化的社会中，节俭不再是一种美德，反而成为无能和寒酸小气的表现，逼使人们不得不改变以往的节俭习俗。

现实社会的这一变化必然会在人们的思想观念上有所反映。其具体表现即是对崇俭抑奢的传统消费观念发出质疑，并提出具有近代意义的新消费观念。晚清上海报刊讨论俭与奢的问题时，有些文章就曾对传统的崇俭观念表示异议。例如，1877 年 2 月 28 日《申报》发表的一篇题为《论治世不必偏重节俭》的文章认为：节俭的传统美德，“可行诸三代以上，不能行之三代以下也”。“繁华之事皆裒多益寡，以有济无道也。行之何害？禁之何为？……裕国足民之道，不在乎斤斤讲求崇尚节俭，盖自有其道也。此道若得，则上下皆富矣，何至有患贫之时哉？区区节俭又何足道哉?”与此同时，有些文章则对过去大加鞑伐的奢侈也提出了不同看法。有的还阐明：“假设一邦之富人食必糙米，服必布衣，用必粗恶之具，则营业工匠自食其力之人,又何以自鬻其技能?安能各臻于富乎?民不能自富,国又何由富乎?”显而易见,此时的社会舆论已开始从富民与富国的高度,对奢侈消费的作用与影响给予了与以往完全不同的新评价,在一定程度上反映了人们消费观念的改变。还有的从民众谋生的角度,对禁奢与崇俭的后果提出了新的解释,认为“(假)使上之人纵而禁之,则资壅而不流,财积而不散,而贫民之藉贸易工作以日谋衣食者,将无所措手足矣。”这种对传统崇俭禁奢观念的大胆否定,以及新消费观念的提出,表明人们已开始从新的视角重新认识这个古老的社会问题,并且从观念上和实际行动中都逐渐摆脱了旧的正统观念的束缚。

另外,民国初年还有人从社会发展的新角度对这一问题进行了阐释。例如有的认为:“社会愈文明,习惯愈奢靡。”有的指出:“世界愈文明,则人类愈奢侈。”因此,既不能过度追求奢侈,也不能像过去那样一概禁止,“使全国之人皆作此省钱主义,盖应奢者奢,而不应奢者不必奢也”。这显然也是主张根据实际情况,分别予以看待。

但是,近代的奢侈消费也并非是一种完全正常的消费行为。特别是商人的豪华排场,实际上仍带有一些为了摆脱出身寒微而自我炫耀的成份。许多人盲目崇尚和模仿西方的生活方式,大肆挥霍,终日向往居住洋楼,出入于赛马场、游乐场,徜徉于歌楼舞馆等场所。富商大贾遇有婚嫁丧葬,更是大讲排场,不惜一掷千金,只为求得徒有其表的虚名。例如广东籍的上海买办商人徐润回粤完婚时,“上海各帮朋友亲戚送衣帽袍料不计其数,所收礼洋多至一千六七百元”,而当时上海一个中等人家的月收入仅10元左右。徐润完婚返沪后,“酬谢之酒历四五天,每日在桂花楼设四五十席,可谓一时之盛。”1905年上海另一买办商人席正甫去逝,其出丧之仪也大讲排场,《时报》曾报道当时的丧仪场面:“行十里路,费万金财,用数千人之力,动数万人之众,同时扰乱数百种之事业,此其声势实视阶级国之王侯而过之。”1926年富商朱葆三在上海病逝,其灵柩运回浙江家乡时,场面之隆重奢侈,更甚于上面提到的席正甫,在十里洋场引起了轰动。仅在上海,灵柩经过的马路上,即设有36处路祭,送祭的仪仗队多达32种。

民国时期由于奢侈之风有增无已,特别是上海作为消费娱乐之都,这种奢靡风气更甚,因此也受到某些舆论的批评。例如1913年5月9日《时报》即曾发表文章,指出“今之沪上,一般士夫无论学界或商界,每有聚数十同志创为俱乐部者。……麻雀也、牌九也、鸦片也、酒食也、叫局也,群居终日,言不及义,少年子弟趋之若鹜,乐而忘返。……是直秘密之销金窟耳。”类似的消费娱乐方式,在过去多是上流社会达官贵人的享受,现在则广为流传,逐渐成为一种社会风气,而且超出了当时的经济发展与生活水平,自然会受到指责。《申报》也曾载文说:“近来沪上经济之内容日就干涸而外表则日趋奢华。酒食游戏,夜以继日,娶妾狎妓,争豪角胜。一宴之费可破十家之产,一博之资可罄九年之蓄。华界租界,相距几何,乃一入华界则兵燹摧心,一入租界则笙歌入耳,醉生梦死,彼昏不知。”

为了抵制这种过度的奢侈消费娱乐观念和社会风气,民国初期的上海还有人发起成立俭德会,强调“救贫之本,诚非导民以俭不为功”。俭德会制订了五条戒约,即不狎妓、不赌博、不必酒肉宴客、不必华服、不轻寒素之士。京、津、苏、浙、闽等地有关人士也对此举表示支持,纷纷致函要求加入俭德会,“不一月而入会者达数百人”。有的还指出:“吾国民穷国弱至于斯极。夷考其故,皆一奢字为害也。奢嫖豪赌,一掷千金。高楼一席酒,穷汉半年粮。亦可见吾国人民之奢矣。今者俭德会出现,不特挽回薄俗,且于中国前途大有裨益。”[1]

舆论的批评甚至还曾影响到政府,使得政府也不得不出面对这种奢靡的社会风气表明态度。1912 年 5 月担任临时大总统的袁世凯,就曾亲自通令崇俭禁奢。通令先是说明“近来乃习尚奢华,贪多斗靡,豪宗富室,通都雄埠,提倡奢费,有如不及”。接着,通令“劝告国民,继自今衣食、日用、冠婚、丧祭诸费,必不可少者,极力从俭;其可少者,一概省之,务期多惜一分物力,即多延一分生命。官绅商富,国民之望,尤宜倡导朴素,化及全国”。[2]由于大众消费娱乐观念和习俗不同于其他问题,政府的通令在某些方面虽可产生一定的作用,但却无从根本改变这种已经广为流行的习俗。

在当时,更具有价值的见解是类似于“兴实业以救奢靡”的观点。这种观点认为,在社会风气已趋于奢靡的情况下,单纯靠禁止是不能解决问题的,就像“水之西流不可障之使东也”。“时处今日,万国交通,民智大启,而欲阻之遏之,使返于上古淳朴之风,为政者势不能家谕户晓,又不能以武力

---

① 《申报》,1914 年 2 月 3 日。

② 《政府公报》,1912 年 5 月,“命令”第 12 号。

强制。痛时之士,亦仅恃一口一笔,长于讽刺,虽日日痛哭流涕长叹息,恐听者一二,而掩耳者什伯,俭者一二,而奢靡者千万也。”更为有效的办法应该是“因民之所利而利之,又何怨今世之奢靡”。①所以,中国必须大力发展实业,自制各种生活用品,否则“虽节俭而难自振”。应该说,这种认识在当时是具有一定见地的独到观点。

事实上,绝大部分人都深知过度的奢侈挥霍,无论对一般家庭还是商家,显然都是一大忌讳,有许多富商即是因为坐吃山空而家道中落,最后甚至一贫如洗。商人也未尝不知个中道理,但在当时那种商业文化乃至整个社会趋于商业化的氛围中,不少商人又不得不为之,否则反而会被他人耻笑。因而在正面引导的同时,确实还需要大力促进经济的发展,以使消费水平的提高与经济发展同步。

另一方面也应该看到的是,在近代消费观念发生变化的同时,崇俭抑奢的传统影响并未马上完全消失。在清末民初甚至到民国后期,也仍有一部分人士坚持呼吁继承这一传统,认为“俭,美德也,处今日奢靡成俗之际”,应大力倡导节俭,此乃“切中时弊,实为救世良剂”。即使是在商人当中,也有一部分依然视之为应予发扬光大的美德,仍希望坚持这种传统。例如20世纪初天津新成立的商人团体——天津商务总会,即曾订立专条告诫商人,必须“遵节俭,尚素朴”,甚至还要求商人“寻常出入上街办事及寻常聚会所用衣履,只准以布为之,不得用锦绣华丽之物”;日常饮食也“只准一饭一菜,不准甘脆肥浓,任意挥霍”。②在当时的条件下,天津商务总会对商人作出的这些规定,显得较为死板和苛刻,实际上也很难办到,但却反映了近代一部分地区的商人消费观念与消费行为的改变,并非一蹴而就,也不是全部都从一个极端走向了另一个极端。

三　消费习俗的变革

随着时代的发展,消费习俗往往会出现相应的变化,古今中外都是如

① 吴我尊:《兴实业以救奢靡论》,《中国实业杂志》,第3年第2期。

② 天津市档案馆等编:《天津商会档案汇编》(1903—1911)上册,天津人民出版社,1989年,第37—38页。

此。换言之，消费习俗的变化，也是社会与时代发展变迁的具体表现之一。美国学者 W. W. 罗斯托在其《经济成长的阶段》一书中，甚至将消费模式作为划分时代的一个基本标记。在不同的社会与时代中，消费习俗的变化又呈现出诸多不同的特点。例如在近代中国，消费习俗的变革与过去相比较，即表现出涉及面广、变化大、影响深的显著特点，称得上是消费领域中前所未有的一场革命。

在近代之所以出现消费习俗的重大变革，无疑是缘于新型经济也即资本主义产生与发展的推动，尤其是西方资本主义的侵入以及中国新式商业的产生和迅速发展，对传统消费习俗形成了巨大的冲击，进而直接导致了近代中国消费革命的出现。

鸦片战争之后，洋货大量涌入中国，即逐渐对中国传统的消费习俗产生了某些影响。例如，鸦片战争后的清朝道光年间，享用洋货在上层社会已渐成时尚。社会风气中已开始出现某种崇洋的倾向，“凡物之极贵重者，皆谓之洋，重楼曰洋楼，彩轿曰洋轿，衣有洋绉，帽有洋筒，挂灯曰洋灯，火锅名为洋锅，细而至于酱油之佳者亦名洋酱油，颜料之鲜明者亦呼洋红洋绿。大江南北，莫不以洋为尚。”[①]不过，最初的这种变化主要还只是限于通商口岸等少数地区和官僚富裕之家，在一般普通民众中的影响尚不普遍。到 19 世纪末，洋货在中国的倾销更加畅通无阻，已深入到广大的中小城镇，甚至在某些乡村也不难见到洋货。例如在直隶（今河北）的玉田，人们消费的洋货已“不可胜数”，“饮食日用曰洋货者，殆不啻十之五矣”；即使是在云南昭通偏僻之区的商店里，也可见到不少洋货，包括各种哈刺呢、哔叽、羽纱、法兰绒、钟表、玻璃等，一应俱全，而且其售价“并非贵得惊人”，因而能够为普通民众所接受。

不仅如此，洋商还将西方的生活与消费方式也直接引入到中国。包括在租界建西式洋楼和西式马路，参与赛马、赛船、网球、足球、业余剧社、公园或室内的音乐会等。同时，洋商还在中国创设许多与新生活与新消费方式直接相关的公用事业，这些均无不影响到中国人生活方式与消费习俗的改变。不久之后，在上海南市的华界也相继出现了电灯、电话、汽车、自来水，

① 陈作霖：《炳烛里谈》，转引自严昌洪《中国近代社会风俗史》，浙江人民出版社，1992 年，第 300 页。

并仿照租界改建和新建了多条马路。如徐家汇一带“市面大兴，既而电车行驶矣，邮政设局矣，电灯、路灯、德律风、自来水次第装接矣。……日新月异，宛似洋场风景”。

中国民族资本主义工商业产生并获得发展，自给自足的小农经济被破坏之后，许多人被迫离开土地进城当学徒和做工，连妇女也进入纱厂或丝厂谋生。这样，传统的消费习俗自然随之改变。过去的家庭多是以土布自制衣服鞋帽，现在则以做工的收入购买包括衣服鞋帽在内的各种新式消费品。即使是在农村，也有越来越多的农户，因工商业的发展和国内外市场的扩大，开始从事商品化的农业生产，手中拥有了一定的货币，从而得以购买一定数量的新式消费品。清末民初的湖北蒲圻县即有不少农户种植茶叶和麻，“民国元、二年来，茶价与麻价互涨，财力既裕，居民遂奢僭无等”，许多“农民亦争服洋布”，中产之家更是“出门则官纱仿绸不以为侈”，“一般青年均羔裘如膏矣”。由此可见，中国传统文化在资本主义兴起之后，已无法继续维持传统的消费方式。

奢侈的高消费过去仅仅是限于官僚、地主之家，因此官僚云集的京城往往也是消费之都。到近代，其情形则发生了某些变化，消费之都开始向工商业最为发达的地区转移。不仅如此，工商业越是发达的地区，消费习俗的改变也越明显和越迅速，这一特点更进一步表明消费方式的变革与工商业的发展紧密相关。例如上海是近代中国工商业最为发达的地区，消费方式的变革在上海即显得十分突出。

开埠之后的上海，进出口贸易发展之迅速和商业繁荣之程度都在全国名列前茅，也是富商大贾能够纵情享乐而流连忘返的好处所。相比较而言，上海可以说是最早模仿和接受西方生活方式而出现近代消费革命的大都市。即使是素有人间天堂之称的苏州、杭州，与生活方式令人眼花缭乱的上海相比，也多有不及之处。19 世纪 70 年代初的《申报》即曾发表过这样的文字：“凡中国之见所未见、闻所未闻者，惟洋泾浜一区几于无微不至，无美不臻。”事实上也的确如此。从消费观念、消费习俗等各方面的迅速变化看，清末民初的上海都堪称翘楚。在晚清，西方的许多娱乐消费方式已传入上海，使得“蕞尔一弹丸地”的上海，能够“举中国 20 余省，外洋 20 余国之人民衣于斯，食于斯，攘往熙来，人多于蚁。有酒食以相征逐，有烟花以快冶游，有车马以代步行，有戏园茗肆以资遣兴，下而烟馆也、书场也、弹子房也、照相店也，无一不引人入胜”。①

文人墨客描述近代上海商业之繁华和娱乐之丰盛的各种词句更是数不胜数，诸如“海天富艳，景物饶人”，“孤冢荒郊，尽变繁华之地；层楼高阁，大开歌舞之场”；“华屋连苑，高厦入云，灯火辉煌，城开不夜”等等，这些都表明洋洋大观的上海是一个使人乐不思归的好地方。中国古代的商人大多崇尚节俭，所获利润主要用于购买田地，但及至近代其消费观念也开始发生明显的变化。在上海各种娱乐场所奢侈消费大摆排场的各色人等中，即不乏发财致富的商人。一些大商人的交易谈判，也改在娱乐场所进行。可见，上海的现代生活对商人也有相当的吸引力。同时，娱乐方式的多样化，又给商人提供了更多的赚钱机会。

有些研究上海历史的学者认为，畸形发展的近代上海，称之为当时中国的色情之都或许并不过分。这也是近代中国消费方式变革过程中色情消费泛滥的表现。当时的上海滩上，可谓妓院林立，名花如云，人称“十里洋场，粉黛三千”，“妓馆之多甲天下”。据20世纪20年代上海知县估计，上海妓院“有名数者，计千五百余家，而花烟馆及咸水妹、淡水妹等等尚不与焉”。上海妓女的人数也多得惊人，根据本世纪初上海工部局和公董局的报告，租界华人女性中妓女所占比例高达12.5%。在近代上海，狎妓冶游已公开化，其方式有叫局、吃花酒、打茶围、乘车兜风、听书、吊膀子白相等，种类之多颇有使人应接不暇之感，这种现象在其他许多大城市中是不多见的。有人曾痛心疾首地指出：“无论男女，一入上海皆不知廉耻”，“上海男女淫糜无耻，为中外所羞言”。但更多的上海人，特别是上流社会并不以此为耻。当时在上海流传的所谓“七耻”中，有一耻是“耻狎幺二”。之所以“耻狎幺二”，乃是因为“幺二”系地位很低的次等妓女。而能够与那些地位较高的“长三”妓女厮混，则不仅不以为耻，反以为荣。大张旗鼓开展选花榜的活动，也反映了上海风流场的兴盛。选花榜即是在妓女中选美，1882年已在上海开始举行。许多报刊为此大肆宣传，不少文人与嫖客各自为其钟情的妓女捧场，有时相互之间因笔墨官司闹得不可开交。妓女一旦榜上有名，立刻身价百倍，其大幅玉照登于各家报纸，成为家喻户晓的著名人物。与狎妓

① 宋延斋：《蒲圻乡土志》。转引自严昌洪《中国近代社会风俗史》，浙江人民出版社，1992年，第82页。

冶游成风的社会习俗相适应，上海的色情业也较诸其他城市更为发达兴盛，商人非但自身可以躬逢于花天酒地之间，而且还能通过发达的色情业赢利增财，遂趋之若鹜乐此不疲。

从这方面看，近代的上海似乎又是一个藏污纳垢的黑色大染缸，消费方式的变革也存在着不良倾向。小说《文明小史》第14回所写的一件事也反映了一部分人对上海这方面的憎恨：一位青年执意想去上海读书开眼界，他的老太太表示强烈反对，并说"少年弟子一到上海，没有不学坏的，而且那里的混账女人极多，花了钱不算，还要上当。……有我一日，断乎不能由你们去胡闹的"。确实，近代的上海在当时的许多中国人眼中似乎是一个花花世界，在这个花花世界中人人都会发生意想不到的变化。"最愚蠢的人到了上海不久，可以变为聪明；最忠厚的人到了上海不久，可以变为狡猾；最古怪的人到了上海不久，可以变为漂亮；拖着鼻涕的小姑娘，不多时可以变为卷发美人；音眼眩和扁鼻的女士，几天之后可以变为仪态大方的太太。"①

总之，近代的上海是一个神奇的经济中心和消费魔都。这种神奇不仅体现于上海经济的飞速发展，使一个以往不甚起眼的小县城一跃成为远东巨埠的大上海，同时，它又是一个无奇不有、光怪陆离的万花筒，既使人惊讶赞叹，又受人指责攻击。尽管如此，上海仍以其强大的神奇魔力，吸引着全国各地乃至西方各国一批又一批的新移民。

需要指出的是，在近代中国消费习俗变革的过程中，有以下几点值得注意的趋向：

一是趋新赶时髦。这实际上也是近代中国商业文化的一个明显特征。消费习俗变化中表现出的这种倾向，显然是受到西方商业文化的影响。例如在商业发达的上海，各业商人无不以种种标新立异和赶时髦的方式，千方百计引导人们加入消费新潮流，以便从中获取厚利。当时的社会风气，也推崇各种时髦之举。1897年7月14日的《申报》曾发表文章对这种盲目趋新赶时髦的风气予以批评："此邦之人钮于时尚，惟时之从，一若非时不可以为人，非极时不足以胜人。于是妓女则曰时髦，梨园竞尚时调，闺阁均效时装，甚至握管文人亦各改头易面，口谈时务以欺世子。"受其影响，追赶时髦

① 陈旭麓：《论"海派"》，载复旦大学历史系编：《中国传统文化的再估计》，上海人民出版社，1987年，第368页。

的消费方式与习俗也日益突出。近代上海的风气即时时变更，以致“三数年间，往往有如隔代”。特别是“有客籍之人旅游过此者，谓之较之两三年前街市有不同焉，车马有不同焉，衣服有不同焉，一切器玩饮馔以及寻常日用酬酢往来之事各有不同焉，以沪上求时新，其风气较别处为早，其交易较别处为便。而不知在土著之人观之，则凡诸不同者，不待两三年也，有一岁而已变者焉，有数月而即变者焉”。[①] 类似的现象并不仅仅发生于上海，在其他许多城市中也大都如此，只是变化的程度和速度不及上海，其原因则是其他地区商业贸易的发展也远远不及上海。

二是日益将消费与社交或交易连在了一起。在传统社会中，除了交友和增进感情联络之外，消费一般都是单纯的消闲享受性活动，其方式也比较简单。而在近代，消费的目的则日趋多样化，有的是为了从事一般社交活动，但应酬拉关系也成为其中非常重要的目的之一。尤其是对商人而言，所谓社交实际上也是为了建立人际关系网，了解各地行情，广泛招揽生意。正因为如此，消费变得更加奢侈豪华，而且方式也五花八门。包括到烟店开烟灯，上茶楼打茶围，赴酒楼设宴叫局，上妓院吃花酒，进赌场碰和赌牌，以及到戏场看戏和在书场听书等，都成为非常时新的消费方式。只要能达到目的，不惜耗费巨资。近代上海报界文人包天笑曾在《钏影楼回忆录》中说：“上海那时的风气，以吃花酒为交际之方，有许多寓公名流，多流连于此。”《沪江商业市景词》也描述道：“各行贸易待评量，借作茶楼聚会场。每至午申人毕聚，成盘出货约期忙。”无论是社交还是交易，一旦与侈奢豪华的消费联在了一起，即大多带有某种功利色彩，而不再是单纯的情感互助行为。有的甚至是出于欺诈目的，通过交际酬酢谋取不义之财。

三是盲目崇洋和讲求虚荣。在近代，随着西方文化的输入和消费方式的变化，传统的习俗受到猛烈冲击，中国人在生活方式和日常消费等方面，盲目崇洋和讲求虚荣的倾向日益明显。特别是在青年阔少中，崇洋心理十分盛行，“他们看着外国事，不论是非美恶，没有一样不好的；看着自己的国里，没有一点是好的，所以学外国人惟恐不像。”[②]当时曾有人作词讽刺这种盲目崇洋的行为：“洋帽洋衣洋式样，短胡两撇口边开，平生第一伤心事，碧

① 见《申报》，1897 年 7 月 14 日。

② 《大公报》，1903 年 4 月 17 日。

眼生成学不来。”在交际酬酢日趋盛行的风气之下，讲面子、图虚荣的消费性格也随之产生。从当时的生活水平看，奢侈的消费毕竟只有少数富裕者能够承受，但那些并不富裕者为了虚荣，也常常摆阔气，穿时髦西装，出入酒楼妓院，而实际上是“外若繁华，中多拮据，外似有余，中多不足。”“今年之受债主逼辱者，皆昔日扬扬得意目为阔少者也”；“今之被锦绣而乘车马，饫粱肉而炫珍奇者，皆家无担石储者也。”之所以出现这种现象，与当时流行的商业化、功利化社会风气有着密切关系。由于“风俗日漓，见有高车驷马美食鲜衣之客人皆敬，即日事借贷人亦常能应之。若布衣粗食徒步独行之人，虽品行端方，文章华美，人亦望望然去之矣。”[①]在这样扭曲的社会风气之下，迫使许多人都不得不讲求表面上的虚荣。

四是打破了以往在消费领域中的等级尊卑观念。在中国传统的封建社会中，尊卑有别，等级森严，这种现象即使是在消费领域中也多有体现。例如服饰、器皿等被视为社会等级标志的高档消费品，过去一般都是王公贵族、宦官士绅享用，普通民众则无法染指。如果贸然使用就会被认为是僭越，引起封建贵族的强烈不满和谴责，甚至带来不测之祸。到了近代，由于工商贸易的发展和观念意识的变化，消费已逐渐成为大众的消费，传统的消费等级观念也被打破，消费中所受到的唯一限制是金钱，只要有了钱就可以享受一切。过去，“商贾不衣锦，中产家妇女无金珠罗绮，士大夫一筵之费不过一、二千钱”，现在，“无论士庶舆台，但力所能为，衣服宴饮，越次犯分不为怪”；“向时缎衣貂帽，例非绅士不得僭，今则舆台胥吏亦有服之。一切器用必用红木、楠、梨等。寻常燕[饮]享，无海错山珍，群以为耻。”特别是工商业比较发达的地区，这种变化更为突出。例如上海滩上“几至无人不绸，无人不缎”，“优伶娼妓之服金绣者亦几视为寻常”；出门乘轿原本是达官贵人的特权，现在则“不分贵贱，出必乘舆”，“有轿役之身分超乎轿中之人者，殊可骇也”。此时，从消费方式中，已难以分辨出等级尊卑，形成了“等威不能辨，贵贱不能别”的新局面。清末上海竹枝词曾描述说：“高车驷马过通衢，谁识当年旧博徒，冠履于今真倒置，缙绅家世半屠沽。”对于这种现象，道学之士大为恐慌，他们惊叹当时的社会“凡事任意僭越，各处皆然，

① 《申报》，1876年5月22日。

沪上尤甚”，并讽刺那些僭越之人“体制之不谙，礼节之不闻……更不知冠裳为何物，妄人妄服，求欲列于缙绅之间”。尽管道学之士竭力反对，但这种变化仍以无可阻挡之势继续向前发展。

综上所述，近代中国消费习俗的变革，虽伴随着许多消极的负面因素，并且产生了种种不良影响，但从另一方面看，这一变化也有其积极的作用，特别是对促进工商业的进一步发展具有不容忽视的影响。众所周知，消费水平的提高与工商业的发展有着十分紧密的联系，二者相辅相成，互为因果也互相促进。一方面，工商业的不断发展将提高人们的消费水平，改善人们的生活状况，也改变整个社会的消费习俗；另一方面，消费需求的迅速增加与扩大，也会刺激工商业在原有基础上的进一步发展。因此，对近代中国消费习俗的变革需要从多方面予以客观的认识与分析。

思考题

1. 近代中国消费观念转变的表现及其影响。
2. 近代中国消费方式变革的特点。

阅读书目

1. 严昌洪：《中国近代社会风俗史》，浙江人民出版社，1992 年。
2. 李少兵：《民国时期的西式风俗文化》，北京师范大学出版社，1994 年。
3. 乐正：《近代上海人社会心态（1860—1910）》，上海人民出版社，1991 年。

第十讲

近代中国社会思潮

> 国民于一时期中，因环境之变迁，与夫心理之感召，不期而思想之进路同趋于一方向，于是相与呼应汹涌，如潮然。……始焉其势甚微，几莫之觉；浸假而涨——涨——涨，而达于满度；过时焉则落，以渐至于衰熄。……有思潮之时代，必文化昂进之时代也。
>
> ——梁启超：《清代学术概论》

近代中国不仅社会矛盾错综复杂，而且社会变革也急剧深刻，在文化思想领域与此相应的一个重要表现，乃是各种社会思潮起伏跌宕，异彩纷呈。在近代中国社会变革的进程中，"伴随着派系和人物的活动，思想领域中亦波涛翻滚，急流飞溅，阴晴明晦，潮起潮落，种种'主义'和'主张'前推后拥，此起彼伏，千姿百态，目不暇接。"①

一　不同流派的政治思潮

1. 维新变法思潮

维新变法思潮是晚清时期主张以变法而实行君主立宪制的进步思潮。其萌芽产生于19世纪60—80年代的早期维新思想家，兴盛于19世纪末的戊戌变法时期维新派的大力倡导与宣传，并力图使之付诸实践，但随着戊戌变法的失败而流产。

---

① 戴逸：《中国近代社会思潮》(1840—1949)，"序言"，湖南教育出版社，1998年，第1页。

早期维新思想家的代表人物主要有冯桂芬、王韬、薛福成、马建忠、郑观应等。他们在继承鸦片战争时期林则徐、魏源等人的“经世致用”和“师夷之长技以制夷”思想的基础上，进一步发展形成为中国近代早期的维新思想。早期维新思想的主要内容是：

第一，提出警醒国人的“变局”论。西方列强入侵之后，“五口通商，而天下之局大变”（冯桂芬：《校邠庐抗议》）；“此乃中国一大变局，三千余年来未之有也。”（郑观应：《易言》）面对这种前所未有的变局，中国必须自行求变。“彼使我变，利为彼得；我自欲变，权为我操。”（王韬：《答强弱论》）这就是所谓的“变局”论。

第二，要求向西方学习，采西学，制洋器，求自强。这一主张的目的非常明确，即“始则师而法之，继则比而齐之，终则驾而上之”（冯桂芬：《采西学议》）。

第三，倡导振兴商务，收回利权，达到先富后强的目的。“商务兴衰之枢，即邦国兴亡之卷也”（陈炽：《庸书》）；“商富即国富”，“诚能通商于泰西各国，自握其利权……而中国日见其富矣”（王韬：《代上广州府冯太守书》）。

第四，力主废八股，改科举，设特科，以造就有用之才。“他日奇才硕彦应运而生，天地无弃材，国家即永无外患，斯万变之权舆，及今为之，未为晚也。”（郑观应：《盛世危言・考试上》）

第五，主张君民共主，实行议院制度。“惟君民共主，上下相通，民隐得以上达，君惠亦得以下逮。”（王韬：《重民下》）“君主者权偏于上，民主者权偏于下，君民共主者权得期平。”（郑观应：《盛世危言・议院上》）

在早期维新思想产生之际，还曾出现由一批开明官僚倡导而行的洋务思潮，并且两者之间有不少相似之处。对于两者之间的关系，史学界存在着完全不同的观点。一种观点认为洋务思潮与早期维新思潮并无相通之处，是完全对立的；另一种观点则强调两者不仅不是完全对立的，而且没有本质差别，甚至有学者将早期维新思潮看作是洋务思潮的另一分支。还有一种看法认为，早期维新思潮是在洋务思潮的基础上孕育产生的，两者既有联系，又有区别；既有许多共同的认识，又有自己的特色。

到19世纪末的戊戌变法时期，在甲午战后空前严重的民族危机刺激下，维新变法思潮在早期维新思想的基础上也发展到了高潮，成为中国近代史上的第一次启蒙思潮，并形成了一次重要的政治改革运动。以康有为、梁启超、严复、谭嗣同等人为代表的维新派，与早期维新思想家相比，人数更多，他们为广泛宣传变法维新思想，积极著书立说，而且创办了《强学报》、《时务报》、《国闻报》、《湘学新报》等数十种报刊杂志，在启民智、开风气、新民德等方面均产生了极为重要的影响。与此同时，维新派还在各地创设了强学会、保国会、南学会、农学会、不缠足会、戒鸦片烟会等各种变法团体，数量多达70余个，遍布全国13行省。另还创设新式学堂，培养新型知识分子，强调中西学并重，关心时务。为数众多的新式报刊、学会、学堂层见迭出，再加上以光绪皇帝为首的"帝党"官员的支持，很快就促进和推动声势浩大的维新变法思潮进入高潮。

这一时期的维新变法思潮主要包括以下几个方面的内容：

第一，主张开制度局，设立议院。康有为提出的变法纲领中，核心即为在宫中开制度局，"审定全规，重立典法"。同时，还认为"泰西之强，在其政体之善"，议院为"泰西第一政"和日本明治维新之"大纲领"。

第二，要求发展民族资本主义，"富国养民"。"国尚农则守旧日愚，国尚工则日新日智。"因此，必须改变传统的重农抑商政策，鼓励发展工商业，包括废除厘金、开垦荒地、保护专利、奖励科学发明，企业均"宜纵民为之"。

第三，呼吁输入西方文明，检讨中国传统文化，建立"救亡图存"的近代新文化。用西方进化论和民权思想，对维护封建专制统治的三纲五常和封建等级观念加以批判，揭露君权神授的荒谬谎言，将"科学哲学宗教冶为一炉，而更使适于人生之用"。

第四，提出改科举，废八股，广设各类新式学堂。救亡图存"莫急于得人才，得才之道多端，而莫先于改科举"，欲改科举，"则莫先于废弃八股"。这样，才能"使四万万之民，皆出于学"。实际上就是要改变封建教育制度，建立新型近代教育制度。

第五，鼓吹改造不良社会习俗，树立新风尚，以适应社会变革与进步。具体内容包括禁止缠足，禁止吸食鸦片，反对各种虚伪复杂的封建礼节，反对迷信，反对"尊孔教为国教"。

戊戌时期的维新变法思潮虽存在着许多缺陷，但作为中国近代史上的第一次启蒙思潮，在当时的历史条件下对于传播西方资产阶级自由平等、天赋人权以及进化论等学说，批判封建专制统治和纲常名教，启迪民智、伸张民权等各个方面，都产生了十分重要的积极作用与影响，而且最终还发展成为一场自上而下的进步的政治改革运动，因而戊戌时期的维新变法思潮又具有一定的实践意义。

2. 君主立宪思潮

君主立宪思潮是20世纪初兴起的要求实行宪政改革的进步思潮。其产生背景是20世纪初中国民族资本主义获得了初步发展，不仅康有为、梁启超的政治思想有所发展，而且新形成的资产阶级立宪派成为了宣传君主立宪思想最重要的一支政治力量。他们在戊戌时期维新派的基础上，更加大力介绍和宣传西方政治学说，鼓吹开民智、兴民权，也更加明确和全面地要求改变封建专制，立宪法，设议院。

君主立宪思潮的主要内容非常简单明确，就是要改变封建君主专制制度，实行君主立宪制。认为只有实行君主立宪制，召开国会，建立责任内阁，才能救亡图存。为此，立宪派成立了许多立宪团体，仅1906至1908年即多达50余个，其中上海的预备立宪公会、政闻社，湖北的宪政同志会，湖南的"辛亥俱乐部"等，都是影响广泛的立宪团体。与此同时，立宪派还创办了为数众多的宣传君主立宪的报刊杂志，如《预备立宪公会报》、《宪政新志》、《国民公报》、《政论》、《中国新报》、《清议报》、《新民丛报》等，均发表了大量宣传君主立宪的论说。不仅如此，立宪派还曾多次开展国会请愿运动，形成为声势较大的政治运动，产生了较为广泛的政治影响。

当时，一部分开明官员也主张实行宪政。1905年9月，清王朝派五大臣赴欧美及日本"考求一切政治，以期择善而从"。五大臣回国后，"皆痛陈中国不立宪之害，及立宪后之利"，并上奏要求"以五年改行立宪政体"。于是，全国朝野上下"鉴于时局之阽危，谓救亡之方祇在立宪。上则奏牍之所敷陈，下则报章之所论列，莫不以此为请"。① 1906年9月1日，清廷发布上谕，宣布预备"仿行宪政"，具体实施的时间"则视进步之迟速，定期限之远近"。对此，社会各界都抱有极大的期待，1906年10月9日《时报》发表的文章即曾说明：预备立宪"非唯本朝二百余年未有之盛举，抑亦我国历史以来五千余年未有之盛举也。何以故？以数千年间专制政体，将从此而为根

① 故宫博物院明清档案部编：《清末筹备立宪档案史料》上册，中华书局，1979年，第25页。

本之改革故”。

但是,清王朝宪政改革的步伐十分缓慢,激起立宪派的强烈不满,遂又展开舆论攻势,要求清王朝速开国会。清廷于1908年颁布《钦定宪法大纲》,决定以九年为预备立宪期,期满召开国会。立宪派对九年漫长的期限仍颇为不满,于1910年发动了三次国会请愿运动,连商人也参与其间,并向清廷递交请愿书,表示“某等承数十万商民之委托,不辞斧钺,稽首君门,为求一线之生路,吁请速开国会。朝廷苟迟迟不与,则商情之涣,商业之衰,必视前此有一落千丈之势”。[①] 在强大压力之下,清廷虽又宣布缩短预备立宪期限,将原订宣统八年召集国会改为宣统五年,但1911年5月成立的“皇族内阁”,完全违背了先开议院,后设内阁的立宪原则,而且内阁成员中以皇族大臣居多,使清王朝是否愿意真正实行宪政受到立宪派和社会舆论的普遍怀疑。紧随其后,辛亥革命爆发,民主共和思潮高涨,很快就取代了君主立宪思潮而成为占主导地位的社会思潮。

3. 民主共和思潮

民主共和思潮是20世纪初期以孙中山为首的资产阶级革命派广泛倡导和宣传的进步思潮,其主旨是推翻清朝封建专制统治,建立资产阶级民主共和国。所谓民主共和思想,包含了较为广泛的领域,“诸凡民主思想、平等思想、法制思想,乃至一切与封建专制对立的资产阶级思想都是它的内涵。”[②]

1894年11月,孙中山即在檀香山成立了中国近代第一个资产阶级革命小团体兴中会,首次提出推翻清朝帝制政府,恢复中国,创立合众政府的政治主张。到20世纪初,资产阶级、小资产阶级知识分子队伍日益壮大,其爱国热情十分高涨,纷纷走上民主革命道路。在留学生中出现了许多宣传革命的报刊,如《游学译编》、《湖北学生界》、《汉声》、《浙江潮》、《江苏》等,国内也有《苏报》、《俄事警闻》等革命报刊出版。1904年,更多革命团体相继建立。除黄兴在湖南成立华兴会,另有湖北的科学补习所、江浙地区的光

---

① 《时报》1910年7月21、22日。

② 吴雁南等主编:《中国近代社会思潮(1840—1949)》,第1卷,湖南教育出版社1998年版,第287页。

复会、江西的自强会、安徽的岳王会等。1905 年 8 月,中国历史上第一个资产阶级政党——中国同盟会在东京宣告成立,提出了较为完整的民主革命纲领——民族主义、民权主义、民生主义(即三民主义)。

民族主义的具体内容从表面上看似乎就是推翻满人政府,重建汉人政府,但孙中山在解释中明确地阐明民族主义不是简单的反满复仇,民族革命与推翻清王朝反动统治的政治革命密切相联,而且是与建立独立富强的资产阶级共和国联系在一起;民权主义的基本内容,就是建立资产阶级民主共和国;民生主义的基本内容,则是"平均地权"。

同盟会成立后,民主革命运动获得进一步发展,民主共和思潮也随之走向高涨。除同盟会机关报《民报》创立,更多革命报刊也先后创办,并围绕着三民主义与立宪派进行了一场思想大论战,使民主共和思想为更多人所知晓和接受。立宪派的《新民丛报》曾发表文章感叹:"数年以来,革命论盛行于国中,……其旗帜益鲜明,其壁垒益森严,其势力益磅礴而郁积,下至贩夫走卒,莫不口谈革命,而身行破坏。"①

在辛亥革命时期的众多社会思潮中,民主共和思潮成为那个时代的主旋律,不仅提出了三民主义革命学说,而且还提出了最进步、最有实践意义的救亡图存方案,深化了爱国主义思想的时代内容,抵制了国粹主义浓厚的复古倾向,也批判了无政府主义超越现实的倾向。②在民主共和思潮影响和推动下爆发的辛亥革命,推翻了清朝反动统治,建立了"亚洲第一共和国",并使民主共和的观念深入人心,因而具有深远的历史意义和重大现实影响。

4. 各种社会主义思潮

辛亥革命时期,以孙中山为首的资产阶级革命派即提出民生社会主义思想,尤其是推翻清王朝之后,革命党人认为民族、民权两大目标已经实现,转而大力宣传民生主义。孙中山在多次演说与撰写的论著中都说明"民生

① 与之:《论中国现在之党派及将来之政党》,见《辛亥革命前十年间时论选集》第 2 卷,下册,三联书店,1963 年,第 608 页。

② 吴雁南等主编:《中国近代社会思潮(1840—1949)》第 1 卷,湖南教育出版社,1998 年,第 350—352 页。

主义就是社会主义”。与此同时，其他许多革命党人也曾对民生社会主义进行过阐释，例如黄兴曾说明：“国家社会主义，实于国民今日现状最为适当”；朱执信更是主张“财产归公”，即国家所有，提出了较为激进的民生社会主义思想。孙中山等革命党人所主张的民生社会主义，对西方资本主义进行了一定的批判，吸取了社会主义的某些因素，体现了对劳动人民的深切同情，具有一定的进步意义，但却是属于难以实现的空想。

“五四”时期，西方各种新思想、新学说加速在中国传播，20 世纪初在英国工人运动中兴起的基尔特社会主义，经由日本传入中国。张东荪等人是基尔特社会主义的积极宣传者，梁启超后来也加入了基尔特社会主义的宣传队伍。当时，社会主义已开始在中国迅速传播，张东荪等人主张采用温和的基尔特社会主义改造中国。他们在《晨报》、《时事新报》发表了大量文章，介绍与宣传用西方中世纪基尔特精神和方法，通过工人参与工厂的管理，达到企业完全自治和企业公有，进而最后实现社会主义目标。基尔特社会主义只是一种社会改良方案，认为中国当时不具备实行社会主义的条件，只有发展资本主义，兴盛实业，不仅能为将来实行社会主义创造物质条件，而且“游民可以减少”，“劳动阶级可以成立，劳动阶级成立，然后社会运动得有主体，而新社会可以出现。”[①]随着基尔特社会主义的传播与宣传，在当时曾引发一场有关社会主义问题的讨论，对于中国人如何认识社会主义学说产生了一定的积极影响。

无政府主义思潮也是在清末作为社会主义思潮的一个流派，开始由日本传入中国的。20 世纪初，在改良派和革命派的报刊中均发表有介绍无政府主义的文章，到清末，由刘师培为代表的“社会主义讲习会”和以李石曾、吴稚晖为代表的围绕《新世纪》杂志的一批人，已形成无政府主义思潮的两个派别。前者的活动主要在东京，创办有《天义报》、《衡报》，后者则是在巴黎，出版《新世纪》。两派的无政府主义主张虽略有不同，但都以鼓吹无政府革命和实现无政府为宗旨。从辛亥革命到“五四”时期，出现了名目繁多的无政府主义团体，并且创办了许多相关刊物。这一时期无政府主义思潮的主要代表人物，有发起创办中国社会党的江亢虎，他主张“无宗教”、“无

① 梁启超：《复张东荪书论社会主义运动》，《饮冰室合集》，文集 36，中华书局 1936 年版，1989 年影印本，第 7、9 页。

国家"、"无家庭";另一位是组织晦鸣学社的刘师复,宣传共产主义、工团主义,反对宗教主义和家族主义,主张素食、语言统一和万国大同。总体而言,近代中国的无政府主义在理论上没有多少建树,主要是从日本和西欧简单地贩卖而来,也没有形成无政府主义的政党,在组织上较为涣散。

"五四"前后,科学社会主义在中国得以广泛传播。俄国十月革命胜利之后,在中国产生了较大反响,相关报道以及对马克思列宁主义的介绍屡屡见诸报端,特别是《新青年》、《每周评论》、《觉悟》等刊物,成为介绍和宣传科学社会主义的主要阵地。李大钊成为当时最重要的科学社会主义宣传家和理论家,他撰写的《庶民的胜利》、《布尔什维主义的胜利》、《我的马克思主义观》等文章,产生了重要影响。在此期间,他还与以胡适为代表的资产阶级知识分子就"问题与主义"进行过激烈的争论。①

稍后,更多的先进分子接受科学社会主义,向马克思主义者转化,其中包括陈独秀、毛泽东、瞿秋白、周恩来、李达等人。自1920年起科学社会主义的传播与宣传形成更加广泛深入的声势,更多介绍与研究科学社会主义的报刊杂志和书籍层见迭出,一个信仰马克思主义的知识分子群体逐渐形成,并在上海、北京、武汉、长沙等地开始成立共产主义小组,积极开展一系列活动,标志着科学社会主义思潮已经从理论层面发展到实践层面。面对形形色色的社会主义流派,马克思主义知识分子还曾与基尔特社会主义者、无政府主义者进行过激烈的思想论战,划清了科学社会主义与其他社会主义流派的界限,使更多的先进知识分子接受了科学社会主义思想,成为马克思主义者,由此促进了中国共产党的建立,使中国革命进入到一个全新的历史时期。

二　救亡图存的经济思潮

1. 重商思潮

众所周知,中国是一个缺乏重商传统的国度。商业从来就不受重视,商

① 胡适发表的《多研究问题,少谈些主义》等文,反对空谈马克思主义,反对阶级斗争学说,主张多研究具体的政治问题,在当时也产生了不小的影响。

人在中国封建社会历史上也是地位十分低下的阶层，所谓四民地位的划分中，商一直处于末位。由于历代封建统治者都程度不同地奉行重农抑商政策，对商人施以种种鄙视和凌辱，甚至曾经有过不准商人衣妊乘马等苛刻规定，使得经商在许多人的思想观念中被视为不正当的职业，商人也普遍受到轻视和贬抑，在抑商困商的社会氛围中始终抬不起头来。即使是那些家财殷厚的富商大贾，在经济上已足以威震一方，但在政治上却仍无相应的地位和名望。明清时期随着商品经济的发展，开始偶有重商观念的出现，但却难以达成社会共识，更不可能形成有影响的重商思潮。就总体而言，贱商抑商的陈规陋俗依然在一般人的思想观念中居主导地位，商人也仍然自感卑微，处于难以摆脱的财富与地位不可兼得的两难困境之中。直至近代，这种状况才逐渐有所改变，并且于19世纪末20世纪初在中国历史上首次出现了一股颇有影响的重商思潮。

早期的维新派思想家就曾提出重商思想，特别是郑观应著名的“商战”论，阐明中国必须以商为本，大力发展资本主义工商业，与西方列强进行“商战”，抵御外国资本主义的经济侵略。当时，一此报刊上也出现了重商的舆论呼吁。但是，清王朝在这一时期并未采取扶植商办企业发展的政策，重商也只是停留于少数有识之士的思想之中。

近代中国重商思想成为一股有影响的社会思潮，与甲午战后民族危机的空前严重紧密相关。当时，不仅民间“设厂自救”的呼声越来越高，而且在戊戌变法时期，光绪皇帝也接受维新派的主张，颁布发展工商实业的诏令，强调“振兴商务，为目前切要之图”，表明清王朝已开始改变重本抑末的传统政策。到清末新政期间，清王朝更进一步明确意识到：“通商惠工，为古今经国之要政。自积习相沿，视工商为末务，国计民生，日益贫弱，未始不因乎此。亟应变通尽利，加意讲求。”[①]“通商惠工”上谕颁布之后，清朝政府随即实施了一系列奖励工商、振兴实业的改革措施，包括设立商部，颁行《商律》、《奖励华商公司章程》、《奖给商勋章程》，同时还大力倡导商人成立商会，“去官与商隔膜之弊”。此时，众多报刊杂志也连续登载重商的著述，并且出现了诸多实业报刊，如《华商联合报》、《北京商务报》、广州《商务

① 朱寿朋编：《光绪朝东华录》(五)，中华书局，1958年，第5013页。

报》、《七十二行商报》、《湖北商务报》等，使得重商之风在20世纪初开始盛行。

近代中国重商思潮具有强烈的维护利权与反对帝国主义经济侵略的性质，这一特点在早期维新派提出的“商战”论中即表现十分突出，清末新政时期兴盛的重商思潮仍承袭了该特点，而且在某些方面又有所发展。更为突出的是，清朝统治者也意识到通商惠工为“经国之要政”，必须“兴商务而挽回利权”，新设立的商部曾明确表示：“为今日计，欲保利权，须先从商务入手。”[①]除此之外，近代中国的重商思潮还具有突出的兴商富国与救亡图存目的。时论普遍认为“兴商为强国之本”，“上古之强在牧业，中古之强在农业，至近世强在商业。”[②]还有的说明：“商兴则民富，民富则国强。”

近代中国重商思潮的兴盛，对于清末收回利权运动的兴起与促进民族资本主义工商业的发展，也产生了显著的积极影响。如所周知，19世纪末20世纪初是中国民族资本主义获得迅速发展的一个重要历史阶段。之所以能够形成这一结果，其原因虽然是多方面的，但与重商思潮兴盛与清朝重商政策的实施也密不可分。当时的报章即有报道：“我国比年鉴于世界大势，渐知实业为富强之本，朝野上下，汲汲以此为务。于是政府立农工商部，编纂商律，立奖励实业宠以爵衔之制，而人民亦群起而应之，…… 不可谓非一时之盛也。”[③]

在重商思潮兴盛之后，商人遭受鄙视和地位低微的状况也发生了明显变化，在很大程度上解除了以往无法摆脱的自卑情结，他们不再以四民之末自居，而是自豪地宣称商为四民之首。清末的上海商人就曾公开表示：“论人数以商界为至众，论势力以商界为最优”，并阐明商人肩负着时代所赋予的兴商富国这一深远历史使命，因此，“凡我商人宜发爱国之热忱，本爱国之天良”[④]，为救亡图存做出应有的贡献。由于“上海一埠为通商最盛之地，商家居住最繁”，商人的力量也最为强大，因而上海商人的社会地位及其影响相对说来更加突出。但与此同时，各地商人的地位也逐渐发生程度不同

① 《商部奏奉天设立商务总会折》，《东方杂志》，第3年，第7期。

② 《兴商为强之本说》，《商务报》，光绪三十年(1904)第8期。

③ 《中国最近五年间实业调查记》，《国风报》，第1年，第1号。

④ 《苏报》，1903年4月30日。

的变化,并萌发出令人瞩目的时代使命感。有的声称:“今日之商家,实操我支那民族存亡起废之权者也。”有的指出:“迨文明进步,出产丰富,器用繁多,万国交通,因利生利。而商人居中控御,握一国之财政权,而农、工之有大销场,政界之有大举动,遂悉唯商人是赖。”字里行间尽管不无夸张,但说明商人对自己的社会地位有了新认识,并进而由此感受到时代赋予自己的光荣历史使命,表示:“富强之基础,我商人宜肩其责。”这称得上是中国近代历史上商人思想认识与社会地位的一大发展。

特别是商会这一近代新式商人团体,受晚清重商思潮与重商政策的推动,很快在各地相继成立。商会的诞生,堪称中国近代商人获得又一个重要发展的标志。被誉为“众商业之代表”的商会,破除了会馆、公所对成员的籍贯或行业限制,是各行各业商人的共同组织。它产生之后,使商人摆脱了过去个人或行帮的落后形象,得以从分散走向联合,有史以来第一次凝聚成为相对统一的整体。尤其是1912年全国性的商人组织——中华全国商会联合会宣告成立,使商人的整体性联合更加紧密。与此相应的新变化,是商人的气度和能量明显改观,在社会生活中的作用与影响日见突出,在各种政治斗争中也十分活跃,开始以独立社会力量的新姿态登上了近代中国的历史舞台,发挥了不可忽视的重要作用与影响。

2. 实业救国思潮

实业救国思潮是主张以发展实业富国富民而挽救危亡的进步思潮之一,它与清末重商思潮有一定的关联。前已述及,19世纪末20世纪初兴盛的重商思潮,强调兴商为富国之本,在某种程度上已具有实业救国论的因素。随着资本主义工商业的增长,重商思潮又进一步发展成为实业救国思潮。

清末与民国时期宣传实业救国思想的人,既有知识界的有识之士,又有实业界的代表人物。梁启超也曾在一些文章中论及发展实业的重要性,并专门发表《敬告国中之谈实业者》一文,认为“今日中国之不可以不振兴实业”,“苟实业更不振兴,则不出三年,全国必破产,四万万人必饿死过半。”另还说明“今日欲振兴实业,非先求股份有限公司之成立发达不可”,而且必须确定立宪政体，“用种种方法，随时掖进国民企业能力。”[1]张謇是工商界中较早提出“实业救国”口号并身体力行的代表人物。他阐明不能单纯强调兴盛商业的重要性，应更加重视发展工业对富民强国与救亡图存的作用。“世人皆言外洋以商务立国，此皮毛之论也。不知外洋富民强国之本实在于工。讲格致，通化学，用机器，精制造，化粗为精，化少为多，化贱为贵，而商贾有懋迁之资，有倍徙之利。”[2]实际上，从张謇的一贯思想不难发现，他这段话所表达的意思并非是说不需要发展商业，而主要强调的是既要兴盛商业，又要发展工业，而且发展工业更为重要。在当时，能够包括农工商以及交通运输等各方面内容的一个流行词汇，就是“实业”。张謇也曾解释说“实业者，西人赅农工商之名”。用现今的话说，也就是指的整个民族资本主义。

辛亥革命之前的实业救国思潮，特别强调“实业为救亡之先务”，这是实业救国论与其他爱国思潮的一个明显差别。1910 年 7 月《东方杂志》发表的一篇题为《实业救国之悬谈》的文章，对此作过较详细的论述，该文认为“今日救亡之术，固当以振兴实业，为唯一之先务。实业不兴，国家无向荣之望，人民无苏息之机，安能振曜精魄，出与列强相见，以少遏其滔天之势，保吾完全独立之国乎！”

实业救国思潮还主张发展农工商应该并重，不应只是偏重于商，这是实业救国论与重商思潮的的明显差异。例如有的指出：“凡己国自兴其实业，必先着手农业，次工，次商，征之各国皆然。若侵入国家，握人财权，其起点始于商业，次工，次农，征诸各邦对待我国可知。”[3]因此，我国“欲兴实业，农、工、商三者必相提并进，始克有效，否即无成效。”由于重商思潮较多地强调发展商业的作用，所以实业救国论者为纠正这一偏向，在当时较多地阐明了发展工业的重要性，张謇还具体提出了发展工业应以棉纺织业和钢铁业为中心的“棉铁主义”。吴昌硕在给张謇所写的挽联中特别提到：“救世曰棉铁政策，纵更世变，此语可长悬国门。”

辛亥革命推翻了清王朝，建立了中华民国，孙中山等革命派领导人也特

---

① 李华兴等编：《梁启超选集》，上海人民出版社，1984 年，第 572、580 页。
② 张孝若编：《张季子九录·政闻录》第 1 卷，中华书局，1931 年，第 18—19 页。
③ 陈魔：《兴办西北实业要论》，《夏声》，第 1 号（1908 年 2 月）。

别重视实业问题，并推动了实业救国思潮的发展。孙中山曾明确地指出："此后社会当以工商实业为竞点，为新中国开一新局面。至于政权，皆以服务视之为要领。"[①]事实上，当时以孙中山为首的资产阶级革命派也成为大力宣传发展实业的重要力量，其创办的革命报刊发表了大量相关的文章。在许多重要场合，孙中山都强调："现在民国大局已定，亟当振兴实业，改良商货，方于国计民生，有所裨益。"[②]黄兴也曾同样说明："今者共和成立，欲苏民困，厚国力，舍实业莫由。"[③]

辛亥革命不仅开创了中国政治发展的新局面，而且也为实业发展开辟了新气象，直接促进民初出现了振兴实业的新热潮，也使实业救国思潮获得了进一步兴盛。工商界代表人物张謇即曾指出："政改共和，决不至如前腐败"，"一切实业、教育之障碍，渐可解除"。[④] 广大工商业者也欢欣鼓舞，认为辛亥革命为实业振兴提供了绝好的机遇，正如 1912 年成立的中华民国工业建设会在其发起旨趣中所说："往者，忧世之士亦尝鼓吹工业主义，以挽救时艰，而无效也。则以专制之政毒未除，障碍我工业发展为绝对的关系，明知者当自为之。今兹共和政体成立，喁喁望治之民，可共此运会，建设我新社会，以竞胜争存。而所谓产业革命，今也其时矣。"[⑤]

民国初期，随着政治、经济的发展，包括工商界在内的社会各界对政治改良与实业发展的关系有了更加明确的认识，这也是实业救国思潮获得进一步发展的具体反映。对于这个问题，梁启超曾在民国元年召开的全国临时工商会议上作过比较全面的论述，并得到与会工商界人士的拥护与欢迎。在演说中梁启超除阐明发展实业必须先行解决资本、组织、人才三大问题，还较多地谈到政治改良与实业发展二者之间的紧密关系，提出"凡一国之产业，未有不与政治相关系者。政治不良之国，产业必永无发达之一日"。在具体论证这一结论的过程中，梁启超首先是以欧美诸国为例从正面加以阐释，指明"欧洲各国近百年来，无论何国国民，无不努力以改革其政治。推原其故，未尝不是全世界经济现象变迁利害有以致之也"。正是由于欧

① 《孙中山全集》第 1 卷，中华书局，1981 年，第 547 页。
② 《辛亥革命资料》，中华书局，1961 年，第 217 页。
③ 《黄兴集》，中华书局，1981 年，第 252 页。
④ 张孝若编：《张季子九录 · 政闻录》第 9 卷，中华书局，1931 年，第 20 页。
⑤ 《工业建设会发起趣旨》，《南京临时政府公报》，第 12 号，1912 年 2 月 10 日。

洲各国随时注重改革政治，“产业发达之速，又未尝不与其政治比例而进”。接着他又以前清的中国为例从反面说明，由于专制体制之下的政治专制，人民无从过问政治，政府与人民上下隔阂，从而导致“政府拟办国利民福之事，亦不知几次，而无如一经开办，必至与人民毫无关系，徒然增人民之负担而已”①，当然也就无法使实业获得真正的振兴。

其次，梁启超还强调工商界应积极参与政治活动。他认为：“中国工商界最大之病，莫过于安分守己”，对政治十分淡漠。而作为最具经济实力的工商界疏远政治，则政治改良将难见成效。因此，工商界应放弃以往所标榜的“在商言商”信条，积极投身于政治活动。“工商业之人加入政治活动之中，而政治未有不改良者”，紧随其后则“工商业未有不发达”。另外，他还指出英国各市县工商团体“均派代表至国会，使一种工商代表加入国会之中，而英国宪政史上为之赫然生色，而划出一新时期”。中国的情况则与之截然不同，工商界本身无政治权利，因而应该尽自己最大的主观努力，争取在国会中占有一席之地，拥有政治上的发言权。

梁启超在临时工商会议开幕式演说中对这一问题的独到论述和强烈呼吁，得到了工商界许多与会代表的赞同和积极回应。有的代表随后也在大会发言中指出：中国“何以工商事业尚不能发达，是即梁先生所云政治不良之弊也”。还有的表示：必须“先于政治上得良好之现象，否则政治不良好，实业又何能希冀发达耶”。② 就后来的事实而言，工商界的政治参与思想和争取政治权利的活动，虽仍然存在缺陷，但却较诸以往显然要活跃得多。

根据有些学者的考察，清末民初的实业救国思潮具有下述特点：第一，爱国、进步与改革是实业救国思潮的主旋律，民初的实业救国思潮不仅继承了这一特点，而且将振兴实业与政治改革紧密地联系在一起，把国民经济的好转与资产阶级政权的巩固联系在一起，克服了“唯生产力论”的倾向，表现出非常强烈的政治目的与意义。第二，实业救国思潮是中西文化交流的产物，带有西方经济理论色彩，辛亥革命前后实业救国论者大都十分重视对西方经济理论的介绍、探讨与运用，并注意从中国实际出发进行选择取舍。

① 《工商会议开会来宾梁启超君演说》，《中国商会联合会会报》，第1年第1号。下引梁启超的同一演说不再注明出处。

② 工商部编：《工商会议报告录》第一编，“开会式及演说”，第28、33页。

第三，范围广泛，思想活跃，影响显著。尤其是在民初，振兴实业成了全社会各阶级各派别的人们共同的愿望，上自政府，下至庶民，都对发展实业十分关注，实业团体也如雨后春笋般出现，并广泛开展各项实业活动，有力地推动了实业的发展。①

三　形形色色的文化教育思潮

1. 教育救国思潮

戊戌变法时期，教育救国的思想已经屡屡见诸报章，严复、梁启超等维新派人士都曾呼吁："今日自强之道，自以兴学为先。"有的还说明："兵战不如商战，商战不如学战。"清朝统治集团中的一些高官要员，如张之洞、刘坤一等也强调"西国之强，强以学校"，中国只有大规模"兴学育才"，方能"勉图补救"，否则"不但和与战均无可恃，即幸而战胜，亦无益于根本"。"百日维新"期间，光绪皇帝下诏兴办新式学堂，培养新型人才，以为时用。但变法不久就遭遇失败，许多新式堂未及开办即告夭折，教育救国思想也随之陷于低潮。

到20世纪初，清王朝又主动推行新政，实行教育改革；与此同时，留学教育逐渐发展，资产阶级知识分子群体也开始形成，又促使教育救国思潮得以发展。这一时期，《杭州白话报》、《教育世界》、《科学世界》、《女子世界》、《东方杂志》等各种报刊上宣传教育救国的文章连篇累牍，使之成为又一股有影响的社会思潮。例如《杭州白话报》刊登的文章指出："现在是教育的世界"，"人无教育，就不能自立；国无教育，就不能自强。"《东方杂志》发表的文章也强调："今言中国之时务者，辄曰强兵、强兵，而殊不知兵之本在民，民之本在教育。"

同一时期留日学生创办的诸多刊物，如《游学译编》、《教育》、《豫报》、《白话》等，也都大张旗鼓地宣传教育救国思想，认为教育乃"强国势之起

① 吴雁南等主编：《中国近代社会思潮（1840—1949）》第1卷，湖南教育出版社，1998年，第589—591页。

点”。《白话》上的文章称,“国家的强弱全在教育的兴废”;《豫报》上的文章也说,中国是否灭亡,“全看能兴学及不能学学为断”。综合各家报刊的相关言论,可以归纳为一句话,即“救中国的衰弱必以教育为急务”,舍此则别无他法。

晚清教育救国思潮所强调和宣传的主要观点,首先认为教育是“保国保种”的重要方式,这是维新变法时期亡国灭种危机迫在眉睫的历史条件下,教育救国论者提出的一种主张;其次是强调教育为谋求国家富强之道,“救中国的衰弱,必以教育为急务”;再次是宣传教育是与西方列强竞争之本,在列国并争的时代,中国兵战和商战均处于劣势,需要更加重视学战,因为“兵战、商战,其事又皆本于学战”。为此,教育救国思潮呼吁广泛兴办各类新式学堂,加紧进行人才教育、实业教育、国民教育、女子教育、师范教育、留学教育,并仿效西法制定规章,建立近代学校制度,确立汇通中西的教学课程与内容。清末新政期间,随之出现了创设新式学堂的热潮,而且废除了延续千余年的科举制度,建立了具有近代学校教育制度特征的“癸卯学制”。

还需要指出的是,当时的工商界中同样也不乏强调教育之重要性,并宣传教育救国理念的有识之士。例如1903年张謇创办的通州师范学校举行开学典礼,他在典礼上发表演说:“欲雪其耻而不讲求学问则无资,欲求学问而不求普及国民之教育则无与,欲教育普及国民而不求师则无导,故立学校须从小学始,尤须先从教育始。”像张謇这样有经济实力的工商界代表人物,不仅重视教育救国的宣传,而且还积极捐资创办新式学堂,其作用与影响十分突出。其他许多工商界人士也意识到教育与商业二者之间的紧密关系,认为“商智不开,则彼此隔阂,是商又藉资于学,故学为商之用”。为此,不少地区的商会都曾创办新式商业补习学校,一些行业的商人还设立了初等小学堂。这表明当时的教育救国思潮,并不只限于在知识界传播,实际上汇聚了社会诸多爱国人士重视教育的理念与思想。

2. 军国民教育思潮

20世纪初,随着民族危机的日趋加深,思想界逐渐兴起一股军民国民主义思想,主要是宣传讲求体育,养成国民尚武精神,号召救亡图存。这一思想最初仅限于在知识分子尤其是留学生中传播,但随后很快扩散发展,成为在当时具有一定影响的进步思潮之一。受此影响,商人尚武之风也日渐盛行,并成立了体育会和商团等新式准武装团体。

军国民主义思想的兴起,与拒俄运动有着密切联系。1900 年八国联军侵华,沙俄趁机出兵侵占我国东北,到 1903 年又拒不按约撤军,激起留日学生与国内爱国知识分子愤慨,一场拒俄运动迅速掀起。留日学生多次集会抗议,并组织拒俄义勇队,以军国民主义号召广大爱国学生抵御沙俄侵略。拒俄义勇队在清朝政府破坏下被迫解散,留日学生又组织"军国民教育会",以"养成尚武精神,实行爱国主义"为宗旨,选派"运动员"回国宣传和联络。与此同时,国内的拒俄运动也开始蓬勃高涨,并且也纷纷集会和组织军国民教育会,宣传军国民主义思想。例如安徽爱国志士"谓当今非提倡军人精神,断不足以立国"。南京爱国学生"开会演说中国之地位,国民之危险,倡议练习兵操,养成军国民之体格"。一时间,军国民思想广为人知,"军国民之精神大奋,人人皆注重于陆军教育,日日颇重视体操诸事,一洗文弱书生之腐败气象。"

军国民主义思潮虽有其片面之处,但以救亡自强为出发点,作为一种进步的爱国思潮,在当时仍有值得肯定的积极意义。其所宣传的主要内容有:

第一,国家之强弱,与民质之是否尚武密切相关。"盖民质者,国家之要素,社会之基础,兴亡之根源,而国家所赖以成立也。民质能尚武,则其国强,强则存;民质不尚武,则其国弱,弱则亡。英、法、德、美何以强? 强于民质之尚武也;印度、波兰何以亡,亡于民质之不尚武也。"[①]这种说法尽管不无偏颇之处,但其目的是为了唤起国民增强"民质之尚武",抵御西方列强侵略,当然也应予以肯定。

第二,中国屡战屡败,受列强欺压,任人宰割,原因之一就在于国民军人之精神不备,尚武之精神欠缺,体质羸弱,无战斗力。因为"文弱之民,不可与劲兵相遇也。……必今日人尽知兵,而后异日者,乃可收人自为战之效,此万不容缓视者也"。[②]

很显然,在面临西方列强侵略和民族危机空前严重的特定历史条件下,

① 《论尚武主义》,《东方杂志》,第 2 年,第 5 期。

② 《论中国救亡之策》,《东方杂志》,第 4 年,第 7 期。

提倡军国民教育，增强国民体质，是救亡图存的一项重要措施。留日革命学生创办的一些报刊，后来也加入宣传军国民教育思想的行列，强调“今日之中国生民之志气已沮丧，非军国主义无以发其进取之精神也；今日之中国社会之风纪已腐败，非军国主义无以约整齐严整之风也；今日之中国公共之道德已腐败，非军国主义无以发公共之观念也”。[①]正因如此，“军国民主义者，当今之世，在我国为迫不及待之最急务，在我国民为义不容辞之大债主。”[②]另外，军国民主义的广泛宣传，还使之越出知识界，发展到工商实业界，成为一股有影响的社会思潮。

讲求体育，练习体操、器械，强体健身，是当时推行军国民教育的主要具体措施之一。“体育者，竞争之利器，文明进步，随以判迟速者也。”连工商界人士受此感召，也“发起组织体育会，锻炼体魄，研习武课，冀成干城之选”。1905 年，在上海相继成立沪学会体育部、商业体操会、商余学会、商业补习会、沪西士商体操会，时称“五体育会”，是中国近代最早的新式商人体育组织。其成员以工商店东、职员为主，还包括一部分资产阶级知识分子，除经常进行徒手操、柔软体操、田径运动等体育锻炼外，还加入兵式操练内容，另还组织学习外文知识，“敦请社会名流演说各种致富图强之要旨”，鼓吹“非振作尚武精神，无以资自卫而谋富强”。

“五体育会”成立之初，其准军事社团性质尚不很明显。到 1907 年，扩充成立上海南市商团公会，而且不久就拥有了枪支弹药，“上海商团之基础于焉奠定”。商团公会成立后，上海各行业纷纷效法，组织商团。“至辛亥春，已达一千余人，皆各业领袖遴选有志之士，训练成团。”1911 年，各行业商团又成立了“全国商团联合会”，实际上是上海各业联合商团。与此同时，其他许多地区的商人也先后成立了体育会、商团等组织。例如苏州商人“设苏商体育会，以健身、卫生为始事，以保护公益、秩序、治安为宗旨。办有成效，为将来商团之先声”。芜湖商人“仿照上海等埠举办商团，为绸缪于未雨”。

显而易见，近代中国出现的体育会和商团，是商人在军国民教育思潮传播影响下，所采取的一项自强自卫措施，其抵御外侮、挽救民族危机的

① 飞生：《真军人》，《浙江潮》，第 3 期。

② 《军国思想普及论》，《湖北学生界》，第 3 期。

政治意义十分突出,这也充分显示了军国民教育思潮在实践中所产生的积极影响。

3. 实用主义教育思潮

实用主义教育思潮是在“五四运动”之后兴起的一种教育思潮,它的产生与形成受美国实用主义教育的影响十分突出。“五四运动”之前,一部分赴美留学的中国留学生学成回国,其中不乏美国实用主义教育大师杜威的学生、后来在中国教育界占据重要地位的胡适、蒋梦麟、郭秉文、陶行知等人。他们回国后,开始介绍和宣传以杜威为代表的美国实用主义教育思想,使国人渐知实用主义教育的基本内容。

1919 年 5 月,杜威应邀来中国进行了为期两年多的讲学活动,足迹遍及东西南北 10 余个省市,所到之处无不被军政、教育、学术、文化各界人士奉若上宾。他总共发表演讲 200 余次,各地大小报刊杂志竞相发表报道和评论,并出版了数本演讲集,在中国形成了一股“杜威热”,其实用主义教育思想也随之广为传播,并在短时间内迅速推动中国实用主义教育思潮发展到高潮。

实用主义教育思潮的内容在表面上似乎显得较为庞杂,但以“实用”为其基本原则,强调教育的实用性、生活性、社会性,反对传统教育的形式化、模式化和脱离实际的种种弊端。在这个基本原则指导之下,实用主义教育思潮主张“教育即成长”、“教育即生活”、“学校即社会”。其主要观点是:第一,认为“教育自身无目的”,“教育是社会进步及社会改革的基本方法”;第二,应该将儿童从传统教育控制下解放出来,“以儿童为中心”,注重对学生兴趣、爱好与能力的培养;第三,“教育是生活的过程,而不是将来生活的预备”,教育也是社会生活延续的工具,应将现代工业生产以及生活中的各种职业活动、日常生活均纳入教育范围,尤其需要重视职业教育;第四,学校是一种社会组织,是社会生活的一种形式,因此教育绝不能脱离社会;第五,传统的课程、教材与教法均需要加以变革,应注重“活动”、“经验”,在“做中教,做中学,做中求进步”。

实用主义教育思潮虽然存在着一些片面之处,过去也多受到批判和指责,但自 20 世纪 80 年代以后学术界仍给予了实用主义思潮较为客观的评价，认为实用主义教育思潮对20世纪20年代中国教育目的的确定、新学制的形成、教育理论的发展以及课程、教材、教法的改革，都产生了比较明显的推动作用，对此后整个中国教育的发展也不无影响。甚至直至今日，实用主义教育思潮也仍然或隐或现、或多或少地产生着某些影响。①

4. 三民主义教育思潮

与中国近代绝大多数社会思潮不同的是，三民主义教育思潮是国民党建立南京国民政府之后，通过党政权力而确立的一种官方性质的教育思潮，因而具有维护国民党统治的功能与作用。

国民党建立南京国民政府之初，在教育方面强调“党化教育”。按照1927年8月颁布的《学校施行党化教育办法草案》所说，“我们所谓党化教育，就是在国民党指导下，把教育变成革命化和民众化。换句话说，我们的教育方针要建筑在国民党的根本政策之上。国民党的根本政策是三民主义、建国方略、建国大纲和历次全国代表大会的宣言和议决案。”稍后，有人在第一次全国教育会议上提出“党化教育”一词易引误会，应代之以三民主义教育。1929年3月国民党第三次代表大会确定以三民主义教育思想，作为全国的教育指导方针与原则，由此使三民主义教育思潮成为30至40年代中国占居主导地位的教育思潮。

三民主义教育思潮一再标榜以孙中山的三民主义、建国方略为指导思想，并加以发扬光大，“融化东西文化之所长，使全国人民在‘人民之生存，国民之生计、群众之生命’上，备具三民主义之实际功用，以达民族独立，民权普遍，民生发展之目的。”②同时，三民主义教育思潮强调培养“健全人格”，恢复传统固有道德，养成“文武合一，术德兼修”人才。但是，三民主义教育思潮并非真正继承和发扬孙中山的三民主义思想，在实施过程中仍然是行“党化教育”之实，只不过是借用了孙中山三民主义的外壳。对于尊重民权、扶助工农等三民主义的重要内容，在实践中都很少提及。

---

① 有关实用主义教育思潮的介绍，多参考董宝良、周洪宇主编《中国近现代教育思潮与流派》，人民教育出版社，1997年，第6章“实用主义教育思潮”，在此特致谢意。

② 《民国日报》，1929年3月27日。

在这种三民主义教育思潮的指导下,国民政府不断强化教育管理体制,推行训育制度,实行军事化的学生管理,在小学和初中开展童子军训练,在高中对学生进行军事训练,其结果实际上是训育了学生的绝对服从精神。因此,有的论著称三民主义教育思潮具有虚伪性、复古性、反动性三大特征,与孙中山的三民主义并无直接关联,“是篡改真三民主义,贩卖假三民主义”。①

四 各种流产的社会改造思潮

1. 地方自治思潮

地方自治首先作为一股有影响的社会思潮在晚清逐渐兴起,到20世纪初,发展成为商人争取地方自治权力的一项重要社会活动,与此相适应,出现了许多过去所没有的新式商人地方自治团体。

19世纪末,维新派的一些代表人物就开始宣传地方自治思想。如湖南的维新派成立了南学会,梁启超、谭嗣同、黄遵宪等在会中“轮日演说中外大势、政治原理、行政学等,欲激发保教爱国之热心,养成地方自治之气力”,并强调“必须自治其身,自治其乡,再由一乡推之一县一府一省,可以成共和之郅治,臻大同之盛规”。可以说,南学会是一个宣传救亡御侮,讲求地方自治的政治性组织。

20世纪初,为了改变中国积贫积弱的衰败状况,包括立宪派、革命派(主要是留学日本的革命学生)、商人甚至清朝统治集团内部的一些人,无不宣传和鼓吹地方自治,使之成为日趋兴盛的社会思潮之一。立宪派和革命派比较多的是从政治变革与社会改造方面,论述地方自治之亟应施行。他们都希望通过仿行西方先进的地方自治制度,改变中国的封建专制,使中国臻于富强。康有为指出:中国之“大病”,就在于“官代民治,而不听民自治”。梁启超也认为,“凡善良之政体,未有不从自治来也。”“以地方自治为

① 董宝良、周洪宇主编:《中国近现代教育思潮与流派》,人民教育出版社,1997年,第197页。

立国之本，可谓深通政术之大原，而最切中国当今之急务。”留日革命学生创办的一些宣传反清革命的刊物，大都将地方自治作为一项重要的社会改革措施加以阐述和宣传。有的指出，实行地方自治方能“百废待举”；有的强调，地方自治“不可以一日缓”，否则“虽日日言强国无益”。

欲行立宪，兴民权，必须实行地方自治，这是立宪派大力鼓吹地方自治的另一个重要论点。他们认为：地方自治是“立宪国家之基础”。梁启超还曾具体阐明：“民权之有无，不徒在议院参政，而尤在地方自治，地方自治之力强，则其民权必盛，否则必衰。”立宪派还认为地方自治“可以辅官吏之不足”，“欲内政之完善，不可不亟为讲求也。”早期留日学生因受立宪派影响较深，虽已萌发反清革命思想，但也曾将地方自治和立宪结合起来加以宣传。部分工商界人士受到这些宣传的影响，也赞同地方自治，如张謇即认为“立宪基础，首在地方自治”。

就更多的工商界人士而言，首先也是将地方自治作为自强御侮的一项重要措施，主张“以地方之人兴地方之利，以地方之款行地方之政”，希望“合无数小团体成一大团体，振兴市面，扩张权利，不惟增无量之幸福，更且助宪政之进行”。但作为实业家，工商业者也注重现实经济利益，在宣传地方自治的过程中，比较强调地方自治对发展实业和保护地方治安的作用。与此同时，清朝统治集团中的一些出使大臣和封疆大吏，也曾奏请实行地方自治。有的认为，“时势所迫，通变合宜，臣愚以为莫如先行地方自治制度。”有的指出，地方自治可以使“上下相维，内外相制，主权伸而民气和，举国一心，以日进于富强者”。

通过立宪派和革命派的大力宣传，以及工商界人士和部分官员的附和，地方自治思想在中国迅速传播，广为人知，达到了“日触于耳”、“日腾于士大夫之口”和“举国中几于耳熟能详”的程度，很快发展成为又一种颇有影响而且为各政治派别所共同接受的社会思潮。正如《时报》登载的文章指出的那样：“地方自治之说，遂为吾人视线之所集，而群谋之所同。”在地方自治思潮的影响下，清政府推行“预备立宪”之后，也将地方自治作为其中的重要内容加以倡导，这对清末地方自治思潮的进一步兴盛在客观上也起了促进作用。

清末地方自治思潮最主要的内容，按照梁启超的说法就是要将“固有之君权，割出一部分以让之于下”，“而移诸于民”。《四川》杂志发表的《论地方自治》则说明：所谓地方自治，乃是“国家以行政之一部委之公共团体”，使“人民有参与国家行政之权”。1905 年，部分地区工商界的有识之士即开始成立自治团体，努力争取参政和议政权，并获得了一部分地方行政权，将地方自治思想付诸于实践。

例如 1905 年诞生的上海城厢内外总工程局，是由清末工商业者较早建立的自治组织。该局系由郭怀珠、李平书、叶佳棠等商董为“自动整顿地方，以立自治之基础”，报请苏松太道袁树勋批准设立，以“整顿地方一切之事，助官司之不及与民生之大利”为宗旨，凡户籍编查管理，地产注册转让，房屋登记翻造，道路开拓修建，河渠填筑疏浚，路灯维修添设，均由总工程局管理。除此之外，“所有未尽事宜，随时议办。”苏州工商业者于 1909 年开始成立的自治团体称为市民公社，是一种以街道为行政区划组成的基层自治组织，到 1928 年总共成立了 27 个市民公社。苏州工商业者希望借此“组成一公共团体”，使之成为“独立社会之起点”。市民公社的自治活动，起初一般只限于清洁街道、凿井通沟、修桥筑路等公共卫生以及消防事业，后不断扩充至治安、金融、税务、物价以至军需杂务等许多方面。1907 年广东商人为了“联合起来，共图于商业组织中有所进展”，也成立了粤商自治会，筹议地方商务、教育、水利、慈善、卫生、交通等事宜，并创办自治研究所，“时时开会，批评政府，极得社会好评。”

地方自治思潮的兴盛与地方自治运动的开展，在当时的历史条件下虽产生了积极作用，尤其是工商业者借此机遇取得了一部分地方市政建设权、民政管理权、公益事业管理权、社会治安权以及工商、文教、卫生等方面的管理权，但无论是地方自治思想还是地方自治运动，最终均未能取得成功，连商人取得的这些地方事务管理权不久也被取消。因此，以地方自治改造中国社会的方案，仍然是陷入了流产的结局。

2. 联省自治思潮

20 世纪 20 年代，联省自治思潮又曾经风靡一时，成为当时较有影响的一种资产阶级社会改良思潮。这一时期，由于大小军阀混战连年，社会动荡不安，经济发展停滞，人民生活贫困，一批资产阶级知识分子意识到“倘不设救济之法，势不至夷为殖民地不止”。为了改变这种状况，寻求新的社会改良方案，知识界中一些有影响的代表人物如梁启超、蔡元培、章太炎、胡适、丁文江、李剑农、王宠惠、蒋方震等，借鉴欧美的联邦制，大力宣传联省自治思想，并创办了《新湖北》、《新安徽》、《新浙江》、《新四川》等杂志，作为宣传联省自治的主要阵地。各省地方实力派则为了抵制吴佩孚直系军阀的"武力统一"，维护自己的地盘，也纷纷打出"自治"旗号，客观上为联省自治思潮的兴盛起到了推动作用。

联省自治的具体内容，按照当时的解释，乃是由各省自行制定本省宪法，根据本省宪法自行组织省政府，由本省人治理本省；在此基础之上，再由各省选派代表，共同组成联省议会，制定联省宪法，实现全国统一治理。不难看出，联省自治的社会改造方案，首要基础是各省先实行自治与民治，由各省人民自行组织机关，选任代表自行处理地方事务，原本规定受选任人的籍贯不受限制，但因往往不信任外省人，变成了"本省人治理本省"；其次是"联省"，即自治的各省相互联合，与北洋军阀的"武力统一"政策相抗衡。[1]相比较而言，知识界更重视的是各省自治与民治，而一些地方实力派与军阀则对"联省"抵抗"武力统一"更感兴趣，其目的当然是为了保住自己的地盘。

知识界的联省自治论者在宣传中大量介绍了西方联邦制的种种优点，以便为在中国推行联省自治找到理论依据。他们认为联邦制可以避免中央集权专制之弊，使分裂之国趋于统一，激化国民参政之兴趣，"使地方政治，有改良之希望"。同时，他们从各方面阐明在中国实行联省自治的紧迫性与必要性，强调联省自治是在面临当时地方武力割据，中央政府软弱无力的危局下，能够挽救时局的根本办法。另还具体说明中国疆域太大，交通阻滞，极为不便；人口众多，教育不普及，民众既无机会也无能力参政，这些具体情况决定了中国必须实行联省自治，才能收"事半功倍之效"。

在联省自治思潮趋于高涨之际，知识界还曾热烈讨论如何实行联省自治的方法与程序问题，并出现了一些争议。有的在反对专制集权的前提下，"偏重中央权力说"，主张督促旧国会制定联省宪法与省宪大纲，各省在限期内"依照省宪大纲各制省宪"；有的提出"分治的统一说"，即在"统一的形式下，实行分治"，将全国划为若干联治区域，各区域不得宣告独立，在全国

---

① 李达嘉：《民国初年的联省自治运动》，台北弘文馆，1987 年，第 103—104 页。

适中之地组织中央机关，其职权应限制在最小范围；还有的要求先授予各省代表会议以全权，以“代表真正公意”的会议解决国事。此外还有“充分应用职业主义原理说”、“推广省自治运动说”，其实行联省自治的方法与程序不无差异，但动机和目的却是一致的。

联省自治思潮曾经盛行于一时，反映了资产阶级知识分子面对危局，希望能够通过自治与民治的联省自治方案，实现政治改良与社会改造的良好愿望；联省自治论者还从各个不同角度和不同方面，揭露批判了军阀的黑暗统治，有助人们认清军阀的本质与危害，因而具有一定的进步意义。但也应看到，联省自治在当时也为地方实力派和军阀所利用，联省自治运动变为维护其割据范围的工具。所以，联省自治的社会改良方案在当时的历史条件下不可能得以实现，最终也难以避免流产的结局。

3. 实验主义思潮①

实验主义思潮也是受杜威的影响，经胡适等人的大力介绍与宣传而在中国出现的一股思潮，但相比其他思潮其影响并不是十分突出。

实验主义又称实用主义。杜威是实验主义哲学的著名代表人物，其相关思想与理论在全世界广为传播。胡适在美国留学期间成为杜威的忠实信徒，1917 年学成回，应聘担任北京大学教授。在新文化运动中，胡适以实验主义为理论武器，大力倡导文学革命，提倡白话文学，整理国故，考证小说，并且批判旧伦理道德，主张妇女解放，产生了较大的影响，也使实验主义学说在中国得到初步传播。

1919 年 5 月杜威应邀到中国各地讲学，影响显著，使实验主义思潮在中国得以兴起。在此期间，除杜威在讲学中广泛宣传其实验主义理论，许多报刊杂志争先恐后加以报道，胡适也撰写了大量文章介绍实验主义思想，提倡怀疑精神，主张实验主义的真理观，否认真理的客观性，宣传实验主义的经验论和实在论，强调个人参与现实生活。随后，出现了一批主张实验主义的团体和刊物。例如，北京的“新潮社”，奉杜威与胡适的学说为主导；“工

① 实验主义思潮与前面介绍的实用主义教育思潮有一定联系，但也有所区别。

学会”也将杜威所说的“一斤的空言不如一两的实行”作为经典，奉行“从实地试验我们相信的一切新思想”。

在社会改造方面，实验主义思潮主张政治改良方案。《光明》杂志依据胡适多研究问题，少谈些主义的论说，宣称：“研究主义是徒劳的，不如一点一滴的改革有效。”“觉社”发行的《觉社新刊》表示：“近来改造社会的声浪一天高似一天，不过是‘百总归一’全都说从教育入手”，实际乃是“杜威的实验主义”。芜湖学社创办的《芜湖》半月刊，在创刊宣言中说明：“不相信用政治底手腕和方法，可以把社会根本改造的”，因为“进化或改造，不是一步登天的事，是积日累月，一点一滴的成功的”。其共同特点，是“大都主张从教育入手改造社会，反对笼统的改造，而主张具体的、切实的改造。他们在指导思想上都深受杜威和胡适的影响”。[1]

就胡适本人而言，他在社会改造方面的主张更是明显体现出改良主义的特征，例如胡适一生都大力宣传实验主义的点滴进化论，公开反对马克思主义的社会革命论，认为只有对社会不断进行点滴的改造，才称得上是“真进化”。因为“实验主义注重在具体的事实与问题，故不承认根本的解决。他只承认那一点一滴做到的进步，步步有智慧的指导，步步有自动的实验——才是真进化”。[2]另外，胡适信奉健全的个人主义，主张通过个人的努力与奋斗改造社会，这一观点在其提出的“好人”参与政治，组织“好人政府”的社会改良方案中有集中的体现。

事实证明，在近代中国半殖民地半封建社会的历史条件下，不通过反帝反封建的民主革命运动，而是采取实验主义思潮主张的社会改良方案，要使中国获得独立而走上富强的道路，这是根本不可能的。因此，尽管胡适一生为宣传实验主义，倡导注重事实、服从证验的思想方法，耗费了大量心血，并且在某些方面也产生了值得肯定的积极影响，但他提出的这种社会改良方案却根本无法付诸实现，最终难逃流产的结局，这也是胡适一生的遗憾。

---

① 吴雁南等主编：《中国近代社会思潮（1840—1949）》第2卷，湖南教育出版社，1998年，第527页。

② 胡适：《我的歧路》，《胡适哲学思想资料选》（上），华东师范大学出版社，1981年，第217页。

思考题

1. 近代中国不同流派政治思潮的异同。
2. 近代中国的教育思潮及其影响。

阅读书目

1. 吴雁南等主编:《中国近代社会思潮(1840—1949)》,湖南教育出版社,1998 年。
2. 董宝良、周洪宇主编:《中国近现代教育思潮与流派》,人民教育出版社,1997 年。

第十一讲

近代中国海派文化

> 北京是明清的帝都，上海乃各国之租界。帝都多官，租界多商，所以文人之在京者近官，没海者近商。近官者在使官得名，近商者在使商获利，而自己亦赖以糊口。要而言之，不过“京派”是官的帮闲，“海派”则是商的帮忙而已。
>
> ——鲁迅：《“京派”与“海派”》

提及近代上海的文化，人们往往会想到海派文化这一较为流行的说法。事实上，海派文化几乎成为近代上海文化的代名词。以海派概括上海文化的特征，也并非始于后人。晚清时期，在上海的绘画界及京剧界中即有海派之说。此后，海派一词的使用范围愈来愈广，举凡带有上海地方特色的事物均被冠以海派之称。20 世纪 30 年代中期，中国文坛曾有轰动一时的“京海之争”，虽然在这场争论中上海的海派文人受到京城文人的猛烈抨击，但同时也使毁誉并存的所谓海派文化在全国的知名度进一步提高。与此同时，海派文化以其顽强的生命力得到不断发展，其影响甚至延续到 20 世纪 80 年代中国文化热兴起之时。因此，我们不能忽略海派文化在整个中国文化发展史上所占有的重要地位与影响。

一　海派文化的产生

海派文化的形成与发展，以及海派文化的主要特征，均与近代上海商业的畸形发展和社会的商业化不无关联，甚至在某种意义上可以说是近代上海商业高度发展，对社会与文化强烈渗透的结果。

海派一词究竟起源于何人何时何处，学者们至今无法准确地考订出具体结果。连已故的上海著名历史学家陈旭麓教授生前对此也未完全考订清楚，因而在其《论"海派"》一文的开头即说明："海派是与京派相对而言。海派一词最初出于何人何种文书，待考。"①另外，《城市季风：北京和上海的文化精神》一书的作者杨东平先生也认为："今天，要弄清'海派'一词之出典，当是一门学问。"这里，我们不准备也不可能对海派一词的出处作一番详细考证，只是略述其发展缘起。

有学者指出，海派一词最早是发端于 19 世纪中期清代道光、咸丰年间的上海画坛。鸦片战争后，上海以及中国的社会出现了前所未有的大变动，艺术领域中也发生了新变化。一些流寓上海的画家受此影响，一定程度地摆脱传统画派的束缚，追尚创新变革，形成新的画派。他们在作品上常常自署"作于海上"，逐渐形成"海上画派"，被人们称为"海派画家"。所以，海派名称的由来，原是居住在上海的画家中标榜创新求变者的共谓，是自称在先，它称在后。②

但多数学者认为，海派之称较早见于书章，是在 19 世纪下半叶的晚清同治、光绪年间，源于绘画界和京剧界。起初，系江浙士人对一批寓居上海以卖字鬻画为生的画师和画匠的贬称，而不是上海画家自称在先。

中国传统的绘画源远流长，画家也有各种流派之分，但在早期一般只以地域、体裁、风格和表现形式的差异相区分，均属中国传统画派的范畴。明清以后，金陵画派、虞山画派、娄东画派等，都是东南著名的传统画派。而同治、光绪年间上海的一批画师和画匠，却体现出与各种传统画派完全不同的风格。他们以卖画为生，为迎合众人所好，绘洋楼、画美女、作风俗图，其题材与传统画派所钟爱的山水人物花卉动物等，可以说渺不相连。在正统的士人看来，整个近代上海的繁荣变化都是礼崩乐坏，绘画的流变只是其中的表现之一。因而不仅将离经叛道的这批上海画师和画匠讥称为"海上画派"，并进一步引申开来，用"海上"或"海派"作为贬称的代名词。20 世纪 40 年代俞剑华撰写的《中国绘画史》对此曾作过这样的描述："同治光绪之间，时局益坏，画风日漓。画家多萏居上海，卖画自给，以生计所迫，不得不稍投时好，以博润资，画品遂不免日流于俗浊，或柔媚华丽，或剑拔弩张，渐

① 见复旦大学历史系编：《中国传统文化的再估计》，上海人民出版社，1987 年，第 365 页。

② 沈渭滨：《海派文化散论》，《文汇报》，1990 年 7 月 25 日。

有海派之目。”至于以“海上”或“海派”作为贬称的代名词，更涉及诸多方面。例如江浙士绅的文集中，多以“海上”一词鄙视三教九流之类，说某人言谈怪诞不经则称之为“海上奇谈”，左宗棠也曾经称“海上”一词为“江南无赖文人之末路”。

上述表明，“海上画派”最初并不是上海画家所自命的称呼，而是正统画派对上海背离传统绘画艺术风格的那批画家的贬斥。所以，上海的画坛起初并不乐意接受“海上画派”或“海派”的称呼。事实上，晚清的上海画坛本身并非限于一派，而是各种流派纷呈，多种艺术风格并存，所谓“海上画派”并不能概括当时整个上海画坛的特点。稍后，即开始将“海上画派”专指上海画派中的某一个派别，但对于上海画坛中哪个派别属于真正的“海上画派”盟主，仍存在着不同的说法。

一个饶有趣味的情况是，当时的正统画派虽对“海上画派”多有微词，但在新的时代条件下，上海各种艺术风格的绘画，包括受到指责的“海上画派”，却逐渐获得了长足的发展，在全国的影响越来越大。而且各地许多画家也相继云集上海，到清末民初，上海已同时成为传统与近代风格绘画的中心。这一时期，传统绘画已显示出退居为“国画”地位的趋向，尽管仍保持着很高的荣誉，但逐渐失去以往一统整个中国画坛的传统地位。过去被视为离经叛道的“海上画派”，自身也出现了新的变化，在画坛中的形象明显日见改观。那些专画美人图、广告等商业画的画师、画匠，已从上海画坛中分离出去，不再是“海上画派”的主干。于是，上海的一些画派开始自称为海派，连试图重新振兴国画的那一部分画家也自称为海派传人，并有“前海派”与“后海派”之别。此时，海派一词在绘画界已由最初的贬称变成誉称，以至于不少画派争相标榜为海派的传承者，谋求取得这项桂冠。

海派一词最初不仅起源于绘画界，几乎是与此同时，在京剧界中也出现了所谓京派与海派之别。众所周知，京剧作为一种源远流长的传统民族艺术，是中国的国粹。清乾隆五十五年(1790)时逢乾隆皇帝80大寿，召各地戏班赴京献演，徽班的京调大受皇帝、太后、宗室亲王的宠爱，遂得以流行。经数十年融合演变，发展成为后来的京剧。流行于京城的京剧，其发展趋势与宫廷的影响紧密相关。清咸丰十一年(1861)，京戏班开始进入宫廷，成为宫中的主要演出剧种。清光绪十九年(1893)之后，许多京剧艺人又被破例挑选入宫承差，在宫中不仅经常表演京剧，而且向太监等传授京剧艺术。

这样，京城的京剧不得不遵循清朝统治者的口味与需要发展，在剧目内容方面必须迎合封建礼教和政治教化的需求，在审美和艺术形式上则追求雍容华贵、富丽雅致的品性和趣味。于是，在皇室的直接影响下，不仅京剧取得了在各种剧种中的至尊地位，而且京城独具特色的京派京戏也赢得了京剧正宗的雅称。

京剧在上海的发展则与京城的情况大相径庭。起初，上海的京剧并无特点，也是奉京城的京剧为时尚，受推崇的第一流京剧演员都是来自京城的名角。但是，上海所不同于京城的城市与文化环境，很快即使上海的京剧出现了不同于京派京剧的发展趋向，形成为与京派京剧相对应的海派京剧。

京剧在上海不是朝着适应封建统治者的口味与需要发展，而是随着适应观众与商业化社会的需求变化。近代的上海是一个以移民为主体组成的社会，来自不同地区的各色人等有各色口味，他们见多识广，观赏京剧的主要目的是为了消遣，单一的风格难以满足各种口味观众的需要。同时，上海又是近代中国商业化色彩最浓的城市，不仅在工商行业，而且在文化艺术方面也形成了特有的市场竞争机制。无论是某个演员还是某个剧目，要想在上海取得成功，都不是通过取宠于宫廷，而是取胜于观众，亦即文化市场。还值得一提的是，西方文化较早传入上海，也对上海京剧的流变产生了一定的影响。

由于上述原因，上海京剧的最终发展方向是朝着以市民大众为对象的商品化的通俗艺术演进。清末的上海京剧，为迎合各种观众的需求，即千方百计不断翻新剧目。据不完全统计，清同治十三年（1874）前的两年，仅上海《申报》戏剧广告所载当地上演的剧目就达800个左右。这些剧目大多不追求京派京剧的雍容华贵与富丽雅致，而是注重故事情节丰富曲折，以吸引观众、提高票房价值为主旨。有的还贴近现实，针砭时弊，涉及当时敏感的政治问题，这种剧目在京城是绝不敢上演的。还有的剧目系移植外国故事，如“新茶花女”、“法国拿破仑”等，给人以耳目一新的感觉。

除剧目翻新，上海的京剧界还出现了其他许多方面的变革。如改革剧场，将早先仿效京城设立的戏园，改为与租界工部局西式剧场相似的“新舞台”。此外还有男女合班和采用新道具，讲究演员的服饰，追求新颖醒目的感官效果等。如此种种，也是当时京派京剧所不曾有的变化。

上海京剧在这些方面的发展变化，使其成为与占居京剧界正宗地位的京派京剧风格截然不的海派京剧。在正宗的京派看来，海派京剧也是京剧界中离经叛道的产物，所以海派京剧的称呼最初同样是带有讥诮的意味。但是，海派京剧也如同海上画派一样，尽管在诞生之际被视为偏离正统的异端，却因越来越受到欢迎而不断迅速发展，影响日趋扩大。到清末，海派京剧与京派京剧事实上已是南北对峙。清朝被推翻之后，上海进一步成为全国性文化市场的中心。不但海派京剧开始向全国扩展，势力打入北京，而且要想在全国走红的京剧名角，也首先必须到上海的剧场一试身手。当时的上海剧场，似乎成了京剧名角的擂台，只要能在上海一炮打响，取得成功的轰动效应，就能在全国的京剧界奠定稳固的地位。海派京剧的影响，正如周志辅在《北平皮黄戏前途之推测》一文中所说："适于清室既亡，帝制推翻，人的关系先随之消灭，而外江派逐渐来京，其来自沪上者，昔日谓之海派，近且大受欢迎。如真山真水、五色电光，均为都中人所未习见，故民国以来演戏者不能不趋迎时尚，凡所新编者，无不采取外江演法。"

海派一词源于19世纪下半叶上海的绘画和京剧界，目前看来已是确定无疑。但它如果仅限于在绘画界和京剧界流传，则不会产生如此广泛的社会影响。问题在于，海派一词的使用范围，在后来被大大拓宽，"它不仅推向各种艺术形式，并且漫开至其他文化领域。久之，凡具有这种风格的文章艺学，以至生活风尚，都被称为海派，海派遂由艺术流派扩而成为文化生活一个方面的代词。虽谁也没有确切的定义，但谁的心目中都有一个呼之欲出的海派形象。"[①]结果，海派被广泛地用于指代具有同一特征的有关人物、事物和现象，几乎是无所限制，最终成为人们概括整个近代上海文化，包括艺术文化、生活方式、城市人格等不同层面的上海城市文化的代名词，这就是所谓的海派文化。

海派一词的逐渐流行，以至在社会上广泛使用，最初也和在绘画界、京剧界一样带有某种贬义。各种标新立异的行为，被人们以否定的口吻称为海派式的异端；工于心计，善用计巧，热衷于"玩票"的上海商人，被人们用嘲讽的神态称为海派商人；投机取巧，见风使舵，卖文谋利的文人，更被人们以鄙视的眼光讥称为海派文人；浮夸、蒙骗、冒险、博取虚名的习性，被说成

① 陈旭麓：《论"海派"》，见复旦大学历史系编：《中国传统文化的再估计》，上海人民出版社，1987年，第366页。

是海派作风;奢侈豪华的生活,被视为是海派生活方式。这些说法不能说全无道理,也不在于用海派一词有何不妥,但一概以否定的态度看待海派,似乎有失偏颇。因为以上所讲只是海派的一个方面,还有另外值得肯定的方面。尤其是从整体上考察海派文化时,更应恰如其分地把握这两个方面的内容,给予适当的评价。

还应该说明的是,海派文化虽然诞生于上海,以上海为代表,但这并不意味着凡是在上海的学人、艺术家全都是海派。尽管上海是海派的发源地,但也仍有一部分别具风格的学人、艺术家。另外,海派是指一种艺术、文化上的风格,凡具有这种风格的人,虽然并未活动于上海,也应称之为海派。因为海派文化虽属一种区域文化,但却有着较大的移动性,这不仅体现于人的移动,更突出的是其特有风格的移动。认识这一点之所以重要,在于当我们发现上海的学人或艺术家有与海派风格相异者,同时又在其他地区看到与海派风格相似的人,不会因此而对上海作为海派起源地和故乡有所怀疑。

二　海派文化的特点

海派文化具有什么样的特点?在20世纪80年代中期,上海的学人曾就海派文化的特征进行过讨论。归纳起来,海派文化的特点大致体现在以下几个方面:

一、创新。敢于突破陈规旧矩,开风气之先,不断创新、更新、标新立异。艺术上体现于敢于率先打破一成不变的模式,不断追求新表现形式;文坛上表现为新思想、新内容、新形式、新风格的文学创作。

二、开放。对文化传承的保守力较小,善于吸收外来文化,对世界文化潮流反应特别敏感。同时,对西方文化不是简单模仿、生吞活剥,而是结合中国文化的特点消化吸收,融中西文化于一炉。

三、多样。即兼收并蓄,不拘一格,能够宽容地对待各种流派。其具体表现一方面是形式丰富多样,另一方面是强调个性特点,自我意识很强。

四、崇实。注重接受效应,强调大众化、通俗性,积极反映社会现实生活,努力适应市民阶层的欣赏趣味。同时也有重功利,哗众取宠的市侩气。

五、善变。即灵活多变,随机性强。既有顺应潮流,接受新事物快的积极一面，又有踏实、谨严不足的消极一面。①

从以上的归纳不难看出，当时的上海学者为改变历史上对海派文化过多否定的偏颇之见，倾向于从正面对海派文化给予肯定，因而主要是从积极的面相归纳海派文化的特征，对其带有某种消极面相的特点与影响则较少涉及。例如许多学者都认为，浓厚的商业化色彩是海派文化的主要特征之一，但前述上海学者归纳的五大特征中却没有这一内容。在过去看来，浓厚的商业化色彩是海派文化消极面的重要表现，也是使海派文化不能在整个中国文化中的地位上升到一个更高层次的重要原因。但用现今的眼光看，海派文化的商业化特征并不单是产生了消极影响，同时也有特定的积极作用，需要重新加以审视。

从文化渊源的角度看，海派文化是一种杂交文化，或称多元文化，对这种定论学者们似无多大歧义。只是对如何理解海派文化的杂交与多元特征，切入点略有差异。海派文化的杂交特征，当是指其渊源既必不可少地有来自于中国的传统文化的部分，又包括在上海有相当影响的西方文化。在地域上，上海处在明清时期中国传统文化最发达的东南地区，并不像有的学者所说是处于中国传统文化的边缘。开埠之后，上海成为各方人才荟萃之中心，又带入了具有各地特色的传统文化。因此，传统文化与海派文化必然存在着渊源关系。在某种意义上可以说，海派文化是中国传统文化的异化。

另一方面，上海又是西方文化输入中国的窗口，中西文化首先在这里汇聚交融。西方人与中国人以及西方文化与中国文化，在上海的整体接触最为直接，也最为广泛，由此即容易形成一种中西杂交、与传统文化不尽相同的海派新文化。近代中国的新学有许多是孕育于上海，然后向各地扩散，这正是上海作为中西文化交汇前沿窗口作用的具体体现。说海派文化是一种多元文化，则主要是针对其多样性和非排他性而言，具体表现在能够以不拘一格的宽容态度，对各种文化兼容并收。

海派文化既然是一种杂交文化，而且是中西文化杂交而成，这就意味着它一方面与西方文化有相同和相异之处，另一方面又与中国传统文化也存在着某些区别。换句话说，海派文化是一种既不同于西方文化，又不完全同

---

① 魏承思：《"海派"文化特征学术讨论会综述》，《社会科学》（上海），1986年第1期。

于中国传统文化的新型文化。这种异同具体表现在哪些方面,是需要弄清楚的。

前面所说海派文化的一些特点,有些已涉及到这方面的问题,可以看出其与传统文化的某些差异。如创新、开放、多样、崇实、善变等,大多是中国传统文化所不具备或是表现不突出的特点。海派文化浓厚的商业化色彩,更是传统文化所未有的一大特征。就一般情况而言,中国传统文化可以说都是精英文化,但海派文化则在很大程度上表现出大众文化的特点。另一方面,海派文化不同于中国传统文化的这些特点,有许多正是近代西方文化所具有的特色,而且显然是在西方文化传入上海之后受其影响才形成这一系列特点。但是,海派文化又与西方文化存在着明显的不同之处,它仍然保留着许多中国文化的传统基因,与传统文化有渊源关系。其表现形式有不少可说是西方式的,而表现的具体内容则大多是西方所没有的,因此海派文化并不等同于西方文化。

每一种具有地方特色的文化,除在渊源上与其他文化有着一定的联系外,还与当地的社会群体分布和人文社会环境存在着非常密切的关联。也就是说,某一个地区对社会生活有影响的群体,对该地区的文化也必然会产生相应的重要影响。具体就近代上海的情况而言,商人可以说是在社会生活中最有影响的社会群体,当时的上海也在很大程度上可谓是一个商业社会,因而在近代的上海形成了以商人为轴心、以商业为支柱的特殊社会环境。此种现象在封建社会的中国是不曾有过的。这种特殊社会环境所造就的文化必然是一种具有特殊风格的文化,因为它对近代上海人价值体系与文化观念的变化,产生了不同于其他地区的特殊影响,而在此影响下所形成的具有特殊风格的近代上海文化就是海派文化。由此可以说明,近代上海商人虽不能说是海派一词的发明创造者,甚至也不能说是海派文化最有代表性的直接反映者与传播者,但他们却是海派文化赖以存在的物质载体的创造者。或许可以这样说,如果当时的上海没有出现以商人为轴心、以商业为支柱的新社会环境,就不可能导致上海人价值体系与文化观念的新变化,也不可能形成与中国传统文化所不同的海派文化。所以,上海商人虽不属于文化人的范畴,但却对海派文化的形成及其特点仍有着不可忽视的重要影响,这也正是海派文化具有浓厚商业化色彩的根源之一。

20 世纪 30 年代在文坛发生的“京海之争”曾轰动一时,可以说是以“京派”为首的文人对“海派”文人的全面讨伐。随着论争的深入发展，京派的锋芒所指，已不仅仅是限于上海文人的海派习气，而是扩展到对整个海派文化某些陋习的抨击。这也是海派自产生之后，所遭遇到的最为激烈的批评和贬抑。不能说京派的抨击全无道理，其中有不少确实点到了海派的要害，但是，也不能完全否认京派对海派的某些指责，是在其面对海派的强劲发展趋势和自身带有某种失落感的情况下，为维护其固有的文化正宗与中心地位，而采取的一种自我保护措施，其中不乏过分和不实之处，且带有较为浓厚的意气色彩。

挑起这场争论的京派代表沈从文，将“名士才情”与“商业竞卖”作为对海派文人的定义，后又进一步引申为“投机取巧”和“见风使舵”等不良习气。这场争论之所以引人瞩目，是它很快突破了小说乃至文学领域而扩展到讨论文人习气与文化作风，并且吸引了许多著名文人学者参与了争论。大多数文人学者都肯定商业化气息是海派的最大特征。徐懋庸对沈从文的海派定义虽有不同看法，但也对海派文人的商业化特征未加否定。他指出：“文坛上倘真有‘海派’与‘京派’之别，那么我认为商业竞卖是前者的特征，名士才情却是后者的特征。”

上海的文人学者也无法否认自己所具有的“商人”气息，但仍以机智的海派风格，对京派的指责作出了回击性的抗辩。他们并不从正面为海派辩诬，而是指出海派的某些缺点在京派中也同样存在，只不过海派能坦然面对，不稍掩饰，京派则试图多方回避，用虚假的伦理加以掩盖。曹聚仁即曾就此情况阐明：“知道不能掩饰了，索性把尾巴拖出来，这是海派；扭扭捏捏，还想把外衣加长，把尾巴盖住，这是京派。”[①]他还指出，海派固然有缺陷，但京派也是如此，因而要想使中国文化走上健康的发展道路，对海派与京派的陋习均须加以扫荡。只有“英勇地扫荡了海派，也扫荡了京派，方能开辟新文艺的路来”。这种气势，也显示了海派的某种海量风格。最后，文坛的这场“京海之争”并无结果。“七七事变”前后北京的文人学者纷纷迁居西南等地，京派在战乱中流散，顾不上再继续进行文字纷争。不过，鲁迅所说京派是“官的帮闲”、海派是“商的帮忙”这种明显特征，却通过这场争

① 曹聚仁：《续谈海派》，见《笔端集》，天马书店，1935年。

论更加为人所知晓。

另一个耐人寻味的现象是，在这场论争之后不久，京派与海派在某些方面反而出现了合流的趋向，两地的一些文人在文化活动中也有较之以往更为密切的接触和联系。过去只在上海及南方才能看到的海派文化现象，包括海派京剧、海派绘画、海派作品等等，在京派中心所在地的北京也并不鲜见。这也说明“京海之争”虽然轰动一时，却并未使海派文化因此而一蹶不振。

至此，虽然我们对海派文化渊源与特点的了解大体上已比较明确，但要从文化类型的角度对海派文化下一个定义，却又并非十分容易。在这方面，学术界甚至有各种不同的说法。有的根据其商业化色彩，认为它是资产阶级文化。还有的依据其“崇洋”现象，断定它是从属于西方文化的“亚文化”。另还有人认为它是一种“边缘文化”，此说是从地域区别的角度，把中原文化看作内核文化，将上海等沿海地区的文化视为边缘文化。还有一种说法，是将海派文化等同于小市民文化。这些都是根据海派文化某个方面的特点所下的定义，既有一定依据，但又流于片面。稍后，有学者提出了一种新的看法，认为海派文化是一种中国形态的近代城市大众俗文化，或也可简单地说是一种近代市民文化。

“市民文化”之说得到了较多学者的赞同，有的学者还进一步指出：“与京派奠基学术、发展艺术、批判和整合社会的精英文化不同，海派文化就总体价值和旨趣而言具有市民文化属性。”①其特点首先是通俗，反映市民社会的风尚习俗、价值观念，易为市民所接受；其次是不受制于某个权威机构或权威人物，而以广大市民的审美与是非标准发展，也就是受制于文化市场。正因为如此，海派文化表现出创新、多样、崇实、善变与趋赶时尚等一系列迎合市民的特征。其所具有的浓厚商业化特征，也是当时上海市民社会在整体上趋于重商，以及上海在很大程度上成为一个商业社会的具体反映。

三 海派文化的发展

海派文化在形成过程中，虽因其浓厚的商业化色彩受到正统势力的指

① 杨东平：《城市季风：北京和上海的文化精神》，东方出版社，1994 年，第 133 页。

责与嘲讽，但却并未由此而改变原有的特色，仍继续按既定的方向发展，而且影响越来越大。

在上海商业化社会趋向影响下形成的海派文化，因面向平民大众，注重随时适应文化市场的需求，加上具有开放、创新、务实、善变等灵活性，其发展的空间较诸传统的精英文化乃至其他一般文化都更为广阔。同时又因其易为平民大众所接受，发展的速度和规模也更为迅速广泛，以至于对高雅的精英文化形成了前所未的冲击和挑战。此外，海派文化自身并不是一种单一的文化模式，它所具有的兼容与多元特点，还使得近代上海的文化发展出现百花齐放、异彩纷呈的繁荣景象。

例如，在作为海派文化滥觞领域的上海绘画界，其发展趋势即足以从一个侧面说明海派文化的后来居上之势。晚清时期，上海的画派最初被画坛讥称为不入流的"海上画派"，似乎颇有不屑一顾的轻蔑之意。然而，上海画派却在商业化的社会中迅速崛起，出现了许多在上海乃至全国都声名卓著的画家，使整个画坛不得不刮目相看。其中既有以任熊为首，包括任薰、任颐（伯年）、任预在内的著名"四任"画家，也有像吴昌硕这样被称为"后海派"的大家，其追随者甚众，陈师曾、齐白石、潘天寿等名画家都对他推崇备至。任伯年、吴昌硕以及僧人画家虚谷，后来在画坛被称为"海上三杰"，这一称呼显然已从早先的贬意变成了一种尊称。即使是以擅长仕女画和年画的海派画家，也逐渐为画坛另眼看待。例如，对年画创作颇有独到之处的钱慧安，还曾被推举为上海豫园书画善会会长。除此之外，上海还有其他许多画家风格各异，可独自成为一派。因而有人感慨地指出："近世以来上海画坛之盛，画派之多，为画史所罕见。"此后的海派画家传人中，有的更成为中国画坛的一代大师。如在上海居住长达 30 年之久的黄宾虹，即是一代山水画大师，其绘画作品达到了"墨中见笔笔含墨"的高难度技巧。另一位画坛大师齐白石，实际上也是海上画派传人中的佼佼者。

世纪 20 年代，当年孕育"海上画派"的上海，还率先成为中国美术革命和新兴艺术的重要基地。据统计，当时全国共有二十余所艺术院校，而上海一地即曾多达近十所。30 年代初，上海的各种美术团体和组织也层见迭出，约有近三十个画会。这些都标志着上海美术的繁荣兴盛，在中国已是首屈一指。张少侠、李小山在《中国现代绘画史》一书中，推举徐悲鸿、刘海粟、林风眠、颜文梁等四人作为中国新美术最主要的代表人物。其中除徐悲鸿之外,均为上海的画家。徐悲鸿虽不属于上海画家,但他的绘画生涯也是从上海开始的。于是,随着"海上画派"的发展,上海成为全国画坛的中心,海派也从过去的贬义词变成为画坛中相争的美誉冠桂。

近代上海海派京剧的发展,几乎有着与海上画派相似的经历。海派京剧的一些特点初显之后,所受到的指责是十分强烈的。"重色不重艺",是海派京剧所受指责尤多,而其自身也无法否认的现象。鲁迅也曾在《上海文艺之一瞥》中说过,上海人把上海的张园当作《红楼梦》中的大观园,而且把"婊子"视作十二金钗,这表明海派在初期确有容易受人指责之处。但是,海派京剧却以其对传统京剧的不断创新改良,受到上海市民大众的欢迎。因而它尽管为正统京剧界所非议,却迎合了近代上海商业化社会的需求,既取得了可观的经济效益,也获得了比较迅速的发展。所以,海派京剧不仅在近代的上海长盛不衰,而且逐渐剔除糟粕走上正常的发展道路,影响及于全国,并吸引了许多声望卓著的京剧名角群趋上海。如谭鑫培、梅兰芳等人,都长年驻上海演出。因此,上海获得了"梨园之盛,甲于天下"的美称。

海派京剧的发展历程,对当今京剧的振兴也不无启迪。作为一种传统艺术形式的京剧,其生命力首先在于拥有观众,如果只是一味注重保持传统国粹的高雅,忽视吸引观众以致失去观众,在市场经济的社会环境下就难以得到不断发展,其生存也必将受到威胁。因此,应该根据不同时代、不同观众的需求,对传统京剧进行创新和改革,否则将无法改变其在目前所处的困境。

海派文化迅速发展的另外一种表现,是在上海创造了近代中国最大的文化市场,而且使清末民初的上海成为全国的文化中心。

在上海,各种报刊、出版机构的数量之多,均为其他城市所不及。清末的戊戌、辛亥时期,在上海发行的报刊在数量上即已名列全国之首。就报纸而言,既有《时务报》、《申报》、《新闻报》、《时报》、《中外日报》、《苏报》等较为严肃的报纸,又有为数众多的消闲性小报,如《游戏报》、《世界繁华报》、《笑报》、《笑林报》、《消闲报》、《春江花月报》、《及时行乐报》、《花世界》、《娱闲日报》等,共计 20 余种。除政治性较强的少数报纸如《时务报》等,系维新派思想家创办之外,其他大多为文化商人所办,那些消闲性的报纸,从名称即可看出其商业和娱乐气息。

刊物方面的情况也是如此。据初步统计,从 1899 年到 1911 年,全国共有中文期刊226种，除去在日本出版的59种，以及在法国和美国出版的各1种，由国内（包括香港）出版的计有165种，其中在上海出版的即达69种，占总数的41.8%。[1]连一些属于其他地方的刊物，如《湖州白话报》、《安徽白话报》等，也在上海出版。这表明近代上海海派文化与文化市场的发达，对创办经营报刊者具有相当的吸引力。

各种通俗画报的相继出版，更是近代上海海派文化发展兴盛的具体表现。上海最早的画报《小孩月报》诞生于1875年，系在沪洋商所办。1884年《点石斋画报》在上海问世，这是中国人最早创办的画报，也是上海乃至全国最具分量、最有影响的通俗画刊。《点石斋画报》由点石斋印书局印刷，每10日出1期，共出版了473期，行销全国各大城市；它以中国线描画配以文字解说的形式，生动形象地向读者报道各种社会新闻与奇事怪物，介绍古今中外的各种文化常识与风土人情。其内容不限于上海，但以上海为多，不少海派现象在该画报中都有所描绘，颇受市民欢迎，常常是"后卷嗣出前卷已空，由后补前"，"市井购观，恣为谭助"，不仅使海派文化以通俗的形式得以广泛传播，其创办者也获利甚丰。继《点石斋画报》之后，上海又有《飞影阁画报》、《图画演说报》、《奇新画报》、《图画日报》等多种通俗画报出版，而且开始使用铜锌版印刷，画面、纸质较前更加精美，也更吸引读者。1926年《良友》画报创刊，成为近代上海发行时间最长，内容最为丰富的综合性画报。

在清末民初，上海的图书出版企业数量之多在全国也名列前茅。据不完全统计，1906年上海租界中就有书局79家，仅英租界不及2平方公里的范围内即有69家。像商务印书馆、广智书局、开明书店、文明书局等，在全国都是颇具规模和影响的大型图书出版企业。这些书局虽具有浓厚的商业色彩，注重增财赢利，但同时也出版了包括各种内容的大量书籍。其中有许多是翻译出版的西学著作，涉及史志、法政、教育、交涉、兵制、农政、矿务、商务、宗教、哲学等各个方面。从《译书经眼录》所列书名及出版地点可以看出，仅1902年到1904年的3年中，在上海翻译出版的西书即达360种，占全国所出西书的三分之二以上。这表明19世纪末的上海已成为中国西学

① 张仲礼主编：《近代上海城市研究》，上海人民出版社，1990年，第1038页。

传播的中心。海派文化能够在吸收西方文化的基础上，形成其独有的特点，与此也不无紧密联系。这一时期上海的各个书局还出版了种类繁多的专业性书籍和通俗读物。1915 年 1 月仅在《时报》上刊登广告的各类图书即有 300 多种，其中初中级教科书以及白话文读物有 80 余种。

报刊和书籍是文化传播的重要媒体，也是文化发展不可缺少的中介环节，海派文化正是通过为数众多的报刊宣传和书籍出版，既在上海得到进一步的不断发展，为更多的上海人所熟悉和接受，同时又向全国传播，产生了广泛的辐射影响。

不容忽略的是，近代海派文化在发展过程中也出现了某些低级庸俗的现象。文化艺术产品一旦成为商品，被单纯用作追求利润的工具，那么在功利需求的驱动下，往往会一味追逐时髦，卖弄噱头，粗制滥造，在某些方面对文化的发展造成十分严重的损害。例如海派京剧后来虽在全国形成较大的影响，但它的商业化趋向引致的弊端却也一再为人所诟病。为了迎合观众的猎奇心理，刺激票房价值的增加，在近代上海的京剧舞台上，既不乏类似江湖卖艺式的真刀真枪的打斗，也有活牛活羊活骆驼等各色动物的粉墨登台，此外还有"穿美国玻璃浴衣洗澡，用留声机放外国歌"，以及在京剧中加入草裙舞、脱衣舞等无奇不有的现象出现。这无论怎么说都称不上是严格意义上的创新，只会使京剧变得不伦不类，失去其独有的艺术生命力而趋于衰亡。20 世纪 30 年代以后，盛极一时的海派京剧即因此而开始走下坡路，一些著名的海派京剧大师，为洗净被蒙上的浮尘，自觉或不自觉地向京派京剧靠拢，李桂春、小杨月楼等海派名家甚至不惜重金，聘请京派名师教子弃海从京。近代海派京剧这一由盛而衰的历程，对于当今中国文化艺术的走向与发展，同样也不无启迪借鉴意义。

近代海派文学的发展也颇为耐人寻味。平心而论，海派文学在中国近代文学史上应该有其一定的历史地位。以小说为例，晚清时期上海的一批海派作家，即曾创作过许多面向市民大众，拥有广泛社会影响的通俗小说。如李伯元的《官场现形记》、《文明小史》、《活地狱》，吴趼人的《二十年目睹之怪现状》、《痛史》，曾朴的《孽海花》，刘鹗的《老残游记》等，都是广为流传、社会反响较大的佳作。《孽海花》于 1905 年出版后，在不到两年的时间内就连续再版 15 次，销量多达 5 万部。晚清的海派作家，在小说内容题材的创新方面也曾作出过独特的贡献。由其创作的小说，门类繁多，风格各异，包括社会小说、政治小说、言情小说、侦探小说、幻想小说、军事小说、教育小说、历史小说、传记小说、武侠小说、滑稽小说、怪诞小说等，其中既有中长篇小说，又有袖珍小说，一部分小说形式还是第一次在中国出现。从通俗文学的发达程度看，当时的上海已无疑是中国通俗文学的中心。

但是，无休止的功利驱动和日益严重的商业化趋向，也曾使近代上海的一批海派作家陷于金钱之中而不能自拔，海派文学的发展也被误导至偏离真正文学轨道的歧途。例如盛行于"五四"前后，以上海作为大本营的"鸳鸯蝴蝶派"小说，文学评论家对其在中国小说史上的地位与作用的评价，现在虽较诸过去有所不同，但仍比较普遍地认为"鸳鸯蝴蝶派"的后期作品，大多系直接迎合市井口味的商业化制作，日趋庸俗媚时，模仿重复，粗滥低下。茅盾也称之为"游戏的消遣的金钱主义"，并将鸳蝴派作家视同"拜金主义者"。很显然，所谓"恶性海派"之称的来源，就在于海派文化的过于商品化，这对海派文化发展所带来的负面影响是不能忽略的。尤其是与京派相比较，海派的这一缺陷就显得更为突出。因此，正像杨东平先生在其《城市季风：北京和上海的文化精神》中所说的那样："形容京派是这样一些语词：贵族的、高雅的、严肃的、传统的、学院派的（士大夫）、官的；形容海派的是另一些语词：通俗的、大众的、白相的、功利的、商业化的、摩登的、殖民地的，等等。"

然而，商业化对海派文化发展虽有负面影响，另一方面也给海派文化增添了特有的活力。这方面的影响又如同陈旭麓教授所说："洋场的风情大都以商情为转移，出入其间的海派文化反映快，变化多，花样新，远不似京派文化的矜持与凝练，大大地发挥了商的灵活与多样。看来海派与市场结缘，文化与商品交流，不一定全是邪恶，其中也积极的东西。"①就实际情况而言，也确实是如此。

正是由于海派文化受商的影响或者说是与商的结合，才具有灵活、多变、务实、开放与创新等一系列特点，而这些特点又是一种文化的生命力所在，也是其能够不断发展的内在动力。海派文化形成之后能获得比较迅速的发展，并在全国产生较大的影响，原因就在于此。另还应特别指出的是，

---

① 陈旭麓：《论"海派"》，见复旦大学历史系编：《中国传统文化的再估计》，上海人民出版社，1987年，第368页。

海派文化的特点固然突出表现在通俗与大众化方面，同时还带有某些低级和庸俗的成分，但它的多元与开放性，不仅不排斥高雅和严肃的文化，甚至还为孕育新型的高雅严肃文化创造了有利的氛围。

例如上海的海派文学中，既曾出现以趋俗媚时的商业化而遭到人们批评的“鸳鸯蝴蝶派”，也曾产生致力于张扬文学美、反对功利主义的著名文学团体创造社。创造社系于1921年夏季，由曾经留学日本的郭沫若、郁达夫、田汉、成仿吾等人联合创设。早先在泰东书局出版《创造社丛书》，后创办《创造季刊》作为机关刊物，另还主办《创造周报》，在《中华日报》刊出《创造日》。创造社初创时以浪漫主义特色著称，公开宣称反对“浅薄的功利主义”，鼓吹“为艺术而艺术”，“追求文学的全”和“实现文学的美”，这显然与注重功利的“鸳鸯蝴蝶派”判然有别。1921年成立于北京的文学研究会，是中国第一个新文学的社团，其机关刊物《小说月报》也设在上海，不久又在上海创设分会，发行《文学周报》。其所持主张，同样是反对“无病呻吟的旧文学，反对以文学为游戏的鸳鸯蝴蝶派”。另还有学者认为：“到1933—1934年间，海派文学已发展出鸳鸯蝴蝶派文学、新感觉派文学和左翼文学三大分支。”[①]这表明海派并不单单是表现于低级通俗或功利庸俗，同时也孕育产生了严肃高雅的文学。

“五四”时期上海成为新文化运动的发源地，更是这方面的例证。从19世纪末的戊戌变法时期开始，上海即是中国新型知识分子的集结之地，其中不仅有上海新式学堂培养的许多新型人才，而且包括因上海宽松的文化环境与发达的文化市场，以及租界的特殊保护制度，所吸引的全国一大批具有新思想的文人学者。当时，被清政府通缉捉拿的维新人士，“视上海为北京政府权力所不能及之地”，大多避往上海的租界。康有为、黄遵宪等人，就是以此得以逃脱清政府的缉捕。具有新思想的知识分子，相对而言在上海较少受到压抑，能够比较充分地表达自己的思想。上海文化事业的发达，也为其传播宣传新思想提供了有利的条件。所以，近代中国的许多新思想与新文化，最初都是发源于上海。

一般都认为，《新青年》的创刊，揭开了“五四”时期新文化运动的序幕。

① 王爱松：《从文化影响看“京派”与“海派”的自然形态》，《贵州社会科学》，1994年第1期。

该刊作为新文化运动的一面旗帜，最早即是创办于上海。1903 年在上海参与创编《国民日报》的陈独秀，于 1915 年 9 月创立《青年杂志》月刊，由上海群益书社出版。从 1916 年 9 月的第 2 卷第 1 号起，该刊改名为《新青年》。1917 年陈独秀应蔡元培之邀前往北京大学任职，《新青年》杂志社因此而迁往北京，但 1919 年又迁返上海。

新文化运动早期的一批主将，包括陈独秀、胡适、鲁迅、钱玄同、刘半农等人，后来虽集中于北京，但起初却都是在上海汲取了新的文化营养和文化能量。北京之成为新文化运动的中心，也是因为上海的蔡元培北上受聘为北京大学校长，极力倡导新思想、新文化，同时邀请上海和各地的一批鼓吹新文化的著名文人学者到北大任职，逐渐打破了北京原有的顽固守旧习俗，使其成为新文化运动的中心。但“五四”之后，北京政府采取文化高压政策，又使得文人学者纷纷南下上海。特别是 1926 年北京政府准备通缉 50 位教授，后又有《京报》主笔邵飘萍遇害事件发生，再加之政府拖欠国立大学的薪资，大批新文化的中坚力量，遂又回归新文化运动的发源地上海。至此，上海成了名副其实的新文化运动中心。

综上可知，商与文的紧密结缘与交融，对海派文化的发展变迁产生了复杂的多重效应。它一方面使海派文化具有灵活多变与务实创新等不断发展的活力，另一方面又给海派文化的发展造成了一些消极影响，以至于使海派文化如同西子蒙不洁，被人称赞又为人所指责。因此，我们在认识和评价海派文化时，对这两方面的影响都应给予充分的重视，不能仅仅只是偏重于其中的某一个方面，否则就会失之偏颇。

四　海派文化的地位与影响

就整个近代中国而言，海派文化虽然只是属于一种重要的区域文化，但却在中国文化发展史上具有重要的地位，其影响并不仅仅限于上海，对中国近代化的发展也从多方面产生了一定的影响。

作为中国近代文化中一个主要流派的海派文化，对推动中国文化发展的具体表现，首先反映于开创了近代中国的市民文化，使文化生活这一在封建社会中历来属于文人士子所专有的活动，也成为市民大众精神生活的重要组成部分。

根据有些文化史学者的研究，我国在唐朝中期，市民文化的萌芽已开始出现，及至宋代，由于商人阶层与商人资本的发展，导致城市扩大，商市扩充，市民云集，社会结构发生变化，市民文化得到兴起。在宋代都城开封，出现了“瓦舍”这一展现市民文化的游艺场所，同时还诞生了杂剧、说书、讲史等新的适应市民口味的艺术形式。但是，受时代和社会的制约，宋代的所谓市民文化发展仍非常有限。这不仅体现在它的表现形式缺乏多样化，而且反映在它的内容也比较狭窄，更重要的是当时还不具备市民文化兴盛所必需的民间文化市场。与近代海派文化所体现出的丰富多彩的市民文化特征相比较，宋代的市民文化在各方面都相形见绌。因此，宋代恐怕还只能说是中国市民文化的滥觞时期。

真正具有近代意义的市民文化在中国的出现，是伴随着海派文化的形成而诞生的。换言之，在某种意义上也可以称海派文化就是具有近代意义的市民文化。上海是中国近代化起步最早和发展程度最高的都市，在清末民初的上海，一个以新兴商人为主体的市民阶层不仅已经形成，而且对社会生活所产生的影响，较诸其他任何城市的市民都更加显著。此外，与西方国家相似的市民社会雏形，在当时的上海也已产生。这些，都为近代市民文化在上海的形成发展创造了优于其他城市的环境与条件。

市民文化的最大特点，是反映市民的生活，适应市民大众的需要，同时也是适应文化市场的需求。海派绘画与海派京剧系海派文化的源头，它们的兴起即来源于此。海派文化的趋新、开放、崇实、善变等特征，在很大程度上也是由此决定的。尽管在近代中国的许多大城市中，程度不同地都出现了文化与市民大众贴近的趋向，但却没有一个城市像上海这样，出现如此发达兴盛的市民文化，也没有一个城市具有类似上海这样兴旺的文化市场。随意列举一些近代文化发展的有关新现象，上海的情况都可以说是名列前茅。例如适合市民口味的画报种类之多，影响之大，当首推上海；通俗文学的发达，题材之新颖，内容之丰富，形式之多样，也非上海莫属；各种民间报刊、书局、书社等非官方文化机构的数量之纷繁，上海更是毫无疑义地堪称翘楚。

海派文化的另一个重要影响，是在中国传统文化处于徘徊衰落之际，为中国文化的发展增添了新的活力。

中国文化具有数千年悠久的传统，其源远流长在世界文化史上实不多见，并曾长期处于世界领先的地位，成为中华民族的瑰宝。但是到了明清时期，中国传统文化已进入难以获得进一步发展的烂熟阶段。随着封建社会步入末期，与之相伴的中国文化似乎也显露出垂暮气象。与此同时，大洋彼岸的西欧则开始走出中世纪，大步向近代化迈进，并孕育出领先于中国文化的西方近代文化。如果说鸦片战争前由于国人对世界发展巨变知之甚少，尚可自我陶醉于中国是世界中心这一传统的夜郎自大梦幻之中，以为中国文化仍如同以往一样在世界上无与伦比，那么，鸦片战争后西方国家的不断入侵与中国屡屡战败的残酷现实，则使越来越多的人对中国传统文化开始进行反省并产生怀疑。西方文化在中国水银泻地般的渗透扩张，更对中国文化形成了前所未有的猛烈冲击，几乎使源远流长的中国文化濒临衰亡的窘困之境。在这种情况下，中国文化如果不能自我更新，将难以在新的时代条件和社会环境中求得生存与发展。

如同陈旭麓先生所说，由于历史绵长的中国文化"是那样悠久、凝重，要突破它，投以新剂，是很不容易的"。不过，海派文化作为在近代新的历史条件下形成的一种新型文化，却为中国文化的发展添加了新鲜活力。因为其显著特征之一就是兼收并蓄，容纳百川，敢于吸收和延纳海内外的新事物来变革传统文化，敢于开风气之先。所以，海派文化融入中国大文化圈之后，即使中国文化出现了丰富斑斓的多样化色彩，由此打破了中国传统文化先前那种虽然厚重深沉，却缺乏足够的生机活力而多少显得有些呆滞，难以变革趋新的状况。近代中国的许多新思潮与新思想，以及受其影响而出现的新兴事物，起初大都诞生于海派文化发源地的上海，这一事实也充分说明海派文化对推动中国整个传统文化更新发展所产生的积极影响。

海派文化的兼收并蓄、创新崇实与开风气之先的特征，对中国文化发展所起的推动作用，不仅表现在开创了近代中国发达的通俗性市民文化，而且也体现于促进了上层精英文化的更新发展。之所以能发挥这一作用，首先是因为海派文化在上海创造的那种极为宽松和不拘一格的文化氛围，是在当时的其他许多城市中很少见的，它有利于各种新思潮、新思想的孕育和萌生。此外，在海派文化影响下，近代上海种类繁多的报刊杂志和书籍出版机构等传媒的兴旺发达，也是其他城市所无法比拟的，而这正是文化传播所不可缺少的工具。上海的租界制度，使清政府无法在租界行使各种权力，这种情况客观上也一定程度地为新思想尤其是革命思想的宣传提供了某种保护。

由于上述几方面的原因，从19世纪末的戊戌变法时期开始，全国各地的许多著名思想家和学者即不断云集上海。到20世纪初，上海不仅是近代中国的经济中心，而且已逐渐发展成为中国的文化中心。早在戊戌变法时期，上海就是维新派的荟萃之地，宣传维新变法影响最大的《时务报》，也创立于上海。由维新派组织的学会，在上海也为数最多。辛亥革命时期，上海同样是革命学生和知识分子的聚集之地，也是其宣传革命思想的主要舆论阵地。著名青年革命志士邹容撰写的《革命军》，在当时被誉为中国的"人权宣言"，加上著名学者兼革命家章太炎为此书所写的序言，曾经影响了一代爱国青年走上革命道路。这部在海内外均具有轰动效应的革命著作，最早就是在上海出版的，问世之后即"不胫而走"，并多次在国内外重印，成为革命志士的必读教科书。"五四运动"时期，上海又是令人瞩目的新文化运动的发源地，作为新文化运动主要宣传阵地的《新青年》也创刊于上海。这些事实表明，海派文化并不仅仅只是造就了市民大众所喜闻乐见的通俗文化，也为推动上层精英文化的发展，作出了独特的贡献。

在中国文化发展史上，海派文化还曾在反对中外反动文化同盟方面发挥过积极的作用与影响。

正如有的学者所说："与传统文化不同的近代中国新文化，是在反对文化专制主义和帝国主义奴役文化的斗争中形成和成长。从近代早期的改良派、洋务派到维新派，都在上海这块土地上生活过、活动过，他们都为形成海派文化作出过贡献，也为海派文化所熏染影响。"① 辛亥革命时期的情况，同样也无不如此。在此之后，上海仍继续不断成为各种新思想与新思潮的发源地，也是进步与革命文人最为集中的城市。被誉为"思想界领袖"、曾对中国新文学与思想文化的发展作出过杰出贡献的鲁迅，也自1927年10月起在上海从事了长达10年的文化建设事业。其独具特色的深刻思想与大无畏的批判精神，使之成为一代青年反抗现实政治和反动文化的精神偶像，也为海派文化增添了新的内容和色彩。不仅如此，连领导中国民主革命最终取得胜利的中国共产党，也诞生于上海。在此后的相当长一段时间中，上海还一直是中共中央机关所在地，同时又是中国共产党的政治与宣传基地。

① 沈渭滨：《海派文化散论》，《文汇报》，1990年7月25日。

上述种种情况均发生在上海，绝非偶然，其与上海文化与社会的发展特点不无关联，也体现了海派文化所产生的直接与间接影响。

海派文化并不仅仅只是限于中国文化领域，同时还对近代上海社会的演进在许多方面也产生了直接或间接影响，甚至与整个中国经济近代化的发展有着比较密切的关系。

前面多次提到海派文化的商业化特征，历来为人所诟病，但它的这一特征在当时却对于变革中国历史上长期以来的抑商贱商陋习，改变人们对经商的偏见，产生了不容忽视的影响。在近代特殊的历史条件下，发展商业所具有的重要意义显得十分突出，“社会生活的日益商业化是将人类推出中世纪的一股魔力，人们的价值观念和生活方式都随之而发生深刻的变化。”[①]近代中国工商业的发展，不仅关系到中国经济近代化的进程，而且也直接关系到面临西方列强侵略的中国，能否臻于富强而救亡图存，涉及中国的存亡绝续这一重大问题。不改变久已形成的抑商贱商陋习，工商业就不可能获得顺利的发展，中国也难臻富强。因此，在近代中国，摆脱这一思想桎梏在某种意义上也成为经济近代化的一个前提。

海派文化的形成与发展，对于改变传统的抑商贱商习俗，形成前所未有的重商社会心态，影响至为显著。这种影响先是在上海具有突出的反映，随后又及于全国许多商埠，与思想家的重商兴商舆论遥相呼应，形成一股颇有声势的重商思潮。思想家的言论只是限于精英阶层，而贴近市民大众的海派文化，则使重商观念深入到广大的市民阶层。可以说，在近代中国实现由贱商到重商的转变，海派文化的影响是不可抹煞的。特别是在上海，重商不仅成为一种社会时尚，在人们的思想观念、行为方式、谋生方式等各方面都有明显反映，而且还使整个上海社会也表现出浓厚的商业化色彩。这一变化，成为一种无形而又强大的思想推动力量，有力地促进了民族资本主义工商业，也即中国经济近代化的发展。与过去所截然不同的鲜明对照是，不论哪一个社会阶层，都不再以经商为耻，而以从商为荣。连一向自视清高的文人士子，以及作为社会名流的绅士，也无不纷纷跻身于商人的行列。正因为如此，再加上其他一些有利的客观条件，上海的民族资本主义工商业获得了

---

① 乐正：《近代上海人社会心态（1860—1910）》，上海人民出版社，1991 年，第 41 页。

迅速的发展，从开埠前的一个普通县城，跃居成为近代中国的经济中心。

近代上海民族资本主义的兴盛，还推动了其他地区工商业的发展。例如不少经济实力十分雄厚的上海商人，到全国许多省份开设分厂，设立分店，由此将资本主义经济移植到一些内陆省区，推动了这些地区经济近代化的发展进程。即使是像武汉这样经济发展并不算十分落后的城市，其近代工业企业的兴起与发展，在很大程度上也是得力于上海商人的投资。武汉的商办近代企业产生较晚，1894 年中日甲午战争之前，只有规模很小、设备落后的一家名为新昶的机器厂。甲午战后出现的规模较大、设备较先进的企业，即是浙江籍的上海商人宋炜臣投资创办的燮昌火柴厂分厂。宋炜臣是近代中国火柴业的创始人之一，于 1888 年在上海与人联合投资建立燮昌火柴厂。他在武汉除设立火柴厂之外，还曾创办华胜军服厂，并创建了汉口既济水电股份有限公司等大型近代企业。类似的情况，在其他许多城市中也较为普遍。

最后应该说明的是，海派文化是近代上海特定历史时期的一种文化形态，随着时代的变革与社会的变迁，海派文化也必然会发生相应的变化。特别是 1949 年以后，旧上海出现了翻天覆地的巨变，海派文化所赖以生存的原有社会基础大多已经丧失，因而无法再获得发展。同时，海派文化还被作为一种资产阶级文化受到批判，由此而逐渐退出了历史舞台。其残余的文化痕迹与思想，虽在后来的上海社会中仍依稀可见，但再也不可能展现出昔日雄极东南、影响全国的声势与风貌。可以说，作为特定历史时期产生的海派文化，已完成了它的历史使命。

在当今不同的历史条件下，要全盘复兴早已成为历史陈迹的近代海派文化是不可能的，而且也无此必要。不过，近代海派文化也不乏某些可以为今所用的合理因素。有的学者也认为："只要我们继承和发扬'海派'文化的优良传统，吸取'京派'以及其他各派之所长，克服自己的弊端，加强马克思主义和现代文化素养，坚持面向现代化，面向全世界，面向未来，根据上海政治、经济、人文、地理优势，完全有可能重振上海文化半壁江山的声威，创造出具有'海派'特色的社会主义新文化。"①但也有学者指出，海派是一个寓含贬义的陈旧名词，今天继续沿用并不恰当，应称上海文化。陈旭麓先生

① 魏承思：《"海派"文化特征学术讨论会综述》，《社会科学》（上海），1986 年第 1 期。

在《论“海派”》一文中，则阐明“对于海派，要泼掉的是污水，不是婴儿。海派之名可弃，开新与灵活、多样的风格却不可无”。

概括地说，在当今的历史条件下继承和发扬海派文化的优良传统，首先应该发扬光大的是海派文化恢宏包容的底蕴与气度，根除盲目自大的优越感，以宽阔的胸怀吸纳其他各地域文化与西方文化之长，补己之短。其次是应该继承和发扬海派文化敢于创新、敢于进取、勇于竞争的精神；再次是借助海派文化敢于开风气之先的传统，实现观念意识的转变，开创新文化，再造新人格，重塑城市文化形象。同时，还应特别注意避免重蹈当年“恶性海派”的覆辙。如同有的学者所说：海派文化“虽然勇于开拓、锐意创新，若忽视了传统功力的根基，往往会走向根底浅薄、浅尝辄止的险途；尽管它具有生动活泼的时代意识，若游离了正确方向，就会变成油滑和看风使舵而令人生厌；它生成于近代都市，若太注重于小市民习气就会带有市侩气息；它在中西文化交流中形成不同于传统文化的品位，若一味追求西化，也会导致失根而流于拾人牙慧。总之，应该继承前辈的优良传统，继续扎根于民族文化的土壤之中，不断地吸取其他区域文化的优点和长处，使自己更趋完善”。[①]

思考题

1. 近代海派文化的特点是什么？
2. 怎样认识近代海派文化的多重影响？

阅读书目

1. 复旦大学历史系编：《中国传统文化的再估计》，上海人民出版社，1987 年。
2. 乐正：《近代上海人社会心态（1860—1910）》，上海人民出版社，1991 年。
3. 杨东平：《城市季风：北京和上海的文化精神》，东方出版社，1994 年。

---

① 沈渭滨：《海派文化散论》，《文汇报》，1990 年 7 月 25 日。

第十二讲

近代中国乡村建设运动

中国今日的生死问题，是民族衰老，民族堕落，民族涣散，根本是"人"的问题；是构成中国的主人，害了几千年积累而成的很复杂的病，而且病至垂危，有无起死回生的方药的问题。……农村运动，就是对着这个问题应运而生的。它对于民族的衰老，要培养它的新生命；对于民族的堕落，要振拔它的新人格；对于民族的涣散，要促成它的新团结新组织。所以说中国的农村运动，担负着"民族再造"的使命。

——晏阳初：《农村运动的使命》

在民国时期，一部分有识之士和相关团体曾大力开展乡村建设运动，不仅在当时产生了值得重视的社会影响，也为我们现今建设新农村留下了值得参考借鉴的宝贵经验教训。

所谓乡村建设运动，主要是指20世纪20—30年代一些有影响的乡村建设派人士与团体，在某些乡村进行的包括政治、经济、文化、教育、卫生等诸方面内容的综合建设和发展的运动。按照当时从事乡村建设运动著名人物之一晏阳初的解释，乡村建设指的是整个乡村社会结构的建设，具体内容主要包括文化、教育、农业、经济、自卫等各方面的工作，综合起来就是整个乡村建设事业的发展。

一　不同流派的乡村建设思想

中国自古以来一直是以农村人口占绝大多数的农业大国，农村经济的兴衰，与国计民生有着直接的影响，也直接关系到整个国家经济现代化的发展。20世纪初，中国城市的民族资本主义工商业虽然获得了一定的发展，但在范围更加辽阔的广大乡村，却是生产力落后，资本主义经济的发展仍然十分微弱，由于受到帝国主义经济侵略、官僚资本主义与封建地主的多重压迫与剥削，加之连年不断的水旱灾害，农民生活状况不仅并无明显改善，而且其日益贫困化的趋向依旧十分突出。在城市资本主义获得一定发展的同时，农村经济却呈现出衰败景象，其具体表现是生产力下降，金融枯竭，耕地荒芜，土地集中，农产品价格低落，大量农民被迫流离失所。另外，乡村的文化教育发展也一直非常落后，农民的文化水平过于低下，有不少仍属文盲，由此严重制约着乡村社会的整体发展。随着广大乡村的经济与社会矛盾越来越突出，不少有识之士特别是一批从海外学成归国的学者也开始重视乡村建设问题，从各方面提出了致力于乡村建设的思想，并力图使之付诸实践，发展成为具有相当声势和影响的乡村建设运动。

20 世纪初较早开始关注乡村建设者是河北定县人米迪刚。中华民国成立后他曾主编《河北日报》，并与他人一起联合创办《中华报》，发表过许多有关乡村建设的论著，提出了自己的乡村建设思想。概而言之，米迪刚的乡村建设思想，主要侧重于以中国传统文化改造乡村社会，他主张乡村的改造与建设应“自下而上之运行，由村以造县，由县以造省，由省以造国”，各村的乡官须都必须严格选拔，慎重考绩，最优者升任县长；同时，应“注意家族制度”，“将吾人平日对家人父子之情感，推而及于乡党邻里”，对“边荒新农村之创建”，采取“古代井田成法”，避免“资本家出而包领大段荒地，造成地主佃户阶级，为社会种不平之恶因”。米迪刚的乡村建设理论源于中国传统文化思想，其特点是偏向于保守。他认为对“内地旧有农村之整理”，应在基本保存“旧有农村已成之局”的前提下进行，必须维持原有的土地关系。但值得肯定的是，他不仅较早提出乡村建设思想，而且还较早在自己的家乡翟城县进行过“村治”实验，利用其河北省副议长的身份，联合山东省副长王鸿等人，集资创办了“绥西移民垦荒区”，并支持尹仲材于 1925 年编辑出版《翟城村》一书。[1]米迪刚从事的“村治”实验虽然规模很小，影响不大，并未发展成为一场社会运动，但却为后来的乡村建设思想的提出，以及乡村建设运动的兴起产生了一定的引导作用。

---

① 吴雁南等主编：《中国近代社会思潮（1840—1949）》第 3 卷，湖南教育出版社，1998 年，第 296—297 页。

在此之后，更多的有识之士也提出了各自的乡村建设思想，而且各具特色。其中比较具有代表性而且影响也较大者，是晏阳初、梁漱溟、卢作孚等人的思想。

晏阳初（1893—1990）是近代中国从事平民教育和社会改造工作的著名教育家、社会学家。四川巴中人。1916 年在美国耶鲁大学获学士学位，1920 年在普林斯顿大学研究院获硕士学位。同年回国，在上海基督教青年会全国协会智育部主持平民教育工作。1923 年与陶行知等人组织中华平民教育促进会，任总干事。因终生致力于平民教育，包括 20 世纪 50 年代移居美国之后，仍协助菲律宾、泰国、危地马拉、哥伦比亚、加纳等国建立乡村改造促进会，60 年代在菲律宾创办国际乡村改造学院，故被誉为“国际平民教育之父”，并被评为世界 10 位有杰出贡献者之一。

晏阳初的乡村建设思想以侧重于乡村“平民教育”而著称，但并不限于教育一个方面，实际上还包括其他方面的内容。晏阳初在《中华平民教育促进会工作的演进》一文中，指出中国农村存在的各种问题虽然为数甚多，但可以用愚、穷、弱 、私四个字概括，愚是指大多数人缺乏知识，甚至是目不识丁的文盲；穷是说多数人吃不饱、穿不暖，在生与死的夹缝中挣扎；弱是指多数人身体状况差，形同“病夫”，而且缺乏公共卫生与科学治疗；私是指多数人无道德陶冶与公民训练，不团结、不合作，如同一盘散沙。这四点认识，正是晏阳初提出其“平民教育”思想的重要基础。

为了解决上述这四个方面的问题，晏阳初有针对性地提出了“四大教育”思想作为乡村建设的主要内容。其一是“文艺教育”，具体包括文字教育与艺术教育两个方面的内容，目标是使农民能够识字读书，有较为丰富的文化娱乐生活，能适应现实社会生活的各种复杂变化；其二是“生计教育”，目的在于训练农民的现代知识与技术，掌握生产与生活技能，并设立乡村合作经营性组织，合理分配利润，保证农民得以享受增产的效益；三是“卫生教育”，目标是培养和增强农民的“强健力”，帮助农民养成良好的公共卫生习惯，并在农村创设医疗卫生制度，从村至区至县均建立保健体系；四是“公民教育”，目的是使农民具备最低限度的公民常识与政治道德，训练和培养农民的团结力与公共心，使之具备合作精神，确立地方自治的基础。

晏阳初还特别强调，上述“四大教育”相辅相成，不可分离，因而必须同时进行。另外，开展“四大教育”不能照搬西方已有模式，必须结合中国农村现状，切合农民生活的实际，所以首先需要进行广泛的农村社会调查，“使我们对于农民生活、农村社会的一般与特殊的事实与问题有充分的了解与明了的认识”，这样，“才能根据事实规划实验方案”。[1] 在此基础上，晏阳初又提出了从事“四大教育”的“三大方式”，即学校式、社会式、家庭式。所里所说的学校式平民教育，不同于一般的学校教育，主要针对年轻的农民在业余时间进行学习，时间通常为 4 个月，教材是专门编写的《农民千字歌》，并且采用一种特殊的“导师制”帮助农民学习。社会式平民教育是在学校教育的基础上，建立平民学校毕业学生同学会，将他们组织起来继续接受“四大教育”，在参加社会活动中继续学习。家庭式平民教育主要针对年长的农民和年幼的小孩，他们一般不会在平民学校中接受教育，只能在家庭中通过“家庭会”进行学习。另外是由家庭式教育承担学校课程的一部分内容，例如培养卫生习惯等，同时研究儿童教育、家庭管理等问题。

晏阳初认为，乡村建设的使命不是农村救济，也不是办模范村，而是“民族再造”。他在《农村运动的使命》一文中曾明确阐述乡村建设的使命：“它对于民族的衰老，要培养它的新生命；对于民族的堕落，要振拔它的新人格；对于民族的涣散，要促成它的新团结新组织。所以说中国的农村运动，担负着‘民族再造’的使命。”[2]他还具体说明，因为乡村是中国的经济基础、政治基础和中国人的基础，而过去在这三个方面都没有予以重视，导致中国民族衰老与国势衰弱日益严重，只有乡村建设运动才能完成“民族再造”的这一重要历史使命。

梁漱溟（1893—1988），原名焕鼎，字寿铭。曾用笔名寿名、瘦民、漱溟，后以漱溟行世。原籍广西桂林，生于北京，现代著名思想家、哲学家、教育家、社会活动家。1917—1924 年受聘任教于北京大学，升为教授。后辞北大教职，在山东创办山东乡村建设研究院，撰写了《乡村建设大意》、《乡村建设理论》等著作，并积极从事有关乡村建设活动，成为乡村建设运动的著名思想家和实践家之一。

梁漱溟又是现代新儒学的早期代表人物之一，因而其乡村建设思想也具有浓郁的传统文化色彩。以文化救济中国，从农村复兴中国，是梁漱溟整

---

① 宋恩荣编：《晏阳初全集》，第 1 卷，湖南教育出版社，1989 年，第 196 页。

② 同上书，第 294 页。

个思想的一大特点。他不赞同晏阳初将中国存在的主要问题归纳为愚、穷、弱、私四个方面，甚至也不同意归结为帝国主义与军阀，而是归之于所谓的"文化失调——极严重的文化失调。其表现出来的就是社会构造的崩溃，政治上的无办法"。他认为近百年中国的失败，是文化上的失败，民族复兴有待于文化之重新建造。中国如果要在政治上找出路，就必须在文化上找出路。[①]另外，他还认为中国社会组织构造的特点是"伦理本位，职业分途"，与西方社会"个人本位、阶级对立"的组织构造有着明显的不同。这就是梁氏著名的"中国文化失调论"和中国社会特殊论。以此为基础，他提出的乡村建设思想自然是别具特色。

梁漱溟的乡村建设思想，较为集中地体现在他的《乡村建设大意》、《乡村建设理论》这两部著作之中。他首先是强调以中国固有的传统文化为基础，创造一种新的文化，使乡村得以复兴。用他自己的话说，就是"创造新文化，救活旧农村"。他一直认为，近代以来乡村的衰败是因为国人不顾中国国情，盲目向西方学习，不仅未学成工业国家，反而使农村遭到破坏而趋于衰败。要挽救农村的衰败，出路不在于向西方学习，而应"认取自家精神，寻取自家的路走"。具体而言，"所谓乡村建设，就是要从中国旧文化里转变出一个新文化来。"亦即"从创造新文化上来救活旧农村"。很显然，梁漱溟主张在中国传统旧文化的基础上，创造出一种新文化，由此才能使衰败的乡村得以复兴。

其次，梁漱溟在其中国社会具有特殊组织构造的理论基础上，认为中国并未产生阶级分野和阶级斗争，而是原有的"伦理本位，职业分途"的社会结构受到破坏，并且是"旧辙已破而新轨未立"，因而从事乡村建设就应该"重建一新社会组织构造"。要达到这个目标，"一是从理性求组织，一是从乡村入手。"具体方法则仍然是以中国"伦理情谊为本原"，注重"中国人讲的老道理"，同时也容纳"西洋人的长处"，通过补充和改造传统的"乡约"，建立"村学乡学"等新的社会组织构造，由其担负乡村建设的具体任务。

再次，梁漱溟也具有"以农立国"的思想，但与其他以农立国论者略有不同的是，他并非完全反对发展工业，而是主张"促兴农业以引发工业"，即

① 盛邦和：《梁漱溟"乡村建设"思想及其发展观叙论》，《江苏社会科学》，2007年第3期。

中国必须优先发展农业，带动工业的发展，不能像欧美与日本那样“从商业发达工业”。其理由是民以食为天，“农业是活命的根源”，而且中国具有较好的农业发展基础，并无发展工业的条件。要使农业优先得到发展，就必须大力开展乡村建设运动，使农村金融流通，技术得到引进，并建立合作组织，否则也将无济于事。

最后，梁漱溟认为中国乡村的复兴，最重要的还是依赖于“农民自觉”以及知识分子发挥重要作用。“农民自觉，乡村自救，乡村的事情才有办法；所以我们说乡村建设顶要紧的第一点便是农民自觉。”如果农民不自觉，单靠乡村以外的人是不可能最终达到预期目标的。而要使农民形成某种“自觉”的自救意识，则需要知识分子发挥作用，来到农村与农民紧密地结合在一起，对农民进行教育和指导。“乡村问题的解决，第一固然要靠乡村人为主力；第二亦必须靠有知识、有眼光、有新方法、新的技术（这些都是乡村人所没有的）的人与他合起来，方能解决问题。没有第一条件，固然乡村问题不能解决，没有第二条件，乡村问题亦不能解决。”

卢作孚（1893—1952），原名魁先，别名卢思，四川省合川县人。著名爱国实业家、教育家、社会活动家。他曾著有《乡村建设》一书，并以北碚作为基地，从事乡村建设的理论探索和社会实践，取得了突出的成绩。

卢作孚乡村建设思想的突出特点，是提出了“乡村现代化”的口号，并且阐明了实现乡村现代化的目的，是为了“国家现代化”。他在 1934 年撰写的《四川嘉陵江三峡的乡村运动》一文中指出：乡村建设“目的不只是乡村教育方面，如何去改善或推进这乡村里的教育事业；也不只是在救济方面，如何去救济这乡村里的穷困或灾变。中华民国根本的要求是要赶快将这一个国家现代化起来。所以我们的要求是要赶快将这一个乡村现代化起来，……供中华民国里小至于乡村，大至于国家的经营的参考”。

卢作孚所说的“乡村现代化”，是要将乡村建设成为“一个生产的区域，文化的区域，游览的区域”，“布置经营成一现代乡镇的模型”。“生产的区域”系指建设矿业、工业、交通事业，发展经济；“文化的区域”则是指建设科学技术、文化教育机构，发展文化；“游览的区域”说的是将乡村建成环境优美、具有吸引力的旅游胜地。因此，卢作孚的“乡村现代化”的思想，简而言之就是要将乡村建设成为经济发展、文化教育发达、环境优美的现代化乡村。尽管在当时的历史条件下这一目标难以真正获得实现，但却仍然具有明显的积极意义。

历史有时会发生一些非常偶然而又有趣的巧合。晏阳初、梁漱溟、卢作孚这三位近代中国乡村建设运动中的著名人物，都是出生于1893年。在这一年中，虽未发生什么重大的历史事件，但却是日本发动侵略中国的甲午战争的前一年，同时也是从事近代中国乡村建设运动的三位大师诞生的一年，因而仍然值得留在我们的历史记忆之中。

除了上述三位重要历史人物，在民国时期还有其他许多人士、团体和机构也都曾积极开展乡村建设运动。根据南京国民政府实业部的调查统计，自20世纪20年代末至30年代，全国先后有六百多个团体和机构从事乡村建设活动，在各地设立的乡村建设实验区，也多达一千余处。就这些团体和机构的性质而言，有教育部门中的大中专院校，如燕京大学社会学系创设的清河实验区，金陵大学农学院创办的乌江实验区，国立中央大学实际负责指导的江宁县政建设实验，江苏省立教育学院创办的“无锡实验区”；有学术和教育团体，如山东乡村建设研究院创办了邹平等实验区，中华平民教育促进会创办了定县实验区，中华职业教育社创办了徐公桥实验区，中华教育改进社创办了晓庄学校。此外还有民众教育馆、公益慈善组织、教会组织、国民党中央和地方机构、地方实力派等，也都曾开展乡村建设活动。由于性质不同，各团体和机构从事乡村建设活动的目的与政治倾向，并不完全相同，经费来源也存在着较大差异，有的主要是依赖政府拨款，有的完全是靠自筹经费，有的则是接受来自国外的资助。但就当时开展乡村建设运动的主流派，即各大中专院校、各教育和学术团体来说，思想与主张虽各有特色，但却可以说是殊途同归，其主旨不外乎是为了“改造乡村，改造中国”，达到“民族自救”和“民族再造”的目标。

由于上述原因，在近代中国掀起了一场规模较大与涉及面较广，影响十分深远的乡村建设运动。这场运动持续时间也较长，前后历时十余年之久，到1937年因日本帝国主义全面发动侵华战争，中华民族不得不奋起抵抗，乡村建设运动才被迫中止。

二　晏阳初与乡村“平民教育”

举凡提到近代中国乡村建设运动中的“平民教育”这一重要内容，人们都会自然而然地想到晏阳初及其领导的中华平民教育促进会，为之所付出的各种艰辛努力以及取得的显著成效。

乡村建设运动最初实际上就是始于乡村教育活动，随后才扩充发展为更广范围的整个乡村建设。傅葆琛在1934年出版的《乡村教育纲要》中说："乡村教育最初的呼声，始于民国五四运动。"而最早明确论述乡村教育问题者，则是始于余家菊于1919年发表的《乡村教育危机》一文。到20世纪20年代中期，教育界已普遍呼吁发展乡村教育，不少大专院校和教育团体还到农村建立了学校，并创办了一些实验区。

晏阳初1920年留学回国后，并未在大学任教职，而是较早即开始从事平民教育活动。他先是主持上海基督教青年会的"平民教育科"，编印《平民千字课》，后又相继到湖南长沙、山东烟台、浙江嘉兴等地，从事平民识字教育实验。1923年8月，中华教育改进社在北京召开第二届年会，晏阳初与陶行知等人发起成立了中华平民教育促进会（简称"平教会"）。总会设在北京，后相继在全国20余省区设立分会，创办多个平民学校。平教会成立之初，由朱其慧（国务总理熊希龄夫人）任董事长，陶行知任董事部书记，晏阳初任总干事并主持日常工作。平教会成立后，最初主要在城市进行平民识字教育，后转移为以农村为重心，并制定了具体提倡和推广乡村平民教育的计划。

1925年，由于晏阳初与陶行知、朱其慧在某些问题上产生分歧，平教会总会脱离了中华教育改进社。1926年晏阳初决定选择一个地区作为试验区，集中平教会总会的力量，直接开展乡村平民教育，遂以先前米迪刚作过"村治"实验的翟城村为中心，将河北定县作为"华北实验区"，并在翟城村设立办事处，下设农村教育部、普及农业科学部、乡村社会调查部、普及家庭科学部，吸引一批留学归国的知识分子全力共同从事平民教育和乡村建设。同时，还确立调查、研究、实验、表现和推广五个具体实施步骤，不久即使其成为当时乡村建设运动中最具影响的实验区之一。

1929年，为了更好地开展相关工作，平教会总会机关也从北京迁往定县县城，集中全部人力和财力从各方面开展乡村平民教育与乡村建设实验。按照上述实施步骤，平教会在定县的实验首先从社会调查开始，通过拟定的《乡村生活调查大纲》对各方面情况进行详细调查，从翟城村开始进而推行至其他地区。平教会还专门成立统计调查部，聘请李景汉担任主任，将调查范围扩大到全县所有城乡。众多调查员主要由本地各平民学校师生兼任,以便于得到农民的信任,获得准确的调查数据与相关资料。经过多年的扎实工作,社会调查取得显著成绩,从 1932 年起陆续整理和出版一系列调查资料,其中李景汉编的《定县社会概况调查》、张世文编的《定县农村工业调查》等书,产生了较大影响,受到学术界一致好评,至今仍是研究河北农村问题的重要参考资料。当时,李景汉、张世文等人还依据这些调查资料,深入开展相关研究工作,撰写了一批专题研究论文,也不乏参考价值。

各类平民教育学校的创办及其研究实验,是晏阳初领导的平教会从事乡村建设运动的显著特色。1928 年平教会即在翟城村设立实验乡村初级平民学校 2 所,对新教材的适用性进行实验。随后在实践中研究学校组织、修业期限、课程标准、教学时间、学生管理等一系列问题,制订相应的规章制度,创办了更多的初级平民学校。高级平民学校针对从初级学校毕业的部分青年农民继续学习之需求,进一步传授各方面知识与能力,经过不断研究与实验,在定县创办了 15 所实验高级男女平民学校。除此之外,还设立了许多其他类型的平民学校,如表演平民学校(先前也称表证平民学校,即运用表演证明教学方式设立的学校),1928 年成立 24 所,1929 年又设立 14 所。1930 年,全县成立普通平民学校 316 所。1931 年,平教会将全县分为三个实验区,设表演平民学校 20 所,分布于各区担任推行推广工作,又促使全县成立普通平民学校共 417 所。①

平教会在开展乡村平民教育与乡村建设的实验中,结合调研所知实际情况,还将前述晏阳初提出的“四大教育”均不同程度地运用于实验区之中。

在“文艺教育”方面,首先通过搜集整理平民书报,计算相关文字使用频率,制定《通用字表》(收字 3420 个)、《基本字表》(收字 1320 个)和《词表》(分为平民用词和新民用词两种)。在此基础上,编辑平民教育课本《农民千字课本》,一般称为“千字”课本,系由 1000 个左右的常用汉字编成,每套 4 册,每册 24 课,每课生字 10 个左右。1930 年平教会创办高级平民学校后,又编印了《高级农民课本》,全书共用汉字 3420 个,分为两册,每册 12

① 郑大华:《民国乡村建设运动》,社会科学文献出版社,2000 年,第 244—245 页。

课，每课生字70—80个不等。另外，还编有供平民学校学生自学时使用的《农民千字课自修本》和《农民高级文艺课本》。

为了巩固和丰富平民教育的成效，扩大农民的阅读范围，平教会又编辑了两种平民读物。其一为《平民小丛书》，原计划出版1000册，到1934年已出版600册，其中大部分为与“四大教育”有关的常识内容，小部分属民间文艺方面的内容；其二为《农民报》，据说该报是当时全国唯一面向农民的报纸，除介绍农业知识，也刊登文艺作品和农民来稿，受到农民欢迎。

艺术教育的具体项目包括图画、音乐和广播无线电。图画方面从搜集民间实用画和艺术画入手，然后编辑《初级画范》、《高级画范》、《普通实用图案》、《妇女手工花样》、《画范教学法》等书，在各个平民学校进行讲授，并举行农村图画巡回展览会，广为宣传。音乐教育方面，主要是制造各种乐器，搜集民间歌曲、乐谱加以编选，组织唱歌比赛，在平民学校成立音乐研究会。另外，平教会在实验区安装了广播无线电，“以四大教育为内容，制定节目，按照广播，就农民的好奇的心理，无形中使之受到所需的教育。”成立农民剧团，培养农民演员，也是平教会开展艺术教育的具体方式。农民剧团在各村巡回演出，后还集资修建了两座露天圆形剧场，每天演出日夜两场，吸引了附近数十个村庄的农民前来观看。

在“生计教育”方面，平教会专门设立生计教育部负责这方面的实验工作，具体开展了以下几个方面的实验。

第一，开展生计训练。具体分为三个程序，即生计巡回训练学校、“表证农家”和实验推广训练。生计巡回训练学校按照“一年时序之先后，施以适合的教育，授以切实的技术”。“表证农家”是挑选从生计巡回训练学校毕业，热心农事改良和具有一定领导能力的农家，将试验场的试验结果，表证给普通农民看，以便“领导普通农民，全体动员，作农业改进的工作”。到1930年冬，定县已有表证农家300余户，并成立了“表证农家区分会”、“县表证农家协会”等组织。经过表证农家的表证，得到确实可靠的成绩，并认为有推广之必要的项目，再由平教会向一般进行推广，即“实施推广训练”。[①]

第二，成立合作组织。平教会在定县实验区推行合作运动，具体方法是

---

① 郑大华：《民国乡村建设运动》，社会科学文献出版社，2000年，第223—224页。

发挥各村领袖人物的作用，在各村组织信用合作社。稍后与河北县政建设研究院联合，广泛成立自助社，并与银行商定在各区设立若干仓库，向自助社办理农产品抵押，便利农民通融资金，从事农业生产。在一年时间里，即有300余村成立了自助社，社员多达8000余人。在此基础上，平教会推广成立合作社的效果也更为突出。及至1935年，正式成立的合作社达到130个。合作社包括村级合作社和县级联合社，起初还有联络各村合作社成立的区联合社，后经实验认为无成立之必要而裁撤。1936年，县联合社召开第四届代表大会，决定"组织合作银行"，获得实业部农本局的部分资助，加上各合作社认股，于次年3月正式开始营业。

第三，改进植物种植。平教会在定县设立了两个农场，分别用于研究实验园艺和研究实验作物。园艺试验方面，开展了对白菜改良、梨树整枝和葡萄栽培的试验，推广了一些新品种。费力较多的是农作物的品种改良，经多年实验育成"114号中棉"与"平教棉"两大优良品种。从1933年开始，又在金陵大学农学院的配合下进行南京脱字棉试验，增产十分明显。1936年在26个村推广种植脱字棉，面积达1.1万余亩，农民增加收入共13.2万余元。次年进一步扩大种植面积达11万余亩，农民增加的收入更加可观。与此现时，还种植试验购自美国的回斯同维四号棉，试种350亩之后，发现其产量和质量更佳，但因全面抗战爆发而未及推广。除棉花试验，平教会农场还曾对小麦、谷子、高粱等农作物优良品种的培育，相继进行过试验。

第四，改进动禽物生产。动禽物生产的改进主要是猪种和鸡种的改良，经数年的试验，培育出杂交良种猪，到1935年全县已饲养良种猪2.2万头，农民增加收入8万余元。后还曾计划进行五代改良猪试验和华北各地猪种比较试验，因抗战爆发而中断。鸡种改良的试验，是将美国力行鸡与本地母鸡交配，试验出杂交改良鸡种，然后在相同条件下进行喂养，对比这三种鸡产蛋的数量与重量，结果杂交鸡平均产蛋数量超过本地鸡一倍，每个鸡蛋平均重量也超过了3钱，于是平教会决定推广杂交改良鸡，从1930年开始每年都向各村提供力行公鸡数百只，并注射鸡瘟疫苗，使农民养鸡获得了更多的效益。

在"卫生教育"方面，重点开展了以下几方面的实验。

其一，建立乡村保健制度。针对调查中发现的乡村严重缺医少药，农民求医十分困难的状况，平教会通过研究实验，力图在定县建立中国第一个乡村医疗保健制度，以使农民"得到基本医疗和健康保护"。其具体办法是以村为单位设立保健员，事先接受医药基本知识和技术训练，负责本村的卫生保健；以区为单位则设立保健所，配备专职医师、护士、助理员各 1 人，负责训练和监督保健员，接待和医治病人；另以县为单位设立保健院，作为全县的最高卫生机关，管理全县卫生行政，训练全县医务卫生人员，从事传染病预防和研究，接受病人住院治疗。建立这种乡村医疗保健制度之后，定县农民每年平均开支的医药费明显减少，卫生状况也有了显著改善。由于成效突出，南京国民政府卫生署还曾在各县推广类似的保健制度，要求逐级设立卫生院、卫生所和卫生员。

第二，积极预防疾病。为了预防对农民生命威胁极大的天花病，平教会确立了自 1930 年开始为定县农民免费种牛痘的三个推广期，计划在 6 年内完成。但在初期由于农民不理解不配合，这项工作遇到了不少困难，经有关人员细心解释，特别是本村保健员参与说服，才逐渐有所进展，接受种痘的农民逐年增加。1920 年为 2630 人，至 1936 年达到 47168 人，特别是初种人数比例大幅提高，妇女人数占到了将近 40%。因定县农民已普遍种痘，1934 年全国天花流行死亡者无数，而在定县仅死亡少数几人。除此之外，平教会在实验区还十分重视有关卫生常识的宣传教育工作，绘制各种宣传画册巡回展出，并将小学作为预防疾病的重点单位，定期进行身体检查与预防注射，另还曾举行县学生卫生大会，大力普及卫生与疾病预防知识。

第三，提倡节制生育。平教会的调查表明，定县已婚妇女平均每人生育 6 个子女，家庭人口太多，成为导致生活困难的原因之一。于是，平教会采用各种方式宣传节育，各村保健员更是挨家挨户说明节育的重要性，取得了一定的效果。同时，平教会还尽其所能购置做节育手术的器材和药品，并设立特别展览室，介绍节育方法。不过，要想消除农村多子多福的传统思想难度极大，加之平教会经费并不宽裕，无法购置更多的节育手术器械，所以此项工作的成效并不是非常突出。除倡导节育，平教会还帮助已婚妇女了解生育卫生知识，对旧式助产婆进行培训，推广现代科学助产方法。

在"公民教育"方面，重点是进行国族精神的研究与宣传。晏阳初曾说明："以发挥国族精神，选择志士仁人之事迹，作系统的研究为目标。特选历史上志士仁人杀身成仁舍生取义之事迹，制成图说，附以歌曲，以为公民教育之材料。"平教会不仅印行了《国族精神论例浅释》，而且还编辑了《民众道德纲目》、《公民知识纲目》、《历史图说》、《公民图说》等书，作为公民教育的实验课本，广播、黑板报的宣传介绍也是进行公民教育的补充方式，另还在各村小学举办公民训练班，训练期1个月。

晏阳初领导平教会开展的乡村平民教育与乡村建设运动，在实践中产生了明显的成效。众多平民教育学校的设立，“四大教育”的试验与推行，对于乡村建设都产生了积极的作用与影响。即以扫盲的成效而言，即显得非常突出。在定县，平教会曾于1927年春进行全县文盲调查，大致情况如下：全县人口约40万，7岁以上人口约33万，男约17万，女约16万；其中文盲约27万，约占83%，识字者约6万，约占17%。若男女分计，男子的文盲率约为69%，女子文盲率约为98%。12—25岁青年中，文盲率约为75%，其中男约56%，女约94%。1929年春举行第二次调查，文盲人数下降为占被调查人数的67%。1934年6月底，全县14—25岁的青年约有8.2万人，其中文盲占39%，识字者占61%；男青年中文盲占10%，识字者占90%；女青年中文盲占73%，识字者占27%。[①]由此可见，平教会在扫盲方面的成效是毋庸置疑的。

1932年12月国民政府内政部召开第二次全国内政会议，经晏阳初、梁漱溟等人努力通过了《县政改革案》，次年建立5个县政建设实验县，其中包括河北的定县。河北省县政建设研究院随即也经晏阳初促成而正式建立，并由他兼任院长，院址也设在定县。在此之后，作为民间教育机构或学术团体的平教会，与直属河北省政府领导的河北省县政建设研究院密切合作，共同致力于乡村建设与县政改革，平教会也得以通过政府的力量，将平民学校的设立与“四大教育”的研究实验推广到全县所有乡村，产生了更大的影响。

三　梁漱溟与乡村“文化复兴”

梁漱溟的乡村建设思想，通过他领导的山东乡村建设研究院，在邹平设立的乡村建设试验区不同程度地进行了试验与推广，也产生了令人重视的

① 徐秀丽：《民国时期的乡村建设运动》，《安徽史学》，2006年第4期，第72页。

作用与影响。

起初，梁漱溟在河南村治学院任教务长。该学院是 1929 年冬在河南省主席韩复榘支持下成立的，主要“研究乡村自治及一切乡村问题，并培养乡村自治及其他服务人才”。不久即爆发“中原大战”，冯玉祥战败，河南村治学院因与冯有牵连而被关闭。韩复榘转任山东省主席后，于 1931 年邀请梁漱溟、梁耀祖等人到山东办理乡村建设运动。当年 6 月，在邹平成立山东乡村研究院。初建时由梁耀祖任院长，梁漱溟只担任研究部主任，但不久后即取代梁耀祖出任院长。

山东乡村研究院从事的主要活动，包括研究乡村建设问题、训练乡村建设干部、创办乡村建设试验区。围绕这三项活动，研究院设立了乡村建设研究部，负责研究有关乡村建设理论，拟订相关计划、方案、政策，定期招收大学毕业生，开设为期一年的研究课程，每期招收的学生均为四五十人。另还设有乡村服务人员训练部，主要负责训练从事乡村工作的骨干，招收对象为乡村的中学毕业生，年龄一般为 20 岁以上、35 岁以下。每期约招收 300 人，40 人为一班，设班主任、助教各 1 人，讲授的课程有乡建理论、乡村自治、乡村礼俗、乡村教育、乡村经济、乡村自卫、农业常识、畜牧改良、水利建设等。为使乡村理论研究与乡村建设实际相结合，山东乡村研究院报经省政府同意，将邹平划为乡村建设试验区。1933 年，内政部推行县政改革，将邹平乡村建设试验区改为县政建设第一实验区，同时将荷泽划为第二实验区。在实验区内，县长由山东乡村研究院呈请省政府任命，县长以下行政人员也由研究院或县政府委任，县政府接受研究院指挥监督，由此使研究院具备了行政机关的权利，乡村建设实验“转入了一个新的阶段”，从以前偏重于训练和研究，转为以实验为重点，并将地方行政改革也纳入了实验区。1935 年，又将以济宁为中心的鲁西 14 县也划为实验区，使山东乡村研究院拥有三大试验区，另还在邹平县城东关外设立农场，从事农作物育种、畜牧改良以及提倡合作事宜等。

山东乡村研究院从事的乡村建设活动，基本上是按照梁漱溟乡村建设思想的主旨“创造新文化，救活旧农村”而开展的，具体包括以下几个方面的内容。

第一，设立村学乡学。这是梁漱溟参照中国古代吕氏乡约，设计的一种政教合一的乡村组织，由学董、学长、教员、学众组成。其前身名为乡农学校,1933年邹平划为县政建设第一实验县之后,全县行政区划改为乡、村两级,乡农学校也相应改成村学、乡学。山东乡村建设研究院制定的《设立乡学村学办法》指明,乡学村学负责学校式教育和社会式教育工作,对农民"施以其生活必须之教育,期于本村社会中之各分子皆有参加社会,并从而改进现社会之生活能力"。

第二,促进农业发展。"促兴农业以引发工业"是梁漱溟乡村建设思想的主要内容之一,具体实施办法包括"流通金融"、"引进科学技术"、"促进合作组织"三项措施。为了改变农村金融停滞的状况,山东乡村建设研究研究院于1933年成立邹平实验县农村金融流通处,发挥农业银行、商业银行和县金库三种功能,其业务"主要的是乡村事业的放款,其次为各机关团体等的存款,以及经营各种款项的收支等",加快了货币的流通,减少了农村高利贷的剥削,避免了乡建教育基金的流失与损失,也在很大程度上杜绝了征收处人员挪用公款的弊端。"引进科学技术"方面的活动主要是推广优良品种,包括优良棉种、杂交猪种、蚕种、鸡种等,方法是以村学乡学为推广基地,因地制宜地分区推广,并将推广与合作联系在一起。

第三,创办各类合作社。梁漱溟十分重视合作社的建立,他设计的合作社包括生产合作、消费合作、信用合作。在邹平实验区,山东乡村建设研究院创办了众多不同类型的乡村合作社,产生了良好成效。据统计,直至1936年底已有美棉运销、蚕业产销、林业生产、信用、信用庄仓和购买等六类合作社,总共多达307个,社员8828人,已纳股金12442.93元。其中美棉运销合作社数量最多,达到156个。1932年设于孙家镇(古名"梁邹")的梁邹美棉运销总社,承担了收花、贷款、加工、运销等方面的职责,所产棉花经上海商品检验局检验,质量甚至超过了久负美名的宝灵花,售价也在其他各种棉花之上。1934年,邹平各村社均成立了美棉运销合作社联合机关,负责种植、借款、收花、轧花及加工运销。

第四,其他相关活动。山东乡村建设研究院还开展了其他许多乡建活动,例如采取宣传和制定《取缔婚姻陋俗办法》,戒早婚,戒索重礼;成立戒赌协会,制订惩罚措施,取缔赌博;设立戒烟所和成人教育特别班,宣传戒食鸦片;另一方面利用村学、乡学大张旗鼓地宣传复兴传统良风美俗,例如礼贤尚义、恤贫睦邻、尊老爱幼、扬善抑恶、勤劳俭朴等,这些都属于移风易俗方面的内容。与此同时,还开展了各种丰富农民业余生活的文化娱乐活动,如送戏下乡，为农民演出现代话剧，并组织农民自编自排自演戏剧。以县或乡为单位定期举办别具特色的农民运动会，颇受农民欢迎。

除此之外，山东乡村建设研究院邹平还开展了乡村自卫活动，编制了一套比较完整的乡村自卫体系。尽管梁漱溟对邹平以及当时其他地区的乡村建设运动所取得的成绩不满意，曾说过类似“号称乡村运动而乡村不动”这样的话，但上述这些实验活动的开展，在各方面对于改变邹平原有的落后面貌，改善农民的生活环境与生活样态，均不同程度地产生了比较明显的积极影响，同时也为沿续至今的中国乡村建设留下了宝贵的历史经验与丰富遗产，这些都是值得肯定的。

四　卢作孚与“乡村现代化”

1927 年 2 月，卢作孚到北碚出任峡防团务局局长，该局管辖江（北）、巴（县）、璧（山）、合（川）四县团务，局址设在北碚，也称北碚峡防局。后来，他即以北碚作为基地，利用峡防局和由其担任总经理的民生实业公司，在嘉陵江三峡地区从事乡村建设的理论探索和社会实践。由于当地是抗战大后方，在其他地区乡村建设运动受日本侵华战争影响而陷入停顿之时，卢作孚推行的乡建运动却仍然能够得以继续进行。另外，与其他地区相比较，卢作孚从事乡村建设的突出特点，是力图建构一个别具特色的“以经济建设为中心，以交通建设为先行，以乡村城市化为带动，以文化教育为重点的‘乡村现代化’建设模式”。[①]他为之付出了极为艰辛的努力，也取得了令人瞩目的成效。

卢作孚在《论中国战后建设》一文中特别强调：“任何建设，政治的或文化的，皆应以经济建设为基础。”因此，他在嘉陵江三峡地区开展乡村建设，从整体上看是要“将嘉陵江三峡布置成一个生产的区域，文化的区域，游览的区域”。但是，他特别将“生产的区域”列为首位，正是体现了其以经济建设为中心的主旨。

在卢作孚的努力经营之下，峡防局虽属维护治安的机构，但有意思的是

---

① 刘重来：《论卢作孚“乡村现代化”建设模式》，《重庆社会科学》，创刊号，2004 年第 1 期，第 110 页。

它反而在经济建设方面发挥了更突出的作用。1928 年 3 月，峡防局创办的《嘉陵江报》曾以几个整版的篇幅，发表《三峡可以经营的地方产营》，从当地实际情况出发介绍了发展经济的计划。同时，卢作孚还为峡防局拟订了一个经营工业与治安联防相结合的详细建设计划，内容包括织布、养蚕、缫丝、建筑、修路、修枪，经济建设成为其中更重要也是最主要的内容。峡防局官兵除进行军事训练和维持治安之外，大量时间都投入到了经济建设之中，实际上是起到了“寓兵于工”的作用。卢作孚采取的另一方式，是鼓励招商引资、合资开发，由此使众多工厂企业在峡区内得以建立，有力地促进了当地经济的迅速发展。在农业建设方面，卢作孚也十分重视，并且同样取得了不小的成绩。于是，致力于实业发展，努力建设一个“生产的区域”，成为卢作孚开展乡村建设运动的一大特点。

创办航运企业民生实业公司，是卢作孚实现“以交通建设为先行”的重要举措。在推行嘉陵江三峡乡村建设运动中，他又大力修建北川铁路，于 1934 年建成通车。另还开通了“由合川延长合僮马路”、“由北碚场促渝简路的支路直到江津尤溪”两条公路。至于“以乡村城市化为带动”的实施，则是以北碚建设为中心，将北碚从一个偏避的小镇，建成为具有现代化城市雏形的新城，并带动整个峡区乡村建设的发展，逐步“乡村现代化”的宏伟蓝图。

以文化教育为重点建设一个“文化的区域”，也是卢作孚实现“乡村现代化”不可缺少的一个重要环节。为此，他大力推动建设各种教育、文化乃至科研设施。除创办普通中小学校之外，卢作孚还特别注重推行民众教育，在峡防局设立民众教育办事处，先后创设 10 所民众学校，在晚间深入到农户家中，将“周围几家或十几家都集中在一家里授课”，尤其是“在船夫休息的囤船上办了一个船夫学校，在力夫休息的茶社里办了一个力夫学校，为训练妇女的职业技能办了一个妇女学校。设置了三个书报阅览处”。另还创办“中国西部科学院”以及图书馆、博物馆、俱乐部，“在各茶社、酒店里都张贴着一切国防的、产业的、交通的、文化的和生活常识的照片、图画，都悬着新闻简报的挂牌。在市集正繁盛的时候都有人去作简单的报告。”①

---

① 凌耀伦等主编：《卢作孚文集》，北京大学出版社，1999 年，第 356 页。

除强调建设“生产的区域”、“文化的区域”之外，卢作孚也与其他从事乡村建设运动者一样，比较重视农村金融建设。在出任峡防局局长的次年，卢作孚即在北碚建立了峡区农业银行，主要以峡防局机关人员为股东，这是北碚历史上的第一家农村金融机构，并附设有消费合作社。1931 年进行了改组，“以服务农村社会，发展农村经济，提倡农村合作为宗旨。”至 1936 年，该银行“放款户数，历年达一千二百六十四户，放出额约三万七千九百二十元”。消费合作社是为了解决农民地处偏僻、交通不便、日常生活用品难以购买的困难，也是避免投机倒把行为出现，由合作社负责“采办日常生活必需品，如米、炭、油、盐、布、袜之尖，所得红利，由消费人依照消费之多寡比例摊分”。1930 年卢作孚又扩大股东范围，发起创设规模更大的的北碚农村银行，并单独成立峡区民众消费合作及其分社，卢作孚亲自担任合作社执行委员长，宣布“该社营业决以日常消费用品为限，且欲确实达到便利消费目的，不在营业赚钱”。

经过多年的苦心经营，以前十分贫穷落后、交通闭塞、盗匪横行的北碚，到 20 世纪 30 年代末已逐渐发展成为一个“具有现代化雏形”的新兴城市。晏阳初、梁漱溟、陶行知等人前来参观后，都给予了极高的评价，称之为“将来建设新中国的缩影”。卢作孚坚持开展的乡村建设活动，可以说取得了重要的成就与宝贵的经验。十余年间，他在峡区修建铁路公路、疏浚河道、开发矿业、兴建工厂、开办银行、建设电站、开通邮电、建立农场、发展贸易、组织科技服务等。在使峡区综合经济实力迅速增长的同时，他也非常重视文化、教育、卫生、市容市貌的建设，并先后建立了学校、图书馆，博物馆、科学院、医院、运动场、公园，扩宽街道、规划城区等，使峡区很快就发生了巨大变化。[1] 1937 年《北碚月刊》登载的《嘉陵江三峡乡村十年来之经济建设》一文，也曾经详细介绍了该地区农村复兴事业之实施、农产之改进、合作事业之发展、地方苛捐杂税之废除、水利建设之成绩、林垦事业之建设、渔牧事业之变革以及工业、交通建设之成就，从中不难看出卢作孚从事乡村建设所取得的若干重要成果。

综上可知，近代中国乡村建设运动中的一些重要历史人物虽然思想各

① 刘重来：《卢作孚与民国乡村建设研究》，人民出版社，2007 年，第 56—57 页。

具特色，在实践活动中也各有侧重，但具体内容均可以称得上较为丰富也较为全面，而且也具有一些共同之处。其具体建设内容包括从事乡村社会调查、进行乡村行政改革、推进乡村基层自治、推动乡村教育发展、促进乡村工业与农业发展、推广科学技术、推动移风易俗、提倡合作互助、组织自卫保安、倡导卫生保健等，其中的每一项又都包含有非常具体丰富的内容，仅从发展乡村教育的内容即可看出，不仅有学校教育，而且有社会教育，涉及文字教育（扫盲）、文艺教育、科学教育、卫生教育、公民教育、休闲教育等。

如何评价近代中国的乡村建设运动，在不同历史阶段有较大的变化。早期将其视为“乡村改良主义”方案，从各方面提出的批评与指责为数居多。近20年来，较多的学者已经倾向于对乡村建设运动给予肯定。例如徐秀丽认为：乡建运动对于今天更重要的意义，在于它所留下的宝贵精神财富，即乡建工作者对于乡村建设的理解和热忱。首先，他们强调乡村的全面协调发展，认为各方面的因素是相互联系的，农村和农民的问题决不仅仅是经济问题。其次，他们重视农村和农民对于建设国家的重大意义和伟大潜力，不居高临下地对待农民，提出“化农民”必先“农民化”的主张，而不仅仅把农村、农民、农业作为“问题”对待。第三，他们重视传统文化中的积极因素，“民为邦本，本固邦宁”是晏阳初一生的信仰，梁漱溟反复强调伦理情谊、人生向上的文化思想，并明确主张“以人为本，不以钱为本”，重视社会弱势群体，重视社会的平衡发展。第四，乡建运动的领导者是一些优秀的知识分子，他们所具有的爱国精神和忧患意识，他们对于国家社会勇于奉献，敢于担当，善于创新，乐于践行的品格，对于今天的知识分子来说，也是一种精神上的净化剂。[①]

思考题

近代中国乡村建设运动的主要内容及评价。

阅读书目

1. 郑大华：《民国乡村建设运动》，社会科学文献出版社，2000年。
2. 刘重来：《卢作孚与民国乡村建设研究》，人民出版社，2007年。

① 徐秀丽：《民国时期的乡村建设运动》，《安徽史学》，2006年第4期，第80页。

第十三讲

近代中国国共合作

1924年1月，中国国民党第一次全国代表大会在广州召开。这次大会在国民党历史上具有非常重要的意义。在这次大会上，国民党宣布改组。所谓改组，主要是对外联俄容共，对内进行党务革新。以此为契机，国共两党携手合作，发动和主导了以"打倒列强除军阀"为目标的国民革命。这是中国继辛亥革命之后的又一场大革命。在这场革命中，中国国民党由一个缺乏群众基础的在野党，发展成为一个全国性的执政党；幼年的中国共产党也充分崭露头角，由一个少数知识精英聚集的小团体迅速成长为中国政治舞台上一支不可忽视的力量。在两党的宣传组织下，上千万工农群众被卷入到这场革命中。这在中国历史上亦是前所未有的。

——王奇生：《国共合作与国民革命(1924—1927)》

在中国近代史后半期近30年的历史中，国共两党是影响与决定中国历史发展进程的两大重要政党。长期以来，这两大政党互相争斗，其中包括政治上、军事上、经济上和思想文化方面的诸多冲突。但是，在这30年之中，国共两党也曾有过两次短暂的合作，值得重视与研究。

一　孙中山与国民党改组

在1924年国民党改组之前，作为国民党领导人的孙中山及其追随者，从清季开始致力于中国革命已经多年，但在革命的实践中很少重视和开展民众运动。即使是自清末到1918年护法运动失败，革命事业虽屡屡遭受挫折，革命党内部除少数人之外，绝大多数仍一直未充分认识到没有发动民众参加革命的缺陷。

在1920年代初期,孙中山等国民党领导人在很大程度上仍沿袭过去的方法,主要依靠握有广东地方军权的陈炯明给予的有限支持,重回广东建立革命政府,并准备北伐。但不久之后陈炯明即公开反叛,1922年孙中山又被迫逃离广东,革命事业再次遭遇挫折。在面临一连串的严重挫折之后,痛定思痛的孙中山不得不探索新的革命路径,同时进一步与刚刚发生"十月革命"不久的苏俄派来的代表进行了密切的接触。在此之前,苏俄和共产国际已开始关注中国的革命运动,并派使者来华与各方人士联络,包括与孙中山见面。苏俄和共产国际的代表曾多次当面向孙中山指出,中国的革命运动必须发动民众参与和支持。例如1921年底共产国际代表马林在广东与孙中山多次交谈,反复强调必须运动学生、农民、工人。他还指出国民党在宣传及组织上太弱,缺乏基本武力,并向孙中山建议:联合各阶级,尤其是农、工及无产阶级,形成完善政党;建立革命武力,创设军校作为革命武力的基础;国共合作。但当时的孙中山尚未确定联俄政策,也没有接受马林的建议,只是对"十月革命"和建立军校表示了浓厚兴趣。

1922年在广东的又一次受挫,使孙中山颇受刺激。此时,苏俄又进一步采取了各种方式劝导国民党注重工农民众运动,希望孙中山等国民党领导人不要只是单纯地开展军事斗争。后来担任孙中山政治顾问的鲍罗廷,更是多次直接向孙中山阐明民众运动的重要意义。经过一番深刻的反省,孙中山意识到不动员民众而主要依靠地方军阀,国民革命将难以取得成功;与此同时,部分地区的民众也积极主动地向孙中山表达了愿作革命之后援的态度。这对面临挫折的孙中山自然是一个相当大的鼓舞。随后,孙中山即越来越重视民众与革命的紧密联系。

此外,李大钊等共产党人对孙中山认识民众运动之重要性也产生了一定的影响。李大钊较早即与孙中山有过接触,1919年他曾通过林伯渠向孙中山介绍十月革命和俄共情况,1921年底又介绍马林与孙中山在桂林见面。1922年8月陈炯明叛变后孙中山避居上海,李大钊专程前往见面畅谈,相互之间有了进一步了解,以后交往也更加频繁。在此过程中李大钊多次提及应重视民众运动,并曾在《向导》上发表文章全面论述国民革命的成功需依赖于民众的力量,国民党在这方面应改变策略,大力动员民众参加国民革命。

此时,孙中山对苏俄的态度也发生了很大改变。经过多次讨论协商,

1923年孙中山在上海与苏俄特使越飞发表联合宣言，毅然决定采取联俄、容共的新政策，重新改组国民党。这一重大举措，对国民党的发展变化产生了显著的影响，也是孙中山领导下的国民党开始致力于动员民众从事国民革命的重要转变。正如有学者所曾指出的那样："从兴中会、同盟会开始，一直到1924年改组以前，国民党始终是一个以少数知识精英为集合体，非常有限的一点群众基础，不是会党，就是海外华侨，与中国国内绝大多数民众几乎不生关系。……孙中山周旋于南北各派军阀之间，致力于合纵连横之谋略，迷恋于单纯军事斗争，忽视群众革命力量。直到1924年改组以后，国民党才由一个被视为隐秘的、封闭的、个人领导的'暴民'党，发展为一个开放的、具有广泛群众基础和政治动员能力的现代型政党。"[1]

孙中山决心改组国民党的重要目的，就在于使国民党能够以新的面貌出现，动员和引导民众参加革命。有台湾学者虽然说孙中山先前即重视民众运动，但同样也承认国民党改组的重要推动影响，认为孙中山"到中国国民党改组前后，更将此关切民众利害为本之革命运动，再向前推进一步，而把革命事业之成败，直接寄托于民众力量之上"。[2] 1923年11月孙中山在一次演说中也曾专门对此进行说明："此次吾党改组唯一之目的，在乎不单独倚靠兵力，要倚靠吾党本身力量。所谓吾党本身力量者，即人民之心力是也。吾党从今以后，要以人民之心力为吾党之力量，要用人民之心力以奋斗。人民之心力与兵力，二者可以并行不悖。但两者之间，究竟应以何者为基础？应以何者为最足靠？自然当以人民之心力做基础，为最足靠。"[3]

1924年1月国民党举行第一次全国代表大会，通过党章、宣言及其他重要议案，正式实现了国民党的改组。而国民党改组之后致力于国民革命的一个很大变化，就是正式确认将动员民众作为今后的革命方针。国民党"一大"宣言即明确指出："国民党人因不得不继续努力，以求中国民族解放，其所恃为后盾者，实为多数之民众，若智识阶级，若农夫、若工人、若商人

---

① 王奇生：《党员、党权与党争——1924—1949年中国国民党的组织形态》，上海书店出版社，2003年，第22—23页。

② 胡春惠：《北伐期间之民众运动》，《中华民国建国史》第三篇，统一与建设（二），"国立"编译馆，1989年，第712页。

③ 中山大学历史孙中山研究室等合编：《孙中山全集》第8卷，中华书局，1986年，第430页。

是已。……故国民革命之运动,必恃全国农夫、工人之参加,然后可以决胜,盖无可疑者。国民党于此,一方面当对于农夫、工人之运动,以全力助其开展,辅助其经济组织,便日趋于发达,以期增进国民革命运动之实力;一方面又当对于农夫、工人要求参加国民党,相与为不断之努力,以促国民革命运动之进行。"[①]不难看出,改组之后的国民党,已将广泛动员民众的积极参与,作为决定国民革命最终能否取得成功的关键。

中国大陆学者一般都认为,孙中山在国民党"一大"制定了联俄、联共和扶助农工的新三大政策,这是他晚年思想发展进步的一个重要反映。台湾学者则否认有所谓三大政策存在,其主要理由是孙中山始终并未亲自提及过"三大政策",而是北伐期间共产党人出于某种目的杜撰的一种说法,后来则在大陆一直沿用至今。针对这种观点,一部分大陆学者则回应说在当时孙中山的著作和国民党"一大"文献中,确实没有直接提到过"三大政策",但这一概念所包含的三个方面的内容又确实都来源于孙中山,是在特定环境下,从特定角度对于孙中山晚年思想和主张的一个比较精炼的概括。即使有此争议,但应该并不影响海峡两岸的学者肯定"一大"之后国民党确定民众运动方略及其对国民革命的重要作用与影响。

连当时的国民党人,特别是一部分对孙中山实行联俄、容共政策表示理解和支持的国民党人,大都承认"一大"之后国民党的重新改组并开始重视民众运动具有重要意义,尤其是对国民党基层组织在全国范围的迅速发展,扩大国民革命的基础和声势,产生了不容忽视的积极作用。在此之后,国民革命运动也确实明显出现了新的局面。胡汉民作为参与国民党改组的负责人之一,即曾在《清党之意义》一文中指出,这次改组具有多方面的意义,其中比较重要的一点就是使国民党成为一个严密的组织,开始实施注重民众运动的新方针。连初始维护、继而又反对容共的戴季陶,也曾在《过去的问题》中强调:"中国民众运动的大发展,是在国民党改组以后"。而国民党改组之后民众运动之所以能够得到迅速发展,是由于"政治的保障力的伟大"、"组织能力和范围的扩张"、"舆论支配力的形成"等三个方面的原因所致。

有些台湾学者撰写的相关论著,对国民党改组后实施"容共"政策的评

① 广东省社会科学院历史研究所等合编:《孙中山全集》第9卷,中华书局,1986年,第121页。

价一直感到比较困惑，因为这一政策由孙中山亲自提出，不便加以直接批评和否定，但却对当时反对这一政策的国民党人的言论和行动给予肯定性的论述，而且在肯定国民党改组的积极影响时，又认为共产党得以利用这一政策加入国民党，通过国民党的组织系统和已有政治影响，用阶级斗争的理论操纵控制民众运动，制造许多混乱和动荡，借以发展自己的势力。实际上，这也是"清党"之后国民党比较流行的一种说法。这种说法与上述肯定国民党改组的观点不无矛盾，似乎国民党的改组只是为共产党提供了发展、壮大的机遇，而对国民党的发展并无什么积极作用。西方学者则一般不会受这种意识形态的影响，在谈及"容共"问题时，有的曾阐明"虽然部分史家不断贬低孙中山决定容许共产党以个人身分加入国民党的重要，实际上所谓的'容共'对孙中山的重振声威大有帮助……这个政策亦可以统一所有的革命力量在他的领导之下"。[①]不过，近年来也有台湾学者比较客观地指出："此次国民党改组，对国民党和共产党的发展都有帮助"，国民党随后即创设了黄埔军校，各地执行部和省党部相继建立，民众运动特别是农工运动也不断升高发展。[②]

从实际情况看，1924 年的改组确实使国民党所进行的国民革命运动发展到一个全新的重要阶段。国民党重视并开展民众运动，也是在改组之后出现的新现象。此时的国民党主要领导人，尤其是孙中山及其忠实的追随者，已经充分意识到国民革命的成功必须以民众为后盾，而不是主要依靠地方军阀。国民党"一大"宣言对此也曾明确表示："国民党人，因不得不继续努力，以求中国民族解放，其所恃为后盾者，实为多数之民众，若知识阶级、若农夫、若工人、若商人是已。"这种新的认识，与以往国民党的传统思想相比较不能不说是一个很大的改变。

二　第一次国共合作

1924 年 1 月中国国民党第一次代表大会召开，发表了大会宣言，通过

---

① 陈福霖：*Sun Yat-sen and Origins of the Kuomintang Reorganization*，原文收入陈福霖编 *China in the 1920s*，中译文（甘德星译）《孙中山与中国国民党改组的起源》，见张玉法主编：《中国现代史论集》第 10 辑，联经出版事业公司，1982 年，第 83 页。

② 张玉法：《中华民国史略》，联经出版事业公司，1998 年，第 158—159 页。

了新的党纲、党章，改变了党体和组党方式，并确定建立党军，不仅标志着国民党正式实现了改组，也宣布了中国近代历史上第一次国共合作的公开正式形成。

在共产党方面，起初并不同意加入国民党与其合作。1922 年 4 月陈独秀在写给共产国际的信中，提出了六条反对合作的理由。但在共产国际的劝说之下，中共于 8 月底在杭州召开秘密会议“讨论与国民党合作问题”，共产国际代表马林在会上要求中共“服从国际决议”，与会者多数同意接受，遂决定“以个人身份加入国民党，同时保存共产党”。不过，在这之后仍经历了一些周折，直到 1923 年 6 月，中共中央第三次全国代表大会召开，通过了《关于国民运动及国民党问题的议决案》，说明“共产国际执行委员会议决中国共产党须与中国国民党合作，共产党员应加入国民党，中国共产党中央执行委员会曾感此必要，遵行此议决，此次全国大会亦通过此议决”。这表明当时共产党已经正式确定与国民党合作，具体方式就是共产党员以个人身份加入国民党。共产党后来还曾特别强调：“共产党人加入国民党，绝不是整个的共产党来加入国民党，而是共产党员以个人的资格加入的，并且不是共产党每个党员都加入，所加入的不过是一部分。共产党在国民党外有自己的独立组织，有自己的一切机关，有自己的政纲与策略。”①可见，在与国民党进行合作后共产党仍一直强调保持其组织的独立性。

共产党人共有 23 名代表出席了国民党第一次全国代表大会，其中陈独秀、李大钊、谭平山、于树德、李永声、沈定一、谢晋等 7 人系由孙中山亲自指定，林伯渠、毛泽东、李维汉、夏曦、袁达时、张国焘、王尽美、李立三等另外 16 人，则是由各省市国民党组织分别选举产生的。当时，共产党员加上青年团员的全部总人数，仅仅只有国民党注册党员人数的 2%，但却有 23 人出席国民党“一大”，达到了与会全体代表人数的 10%。“一大”新选举的国民党中央执行委员中，谭平山、李钊、于树德当选为委员，沈定一、林祖涵、毛泽东等 7 人当选候补委员，在全部 42 名委员和候补委员中达到了将近四分之一的比例。谭平山甚至还是三名中央执行委员会常务委员之一。另外，在新成立的国民党中央党部的一处六部中，秘书处及组织部部长，也由

---

① 述之：《国民党中之左右派的争斗与共产党》，《向导周报》，第 138 期，1925 年 12 月。

谭平山担任，农民部部长由林祖涵担任，中共党员杨匏安、彭湃、冯菊坡担任组织部、工人部、农民部秘书，实际上相当于副部长。

国共合作实现之后，很快就产生了较为显著的作用与影响，使民众运动与国民革命得以迅速发展并走向高潮，为北伐的酝酿与进行创造了十分有利的客观环境。这一时期，中国民族主义与爱国主义日趋高涨，各界民众反帝爱国的积极行动越来越踊跃，进而又促使孙中山和国民党其他领导人更加意识到民众运动的重要作用。国民党中央党部设立的青年部、工人部、农民部、妇女部等部，是领导相关社会群体进行民众运动的具体机构，国民党也随之进入了有组织、有领导地开展民众运动的新时期。有学者指出：国民党改组以后，“吸收苏俄的革命经验与组织系统，设立组织部、宣传部、青年部、工人部、妇女部、农民部等，将各种工作以专职机构负责，以强化工作效果。尤其工人部、农民部的成立，代表国民党将工农阶级正式纳入编制之中，此种措施与邀劳工入党、支持工运、加强劳工立法相互为用，故能掌握广大的劳工阶级。”①

在整个民众运动中，农民运动的开展实效显著。从1924年7月到1927年6月，农民部先后在广州和武汉开办了七届农民运动讲习所，培训了1600余名农运干部。另还颁布《农民协会章程》，建立农民运动团体，由农民部派遣众多特派员分赴广东各地农村进行宣传和动员，组织农民协会和农民自卫军。建立农民协会的“目的在谋农民之自卫，并实行改良农村组织，增进农人生活”。同时，国民党广泛加强开展农民运动的舆论宣传，廖仲恺等国民党重要领导人多次到各处对农民运动进行考察，并做《农民解放之方法》、《农民运动所当注意之要点》等演讲。农民部还先后创办《中国农民》、《农民运动》、《农民周刊》等刊物，出版“农民丛书”、“农民运动小丛书”，包括《孙总理对农民党员训词》、《农民问题须知》、《农民问题研究》、《中国国民党之农民政策》等。一时间，许多农民协会相继建立，至1924年7月广东地区即有30多个县成立了农民协会，农民运动很快得以开展起来，尤其是广东、湖南等地区的农民运动颇有声势和影响。报载文章称：“国民党中央执行委员会农民部自成立以来，对于组织计划，均积极进行，

---

① 尚世昌：《中国国民党与中国劳工运动——以建党至清党为主要范围》，幼狮文化事业公司，1992年，第178页。

其成绩早为各界所称许。”①

与此同时,工人运动的开展也取得了较为明显的成效。改组之后的国民党在第一次全国代表大会上确定了“国民党之政纲”,其中对内政策第11条即明确说明:“制定劳工法,改良劳动者之生活状况,保障劳工团体,并扶助其发展。”这既可以说是当时国民党为维护工人合法权益而拟订的新劳工政策,也可以看作是国民党改善工人生存状态,开展工人运动的一项重要步骤,其目的当然是为动员广大工人积极参与国民革命。另外,“中国国民党既有工人部之组织,又有周密之工运政策与纲领,因而在第一次全国代表大会后,即加紧推展其工人运动之计划方案。”

国民党开展青年运动的主要对象是学生。1924年3月,国民党中央执行委员会举行第13次会议,重点讨论开展青年运动的诸项事宜,通过了青年部提出的有关从事青年运动的五项提案,分别是青年运动政策案、广州市学生统一运动案、青年党团组织案、学生运动计划案、学生运动委员会及学生会党团案。在此之后,国民党领导的青年运动确实得到了较快的发展,尤其是国民党党团组织逐渐在学生中建立,扮演了重要的角色。国民党确定北伐统一大业的方针之后,青年学生积极予以响应。全国学生联合会在广州召开第八届代表大会,通过了“拥护国民政府并赞助北伐决议案”,呼吁各地广大学生以各种行动支持国民革命军北伐。

相对于农民运动、工人运动和青年运动而言,国民党在开展民众运动初期所进行的妇女运动,声势和影响都显得弱一些,这不仅仅是缘于国民党对妇女运动的重视程度与其他民众运动有别,同时也与妇女运动本身的作用和影响不及其他民众运动这一客观因素不无关联。尽管国民党当时对妇女运动的重视程度不及其他民众运动,但也并未完全忽略妇女运动。国民党“一大”宣言的对内政策中提到,在法律、教育、经济、社会等方面,确认男女平等的原则,保护妇女的权益。随后,又相继在中央执行委员会、北京和上海执行部,以及广东、直隶、江苏、湖北、湖南、山东等省党部设立了妇女部,首先是积极倡导保护妇女权益,强调男女职业平等、男女教育平等。其次是宣传妇女与国民革命的密切关系,一方面阐明“国民革命没有妇女参加,是

① 《组织香山模范农会》,广州《民国日报》,1924年7月31日,第3版。

得不到最后成功的”；另一方面也揭示“妇女不参加国民革命，是得不到真正解放的”。再次是举办妇女运动讲习所，在妇女中积极发展党员，培养妇女干部。据不完全统计，1924年底广州已经有女党员近40人，1926年底增加到近1700人。

商民运动的开展也较为迟缓。“一大”之后国民党设立了领导各民众运动的机构，但却并未设立商民部，也没有具体开展商民运动。到1924年7月，国民党中央在汪精卫的提议下设立了实业部。同年11月经国民党中央执行委员会第56次会议通过，才将实业部改为商民部。一般认为，国民党推行的商民运动始于商民部的建立，到1926年1月国民党第二次全国代表大会通过《商民运动决议案》，这一时期是商民运动的初期阶段。但初期阶段的商民运动仅限于在广东一地开展，在其他地区并无多少成效和影响。

“二大”之后，国民党开始采取一系列具体措施开展商民运动，使商民运动得到了比较迅速的发展。当时曾在国民党中央商民部参与其事的黄诏年认为，“严格些说，商民运动到这时才算正式的决定和进行。”具体内容为设立专门机构和培养商运人才，加大宣传和动员商人参加革命的力度，倡导建立新的商人团体——商民协会。这可以说是国民党开展商民运动最重要的一个举措。随后，商民协会陆续在各地建立起来，有的省份还成立了全省商民协会，成为商民运动不断发展的另一具体反映。通过采取以上措施，商民运动与以前相比较也获得了新发展。

实现国民党改组与国共合作之后，除民众运动获得迅速发展之外，国民革命运动在其他许多方面也都取得了重要进展。例如1924年5月黄埔军校正式建立，孙中山任军校总理，蒋介石任校长，廖仲恺任党代表，由此开启了国民党的建军时代。至7月，黄埔军校共招收6期学员，共计2万余人。同年底建立教导团第一、二团，初名“党军”，国民政府建立后改称国民革命军。黄埔军校的建立，在各方面都得到苏俄的大力支持。该校筹建期间，共产国际代表鲍罗廷与苏俄专家即担任了顾问，并在财政、武器和制度建构等方面予以直接支持。中共对于黄埔军校的创办也发挥了比较重要的作用，许多中共党员都参与了相关工作，周恩来、鲁易还曾担任黄埔军校政治部正副主任，秘书、科长、科员也多为中共党员，可以说军校的政治工作主要是由共产党主持。

1925年7月1日，国民政府在广州正式建立，共产国际代表鲍罗廷担任高等顾问。国民政府成立之初，虽仅辖广东一省(1926年初又辖广西)，但仍大力从事军政、民政、财政的统一，取得了显著成效，随即实现两广统一，不仅巩固了革命基地，而且国民革命军也实力大增，为消灭军阀、统一全国的北伐奠定了基础。1926年7月1日，担任国民革命军总司令的蒋介石正式下达北伐动员令。实际上系中共领导的国民革命军第四军独立团，由叶挺担任团长，作为北伐先遣部队率先入湘，随后北伐军主力也顺利进入湖南，占领长沙，北伐初战告捷。湖南归属国民政府之后，北伐军又集中兵力向湖北进军，原本未将北伐军放在眼里的直系军阀吴佩孚，慌忙调动其精锐部队南下阻止北伐军。在具有决定性意义的汀泗桥和贺胜桥两次激战中，北伐军第四军均取得了胜利，并于8月底进逼武昌。10月10日，北伐军攻克武昌，因当天正好是15年前辛亥革命武昌首义爆发之日，故时人称此役为“第二次辛亥革命”。随后，北伐军又节节取胜，在短短八个月中即接连击溃吴佩孚和孙传芳两大军阀，从珠江流域推进至长江流域，先后使东南五省以及上海、南京成为国民政府的统辖范围，国民政府也于1926年12月底决定迁都武汉。

由此可知，国共两党合作推进国民革命迅速发展的效能十分显著。然而，国共合作从一开始就存在着诸多矛盾，而且愈演愈烈，很快即导致合作的破裂。

在国民党“一大”会议上，即有人提出应禁止国民党员跨党，共产党员必须先退党，然后才能加入国民党。李大钊不得不在会上多方解释：“我们加入本党，是一个一个加入的，不是把一个团体加入的，可以说我们跨党，不能说是党内有党。因为第三国际是一个世界的组织，中国共产主义的团体是第三国际在中国的支部，所以我们只可以一个一个的加入本党。……我们可以加入中国国民党去从事国民革命的运动，但我们不能因为加入中国国民党，便脱离了国际的组织。”①另外，孙中山在会间也就此问题两次发言加以释疑，才勉强平息了这一争议。

国共两党对于此次国共合作的不同提法，也微妙地反映了两党之间存在的不同认识。共产国际与中共方面，最初即明确将当时国共两党的关系

① 《北京李代表意见书》，《中国国民党周刊》，第10期，1924年3月2日。

看作是“合作”关系，并在正式决议中均有“合作”一词的表述，而且强调这种合作不是合并，迄今为止大陆出版的各种论著也无不称之为“国共合作”。但国民党当时的认知与表述却与此有明显不同，认为只是“容共”，而且在台湾出版的相关论著历来也是沿袭“容共”之说，并且将后来国共合作破裂、国民党对共产党人的大肆捕杀称为“分共”或“清党”。

据研究国民党史的专家王奇生考察，所谓国共“合作”，在最初两年多的时间里，确实只是共产国际和中共单方面的提法，而孙中山与国民党并无类似的说法。孙中山认为，当时的国共关系并不是一种党际之间的“合作”关系，党员人数甚少的中国共产党，不过是一班“自以为是”的“中国少年学生”，即“北京一班新青年”的小组织。在“一大”以及随后的两年间，国民党也从未正式提及两党关系，更没有在党的正式决议中加以确认。因此，国民党方面并没有正式认可国共两党关系为“合作”关系，只是认可共产党员以个人身份加入国民党，而且在加入国民党后“仍不脱离中国共产党”，中共可“在本党之外”继续存在。实际上，在孙中山逝世前的国民党文件中，也不曾有“容共”的提法，到1925年5月25日国民党一届三中全会通过的《对全体党员之训令决议案》中，才开始出现“容纳中国共产党分子”的提法，此后“容纳共产分子”之说渐成国民党习惯用语。起初，中共对这一提法也并不排斥，但稍后更多的是使用“联共”一词，并开始形成“联俄、联共、扶助农工”三大政策概念。长期以来，台湾学者也一直反对“三大政策”这一名词的提法，认为在孙中山的著述与国民党的文件中，均无“三大政策”之说，这一概念是中共自行概括出来的。

鉴于当时各方面的实际情况，王奇生认为“依照国共双方的上述解释，意味着国共关系自始就存有两重性：中共党员个人加入国民党，即形成一种党内合作关系；与此同时，中国共产党在国民党之外独立存在，两党关系又是一种党外合作关系。若从国民党的角度言，即既是容共，又是联共。容共是‘容纳共产分子’，联共乃‘联合共产党’。从这个意义上说，单独称‘容共’或单独称‘联共’，都难以完整表述国共关系的这种两重性。”另外，当时的“国共关系并非单纯的两党党际关系，实际上是国民党、共产党与苏俄的三方互动。国民党同意容纳共产党人，与共产党同意其党员加入国民党，均基于各自现实策略的考虑。同样，苏俄在援助和介入中国革命时，亦以自身利益为出发点。这种关系的错综复杂性必然带来不断的纷扰和矛盾”。①

从有关史实看，两党之间的矛盾纷争确实是不断发生。国民党内部始终有一批人担心中共喧宾夺主，因而从一开始即反对党员跨党，实际上就是反对共产党员加入国民党。加上“一大”选举的中央执监委员会中，新加入的共产党人竟然占了将近四分之一的席位，更加剧了反对派的不满。1925年6月，张继、谢持等人以国民党中央监察委员身份，曾对共产党在国民党内部从事“党团”活动提出弹劾案，经孙中山以及国民党左派从中调停而未达目的。在此之后，国民党右派的反共行动一直未停止，尤其是孙中山逝世后，其行动更为激进。先是被孙中山开除党籍的冯自由在北京成立“中国国民党同志俱乐部”，否认中央权威，接着是一批对“容共”以及对汪精卫掌权不满的中央执监委员，在北京西山召开国民党一届四中全会，与广州中央分庭抗礼，试图在上海另立中央，并在宣言中提出与共产党分离的主张，使国民党内部在改组之后出现了严重的分裂。1926年3月20日，又发生蒋介石以校长专舰“中山舰”出现异动为由，宣布紧急戒严、软禁苏俄顾问以及逮捕一批共产党员的“中山舰事件”，亦称“三二〇事件”。5月15日国民党二届二中全会召开，蒋介石提出《整理党务案》，对共产党员的任职及其行动进行严格限制，谭平山、林伯渠、毛泽东随后分别辞去国民党中央组织部部长、农民部部长、宣传部代理部部长职务，蒋介石则从此登上国民党的权力顶峰。

1926年11月，北伐军攻克南昌之后，总司令部随后也移设南昌。蒋介石担心迁都前设于武汉的中央执行委员会临时联席会议，将完全由中共和共产国际代表鲍罗廷控制，架空自己的权力，遂提出中央党部与国民政府暂移驻南昌，由此挑起了迁都之争，与共产国际代表鲍罗廷之间的关系也趋于恶化，并形成武汉与南昌之间的对峙。武汉方面起初尚具有一定优势，因为多数中央委员站在武汉一边，军费也由武汉政权控制。1927年3月，国民党二届三中全会在武汉召开，蒋介石缺席。由鲍罗廷和国民党左派势力掌控的这次会议，大大削弱了蒋的权力，蒋先前拥有的中常会主席、中央组织部部长、军人部部长等要职，均被撤销或由他人替代，国民革命军总司令一

① 王奇生：《国共合作与国民革命（1924—1927）》（该书系张海鹏主编之《中国近代通史》第7卷），江苏人民出版社，2006年，第46、48页。

职虽得以保留，但权力也受到限制。蒋介石对此大为恼怒，遂在克复上海和南京后加快了反共步伐。

武汉方面对蒋并非没有戒心，在上海、南京相继克复之后不久，即下令废除国民革命军总司令，将国民革命军改为集团军，任命蒋为第1集团军总司令，希望以此再度削弱其军权。为了就近控制蒋介石，武汉国民政府还决定迁都南京，并要求蒋离沪赴宁。但蒋早已决心反共清党，于1927年4月9日下令查封受武汉直接领导的上海总政治部机关，12日又以制止械斗为名，密令收缴共产党控制的上海工人纠察队武装。13日发表《告国民党同志书》，谴责共产党的种种"阴谋"。15日发布《清党布告》，公开宣布"清党"而与共产党决裂。并随即对共产党人进行通缉。18日，宣告成立南京国民政府，形成宁汉对峙局面。

以汪精卫为首的武汉国民党中央，起初在表面上还对蒋介石的"四一二"反共行动进行谴责，但不久之后也加紧策划从"联共"走向"分共"的行动。5月21日，国民革命军第35军何键部团长许克祥在湖南发动反共、反工农的"马日事变"；29日，一直摇摆于南京与武汉政权之间的朱培德，在江西用所谓和平的方式，"礼送"共产党人离赣；6月1日，武汉国民党中央政治会议决定解聘鲍罗廷的顾问职位；19日，冯玉祥在徐州与蒋介石举行会议，鼓吹宁汉合作，联蒋反共；28日，驻武汉的何键发表反共宣言；7月9日，武汉国民党中执会扩大会议通过限制共产党在国民党内的活动、取缔共产党在国民革命中宣传共产主义的决议；14日又召开秘密会议确定分共，15日，武汉国民党中央通过了分共的三项决议案，公开走上了反共的道路。第一次国共合作，至此完全宣告破裂。30日，宣布武汉戒严，禁止自由开会和游行，湖北全省总工会被解散。8月4日，武汉国民党中央训令各级党部，全体动员镇压共产党。随后不久，宁汉合流，武汉国民政府迁往南京，与南京国民政府合并。

三　第二次国共合作

第一次国共合作破裂之后，国共两党之间进行了长达10年之久你死我活的军事争斗。国民党通过在城市实行白色恐怖式镇压以及在广大乡村的多次围剿，使共产党的红军遭受惨重损失，最后仅剩余数万人。但是，日本发动全面侵华战争，中华民族面临前所未有的民族危机，使国共两党之间的关系又开始有所变化，尤其是“西安事变”和“卢沟桥事变”发生之后，促成了抗日民族统一战线的形成，在某种意义上也可以说是实现了中国近代历史上的第二次国共合作。

这里应该说明的是，所谓中国近代史上的第二次国共合作，通常是指国共两党通过谈判，达成停止对立的军事行动，共同进行抗日的协议。当时，共产党一直称此举为国共合作，或是称之为建立抗日民族统一战线，但国民党却一直不肯承认这是国共两党之间的合作，甚至也不愿提及抗日民族统一战线，显示了蒋介石与国民党一党独大之政治心态。

1931 年“九一八事变”之后，蒋介石命东北军政首领张学良节节退让，日军在短短 3 个月即占领东北全境。1933 年，日军又侵占热河及长城以北领土，于 5 月签订《塘沽协定》。1935 年 5 月至 12 月，日本通过制造一系列事件迫使国民党中央势力退出华北，接着策动华北五省脱离中国实行“自治”。这一史上所称之“华北事变”，迫使蒋介石不得不考虑借助苏联之力，结成中苏同盟对付日本，并提出以政治方式解决“共党问题”。同时，蒋介石也私下派人与主张建立抗日民族统一战线的共产党取得联系，提出中共取消苏维埃政府，所有领导人与工作人员均参加南京政府，红军改编为国民革命军，共同抗日。中共中央一方面对国民党提出的条件表示反对，另一方面又愿意保持与国民党进行谈判。当时，对东北丧失痛心不已的张学良，也真心希望政治解决共产党问题，并私下与中共秘密接触后达成互不相犯协定。稍后，中共中央拟订《国共两党抗日救国协定草案》，作为国共合作的基本条件。尽管这个草案同意改编红军，并承诺在适当条件下实行苏维埃改制，但蒋介石却又提出红军先予取消，仅保留 3000 人等新的苛刻条件，其真正目的是想将红军逼往黄河以北，驱逐至外蒙古边界，双方的谈判当然也就无法达成任何结果。与此同时，红军与国民党中央军之间在一些地区的战斗也仍然没有停止。

这一时期的蒋介石一直是左右摇摆不定，一方面希望能够得到苏联的支持抵抗日本的侵略，并以政治方式解决共产党问题，另一方面又不愿完全放弃采取强硬军事行动进行“剿共”的一贯部署与安排。不过，国民党在这期间对待日本的态度较诸先前确实有所改变，并在各方面开始进行抗战的准备。此时，恰好在 1936 年 12 月 12 日发生震惊中外的“西安事变”，终于促成了国共停止内战、共同抗日的初步实现。

西安事变发生后，中共中央派周恩来抵达西安，联同张学良、杨虎城与代表蒋介石的宋子文、宋美龄进行了两天谈判，达成了如下六项协议：一、改组国民党与国民政府，驱逐亲日派，容纳抗日分子；二、释放上海爱国领袖①，释放一切政治犯，保证人民的自由权利；三、停止"剿共"政策，联合红军抗日；四、召集各党各界各军的救国会议，决定抗日救国方针；五、与同情中国抗日的国家建立合作关系；六、其他救国的具体办法。蒋介石对这六项协议均表示同意，但要求不以签字形式，而是以他的人格担保履行。

蒋介石在西安事变后的特殊条件下，虽然同意了上述六项协议，但对共产党仍心怀疑虑，一直认为"陕乱症结仍在共党"。此后西北地区一有风吹草动，蒋介石都会怀疑其中是否有中共的阴谋，几乎到了神经质的地步。实际上，此时中共方面考虑的主要是保证抗日民族统一战线不致破裂。1937年2月8日中央军进入西安，第二日顾祝同及行营也入主西安城内，国民党谈判代表张冲和中共代表潘汉年也同时抵达。周恩来随即与张冲就红军改编、驻防及每月接济等问题又进行了谈判。为了消除蒋介石的疑虑，中共中央致国民党三中全会电作出如下保证：一、在全国范围内停止推翻国民政府之武装暴动方针；二、苏维埃政府改名为中华民国特区政府，红军改编为国民革命军，直接受南京中央政府与军事委员会之指导；三、在特区政府区域内，实施普选的彻底民主制度；四、停止没收地主土地之政策，坚决执行抗日民族统一战线之纲领。在此基础上，周恩来与顾祝同正式磋商后双方达成了协议草案。

但蒋介石先是认为有关政治问题的协议并不重要，应重视军事问题，并提出应做到"编共而不容共"，首要问题是控制中共军队。因此，改编的红军人数不能超过15 000人，多余人员"由中央为之设法编并安置"。稍后，蒋又提出共产党取消、改为应信仰三民主义。2月21日国民党三中全会还通过了《关于根绝赤祸之决议案》，于是政治问题在谈判中也日益突显。针对上述情况，周恩来于24日提出新的谈判方针并获中共中央同意，即可以服从三民主义，但放弃共产主义信仰绝无谈判余地；承认国民党在全国的领

---

① 具体指11月27日被捕的救国会领袖沈钧儒、章乃器、沙千里、邹韬奋、李公朴、史良、王造时，时称救国会"七君子"。

导,但取消共产党绝不可能,惟国民党如改组成民族革命联盟组织,共产党可整个加入这一联盟,但仍保持其独立组织;红军改编后人数可让步至六七万,编制可改4个师,每师3个旅6个团;苏区改为特别区后,俟共产党在非苏区公开后,国民党亦得在特别区活动。

26日,张冲飞回南京向蒋介石当面汇报,当日又返抵西安,向周恩来转达蒋的意见:即两党之间的政治问题"相差不多",如军事问题能够趋于一致即可大功告成。然而,在红军改编人数问题上双方的意见分歧依然很大,蒋介石至多只同意改编4个师4万人。中共方面随后又作出让步,从先前主张的六七万人降为5万人。就在西安近1个月的谈判将要达成协议之际,蒋介石却仍然还在考虑"对共党之处置能否得当"的问题,他一心想达到的目的是剥夺共产党的军事指挥权,遂又提出红军改编后须加派副佐人员和政训人员。顾祝同及其下属贺衷寒深领其意,将周恩来拟定之准备电告蒋介石的谈判结果文稿擅加修改,修改后的条文中,苏区被一分为三,中共失去对红军改编后指挥与人员任用权,改编人数也再被压缩至3万人。中共中央对此明确表示拒绝,电告周恩来返回延安商议。

4月19日,周恩来再次来到西安,提出中共中央草拟的较过去更加强硬的谈判条件。此时,蒋介石也忍耐不住邀请周恩来经上海赴杭州面谈,虚假地表示希望谈判能够尽快取得成功。6月初,周恩来又在庐山与蒋介石面谈,虽然双方条件仍存在差异,但中共中央对蒋的"庐山谈话"仍持肯定态度。此后,谈判继续进行。7月7日,中共中央决定派博古、林伯渠连同周恩来一起,再赴庐山与蒋介石进行第二轮面谈。但卢沟桥事变爆发以及局势的发展,使随后的谈判也出现了新的变化。

卢沟桥事变之后,国民政府对日立场发生变化,准备全力进行抗战。在庐山的第二轮谈判中,蒋介石起初在军事问题上仍坚持先前的立场,但中共方面态度坚决,拒不妥协,谈判陷于僵持。由于抗战已经逐步铺开,形势紧迫,特别是8月13日日本侵略军开始大举进攻上海,国共双方在谈判中都作出了一些让步,达成了协议。9月22日,国民党同意公开发表中国共产党宣言,蒋介石随即也公开发表谈话承认接纳共产党:"对于国内任何党派,只要诚意救国,愿在国民革命抗敌御侮之旗帜下共同奋斗者,政府自无不开诚接纳,咸使集中于本党领导之下,而一致努力。中国共产党人既捐弃成见,确认国家独立与民族利益之重要,吾人唯望其真诚一致,实践其宣言所举之诸点，更望其在御侮救亡统一指挥之下，以贡献能力于国家，与全国同胞一致奋斗，以完成革命之使命。"[①]于是，在西安事变前即开始进行的长达21个月之久的国共两党谈判，至此终于宣告结束。

在此之后，由红军改编而成的八路军，即接受国民政府军事委员会之统辖，成为一支重要的抗日武装力量。1937年9月下旬的平型关之役，八路军受命出击，与国民党军队配合作战，取得了重大胜利。抗日民族统一战线的形成，对于正面战场的全线抗日，以及敌后游击战争的开展，都产生了重要的积极作用。尤其是共产党领导的八路军与新四军在配合正面战场作战的同时，还广泛开展游击战争，创建敌后抗日根据地。从1937年9月到1938年10月，八路军和新四军同日伪军作战1600余次，毙伤日军5.4万人，另还开辟了北岳、冀中、平西、晋西北、晋西南、大青山、冀南、冀北、湘西、茅山等多个抗日根据地，初步形成中国抗战的敌后战场，有力地配合了国民党军队在正面战场上的作战，为使抗战转入相持阶段，打破日军速战速决、三个月灭亡中国的梦想，作出了重要贡献。

当时，由于中国抗战处于困难阶段，蒋介石仍希望通过中共促成苏联援助。1937年11月底，原驻共产国际中共代表团团长王明等人从莫斯科回国，蒋介石即邀请王明、周恩来等中共领导人12月到武汉会谈。会谈期间，中共根据共产国际的指示，表示同意接受此前国民党提出的边区政府人选、联络参谋、派参观团到苏区等要求，同时还就密切两党关系与改进抗日政策提出了一些具体建议，如设立两党关系委员会、建立国防军事委员会、征兵委员会，扩充与改造军队，扩大国防参议会为民意机关等。对这些提议，蒋介石表面上均表示同意。而且在12月底，国共两党即成立了"两党委员会"，并召开了第一次会议。

但是，在特殊历史条件下实现的第二次国共合作，显然与国民革命时期的第一次国共合作有着明显的不同。正如对中共党史与国民党史均有深入研究的杨奎松所说："西安事变结束了国共之间的战争，但是，蒋介石并没有因为共产党人在事变中所起的调解作用，就忘记了对红军的恐惧。尽管蒋并没有食言，也没有采取'将计就计，待其诈降以后较易消灭'的设想，甚

---

① 中共中央统战部等编：《中共中央抗日民族统一战线文件选编》下册，档案出版社，1985年，第823—824页。

至在事变后不久，就批准通过西北‘剿总’按月向红军提供经费，给予红军维持生存所需要的主要开支，但他对周恩来再三要求他帮助解救在河西走廊遭到马家军围攻的两万红军西路军一事，却显然无动于衷。而为了使共产党人的武装不致再度成为国民党的威胁，蒋更是想方设法要剥夺共产党对红军的实际控制权。仅仅是因为日本发动了‘七七’事变，并且大举入侵，蒋介石才因为华北抗战前线的现实需要，而不得不允许共产党人继续指挥自己的军队。结果，国共两党之间虽然实现了妥协，双方却都对对方高度戒备与防范。这种情况不能不极大地影响了两党关系的走向。”①

实际上，在抗日民族统一战线形成前的长期谈判过程中，蒋介石与国民党就一直强调“编共而不容共”，拒不承认所谓第二次国共合作。蒋虽曾当面向周恩来谈及过去的两党合作问题，认为以往合作的失败双方均应检讨，但他同时要求中共不要宣传什么国共合作，主要是与他个人合作。据其当日所写日记透露，他讲此番话的目的是“要求共党改正组织，决定政策，并承认谁为领袖”。② 在双方谈判已经达成协议的前夕，国民党还对中共起草的国共合作宣言大加删改，特别是删除了其中有关政治纲领、国共谅解与合作等条文与字眼，甚至连共产党三个字也全部删除。毛泽东曾表示国民党“没有理由提出把国共团结等语改变”，但考虑到抗战形势严峻，刻不容缓，最后仍同意删去宣言原稿中“国共合作”、“民族统一战线”等字眼。

但抗日民族统一战线形成后，中共仍广泛以两党平等的“国共合作”、“民族统一战线”相号召，并且大力进行宣传。国民党对此也不能容忍，一些强硬分子公开声称：“今天国民党以外的一切党派，都没有独立存在的理由。”在此期间，国民党还大力鼓吹与宣传“一个主义”、“一个领袖”、“一个政党”、“一个军队”，其目的无疑是想对共产党制造舆论压力。蒋介石特别担心的是共产党将借机获得迅速发展，因而想找到一个限制办法。他在与周恩来见面时，曾希望劝说共产党同意在组织上与国民党进行合并，共产党加入国民党成为一个派别，甚至也可将国共两党的名称均予以取消，为合并后的党重起一个新名。但周恩来明确表示，党不能取消，而且国共两党都不

① 杨奎松：《国民党的“联共”与“反共”》，社会科学文献出版社，2008 年，第 386 页。

② 同上书，第 366 页。

可能取消，只能进行合作。在这之后，中共中央政治局会议曾讨论三种合作办法：即实行共同纲领、恢复大革命时期的国共合作方式、组织包括各党派在内的民族革命联盟，后决定采取第三种方式，并向国民党正式提出了这一设想。

在吞并共产党的方案无法实现的情况下，蒋介石就采取种种措施限制共产党的发展与壮大。1938 年以后，随着国共磨擦与矛盾的增加，国民党制定了一系列防共、限共的策略办法。同年 5 月，国民党中常会通过《对党外各种政治团体及其分子之态度的决议》，要求各级党部严密防范共产党等党外政治团体及其分子，如有违反规定即严予取缔。随后，即发生许多国民党地方党部解散救亡团体、封闭有关机关，逮捕民众运动领导人的事件。面对当时的局势，中共中央进行了专门研究，毛泽东认为必须进一步加强国共两党组织上的合作，应该将“国民党本身变为民族联盟，各党派加入国民党而保持其独立性”，这显然是第一次国共合作的模式。但蒋介石坚决反对采取跨党的合作方式，仍强调必须合成一个组织，即“共产党员退出共产党，加入国民党，或共产党取消名义将整个加入国民党”。

共产党的方案不仅未得到蒋介石的赞同，反而加深了蒋的疑虑，特别是八路军及其敌后根据地迅速发展，似乎国民党“失地愈多该党发展愈速”，遂又接连发布各种防共和限共措施。1939 年 1 月国民党召开五届五中全会，蒋介石的发言特别强调“要严正—管束—教训—保育——现在要溶共——不是容共”。会议通过的《限制异党活动办法》，也确定“溶共、防共、限共、反共”方针，同时还决定成立“防共委员会”。会后，国民党又制订了《纠正共党不法行为宣传办法》、《共党问题处置办法》等有关秘密文件，从政治上、军事上、经济上、教育和文化宣传上，对共产党进行全面防范与限制。在此之后，国民党制造的更多反共惨案更是接连发生，甚至国民党军队与八路军之间也出现了较大规模的军事冲突。最为严重的是 1941 年 1 月发生的“皖南事变”，新四军军部及皖南部队 9000 余人遭国民党 8 万军队伏击，发生激烈战斗，仅 2000 余人得以突围，其余均牺牲，军长叶挺被押，副军长项英被杀害。

上述事实表明，抗战时期的所谓第二次国共合作，实际上主要只是在停止此前国共两党之间大规模的军事对立行动而一致抗日的问题上达成了一致，国民政府对改编后的红军也提供了必要开支所需的经费，但除此之外，国共两党之间在其他方面的合作内容少之又少，或者可以说并无其他真正的合作行动，这与第一次国共合作显然存在着明显的差异。不仅如此，两党之间的磨擦与矛盾一直都未停息，甚至一度发展到出现公开化军事冲突的程度，使两党关系几乎达到了破裂的边缘。

面对蒋介石及其国民党的一系列反共行动，中共一方面仍然顾全抗日大局，忍辱负重，以不使抗日民族统一战线破裂，取得社会舆论与其他党派的同情支持；另一方面也以各种方式予以回击，包括军事上的反击。“皖南事变”发生后，中共中央发表《关于皖南事变的指示》，全面揭露国民党破坏抗战的行径，向国民党提出停止挑衅、惩办祸首等抗议要求。当时，全国舆论与各界人士都对共产党表示同情支持，使国民党陷入十分孤立和被动的处境。为了摆脱困境，蒋介石不得不在国民参政会二届一次会议上表示：皖南事变“不牵涉党派政治”，并公开地“保证……以后决无剿共军事”。

显而易见，第二次国共合作在很大程度上一直受到抗战的制约。杨奎松曾说明：“不论国共两党利害关系有多大的不同，国民党如何看不起中共的武装，中共如何看不上国民党，它们最终还是要暂时将自身的利益服从抗日的利益需要。因此，即使国民党内相当一部分领导人早就心存‘剿灭’中共的想法，但无论事变前，还是事变后，他们都不能不把自己的行动保持在有限的范围之内。同样，中共在遭受了重大损失之后，本可采取更加激烈的对策，但也不能不顾及到争取国民党继续抗日这个事实，因而极力地限制自己实行报复政策和对抗政策的范围。由此可知，在抗战期间，民族矛盾终究还是高于两党之间的矛盾的。国共两党不论闹到何种地步，也还是不能不走向妥协。”①

尽管国共两党之间的矛盾与争执始终未断，并没有真正建立密切的合作关系，但相互停止大规模武装军事冲突，共同一致抗日，却对中国抗日战争取得最后胜利有着至关重要的作用与影响，这一点是值得充分肯定的。抗战胜利后，国共两党在重庆又举行了谈判，但相互之间已经失去了共同抗日这一合作的基础，意味着两党之间的大规模武装冲突很可能再度发生，内战也无从避免。

---

① 杨奎松：《国民党的“联共”与“反共”》，社会科学文献出版社，2008 年，第 460 页。

思考题

中国近代历史上两次国共合作的异同与影响。

阅读书目

1. 王奇生:《国共合作与国民革命(1924—1927)》,张海鹏主编:《中国近代通史》第7卷,江苏人民出版社,2006年。
2. 杨奎松:《国民党的"联共"与"反共"》,社会科学文献出版社,2008年。

第十四讲

近代中国灾荒人祸

> 黄水望无边，灾情实堪伤；村村皆淹没，家家尽饥荒；贫者本苦难，富者亦无粮；结队离田园，流浪至何方？忍饿暑天行，面瘦黑又黄；偕妇载婴儿，啼号道路旁；日落原野宿，碾转秋风凉；流民成千万，何处是安乡！

上面这首诗是《河南民国日报》一位署名"冠生"的记者，在1938年黄河花园口决口引发大水灾之后，在黄泛区进行调查时所写。这首诗不仅用悲哀的诗句描绘了当时灾民的苦难情景，而且也是近代中国灾荒频发、民众流离失所的真实写照。

由于各方面因素的交相影响，致使中国近代成为严重灾荒频发的一个历史时期。包括大规模的水灾、旱灾、虫灾、饥荒即不下十余起，较小规模的各种灾荒更是不计其数。每次大的灾荒都产生了极为严重的后果，不仅民众正常生活受到影响，甚至造成大规模家园被毁与人员死亡，乃至影响到政局变动。

近二十年来，学术界对中国历史上各种灾荒的研究日益重视，并且已有不少相关成果陆续问世。尤其是近代灾荒史的研究成果以及相关史料的整理出版更为突出，在中国近现代史研究中已经形成了一个令人关注的"灾荒学"新领域。更多的学者越来越意识到对灾荒史的研究，不仅具有很高的学术价值，也不乏重大现实意义。正如李文海先生在《民国时期自然灾害与乡村社会》序言中所说："自然灾害同许多自然现象和社会现象一样，也是有规律可循的。通过对灾荒史的研究，逐步探索和掌握自然灾害发生发展的客观规律，加深对自然规律的认识和把握，从而进一步提高人们的防灾抗灾能力，更加科学地利用自然为自己的社会和社会发展服务，这显然是极有意义的。"

还有学者提出了“灾害历史学”的概念，认为对灾害从人类社会领域或者说从破坏性力量作用造成的后果方面进行考察，属于对灾害社会属性的研究范围，其重点在于考察灾害对人类经济社会生活的破坏程度、影响大小以及人类对于灾害的回应。灾害历史学是一门研究灾害历史的学问，从历史学的角度理解，它具有专门史学的性质，从灾害学的立场加以考察，又可以说它是灾害理论研究的一部分。因此，灾害历史学是灾害学与历史学的交叉学科，既跨自然科学和社会科学两大基本门类，又兼具灾害学和历史学两个学科领域的基本性质。①

一　近代严重灾荒的成因

灾和荒是既有联系又有区别的两个不同的概念。所谓灾，是指自然界的破坏力对人类社会造成的损害，也就是自然灾害；所谓荒，是指灾的延续，也就是自然灾害给人类、社会造成的损害所带来的人们生产、生活困难。灾主要是受大自然的支配，不能完全由人的意志决定；荒虽然是灾的延续，但灾后有荒无荒、荒的大小，却受着人们战胜灾害能力大小的影响。旧中国有灾必有荒，故而灾荒在近代又是一个统一的概念。②

较早出版的《中国救荒史》一书的作者邓云特先生在该书绪言中曾经指出，灾荒虽然是由于自然界的破坏力对人类生活的打击超过了人类的抵抗力而产生的损害，但在阶级社会中，灾荒基本上是由于人和人的社会关系的失调而引起的，是人对于自然条件控制的失败所招致的社会物质生活上的损害和破坏。显而易见，这段话更强调的是人类自身的行为对自然条件的改变与破坏，对导致自然灾害产生了重要影响。学界一般都将自然灾害分为天文灾害、气候灾害、地质灾害、海洋灾害、生物灾害等若干类型，并将需要较长时间渐变而成的气候冷热异常改变、土地沙漠化或盐碱化、水土流失、森林减少、物种灭绝、水资源枯竭等，称为渐变性灾害；将短时间突发的地震、洪水、风灾、瘟疫、滑波、泥石流、虫灾等，称为突发性灾害。无论是渐变性灾害还是突发性灾害，其发生的原因均既有客观环境

① 张建民、宋俭：《灾害历史学》，湖南人民出版社，1998 年，第 3—4 页。
② 陆永昌：《灾荒概论》，《灾害学》，1988 年第 2 期，第 88 页。

因素的影响，又有人为主观因素的影响，前者受人为主观因素的影响虽然更为显著和突出，但后者同样也不乏这方面的影响，有时甚至很难将两种影响截然分开。

具体说来，近代中国为什么会成为一个重大灾荒频发的历史时期？迄至目前，已有不少学者从不同的方面进行过有益的探讨，归纳起来，大体上主要有以下几个方面的原因。①

第一，生态环境遭受严重破坏，为灾荒爆发留下极大隐患。

生态环境的好坏，是人类能否顺利生存和发展的重要客观条件。古今中外的历史都一再证实，人类如何对待生态环境，生态环境就会相应给人类带来何种回报，或者是造福于人类，或者是以自然灾害的方式对人类予以惩罚。因此，保护好生态环境使之免受破坏，应该是人类的重要任务之一。中国古代传统的"天人合一"理念，在某种程度上即是强调人与自然的和谐，人类应该顺乎自然规律。然而到了近代，由于人口急剧增长、经济迅速发展、滥垦滥伐加剧，生态环境因此而受到严重破坏，成为导致灾荒频繁发生的主要原因之一。

在清代，中国人口的增长十分迅速。据估计，清朝入关后经顺治、康熙两朝七八十年的恢复与发展，到雍正、乾隆年间历年均出现人口大幅度增长，及至道光二十年即鸦片战争爆发的这一年，全国人口已达到四亿多人，进入中国历史上人口发展的高峰。人口迅猛增长本是"康乾盛世"的重要体现，但由此引发的另一个严重问题是地少人多，土地不敷耕种，人们的生计开始受到威胁。在当时的历史条件况下，缓解这个难题的唯一举措，就是进行大规模的移民垦荒。从清代初期开始，移民垦荒就已经开始出现，后一直持续进行，到晚清规模越来越大，垦殖区域也扩充至东北、内蒙古、西北、华南、长江流域等广阔的地区，在清末"新政"期间，更是进入到各地垦殖"全体开放时期"。

中国是一个多山的国家，三分之二的国土为山地、高原和丘陵地带，即使是在东南部山脉与海沟地势高差也超过 1 万米，如果生态环境受到破坏，很容易因持续下雨引起水灾。清代大规模的移民垦荒，对于缓解人口密集

① 参见苏全有：《论晚清灾荒的成因及其影响》，《商丘职业技术学院学报》，2002 年第 2 期。

地区地少人多的压力,发展农业以及社会经济,确实起到了较为明显的作用,但在此过程中又普遍出现了大量滥垦滥伐的现象,使原有生态环境遭受了极为严重的破坏,为此后各种自然灾害的发生埋下了诸多隐患。连晚清在中国进行调查的日本人也发现:"往昔,北满一带除一部分草原外,都是被郁郁葱葱的密林覆盖的森林地,但19世纪中叶以来,仅从移民增加和北满铁路建设以后,由于无任何控制的乱砍滥伐,使交通方便地区的森林全部遭到破坏,有希望的林区森林面积显著减少,远古积蓄下来的美林,只剩下一部分。"其他许多垦区的情况也都是大同小异,例如光绪《山西通志》卷六六记载:"南山之水,采无虚岁,而土人且利山之濯濯,垦以为田,寸株尺孽,必铲削无遗。天若暴雨,水无所碍,朝落于南山,而夕即达于平壤,延涨冲决,流无定所。"又如在川陕楚交界的大巴山区,古老植被因开垦受到严重破坏之后,"泥沙随雨尽下,故汉之石水斗泥("汉"指长江支流汉水——引者),几同浊河。"

生态环境遭破坏易引发各种自然灾害,现今已是人所共知的事实。即使是在当时的历史条件下,有识之士对此同样也不无领悟。例如晚清士人就曾说明长江流域丘陵山地开发过度,是导致水灾频发的主要原因:"大水由水溢,水溢由河底之淤,河底之淤由积渐沙泥之壅,沙泥之壅由上游山地开垦之繁兴。"民国年间孙中山也在《三民主义》中阐明:"近来的水灾为什么是一年多过一年呢?古时的水灾为什么是很少呢?这个原因,就是由于古代有很多森林,现在人民采伐木料过多,采伐之后又不行补种,所以森林便很少。许多山岭都是童山,一遇了大雨,山上没有森林来吸收雨水和阻止雨水,山上的水便马上流到河里去,河水便马上泛涨起来,即成水灾。"为此,孙中山特别强调:"防止水灾与旱灾的根本方法,都是要造森林,要造全国大规模的森林。"

第二,战争连绵不断,促使灾荒更趋严重。

从晚清到民国,110年的中国近代史在很大程度上又称得上是内外战争持续不断的一部独特战争史。其中包括欧美列强与日本帝国主义屡次发动的侵华战争,中国内部的农民起义战争,各派军阀之间不停息的混战,国民党中央政权与各个地方实力派的争夺,以及国民党发动的反共内战等。各种不同类型的战争虽然各有其相异的后果与影响,但在客观上许多战争都会不同程度地破坏生态环境,引发大小各种灾荒,或者是使灾荒变得更加严重。有学者统计,从1916年至1930年,大大小小的军阀战争从未休止,1916至1924年战区波及7省,1925至1930年又迅速扩展至14省,影响十分广泛。尤其是十年内战期间国民党对共产党根据地多次发动的围剿,以及八年抗战后挑起的全面内战,加上日本帝国主义发动的全面侵华战争,都将战火延伸至最基层的广阔乡村社会,所产生的影响也更为严重。战祸与天灾往往是交相叠见,民国时期的几次特大灾荒,无一例外地是在纷飞的战火中孕育和爆发的。[①]

另还有学者以晚清的情况为例,也说明战争频仍是导致当时出现灾荒的重要原因。因为晚清时期同样是战争连绵不断,对灾荒的影响极大,具体表现在以下两个方面:其一,战争使国家自然生态环境遭到极大的破坏,助长了灾情的蔓延。在战争中,大片森林或被战火焚烧,或被砍伐用以构筑营垒、建造船只、生产火药,森林遭受惨重损失。如江苏、江西、安徽、浙江等省的林木,在太平天国战争期间几乎被砍伐殆尽,许多富庶的地方被战火焚毁成荒芜之地。苏南原为鱼米之乡,但经过晚清咸同年间的战争浩劫,田园林木毁尽,人民奄奄一息。对此,李鸿章也有这样的描述:"查苏省民稠地密,大都半里一村,三里一镇,炊烟相望,鸡犬相闻。今则一望平芜,荆榛塞路,有数里无居民者,有二三十里无居民者;间有破壁颓垣,孤嫠弱息,百存一二,皆面无人色,呻吟垂毙。"自然生态被破坏的严重情况,于此可见一斑。其二,战争导致清政府用于治灾的经费被削减,直接削弱了国家的抗灾能力。光绪二十年(1894),许振祎在奏折中谈到河工经费因连年用兵而被大幅削减的情况,指出"道光年间,河务修理,自可足用,今自咸丰年间,军事日棘,部款难筹,或拨四分之一,或拨四分之二……而河工之废弛已深"。咸丰五年(1855),黄河在铜瓦厢决口后,清廷忙于应付农民起义,无力顾及河决之事。咸丰帝下诏说:"黄流泛滥,经行三省地方,小民荡析离居,朕心实深轸念。惟历届大工堵河,必需帑项数百万两之多,现值军务未平,饷糈不继,一时断难兴筑。若能因势利导,设法疏消,使黄流有所归宿,通畅入海,不致旁趋无定,则附近民田庐舍,尚可保卫,所有兰阳漫口,即可暂行缓堵。"即使对于关系京畿重地的永定河,其维护岁费也被削去四分之二三。

① 夏明方:《民国时期自然灾害与乡村社会》,中华书局,2000年,第333页。

由于治水经费的减少，导致“旧日河渠半多埋塞”，“原有闸坝堤埝无一不坏”。①

更有甚者，在近代军阀混战期间，有的军阀出于战事需要，不惜人为破坏自然环境，有意造成巨大灾害。例如1921年间的湘鄂军阀之战，吴佩孚即曾接连破坏三处长江堤闸，当时“正值秋水泛滥之时，湖水破堤而出，监沔一带农民被淹者二千余户”，并导致武昌以及蒲圻、咸宁等地区的水势也“纵横百余里，一片汪洋，为前清道光己酉年(1849)以来所未有之巨劫。”1933年四川军阀刘文辉也曾破坏著名的都江堰，造成“沿河十余县泛滥成灾，稻田被淹没，荒村陷于全灭状态”。1938年国民党更是在郑州花园口决开黄河大堤，人为造成生命财产损失的巨大灾害，使豫、皖、苏三省5万余平方公里成为泽国，1千余万人受灾，死亡近百万人，千里沃土成为长达近十年无法耕种的“黄泛区”。

此外，战争期间高额的军费开支，还造成预防和治理灾荒的经费极为短缺，致使许多具体措施都只能流于空文。中国是一个农业大国，无论是为了保证农业生产还是预防水灾，每年都需要有大量经费修建水利。而在战争期间，作为专项使用的水利基金却常常被挪用为军费。1931年武汉爆发严重水灾，一方面是因为这一年长江水势过猛，另一方面也是由于水利经费被挪用，无法修固江河堤坝。前此一年国民党中央政府穷于应付中原大战的军费开支，在财政捉襟见肘的困境之下，从湖北的堤防修筑费中强行抽取1千多万元，挪为部队的军饷。剩余的部分水利经费不是被地方官员瓜分，就是被不法鸦片商贩骗取。于是，这一年湖北根本没有经费对江湖堤坝进行修固。等到次年长江遭遇洪水来袭，未经修固的堤坝当然是不堪一击。

第三，吏治腐败，生产关系恶化，使灾荒无以避免。

从晚清到民国，吏治腐败之风日益盛行，贪官污吏越来越多。许多官员不仅疏于职守，而且一心只想谋取升官发财，即使是用于各项治理工程的资金也敢于中饱私囊。1897年孙中山在《中国的现在和未来》一文中揭露和抨击清朝吏治贪污腐败，致使河工废弛，酿成水患，并说明“中国所有一切的灾难只有一个原因，那就是普遍的又是有系统的贪污，这种贪污是产生饥

---

① 史革新：《晚清时期的自然灾害及其成因、影响约议》，《湘潭大学学报》，2008年第4期，第114—115页。

荒、水灾、疫病的主要原因”。另据《清史纪事本末》卷四五《咸丰时政》记载,晚清南河河道总督衙署官员腐败与荒废河务,达到了十分惊人的程度:“南河岁费五六百万金,然实用之工程者什不及一,余悉以供官吏之挥霍。河帅宴客,一席所需,有駝三四驼,五十余豚,鹅掌猴脑无数,食一豆腐,亦需费数百金,他可知已。骄奢淫逸,一至于此,而于工程方略,无讲求之者。”南河总督潘锡恩致仕回籍后,“竟拥资数百万”,成为皖南首富,其贪污腐化之程度可想而知。

吏治腐败使许多重大治理工程无法正常进行,尤其是水利工程因年久失修而废弛,不仅影响农业生产,而且失去了原有抗灾能力。例如过去被称为“塞上江南”的宁夏灌区和内蒙古河套灌区,到国民党统治时期许多渠道因长年缺乏治理,导致渠系混乱,乱灌无排,宁夏灌区四处积水,肥沃土地成为沼泽与盐碱地,水旱灾荒频繁出现,河套灌区也大部分出现淤塞。在这种情况下,一旦灾害降临必然无法抵御,造成巨大损失。由于吏治腐败,灾害发生后灾民也常常得不到及时救助,“水旱遍灾,犬羊官吏,坐视而不能救;无告之民,靡所得食,乃扶老携幼,聚族数百,相率而为流氓,过都越邑,乞食于道。”

除此之外,再加上土地分配严重不均,地主对农民实行残酷剥削,使广大农民仅能勉强维持基本生活,既缺乏基本的抗灾能力,也无力从事灾后正常生产之恢复。近代中国农村又是以一家一户为基本生产单位的小农经济结构,生产规模狭小,生产技术落后,生产力水平较低,只能保持低水平的简单再生产,建立在这种经济水平上防灾措施与能力,当然也是十分落后的。民国时期,已有人意识到土地分配不均与生产关系恶化,对灾荒有直接影响。“天灾匪祸固促进人间之悲剧,但社会内在组织早已潜伏不合理之根芽,一旦灾祸来临,便演成不幸之惨象,究其实乃社会问题所招致之罪恶耳。此社会问题即土地分配问题。向使农民自有土地不为地主所掣肘,灾祸之来固受一时之损失,然灾祸已去,人工之补救亦属易事,必不致如铜陵灾后荒田无人耕种。总之有地不种与欲种无地是土地分配之极大矛盾。而田有饿殍,市有余粮,即土地分配不均之写真。”

总而言之,近代中国严重灾荒的成因,是由于生态环境遭受严重破坏,为灾荒爆发留下极大隐患;各种战争连绵不断,促使灾荒更趋严重;吏治腐败,生产关系恶化,使灾荒无以避免。

二　近代防灾救灾思想

由于中国历史上各种灾荒接连不断，不仅导致难以估计的生命财产损失，而且因广大灾民流离失所，难以维持生计，又往往在其他许多方面也连带造成相当严重的社会问题，使整个社会动荡不安，有时甚至激发大规模社会骚乱与民众暴动。因此，中国历史上的有识之士对防灾救灾都比较重视。早在宋元明清时期，即产生了《救荒活民书》、《荒政丛言》、《荒政考》、《荒政丛书》、《康济录》、《荒政辑要》等一批有关荒政的专门书籍。及至近代，随着灾荒更趋严重，也出现了不少值得重视与借鉴的防灾救灾思想。

首先，我们来看早期维新派思想家的防灾救灾思想。陈炽在《续富国策》一书中，大量论述了有关灾荒的内容，他的另一部著作《庸书》也经常涉及其灾荒思想。陈炽明确意识到保护生态环境的重要性，认为灾荒频繁发生与生态环境被破坏有着紧密的关系。他指出，西北地区由富庶而变贫穷，主要原因就是生态环境恶化，“水利废而河患增，地力竭，树蓄之道，阙焉不讲。”于是，引起水旱灾害频繁发生，由富而穷。陈炽还特别强调保护森林的重要意义，并在《种树富民说》一文中阐明：“今以一省计之，林木蕃昌，无不富者，其少者无不贫；以　地计之，一村一镇，林木蔚然，无不富者，否则贫甚矣。”因此，山林之地绝不能“听民自占”，并且需要尽快改变“民不知种树之方，官不知严伐树之禁”的状况，否则水旱灾害将无以避免。对于水利的重要防灾作用，陈炽也多有论述，他指明如果能够切实做到“容水有地，泄水有方”，则“水患自去”。所以，需要大力兴修水利，对已建水利工程，必须精心予以巩固而不致废弛，否则无论是水灾还是旱灾都极易发生，“水则一望滔天，旱则千里赤地，黄河、永定河岁岁浸决，百姓流离转徙。”陈炽还认识到，清代“生齿蕃庶，十倍于汉唐”，“腹内各省，人稠地狭”，导致“土地之所生，不足而养”。这实际上是意识到人口急剧增长而带来的某种负面影响。

基于上述认识，陈炽把改善生态环境、减轻自然灾害作为其救治灾荒、养民富国的首要之策，“富国莫要于养民，养民莫亟于水利，其事大用大效，小用小效。”要使水利的兴修有所成效，需要“创译专书，博求良法”，根据不同地区的实际情况分而治之；同时，还应“以种树为当务之急”，设立专官负其职，做到“岁岁增种树株，自城而乡，自近而远，自郊而野，自薮而泽，自平地而高山，先就土性所宜，取其易活，然后增种有利之树，以辟利源”。对于随意砍伐树木者，则严加惩罚，“擅伐一株者，则种两株，富者罚千文以充公用。”他同时建议将种树与地方官吏的考成联系起来，“以种树之多寡为殿最”。如此“内治有基，更能以渐扩充，水山颠，遍植佳木”，当可逐渐实现“种树富民”之理想。陈炽坚信，如此这般“持以十年，而中国土地不肥，人民不富者，未之有也”。①

晚清时期，郑观应也曾对防灾救灾提出了许多有见地的个人看法。他首先分析了灾荒产生的原因，认为士绅的观望与官吏的漠视是灾荒连年的重要原因之一。“在绅士互相观望，无公益心，在官长畏难苟安，不问民间疾苦”；受灾之后，对于灾民“地方官竟不注意所求，赈款又缓不济急”，导致“灾民流离失所，死者无数”。郑观应也意识到生态环境屡遭破坏，是灾荒频发的另一原因，他以北方水旱灾害为例，说明“自粤、捻构乱，燕、齐、豫诸省所有树木斩伐无余，水旱频仍，半由于此”。郑观应认为水灾之损害最烈，故应以预防水灾为要，而治淤乃治河之关键之举，因“河之泛滥恒由淤塞，先谋取疏通”。他还提出了许多切实有效的治淤方法，如仿西法用机器船挖掘河中淤泥，修筑坚固河岸，收事半功倍之效。此外，朝廷任命的“治河之官，必须学有本原，才资干济”，并奖惩分明，使其不敢有所懈怠。郑观应对旱灾也并非不重视，他曾针对西北屡发旱灾撰写了《论治旱》一文，提出“仿泰西风车之法，以代人力之劳”，“遇旱则掘深井，以风力吸水，灌溉田畴；遇潦则开水道，以风力戽水，导注江海。”同时，应广植树木，以树吸水，使农作物“虽值旱干犹不至于速槁”。在防灾救灾方面，郑观应还提出了其他一些新见解，如广泛设立金融机关办理农业保险，仿效西方保险之制，“损害分担，灾荒无忧”。设立农仓，平抑物价，农民一旦受灾，可及时提供帮助，使其免受盘剥。不难看出，郑观应防灾救灾思想的特点是，重视学习西方先进技术与管理方法，其防灾备荒之法，涉及科技、经济、社会、政治等众多方面，体现出综合治理的特点。②

① 以上内容见徐妍：《灾荒与民生：考察陈炽经济思想的新视角》，《清史研究》，2001 年第 2 期。

② 以上内容见张大伟：《郑观应防灾备荒思想探析》，《石河子大学学报》，2007 年第 3 期。

稍后，一些热心慈善公益事业的绅商也十分关注防灾救灾事宜。例如被时人称赞为“勇于为义，淡于趋利，闻名遐迩，树立有素”的晚清江南著名绅商经元善，即非常重视兴修水利，提出了治河代赈的主张，希望从根本上消除灾源。1880 年经元善亲赴直隶灾区放赈，时间长达两月。在此期间他实地调查了直隶受灾的原因，随后发表了治理该省水灾的文章。通过调查访问，经元善认识到直隶连年遭受水灾，是因为“直隶之水，源派繁多，宣泄不畅，乃不事疏导，专事阻遏”，以致“年复一年，堤身既高，河身与之俱高，川地因之益低”。要解决直隶水患，就必须改变以往的办法，“广开新河，宣泄积涝，排决归路……脉络贯通，害除则利自兴也”。[①] 1880 年 6 月 14 日的《申报》发表一篇评论，称经元善“改办赈为治河”的主张，是“一劳永逸之谋”。郑观应则将经元善阐述兴修水利的一篇文章，作为附录收入自己的著作之中，并在按语中说经氏之论，“言皆切实，虑极周详”。

除此之外，经元善还提出了如下主张。其一是救急不如救贫。以往的慈善之举，大都是遭遇灾荒后临时募捐赈济，经元善认为这种做法多有弊端。因为“民生困穷，日甚一日，丰年啼饥，况于歉岁。灾患无穷，荒年之饥民有限，丰年之饥民无限”。所以，救急不如救贫，“不知不救贫，则贫亦变急”；“则善后之法，所宜亟讲矣”。经元善所提出的善后之法是何内容呢？按照他的设想，“一曰兴农开荒，一曰课工教艺”。兴农开荒之说早已有之，而且经元善认为此举“大而费巨”，难以实施，“资款有限，不得不于行善中求生财惜费之法”，故而他更看重的是具有近代公益慈善事业性质的“课工教艺”。

其二是善举之惠，应从一身及至一家，从一时及至永久。经元善多年从事慈善活动，深知“善举以博施济众为极功”。他认为：“养老、育婴、恤嫠非不善也，然惠仅一身，不能及一家也；施粥、施衣、施药非不善也，然惠仅一时，不能及永久也”。同时，他还十分了解“各行省善堂，有名无实者甚多，即名实相副，其功德所被亦殊不广耳”。因此，不改变和扩大原有慈善活动的内容及格局，也将难以收到更为广泛的实际效果。“工艺院教成一艺，则一身一家永可温饱，况更可以技术教人，功德尤无限量。……此举不但恤

---

① 虞和平编：《经元善集》，华中师范大学出版社，1988 年，第 23—25 页。

贫,且以保富;不仅可变通赈济,亦可变通一切善堂。"

清末民初的另一著名实业家张謇,也十分重视水灾的标本兼治,并曾提出导淮治灾的一系列主张。他认为灾象显现之后,赈灾固然必要,但还须从长计议,不能单以赈灾作临时应付之策。因为"水道不修,则水灾尤必有之事,有灾即又须赈。徒赈无益,甚且养成一般人民之依赖性,故以工代赈,为中国向来办赈至善善策"。[①] 关于水灾形成的原因,张謇特别强调"成灾在天,致灾在人"的辨证关系。具体就江南地区的水灾而言,"若不于受灾之源而治之,天意无常,数年或数十年之内,设有如上年(1903)之灾者,灾区必更大,灾情必更重,将何以应?所谓受灾之源者,淮水也。淮所以为灾者,入海路断,入江路淤,水一大至,漫溢四出。"有鉴于此,只有采取导淮治水的标本兼治措施,才能收到显著的成效。"十年以后,淮有畅流入海之路,湖有淤出可治之田,国有增赋,民有增产,大患尽去,大利顿兴,因祸为福,转败为功之机无逾于此。否则一灾辄死数十万人,一赈辄费数百万金,民固不堪,国亦不堪。"[②]可见,张謇防灾救灾思想的显著特点是,强调对水灾必须标本兼治,同时注重以工代赈,其与传统的防灾救灾思想有着明显的不同。

作为中国民主革命先行者的孙中山,也曾就近代中国灾荒问题提出过一系列主张。特别是在救灾方面,孙中山的见解颇具特色。他认为,中国交通不发达是阻滞和影响救灾的一个重要客观因素。在1893年撰写的《中国的现在和未来》一文中,孙中山就曾提出铁路与灾荒救济的关系,说明"一个地方发生了饥荒,可是离这里不远的地方粮食却丰收,这又是常有的事。就因为缺乏铁路或适当的道路,饥民就得不到别的地方多余的食物来维持生命"。类似的情况,在当时确实是存在的。所以,孙中山将铁路建设与救灾事宜联系在一起,强调铁路建设不仅事关实业发展,而且对于救灾多有裨益,可谓一举两得。

历来的防灾救灾思想都无不关注水利问题,孙中山同样也十分重视兴修水利,认为要从根本上治理水旱灾害,就必须切实注重疏河筑堤,所以在其著名的《实业计划》中治河兴利也占有相当的篇幅。不过,作为革命家的孙中山更注重于揭露腐朽的封建统治,是导致中国灾荒延绵不绝的主要根

① 张謇研究中心等编:《张謇全集》第2卷,江苏古籍出版社,1994年,第101页。

② 同上书,第34页。

源。他在《中国的现在和未来》中曾经指出,“官吏贪污和疫病、粮食缺乏、洪水横流等等自然灾害间的关系,可能不是明显的,但是它很实在,确有因果关系。这些事情决不是中国的自然状况或气候性质的产物,也不是群众懒惰和无知的后果。”基于这一认识,孙中山认为中国必须进行根本性的政治与社会变革,才能从源头上减少灾荒的发生,由于“这些罪恶的来源是贪污,而这种贪污又是根深蒂固遍及于全国的,所以除非在行政的体系中造成一个根本的改变,局部的和逐步的改革都是无望的”。

除此之外,孙中山还提出过一些防灾救灾的具体主张。内容包括大力发展实业,尽量增辟富源,以防灾救荒;导河治水,利航而袪灾;发展农业与植树造林。归纳起来就是要学习西方经验,发展农业科学技术,保护生态环境,改变旧的陈腐的种植办法,实现中国农业生产整体系统的根本性转型,这不仅符合中国历史的发展趋势,而且对于防灾救灾也具有重大的历史意义。[①]

如上所述,从晚清开始有识之士已就防灾救灾问题提出了不少值得重视的见解,但是,晚清时期的清朝统治者在荒政思想及举措方面,却并没有明显的新发展变化,在面临水旱灾害即将来临时,皇帝仍然只是率王公大臣祈求上天保佑消灾,灾后则被迫下罪己诏,同时采取一些治标之法,予以赈济及蠲缓额赋,这些情形与古代封建社会统治者相比较并无多少区别,因而即使许多有识之士提出了有益的防灾救灾思想,但由于统治者未予以重视,也未采取切实可行的新举措,所以不可能真正解决问题。到民国时期,政府在荒政方面虽然也采取了一些新措施,但由于军阀混战、吏治腐败等原因,同样也难以真正产生实效。因此,近代中国的重大灾荒依然是连绵不断,损失惨重。

三　近代的严重灾荒

中国近代发生灾荒次数之多,加上史料记载的不完整,使得后人在做这方面的统计工作时也遇到不少困难。根据已有的相关研究成果,我们大体

① 孙语圣:《试论孙中山的救荒思想》,《广东社会科学》,2006 年第 1 期。

上可以得知,仅从晚清的1861至1895年的35年间,全国各地(今新疆、西藏和内蒙古自治区不计)共有17 278县次发生一种或数种灾害,年均达493县次,按全国省区当时县级行政区划(包括县、州、厅等)的总数约1606个计算,即每年约有31%的国土笼罩在各种自然灾害的阴霾之下,其中最严重的1881至1885年间甚至高达2829县次,平均每年596县次。从1840年到1911年的72年中,导致万人以上人口死亡的重大灾害即有48次,死亡总数为17275634人。[①]进入民国以后各种灾害发生的次数虽略有减少,但实际遭受的损失却仍然十分惨重。从1912至1948年,全国各地(不包括今新疆、西藏和内蒙古自治区)总共有16698县次发生一种或数种灾害,年均451次。按民国时期县级行政区划的最高数(1920年北京政府时期有2108个,1947年国民政府时期为246个)计算,每年约有四分之一的地方遭受灾害。在各种灾害中,最为严重的是水旱两灾。从1912至1948年,全国遭受水灾共7408县次,年均200县次,位列各灾害之首;旱灾5955县次,年均161县次,位居第二。蝗灾系第三大灾害,共1719县次。[②]

由于近代中国灾荒几乎多至数不胜数的程度,这里难以一一述及。下面,仅对学术界认为的近代中国若干次严重灾荒,以李文海等先生所著《中国近代十大灾荒》一书为依据,略作说明,以帮助读者对近代灾荒的相关情况稍有一些较为具体的了解与认识。

一、1841至1843年连续三年的河南黄河决口大水灾。

1841年8月2日,因入夏后黄河中下游水势持续上涨,在河南祥符县(今属开封)上汛31堡溃决,混浊的滔滔河水顺势而下,随即吞没了无数村庄。该处距省城开封仅15华里,次日河水就冲毁护城大堤,使开封陷于河水包围之中。据有关史书记载:"六月初八日,黄河水盛。至十六日,水绕河南省垣,城不倾者只有数版。城内外被水淹毙者,不知凡几。"

河南巡抚牛鉴无暇顾及已经陷于一片汪洋的十余州县,只是不惜血本全力坚持保护汪洋中的孤城开封。由于开封城墙年代久远,长时间受大水冲泡,难免险象环生。在形势万分危急的情况下,连道光皇帝也只得下诏:

① 夏明方:《从清末灾害群发期看中国早期现代化的历史条件——灾荒与洋务运动研究之一》,《清史研究》,1998年第1期,第72、75页。

② 夏明方:《民国时期自然灾害与乡村社会》,中华书局,2000年,第35、37页。

"以开封水围匝月,情形危迫,命牛鉴将城内居民及早迁徙,官员亦酌量迁避。"万幸的是,历经险境的开封城墙虽"一日塌至数次,每次必至极危极险",但最终却并未被大水完全冲垮。直至次年春,遭大水威胁"共阅八月之久"的开封,才解除了危险。开封虽然免遭水淹,但此次黄河水灾仍十分严重,河南、安徽两省20余个州县遭灾,江苏、江西、湖北三省也"均有被灾地方"。大水所经之地,"村庄人烟断绝,有全村数百家不存一家者,有一家数十口不存一人者。即间有逃出性命,而无家可归,颠沛流离,莫可名状。城内居民虽幸免漂没,而被水者辗转迁徙,房屋多倒,家室荡然,惨目伤心,莫此为极。"①

1842年4月祥符决口才被堵上,但仅四个月之后黄河又在下游的江苏桃源县(今属泗阳)北崔镇决口百余丈,再次爆发大水灾,驻防决口处的守备张源吉及其署衙和家人全部罹难。与此同时,上游徐州府铜山、萧县也水势涌猛,闸河不能容纳,将铜山境内半步店埝工冲刷缺口。此次黄河决口因在下游,距离出海口较近,所以受灾区域不是很广,主要限于苏北地区,但人民群众仍深受其害,"田亩庐舍均被浸没,居民迁徙,栖食两无。"

到1843年,入夏之后河南接连大雨滂沱,黄河水势又迅速上涨。7月23日暴雨持续一昼夜,次日晨又刮起大风,河水借助大浪将中牟下汛9堡河堤冲开百余丈决口,"民舍田庐,无不受淹"。清政府先是将河督慧成革职留任,随即正式革职,并"枷号河干,以示惩儆"。但此举并不能挽回民众因水灾所遭受的巨大损失,甚至多年之后灾区仍不能恢复正常生产与生活,连清廷上谕也无可奈何地感慨:"两次黄河漫溢,膏腴之地,均被沙压,村庄庐舍,荡然无存,迄今已及十年,何以被灾穷民,仍在沙窝搭棚栖止,形容枯槁,凋敝如前?"

二、1855年河南铜瓦厢决堤改变黄河流向的大水灾。

在此之前,黄河泛滥成灾并改道已多达25次,但历代统治者却仍然无力治理,到晚清时期又酿成了黄河的第26次改道。1855年7月,黄河两岸进入每年的汛期,当时的河督看到大雨连绵不断,于当月底惊恐地向朝廷奏报"从未见水势如此异涨,亦未见下卸如此之速",次日,南阳县北岸铜瓦厢

---

① 《再续行水金鉴》卷一五三,第4028页。

的河堤即被冲毁,黄河也由此改道,自铜瓦厢以东长达数百公里的河道从此断流,“尽成平陆”,先前横穿苏北汇入黄海的滔滔大河成为了历史遗迹。

铜瓦厢河堤被冲毁后,大水一路北泻,当时的清政府采取“暂行缓堵”之策,使得“大溜浩瀚奔腾,水面横宽数十里至百余里不等”,其场面可想而知。河南、山东、直隶许多省份的灾情都十分严重,即使是数月之后,河南灾区“泛滥所至,一片汪洋。远近村落,半露树杪屋脊,即渐有涸出者,亦俱稀泥嫩滩,人马不能驻足”。[1]在此之前与黄河无缘的山东省,并无防洪之充分准备,结果“四乡一片汪洋,几成泽国”,灾情之重当不难想象。此次黄河断流在数年后还引发了一些次生灾害,如河南黄河下游“已成涸辙”,形成干旱缺水状态。1855 至 1858 年的三年间,萧县连年发生大旱,出现“秋冬荒歉”、“飞蝗蔽天”的情形。

三、咸丰年间的严重蝗灾。

蝗灾是指大量蝗虫聚集在一起,在短时间内大面积袭食各种农作物的灾害。蝗虫俗称蚱蜢,是善跳善飞的群居昆虫,喜食芦苇、玉米、稻、麦、粟,是农作物的天敌。中国是一个蝗灾多发的国家,据记载,清代初期大约平均二至三年即会发生一次。因此,历史上较早即在广大乡村设有八腊庙,供奉蝗神;因成效不大,又设立刘猛将军庙以驱蝗,同时还经常举行“烧青苗”、“烧蝗”、抬神像驱蝗等仪式和活动,但同样也无法阻止蝗灾的发生。

咸丰皇帝在位的 1851 至 1861 年间,广西、直隶、河南、江苏、安徽、湖北、山西等多个省份,都遭遇了或轻或重的蝗灾,成为蝗祸极为猖獗的一个历史时期。1852 至 1854 年,广西连续三年遭遇比较严重的蝗灾,地方官的奏报虽有意隐瞒灾情,但有的记载中透露不少灾区“飞蝗蔽天,田禾俱尽”,表明灾情十分严重。1856 年,直隶将近 70 个州县都受到蝗虫袭击。当年因受水旱灾害影响,农作物收成已较常年减少数成,到秋收的 9 至 10 月,却又遭遇铺天盖天的飞蝗来袭,可谓雪上加霜。但地方官照样报喜不报忧,而咸丰帝已曾亲眼目睹遮天蔽日的飞蝗阵式,一怒之下发布谕令:“值此飞蝗为祸之际,正应君民上下一心,铲除蝗害,而该员却谎报灾情,玩视民瘼,实属可恶。……著交部严加议处。”在黄泛区河南,在不断遭受水灾的同时,

① 《再续行水金鉴》卷九二,第 2392 页。

也在 1855 至 1857 年间连续三年遭到飞蝗袭击,有些地方的农作物被成千上万的蝗虫"一食无余,民间之苦异常,有数十里无炊烟者"。江苏虽属江南鱼米之乡,但遭遇蝗灾之后仍出现"米珠薪桂,民不聊生"的情形。由于蝗虫数量太多,来袭时"满天遍野,如阵云障雾,遮天蔽日",一经落地,"食禾如疾风扫叶,顷刻而尽","即千百亩,亦可顷刻而尽",日夜辛劳耕作的农民见此悲惨情形,只能望虫兴叹,难以为生。

四、光绪初元的华北大旱灾。

这次旱灾不仅是中国近代史上极为严重的一次灾害,甚至也称得上是整个中国历史上罕见的一次特大灾荒。其特点是灾情持续时间长,延续长达四年之久;死亡人数众多,达 1 千万以上;覆盖面积广泛,除晋、豫、陕、直、鲁北方五省为重灾区之外,还波及苏北、皖北、陇北和川北等。"由于这次灾荒以 1877、1878 年为主,而这两年的阴历干支纪年属丁丑、戊寅,所以时人称之为'丁戊奇荒';又因河南、山西受害最重,又名'晋豫奇荒'或'晋豫大饥'等等。但无论用什么名目来称呼,它都以其惨绝人寰的灾情荒象显示了所谓的'同治中兴'不过是回光返照的悲剧内涵。"①

1875 年为光绪元年,这一年北方诸省均先后出现程度不同的干旱。到 1876 年,旱情不仅并未缓解,反而更趋严重,干旱区域也扩大到更多省份。到夏秋之间,这些地区普遍歉收,有的甚至是"颗粒无收,一望郊原遍是黄土",各处"饥黎鬻妻卖子流离死亡者多,其苦不堪言状"。进入 1877 年与 1878 年,旱灾在上述这些省份又进一步加剧。《万国公报》发表一篇题为《晋豫灾略》的短文称:"天祸晋豫,一年不雨,二年不雨,三年不雨。水泉涸,岁洊饥,无禾无麦,无粱菽黍稷,无蔬无果,官仓匮,民储罄,市贩绝,客粜阻。……饿殍载途,白骨盈野。"由于连续数年旱情不断加剧,山西"天干地躁,烈日如焚","赤地千有余里,饥民至五六百万之众,大祲奇灾,古所未见。"更为悲惨的情景是,在重灾区所有可食之物均已告罄的情况下,人食人的现象"层见叠出,骇人听闻"。河南的中州平原也变成为千里赤地,"被灾之广,受灾之重,为二百数十年来所未有。"据有关史料记载,在河南的一些地区,"非特树皮草根剥掘殆尽,甚至新死之人,饥民亦争相残食"。

① 李文海等:《中国近代十大灾荒》,上海人民出版社,1994 年,第 81 页。

在持续数年的严重旱灾略有缓解之际，大面积的瘟疫却又在这些灾区接踵而至，使原本奄奄一息的灾民再次普遍面临死亡威胁。尤其是在河南，几乎是十人九病，“此传彼染，瞬判存亡”；山西省也是“瘟疫大作”，整个民众因疫而亡者多达十之二三。许多地区由于尸体来不及掩埋，只得挖掘大坑集体埋葬。仅平阳一府，即在城门外挖掘了数十处埋葬万人尸体的大坑，并且“坑坑皆满”。这次罕见的旱灾与大面积的瘟疫，使受灾人数几乎达到当时全国人口的一半，在饥荒和瘟疫中死亡的人数至少也在 1 千万人以上，有的记载甚至达到 2000 万人。

五、1915 年珠江流域大水灾。

1915 年 6 月下旬至 7 月上旬，广东各地“连日大雨，雷电交驰”，导致珠江流域水势猛涨，最终“冲决围基，坍塌房屋，淹毙人畜，损害田禾，不可胜计”。整个广东省的半数县份都遭遇了严重水灾，佛山镇“饥民遍野，露宿风餐，嗷嗷待哺，惨难言状”；东莞县“各乡禾田一律淹没”；肇庆府满江浮尸，饥民遍野；韶关、英德、清远三县，几乎所有农作物“均淹没乌有”；高要县全县各围“悉数崩决，灾情最惨”，“伤亡最多”。7 月 12 日广州城内也开始进水，“房屋纷纷倒塌，人民即溺毙水中”。13 日，广州城西繁荣昌盛的商业区也被淹没。“商工停业，交通阻塞，省港轮船、各乡渡船皆因水猛不能开行，全城自来水皆因水管被浸不能开放。晚上则电灯亦因电机被浸，不能放光，全城皆成黑暗世界。”当日下午，西关十三行一带又发生火灾，大火迅速蔓延至以经营火油火柴为主的同兴街，连续发生爆炸，“火油随水浮流各街，油到之处店房悉行着火。瞬息之间，数路火起，风猛势烈，不可响弥。”直到 7 月 15 日晨，大火暂告熄灭，广州 20 余条街被火焚烧，不少街巷都付之一炬，投入救火的消防队、军警人员也死亡千余人。

珠江流域的这次大水灾，不仅致使大片待收的稻谷毁于一旦，使珠江口漂浮的稻谷“势如山积”，无法通航，而且导致“海面浮尸遍布”，“溺毙灾民不知凡几”，同时还使各地电报电线杆大多数被毁坏，广九铁路的路轨也被冲垮，铁路运输被迫中断。据不完全统计，“珠江三角洲十八个县市 1915 年受灾面积达六百四十七万余亩，受灾人口达三百七十八万余人。而广东全省受灾农田达一千零二十二万亩，如果再加上西江流域的广西，两广合计受灾农田约一千四百万亩，受灾人口逾六百万，这还是相当保守的估计。”①

六、1920年北方五省旱灾与甘肃大地震。

此次旱灾与“丁戊奇荒”颇有一些相似之处，而且灾区范围也大致相同。自前一年夏秋以后，北方许多地区就出现了干旱，到这年春秋旱情进一步加剧，秋收后才缓解。近一年的干旱使不少省份几乎是全境皆旱，收成锐减。例如京兆各县夏季实收不及五成，有的仅为二成；直隶数十个县二麦实收只有一成至二成，有的甚至“均已枯死，实无收”；山东的鲁北、鲁西地区灾情更重，“二麦既寸粒未获，秋禾亦收获无望”，许多地方“赤地千里，野无青草”；豫西、豫北也无处不旱，不少地方“二麦仅收三分，秋禾一粒未收”，有的地区上年遭受洪灾，现在又碰到旱灾，交相煎迫，无以为生；陕西也是如此，连续两年水旱虫雹各灾纷至沓来，到处都是饥馑流离的灾民。据统计，此次受灾的北方各县共达340余县，灾区面积约271万余公里，灾民人数多达3000万左右。

到1920年底，北方旱情刚刚有所缓解，却又发生了中国近代史上最为严重的地震。此次地震超过了8级，震中位置为与陕西毗邻的甘肃海原，全城房屋悉数倒塌，相邻各县也倒塌无数房屋，河流壅塞，平地四处可见裂缝，众多村庄覆没无存。宁夏、陕西等省也是重灾区，破坏十分严重。陕西同州“并有一处陷落街市一里之长，深陷十数丈，一街人无一幸免”。至于在这次地震中死亡的总人数，有的记载说是20余万，有的说是30万左右，甚至有报纸称此次震灾“实较本年北五省旱灾情形为尤重”。

七、1928年至1930年西北、华北大饥荒。

南京国民政府成立的第二年，西北、华北地区却迎来了旱水雹风虫疫并发的灾荒，而且灾情持续到1930年，出现了空前严重的大饥荒。一名内地会的传教士称，西北地区的黄土高原因此而成为了“活地狱”，揆诸当时的具体情形，这个比喻并非过分。

在1928年，“陕北全境，本年点雨未落，寸草不生。”同时，又遭受蝗灾和鼠灾。较富裕的汉中地区，在这三年间也屡屡受灾，均出现了持续饥荒。“凡树叶、树皮、草根、棉籽之类，俱将食尽。”因饥饿、疫疠死亡的人数多达

① 李文海等：《中国近代十大灾荒》，上海人民出版社，1994年，第129页。

300余万,流离失所的灾民更高达600余万,吞食观音土或野草中毒而死者遍地可见。"甘肃情况已将无人迹,察灾者多不敢深入,恐粮尽水绝而不生还。"当时甘肃全省人口不足600万,在这场饥荒中死亡者即达250万—300万,减少了一半。

这一时期华北地区的灾情也十分严重,大体呈现两种情况,"一种是如晋、察、豫等省,以旱为主,多灾并发;一种是绥、冀等省,旱水交煎,反复被灾。"[①]诺大的华北平原,"灾情之重,灾区之广",变成了一个辽阔的荒墟。

八、1931年江淮流域大水灾。

是年6月至8月,发生了以江淮流域为中心的全国性百年罕见大水灾。据国民政府公报透露,这场水灾波及的地区在全国多达16个省份,受灾最严重的是江淮流域农业发达的鄂、湘、垸、苏、赣、浙、豫、鲁八省。1931年8月24日的《申报》报道:"长江之水未退,黄河之水又增,汉口之难未纾,洛阳之灾又起",全国各地洪灾泛滥,大约有42万余人葬身于洪水之中。

汉口原本属于繁华的商业都市,但在这场水灾中武汉三镇均被淹没达一月之久。当时的《国闻周报》记载说:汉口"大船若蛙,半浮水面,小船如蚁,河流四围",街道上行驰着各种往来的船只,俨然变成了若干河流。九江皇堤溃决后,洪水如同瀑布奔泻而下,3700多平方里成为一片汪洋。芜湖市区洪水深达数尺至数丈,有些地区甚至越过了桥顶,"城区房屋倒塌,庐舍漂没",近万人溺毙。南京、安庆、镇江、无锡、扬州等沿江城市,也都难以幸免,均不同程度地遭到了洪水的袭击,损失惨重。

与此同时,淮河流域的水灾也相当严重。安徽数十个县均陷入"一片汪洋,逾丈之屋,没不见顶"。其损失难以估计,"数百里村舍禾畜,均被洪涛巨浪,荡没殆尽。"江苏北部运河以东区域,受灾也十分惨重。高邮河堤于凌晨崩决后,奔腾的洪水将城乡全境淹没,近万人被湍急的水流冲走,"浮尸盈河","几无寸草"。

据不完全统计,在这次江淮流域大水灾中,仅上列八省重灾区即有380余县受灾,灾民多达5310余万,淹没农田16660万余亩,死亡人口也高达42万余人,经济损失228340万余元。而其他各方面损失之惨重,尤其是对整

① 李文海等:《中国近代十大灾荒》,上海人民出版社,1994年,第177页。

个社会所产生的诸多负面影响，则是用数据所无法统计的。

九、1938 年花园口决口产生的大水灾。

历史上黄河决口事件屡有发生，但人为主动地破堤决口，则仅有 1938 年的这一次，故可称这次水灾实因人祸而起。是年 2 月，日本侵略军在豫北接连攻陷 20 余县，直达黄河北岸，并准备占领郑州后再会攻武汉。国民政府急忙派军阻击，蒋介石也亲临郑州督战，但仍然屡战屡败，郑州受到严重威胁。在此情况下，蒋介石不得不批准所谓“以水代兵”的秘密方案，即炸开黄河堤口，“阻敌西犯，确保武汉”。经过准备，国民党军队相继于 6 月底 7 月初在赵口和花园口两处施行黄河决口。起初决口较小，水势不大，后又用大炮轰毁堤岸，使决口扩宽，流出的河水宽度从最初的几里、十几里迅速发展为一百余里，呈奔腾急泻、横冲直撞之势。

“以水代兵”的方案虽暂时阻止了日军克郑州进而会攻武汉，但不久之后日军又沿江而上，于 8 月开始向武汉进攻，10 月下旬武汉即告沦陷。其军事目的未能达到，但给豫、皖、苏三省所带来的灾难却极其深远，不仅当时造成大片农田被淹，民众死伤无数，幸存者也无以为生，而且由此在三省形成了一个面积广泛、灾害不断的黄泛区。此后近十年间，黄泛区都连年受灾。当时的民谣称：“蒋介石扒开花园口，一担两筐往外走，人吃人，狗吃狗，老鼠饿得啃砖头。”连国民党高官也不得不承认：黄泛区内的民众“所受之牺牲，所遭之痛苦，诚为抗战军民中最大而最惨者”。

四　近代灾荒的各方救助

在中国历史上每当遇到各种灾荒时，官府都会采取诸如减免赋税、散放钱粮、设厂放粥、设局平粜等各种荒政措施，到晚清时期同样也是如此。这些举措对于暂时改善灾民生活状况，灾区生产的恢复与重建，都起到了一定的积极作用，但均属于临时性的应急之举，往往难以根本解决问题。遇有重大灾荒时，政府还会采取其他一些临时性的救助措施。例如，晚清时期有严重蝗灾发生，清王朝一方面通过基层政府推广“搜扑蝗蝻之法”，“晓谕被蝗村庄、乡保并地主、租佃人等知悉”；另一方面，有时也调集军队协助“捕蝗”。1915 年珠江流域发生特大洪灾，北洋政府也曾接连发布赈灾令，财政部还多次下拨专款，要求“赶办急赈”。

民国时期在制定救灾规章与设立赈灾机构等方面，较诸晚清有所发展。例如北洋政府时期在报灾和办赈方面，于1913和1914年颁布了《灾赈奖章条例》、《勘报灾歉条例》和《义赈奖劝章程》，1920年又颁发了《各省区筹赈办法大纲》。南京国民政府建立后，内政部设立了赈灾委员会，次年改称赈务委员会，掌管全国的赈济行政事务，这是近代历史上中央机构中的第一个专职救灾机构。各省也设立了赈务会，由省政府、省党部及民众团体组成。另外，国民政府还设立了一些水利管理和水灾救济机构，如导淮委员会、黄河水利委员会、华北水利委员会、太湖流域水利委员会、海河整理委员会、救济水灾委员会、黄河水灾救济委员会等，后均归全国经济委员会所属水利委员会统一管理。抗日战争爆发后，国民政府还颁布了《勘报灾歉条例》，按受灾程度轻重规定了蠲免赋税的具体比例和缓征缓收赋税的具体年限。另还采取了一些适应战时需要的社会救济与福利措施，于1937年通过了《非常时期救济难民办法大纲》，并成立“非常时期难民救济委员会”，各省及院辖市设立分会，县、市设立支会，其职责为办理难民收容、运输、给养、保卫、教护、安置等事项。1939年又发布《抗战建国时期难童救济教养实施方案》。

有学者指出，南京国民政府的救灾措施包括设置救灾机构、采取赈济措施、减免灾区赋税、兴修水利设施、推行植树造林等。此外，国民政府还采取了其他一些与救灾有关的措施。例如召开治蝗专门会议，加强卫生防疫工作，倡导国民经济建设运动等，并认为国民政府的救灾政策在一定范围内取得了一些成效。例如1927年3月，在北京西兴建的石（碣山）卢（沟桥）水渠，使7万亩农田免遭干旱之虐。同一时期，陕西渭水水利工程得以完成，当地受益田亩近100万亩，增加地价2000万元，每年多获200余万元。1931年安徽省补修了长江、淮河及其支流的土堤工程，使无为县土地受益达109万亩。这些水利工程和水利设施的兴建，既减少了水旱灾害，又提高了农业收入。又如1931年国民政府及华洋义赈会在鄂、湘、皖等八省实行工赈，仅安徽一省就有近40万灾民得到了救济，全国赈款赈粮发放地区遍及224个县。①

① 莫子刚：《略论1927—1937年国民政府的救灾政策》，《四川师范大学学报》，2000年第1期。

另还有学者认为,民国历届政府均十分重视以工代赈的赈济办法,具体内容包括疏浚河道、铺设公路、开挖水渠、植树造林、兴办实业等。具体说来,以工代赈是根据各重灾区相关实际情况,就地取材选择某些项目和技术,利用因灾荒造成的大量剩余劳动力,采取简单劳动密集型技术进行,"它既带有灾区重建的性质,有助于减少灾民的依靠性,也有助于改善灾区的基础设施和社会服务,在当地形成生产力,推动经济发展,同时也能增加贫困者的就业和收入。"①

除政府的救灾举措之外,个人与民间组织的义赈活动,在近代也体现出一些值得重视的新特征。例如晚清著名慈善活动家经元善,自 1877 年冬发起募捐救济豫灾,即开始从事较大规模的义赈活动。在此之前,他虽然已是上海传统慈善组织同仁辅元堂的董事,但由其开创的新式义赈却与一般慈善团体从事的慈善活动有所不同。传统的慈善团体又称善堂,大都以施粥、施衣、施棺为主,救济的对象也是本地或本籍的灾民。但经元善倡导的赈灾义举,从一开始就是跨越省区的行动,这当然与他的思想认识有着密切的关系。经元善认为,"我等同处宇内,有分地无分民",自应相互赈济,共度难关;同时,他还特别强调"救人之荒,必可免己之荒"。②因此,在经元善看来赈灾义举不单纯是救它省灾民之急,而且对于本地民众同样也有利无弊。正是由于具有这种不同于传统善堂的新认识,经元善才不遗余力地从事跨省区的大规模赈灾义举,并很快成为著名的民间慈善活动家。

在赈灾的组织方式上,经元善也在以往的基础上有所发展。其中最为引人瞩目的新举措,就是联合一部分绅商设立了新型民间赈灾机构。经元善为集中精力办好义赈,毅然将世传祖业仁元钱庄停歇之后,利用钱庄原有处所,联合江南部分绅商于 1878 年在上海创立协赈公所。该公所的赈捐代收处除设在上海之外,还先后分设于国内许多城市以及海外的旧金山、横滨、长崎等 21 处,实际上是影响及于海外的全国性民间赈灾机构。"这种由民间自设机构,领导一方民众进行义赈活动的方式,不仅在上海未曾有过,而且在全国亦属首倡。它的出现使义赈活动增强了组织性和计划性,克服

① 刘五书:《论民国时期的以工代赈救荒》,《史学月刊》,1997 年第 2 期,第 76 页。

② 虞和平编:《经元善集》,华中师范大学出版社,1988 年,第 6、4 页。

了某些弊端，也扩大了义赈的规模和作用。”[①]协赈公所采取的具体方式，是明确规定募捐、收款、运送、发放等每个环节，均有专人各负其责，每月收支的各笔捐款必须登报公诸于众，事后还要刊印信录，“以昭核实”，因而极少出现账目混乱和贪污挪用的现象。《申报》1883 年 8 月 1 日发表的文章曾经称赞协赈公所“在事之人无不悉心竭力，所集之款涓滴归公。遂觉自有赈务以来，法良意美，当以此为第一善举”。

在当时的历史环境之下，经元善的这一举动是需要较大勇气和决心的。他自己后来也曾回忆，“赈务贵心精力果，方能诚开金石。喻义喻利，二者不可兼得”。也就是说经营钱庄与开办义赈，就像鱼与熊掌不可兼得一样，义与利也难两全。很显然，经元善能够停歇祖传的钱庄而创办协赈公所，是在义与利之间毅然选择了前者。另外，民间从事义赈在当时还要面对各种非难。“其时风气初开，当道目为越分，而忌阻者亦颇不乏，惟有动心忍性而已。”可见，经元善的这一举动在当时并非一般常人均能做到。除此之外，经元善耗费很大的精力与财力多年从事义赈，但却不像传统的绅士那样以此博取功名虚衔，也从不居功自傲，这可以说是经元善创办义赈灾的又一特点。他留下的誓言之一，就是“不掠众美邀虚誉”，并且坚持以身作则，“生平以掠美邀誉，为鸩毒之戒”。经元善这一特点的形成，受他父亲的影响很深。其父在上海同仁辅元堂任董事，兼办善举二十多年，“孤诣苦心继绝举废，无一匾一碑以纪事实”，并力戒了孙“除正途出身受职外，以捷径幸得功名者，即为不孝”。经元善“公胜颇孝，素受乃父之陶养”，因而恪守父亲遗训，“合苏扬同人创办义赈，亦曾在神前立誓，不敢藉此谋富贵，以办赈为终南捷径。故办赈十余年，从未一列荐牍”，向朝廷请奖。即使如此，经元善却仍因从事义赈卓有成效获得“传旨嘉奖至十一次之多”。获奖之后，他非但不加炫耀，反而内心深感“实不副名，恒用内疚”。因此，时人多称赞他“勇于为义，淡于趋利，闻名遐迩，树立有素”。不难看出，经元善开办义赈虽不图名利，但因其兢兢业业勇于奉献，仍然声名远扬。

民间组织的赈灾活动在民国也得到进一步发展。在 1920 年北方五省遭遇大旱灾期间，杨端六发表《饥馑的根本救济法》一文，呼吁“政府既无望

① 虞和平编：《经元善集·前言》，华中师范大学出版社，1988 年。

矣,吾不得不希望商民之努力!”为了改变全国大小义赈团体互不统属、难以协调行动的缺陷,北五省灾区协济会的熊希龄、汪大燮,以及华北救灾协会的梁士诒等民间义赈团体的领导人,与外国在华救灾机构万国救济会相互协商,决定建立统一的赈务机关。当年 10 月,北京的 14 个救灾团体成立了“中国北方救灾总会”,由梁士诒任会长,汪大燮、蔡廷干任副会长,随即又与万国救济会联合组成“北京国际统一救灾总会”,选举中外代表各半额担任干事,下设调查、卫生、采运、公告、款项五股。稍后,在津、沪、汉等全国大中城市又陆续设立华洋义赈会,并于 11 月在京与国际统一救灾总会召开联度会议,划分赈灾区域,分别进行救济,效率明显提高。北方五省赈务活动结束后,各地华洋义赈团体又于 1921 年 11 月成立“中国华洋义赈救灾总会”,简称华洋义赈会,作为中国常设性的固定救灾机构,随即成为中国最著名的民间救灾团体,在此后历次重大灾荒的救济活动中都发挥了十分重要的作用与影响。

思考题

1. 近代中国灾荒屡屡发生的原因是什么?
2. 近代中国的防灾思想与救灾举措。

阅读书目

1. 李文海等:《中国近代十大灾荒》,上海人民出版社,1994 年。
2. 李向军:《清代荒政研究》,中国农业出版社,1995 年。
3. 夏明方:《民国时期自然灾害与乡村社会》,中华书局,2000 年。

第十五讲

近代中国公共卫生

> 公共卫生与国家之盛衰有莫大之关系。盖国家盛衰,以人民之强弱为衡,而人民能否强健,则以公共卫生为准。如知注重公共卫生,则一国国民,类能健壮有为,社会中生产力当然增加;生产力既能增加,国家之经济自然当裕,而国势以盛。
>
> ——胡鸿基:《公共卫生概论》

近十余年来,有关中国医疗疾病与公共卫生史的研究,成为海内外史学研究者着力探讨的一个重要问题,取得了一大批值得重视的研究成果。这些成果在很大程度上弥补了史学界以往在这方面研究的不足,不仅具有很高的学术价值,而且有着很强的现实借鉴意义。

什么是公共卫生?有一种说法认为公共卫生即预防医学,具体包括卫生统计学、流行病学、营养与食品卫生学、环境卫生学、职业卫生与职业医学、儿童少年卫生学几大分支。狭义的公共卫生多指疾病预防控制,广义上则包含卫生领域中除临床医学和康复医学之外的所有方向。这显然只是从医学方面对公共卫生概念进行的界定。另一种说法认为,公共卫生是关系到一国或一个地区人民大众健康的公共事业。公共卫生的具体内容包括对重大疾病尤其是传染病的预防、监控和医治,对食品、药品、公共环境卫生的监督管制,以及相关的卫生宣传、健康教育、免疫接种等。这种说法则是从大众与社会的角度对公共卫生概念的界定与解释,似乎更为贴切与合理,并且也更能体现“公共”一词的内涵。①

在中国历史上，无论是官方还是民间对公共卫生的认识与理解，都有一个发展变化的过程。伴随着这一发展变化，近代中国的公共卫生也不断得到改善，但同时又仍然存在着许多未能解决的问题，留下了不少值得参考借鉴的历史经验与教训。

一　卫生观念的发展演变

中国古代即有某种特定的不同于现代意义的卫生防疫观念，受时代的限制，其中不乏迷信色彩。例如在民间社会中，由于较为普遍地存在着鬼神致疫之说，所以较早就出现了各种驱逐疫鬼的特殊卫生防疫观念，并且在一些传统节日中通过种种方式予以具体展现。

这种情况一直沿袭至明清时期仍然存在，许多史书都有清代江南地区在各种传统节气与节日举行驱避疫鬼仪式的记载。例如，“元旦，吴江旧志云：晨起爆竹（相传以驱疫疠）”。每逢阴历四月立夏之日，“权人轻重以卜一岁之旺迈，并驱疾疠，造赤豆饭以逐疫。”“立秋日，或以井水吞赤小豆七粒，谓可免疟痢之疾。”如此种种，都可以说是体现于传统节日风俗中的一些古老的卫生防疫观念。有学者指出：“在这些习俗中，像焚烧苍术、白芷，饮洒雄黄酒之类，虽不无解毒逐秽之义，但大多数内容明显以驱逐疫鬼为目的，比如端午节挂钟馗像，户悬蒲剑、蒜头等，燃放爆竹，行香等等，另外像食口数粥、吞赤小豆，表面上看似乎与疫鬼无关，但实际上也是趋避疫鬼的意思。”②还有学者认为，端午节的产生，现今一般人都认为是纪念屈原，但从

---

① 另有学者指出，公共卫生是指与公众有关的卫生问题，与个人卫生相对，主要是指通过社会共同努力，改善公共环境卫生（固体垃圾、液体垃圾的处理、粪便的处理等）、公共食品卫生、公共饮水卫生、灌输个人卫生知识、促进医事发展以及对传染病的防治。参见何小莲：《论中国公共卫生事业近代化之滥觞》，《学术月刊》，2003年第2期，第61页。还有学者认为，公共卫生是通过有组织的活动，以保护和增进人群健康的科学和技术，它涵盖疾病预防、健康促进、提高生命质量等所有与公众健康有关的内容，人们对之采取的行动称为公共卫生措施。张泰山：《民国时期的传染病与社会——以传染病防治与公共卫生建设为中心》，社会科学文献出版社，2008年，第258页。

② 余新忠：《清代江南的瘟疫与社会：一项医疗社会史的研究》，中国人民大学出版社，2003年，第189页。

其节日生活的具体内容,则可以明显看出有避免疾病产生和流行的目的,竞渡龙舟所表达的最原始意义应是避邪和驱瘴疠,纪念屈原则是后世附加的内容。

不仅如此,中国早在汉代还开始流行用符咒法来驱鬼避邪,这也是一种独特的防鬼疫观念。各种符咒为数甚多,甚至是千奇百怪,有的贴于门上,有的抄写在黄纸上,还要焚化冲服,连某些医学著作中也有类似记载。

除此之外,也有许多古代医书记载了主要从医学角度提出的卫生防疫观念,特别是提出了"预防为主"的思想。例如有的指出:"却疾莫如预防,预防之道,要在节劳寡欲,识禁忌也。"中国传统的养生术中,也不乏某些与卫生观念相关的内容。甚至在一些传统的文献中,有的还直接将具有特殊涵义的"卫生"一词指为养生、护生,并以之作为篇名,如《卫生宝鉴》、《卫生鸿宝》、《卫生要术》等。当然,这些"卫生"一词与现代的卫生概念是完全不同的。

不过,也有学者认为,清末在西方的影响下,中国的卫生观念和行为连同卫生一词的含义都发生了重大的变化,而这种变化又是传统的卫生观念和行为的继续和发展,具有较为清晰的内在发展脉络可寻。可以说,它们基本都是在趋吉避凶、改善条件以防疫病这种思想的指导下,同时又在历史具体条件和时代认识的双重制约下产生的一种历史现象。"卫生"一词的内涵在清末虽发生了变化,但在预防疾病、护卫生命这一点上,却是与传统卫生思想完全相通的。而且,在传统的观念中,有关个人和公共卫生的内容虽未包容在"卫生"一词中,但此类的意识和行为却早就存在,而且与时俱进。因此,"晚清一些卫生观念的出现,并不都是西化的结果,也有传统社会本身对环境变迁的反应。"①

这种看法当然不无道理。民国时期也有人认为,"自从地球有人类,我们就有医学;自从有医学,我们就有公共卫生。不过古时的公共卫生与近年的公共卫生有深浅和普及与不普及之分别就是了。所以古时的是极简单浅白,而近年的是广大复杂的。"②这一看法同样是认为古代与现代的卫生观

① 余新忠:《清代江南的瘟疫与社会:一项医疗社会史的研究》,中国人民大学出版社,2003年,第216—217页。

② 李延安:《什么是公共卫生》,《中国卫生杂志》,1931年第30期。

念既有联系又有区别。但是也不能否认，真正具有现代意义的卫生观念，是晚清时期受西方文化与西方公共卫生观念的影响开始出现的。开埠通商之后，西方现代公共卫生理念开始传入中国。来华的许多外国人，在初期都对中国脏乱差的恶劣卫生环境进行了种种描述与批评，这既对国人古老传统的卫生思想产生了较为明显的冲击，也在客观上促使中国的卫生观念逐渐实现了从传统向现代的转变。

例如1843年底抵达上海，后来在上海创办第一家西医院的英国传教士医师雒魏林曾描述说：上海的居住环境不能说洁净。尤其在酷热的夏天，其糟糕程度让外国人难以忍受。逼仄的街道上拥挤的人群，几户人家挤在一个屋檐下，没有保持城市清洁和下水道的任何规定，到处都是各种各样欧洲人从未见过的拾荒者。下水道的情况更为糟糕，排水沟无异于一个长期细菌池，聚集的各种垃圾不断污染周边空气。如果不是考虑到这些垃圾的市场价值，有人将之用船运到乡下作为肥料，那么这个城市的卫生状况将更加糟糕。“看来我必须相信人们所患疾病要比已发现的疾病种类更多。”1862年上海霍乱流行导致不少外国人死亡，于是外人对上海卫生状况差、水源污染严重导致传染病蔓延的批评更是不绝于耳。这一年日本“千岁丸”抵达上海，有船员描述上海道路之脏难以形容，到处是垃圾粪堆，无插足之地，出城就是野外，荒草盖路，棺材纵横，有的死尸甚至用草席一卷，到处乱扔，炎暑之际，臭气冲鼻。日本船员“本来就喝不惯此地的恶水，所以无不得病”。稍后，另一日本人到上海，认为“支那人之特臭，支那人之不洁，此予东亚上岸之后第一印象”。他乘船从上海到汉口，路过芜湖时看到的景象，也是四处皆粪积狼籍，青黄黝黑之色，腥膻臊臭之气，触目扑鼻。对汉口的印象同样是无数苇席搭建的小屋，有溲于其侧者，粪秽杂然，猪犬呻吟，求食其中，遂得出结论：“支那二十一省之不洁，无官无民，无贵无贱，千年以前如是，千年以后亦如是矣。”①这样的说法，对国人而言显然具有极大的刺激与警醒作用。

不久，华文报纸也纷纷载文批评上海卫生状况之差。例如1873年4月19日的《申报》发表《论沪城街道污浊宜修洁事》一文，阐明“盖闻地方以洁

① 转引自胡成：《“不卫生”的华人形象：中外间的不同讲述》，《中研院近代史研究所集刊》，第56期（2007年6月），第6、9、20页。

净而获康宁，街衢因污浊而易遭疫疠，斯言固确切而不诬也。观上海城厢内外街巷，似欠清洁，每交夏令，暑气薰蒸，真有不堪闻者也。更可恶者，每于街口狭窄之处，沿街尽是便桶垃圾，任人小便，堆积若无人过而问者。”不仅上海的卫生状况受到批评，其他地区同样大都如此，故时人也批评说：“京师为首善之区，而地方之污秽，以京师为最，人畜之类，堆积于道，晴则碾成细末，大风一起，扑人口鼻，不可向迩，雨则与沙泥融成一片，至不可插足。”而在江浙诸城，“街头巷尾，则秽物之堆积，直及屋齐，而行人复便溺其旁，臭秽之气，远闻数里，实为致疾之媒，而足以伤人之性命。以故一值夏令，时症即起，死亡之多，实骇听闻。”其后，即有讲求卫生之诸多呼声出现。到20世纪初上海广智书局发行《最近卫生学》一书，已是大力呼吁卫生与保国强种紧密相联，“夫欲保国，必先强种，而强种之术，舍人人自解卫生，自能卫生，其道无由。吾国自医学失传，卫生一事，阙而不讲，此国民体格所以日趋于弱也。本书乃免病之法，养生之道，诚自爱以爱国者必读之要书。”

租界在上海设立之后，租界当局除大力进行市政建设之外，而且为了外人的身体健康，在租界引入了一系列西方的公共卫生管理政策与措施，专门设立负责市政卫生管理的防害处，颁行许多卫生行政法令，涉及街道清扫、垃圾处理、食品卫生、粪便管理、屠宰处置等诸多规定。后又单独建立卫生行政机构，使租界的公共卫生环境大为改善，与华界的状况形成了鲜明的对比。中国的一些有识之士对此也不无感慨，例如早期维新思想家郑观应即曾指出：“余见上海租界街道宽阔平整而洁净，一入中国地界则污秽不堪，非牛溲马勃即垃圾臭泥，甚至老幼随处可以便溺，疮毒恶疾之人无处不有，虽呻吟仆地皆置不理，惟掩鼻过之而已。可见有司之失败，富室之无良，何怪乎外人轻侮也。”[①]与此同时，上海的《申报》也刊载文章称赞租界街道整齐，管理有序，卫生良好，而华界“则臭秽之气，泥泞之途，正不知相去几何耳?”还有的说“租界异常清洁，车不扬尘，居之者几以为乐土”；华界“虽有清道局，然城河之水秽气触鼻，僻静之区坑厕接踵，较之租界几有天壤之异”。这些言论承认落后并非坏事，它实际上意味着某种变革与改进随之即将开始进行。

① 夏东元编：《郑观应集》上册，上海人民出版社，1982年，第663页。

西方科学技术和实验仪器的引进，也开始逐渐打破中国传统的疫鬼致病与驱鬼避邪的迷信传说，使现代卫生观念得以传播。例如霍乱等瘟疫爆发，以往都被视为是鬼疫作祟，应对办法则是举行驱鬼仪式。显微镜传入中国之后，透过显微镜可从病人吐泄物中清楚地发现霍乱弧菌，一部分华人精英开始接受这种科学的结论，不再相信鬼疫之说。孙宝瑄的《忘山庐日记》就曾记载："我国人谓疫有神，故设法以驱之。西人谓疫有虫，故设法以防之。神不可见，而虫可见。微生物乃天地间一大种类，终日与人争战，虫败则人生，虫胜则人死。"这已经可以说是接近于西方近代细菌学理论的认识。

于是，在此之后即有一部分国人意识到瘟疫和疾病的流行，与不讲公共卫生致使病菌广泛传播有着密切的关系。孙宝瑄曾明确指出："不知卫生之学，故人多病。"郑观应也曾在其《盛世危言后编》中针对晚清时期广州瘟疫流行的原因，进行了较为详细的说明："每值夏秋之际，奇疴暴疫，传染为灾。此非尽天气之时行，亦地方不洁所致。盖城厢内外，无论通衢隘巷，类多粪草堆积，小则壅窒里闬，大则积若丘陵，污秽之物，无所不有。设遇霪雨初霁，晴晖烁照，郁浊之气，氤氲上冲，燥温互攻，行人感而成疾，辗转播染，疫疠之症所由来也。"郑观应还提出官府应该注重卫生管理，有针对性地对上述情况及时进行治理，"当道者为之提倡，申卫生之要旨，谕饬南、番两县，暨各段保甲、巡缉委员，严勒各街坊董事、地保等，务将各街堆积一律清除。"

到民国时期，国人的公共卫生观念得到进一步加强，特别是医学界的知识分子在这方面进行了多方阐述，并广泛进行公共卫生宣传。与此同时，政府相关部门也逐渐对公共卫生问题给予了相当的重视。其具体内容主要体现在以下两大方面。

第一，对公共卫生重要性的认识更加深入全面。

首先，民国时期的国人更为清晰地阐明了公共卫生建设，事关防疫及广大民众的生命，甚至涉及社会的安宁，故而应该予以高度重视。有的指出："现代的医学已进入防病时代"，各项相关举措均"莫不赖卫生行政之设施，故公众卫生，实为防病之关键，而亦进化之枢纽也"。有的则阐明："假使公共卫生上必要的设施不完全，有了剧烈传染病蔓延，就可使社会不能安宁，人民的生活当然也要受到极大的影响。"

其次，公共卫生建设直接关系到民族的身体健康，在很大程度上与强国强种、民族复兴也紧密相联。有的认为："我国今日民穷财尽，由于外国经济之侵略，而经济侵略，何以施之于我，而我竟无术自强，探本穷源，亦因未能注重公共卫生所致。"还有的说明：中国虽然"人口众多，世界闻名"，但由于不注意公共卫生建设，国人"量多质弱"，当时的人均寿命仅仅只有30岁，在此情况下"而欲民族复兴，公共卫生之不可忽视，可想而知"。

最后，是否注重公共卫生，还直接影响国家的声誉与地位，"吾辈苟欲我民族健全有为，能与世界各民族并驾称雄，则非先从事公共卫生之建设不可。"①

第二，对公共卫生建设的具体内容、方法提出了一些值得重视的建议，并呼吁政府大力加强公共卫生建设，尽快改善卫生环境。

民国时期，医学界以及相关人士曾对什么是公共卫生与公共卫生建设的具体内容，进行过热烈的讨论，许多人都发表了自己的意见。较为普遍的一种意见是，不能狭隘地将公共卫生视为一般性的打扫清洁和保持卫生，而忽略了它的丰富内涵。时人认为，公共卫生建设不仅仅只是使"粪车有盖"、"街道清洁"、"公园广设"，而是"藉有组织的社会，致力于环境卫生，以防病而延寿，并促进公民之健康与能率；管理公共传染病症；组织医事及看护机关，施行早期诊断及预防治疗；引导社会服务机关，使人人咸能达到适当的生活标准，以维持个人的健康"。②还有人强调公共卫生不仅要"维持现在健康"，而且应重视"防止未来的疾病"，需要二者兼顾，不可偏废其中任何一个方面。

稍后，还有人专门撰写《纠正人心——公共卫生是什么》一文，将公共卫生的内容概括为以下12项具体内容：民众医疗、妇婴卫生、环境卫生、预防接种、卫生教育、医药管理、传染病管理、生命统计、学校卫生、工厂卫生、社会救济、监狱卫生。关于公共卫生建设所应达到的目标，此文也归纳为："增强国民体格，促进个人健康，保障妇婴安全，减少疾病死亡，延长人民生命，增加生产效率，充裕国家经济，提高国际地位。"简言之，公共卫生乃是

① 以上介绍请参见张泰山：《民国时期的传染病与社会——以传染病防治与公共卫生建设为中心》，社会科学文献出版社，2008年，第259—263页。

② 李延安：《什么是公共卫生》，《中国卫生杂志》，1931年第30期。

"国家民族兴废存亡之百年大计"。在当时的历史条件下,对公共卫生能够有这样的认识,应该说已经达到了一种较高的水平。

至于怎样才能做好公共卫生的建设,时人也提出了许多应予注意的建议与办法。有人强调,"公共卫生是一种有组织的社会建设",绝非限于一人一家,应重视"改良社会卫生状况,普及卫生教育,使民众都有普通医学卫生常识"。还有人指出,公共卫生建设有赖于实现医学的社会化或者是"医学国家化",这样才能真正做到全面有序地展开各项工作,上下结合统筹进行,收到良好的成效,否则就会失之偏颇。因此,时人普遍认为政府对于公共卫生建设担负着主要职责,应予以高度重视,不仅需要成立专门的机构,而且还应制定具体政策与建设措施,将公共卫生建设作为一项重要的政务。"交通、教育、卫生、实业诸政,在共和国家宜并时举兴,不容偏缓,方足以副政府之天职。而公共卫生一端,人民生命之所系,尤当列为首要政焉。"

有人进一步阐明,政府首先应着重从改善贫苦民众的公共卫生状况入手,在县区乃至更基层的贫民地区大力开展公共卫生建设。因为贫民区的公共卫生问题始终难以得到解决,"知道卫生的仅仅乎是中上阶级的人,能够享受卫生的也仅仅乎是中上阶级的人,而那些无数的贫民阶级不但不知道卫生,而且也没有这力量来卫生,因为他们衣食尚不周全,更何卫生之有?"正因如此,政府"提倡公众卫生,应当先从改进贫民阶级的生活着手。要晓得传染病的感染,以身体弱的人为易,因为营养的不佳,所以抵抗力也就薄弱了,而我们不幸的贫民阶级,遂给予病菌以最易侵袭的机会了。假使我们注意到这点,使得他们环境变佳,身体变强,病菌根本就无处容身,这不是一个釜底抽薪的方法吗?"①

另一方面,时人也充分意识到公共卫生建设既应由政府担负首要职责,但同时也离不开民众与社会的积极参与,需要及时改变以往政府卫生行政缺乏、一般民众漠不关心、知识分子也不重视的状况,这样才能最终顺利地达到目标。"吾国之于卫生行政,向漠视之。计自清末以迄往年……卫生行政所设施者有几何事,当局者对于卫生行政有何了解,研学者对于卫生行

---

① 宋国宾:《提倡公共卫生与改进贫民生活》,《医药评论》,1933年第11期。

政有何阐明，至于一般国民，其知卫生行政为筹民众健康之要政者，则更寥若晨星，几于万不得一焉。夫以若是之内政，若是之民群，以安可冀其国之强盛耶？”[1]实际上，当时的许多有识之士以及民间机构与团体，确实也比较重视公共卫生建设，并积极参与其事，付出了相当程度的努力，也取得了一定的成效，政府应该大力给予支持并提供各种便利，与民间社会力量形成良好的互动关系，由此当可取得更为突出的成绩。

二 公共卫生的管理

本节首先介绍近代中国历史上卫生行政管理机构的产生与变化情况。

直至清末，中国尚未真正建立专门的独立卫生管理机构，只是由相关机构代为履行管理卫生之职责。戊戌变法时期，湖南的维新人士于1898年成立了湖南保卫局，其宗旨为“去民害，卫民生，检非违，索罪犯”。该局也兼管卫生和清理街道，并制订了清理街道章程，指定各分局均雇清道夫2名，备配车辆，每日清扫垃圾并运送出城。同时，为保持城市卫生和市民健康，除指明积淤污水易致人生病，须由保卫局夫役约同附近街邻设法疏通，并规定所有溃烂朽坏的各类食物，均不准发卖；粪担进城必须加盖，限9点以前出城。同时，该章程还作了以下若干规定：为保障街道通畅，限定长木巨石不得用车装载，只能由人抬运；阻碍街道的小菜挑担，拟订新章妥为安置；城内各户不准霸占官道，阻塞行路。[2]这些举措，在当时产生了一定的积极作用与影响。

到清末“新政”期间，清王朝于1905年在中央设立了巡警部，由其兼管道路治安与卫生事宜。巡警部下设警政司、警法司、警保司、警学司、警务司五司，其中警保司又下设卫生科，执掌考核医学堂之设置，医生考验、给照，并管理清道、检疫，计划及审定一切卫生、保健章程。当时的卫生科虽然级别很低，规模也很小，而且并非独立设置，但却是我国政府机关内首次设立的卫生机构，也是“卫生”一词第一次出现在政府部门中。此外，巡警部还

① 杨敷海：《近数年来国内卫生行政之观察暨以后施政方针》，《中国卫生杂志》，1931年第17期。

② 《保卫总局清理街道章程》，《湘报》第147号。

在京城设立内、外城巡警总厅，下设卫生处，负责执掌清道、防疫，检查食物、屠宰，考验医务药料，并管理卫生警察事。卫生处下设四股，清道股掌清洁道路、公厕，运送垃圾，禁止居民倾泼秽物污水，稽查扫夫、水役勤惰事；防疫股掌预防传染病，种痘，检查病院、兽疫、屠场、食店事；医学股掌医学堂、病院情况，调查医生、药品、书籍，统计生死人数事。医务股掌救治疾病，稽查厂场卫生，制造药品事。以上各股，各设股长 1 人，掌理股务，副股长 1 人佐之，股员 1 人，分办股务，并设书记官、司书生等办事人员。①由此分工看，巡警部暨巡警总厅对有关卫生事务的管理还是比较细的。

1906 年清王朝实行官制改革，改巡警部为民政部，下设承政厅、参议厅及民治、警政、疆界、营缮、卫生五司。此时，原巡警部警保司之下的卫生科，已升格为卫生司，"掌核办理防疫卫生、检查医药、设置病院各事"。这一变化，表明卫生事务更加受到清政府的重视。卫生司下设三科，保健科管理饮食物品检查，河川、道路清洁，贫民卫生，工场、戏园及其他公共卫生事项；检疫科执掌各种传染病预防，种痘、检疫事；方术科执掌考验医生，治疗，药品检查，稽核药材营业，管理病院事。

民政部建立后，各省并未设立相应的机构。1907 年清王朝在各省增设巡警道，"除受各该省督抚节制考核外，也由民政部随时考察。"巡警道在所治地方设立警务公所，下设总务课、行动课、司法课、卫生课。卫生课虽然级别更低，仅设课长 1 员，副课长 1 员，课员额缺由巡警道酌量事务繁简定之，至多不得过三员，但它却是我国历史上的第一个附设于警务公所的地方卫生行政机构，其职责为"掌卫生警察之事。凡清道、防疫、检查食物、屠宰考验医务、医科及官立医院各事项皆属之"。

武昌首义之后建立的湖北军政府，是近代中国第一个资产阶级革命政权，在孙中山回国成立南京临时政府之前，甚至一度代行中央政府职责。湖北军政府设军令、军务、参谋、政事四部，政事部下设外务、内务、财政、司法、交通、文书、编制七局，后改设九部，由内务部兼管卫生。1912 年 1 月南京临时政府成立，在内务部下设警务、民治、土木、礼教、卫生、疆里六局。卫生局又分设四科，职责为颁布卫生行政条例，管理中央卫生行政，兴办地方卫

① 李鹏年等：《清代中央国家机关概述》，黑龙江人民出版社，1983 年，第 263、265 页。

生事业，培养医师、药师、产婆、看护人，预防和治疗传染病与地方病，检查性病及管理药品等事宜。

南京临时政府存在的时间很短暂，仅三月后即迁往北京，由袁世凯出任临时大总统建立了民国北京政府。北京政府成立了国务院，下设十个部，其中内务部设有卫生司，负责管理传染病、地方病之预防，车船检疫，医士、药剂士业务检查，药品及卖药营业之检查，卫生会、地方卫生组合及病院等事项。但到1913年12月北京政府颁布《修正内务部官制案》，保留民治司、警政司、职方司，撤销土木司、礼俗司、卫生司，增设考绩司。原卫生司职掌又并入警政司，恢复至清末将卫生事务的管理附入警政之下的状况，由此形成了一次倒退，说明袁世凯政府并不重视卫生事业的建设。

不过，在北洋政府时期新成立了防疫委员会。由于1917年绥远发生鼠疫流行病，并迅速蔓延，北洋政府十分重视，决定成立专门的防疫机关。具体方式是以内务部为主，由各部选派委员共同成立防疫委员会，统一部署和协调各地防疫举措，监督地方官执行中央政府的命令。防疫委员会下设检疫委员、防疫事务委员和防疫区域视察员。检疫委员由“医学专门人员充任”，负责“指挥检疫事务员办理检疫预防事项并执行舟车检疫及其他救治事项”；防疫事务委员设在内务部，专门负责处理防疫文书事务；防疫区域视察员往返各疫点巡视。为解决各地防疫、检疫名称级别编制的混乱，内务部还参照先前东三省办理防疫之成案，制定了省区防疫机关暂行编制。规定各地方依次成立省区防疫总局、防疫分局、防疫支局、检疫分所、留置所、临时病院，各级防疫机关均附设卫生警察，以便保证防疫措施能够得到切实执行。①

经历了1917—1918年的绥远、山西鼠疫大流行之后，医界人士纷纷呈请设立防治与研究传染病的专门机构。内务总长钱能训责令内务部卫生司，于1919年3月在北京正式成立了中央防疫处。如果说先前设立的防疫委员会是应对绥远鼠疫流行的临时机构，那么中央防疫处则是中国第一个由政府正式设立的国家级防疫机构。中央防疫处的设立，“旨在研究预防疾病的措施，从事对各种传染病的细菌学研究，制造各种血清和疫苗……以

① 张照清：《1917—1918年鼠疫流行与民国政府的反应》，《历史教学》，2004年第1期，第20页。

不负其保全国人性命之职责。”中央防疫处初设时,隶属于北洋政府内务部,下设秘书室和三科,第一科负责防疫计划和行政管理,第二科负责对各种传染病进行细菌学免疫学研究和临床标本的检验诊断,第三科负责生物制品的制造、保管和实验动物的管理。

另外,在北洋政府时期还出现了一些由地方政府创办的公共卫生机构。例如在北京,由北京协和医学院卫生科协助,于1925年在京师警察厅之下设立了公共卫生事务所。内务部所属中央防疫处处长方石珊兼任所长,中央防疫处技师金宝善和北京协和医学院教师胡鸿基、黄子方等兼任课长,北京协和医学院卫生学科教授兰安生任规划督导。该事务所的职责范围包括生命统计、传染病管理、妇婴卫生、学校卫生及卫生教育、工厂卫生、疾病医疗、环境卫生稽查等。同时,还设立训练班,负责培训医务和卫生人员。南京国民政府成立以后设立的中央及地方卫生机构中,许多重要职务都是由出自于该所的人员担任。

1927年南京国民政府成立,但在初期设立的政府机构并不健全。直到1928年4月,才正式组成内务部,下设秘书处、总务处、民政司、土地司、警政司、卫生司。于是,卫生管理部门又从警政中脱离出来,独立成为与警政司并立的卫生司,其职责与民初的卫生司大体相当。半年之后,南京国民政府决定在行政院下设立卫生部,这是中国近代历史上中央机关中第一个独立的部级卫生行政机构。国民政府令称:“卫生行政之良否,不惟关系国民体质之强弱,抑且关系到民族之盛衰。吾国对于卫生向多忽视,际兹时代,健全身体,锻炼精神,消除祲疫,洵属重要,着即设立卫生部。”卫生部不仅下设总务司、医政司、保健司、防疫司、统计司,而且还另设中央卫生委员会为设计审议机构。稍后,又陆续增设了中央医院、中央卫生试验所、西北防疫处、蒙绥防疫处、麻醉药品经理处、公共卫生人员训练所、各海关检疫所等机构。至此,中央卫生行政管理体制已较为完备。

1928年12月,国民政府还颁布了《全国卫生行政系统大纲》,该大纲规定各省均设立卫生处,各市县均设立卫生局,并在各大海港及陆路国境要地设立海陆检疫所。到1947年,全国已有26省设立了卫生处,各省辖卫生机关共214个。于是,地方卫生行政管理机构系统的建立也渐趋完备。例如1929年成立的上海特别市卫生局,下设四科,其中第二科下设清道股和清洁股,清道股负责全市道路清洁事项,管理清道夫役及保管清道用具,处理垃圾，管理洒水工役及保管洒水用具、市场与菜场等。清洁股的职责是监督管理公私厕所、清洁夫役，监督清洁肥料之处置，计划清洁办法等。另在上海的闸北、江湾、吴淞、浦东还各设有卫生事务所。

但到1931年，国民政府为"刷新中央政治，改善制度"，规定"各部会之组织，应力求缩小"，又将卫生部裁撤，改称卫生署，归并内政部。卫生署下设总务、医政、保健三科，后又设卫生实验处，掌理各项卫生技术设施及检验鉴定制造事项，与卫生署分工合作，共同管理医疗卫生行政事务。1932年9月，全国经济委员会设立中央卫生设施实验处，后改称中央卫生实验处，作为全国最高卫生技术机构，负责创设各项卫生事业的实验与研究。另外，内政部与教育部还联合设立医学、助产、护士教育委员会，教育部另设有卫生教育设计委员会，负责规划与推进医学教育工作。

下面我们再简要介绍近代中国有关医药卫生法规、章程、条例的制订与发展情况。

在清末，并无专门的卫生法规条例，只是在刑律、民法和违警律中制定了相关的条款。1907年清廷成立修订法律馆，制定大清新刑律草案，其中有"关于卫生之罪"。1908年制定的《违警律》中，有关于身体及卫生之违警罪，对违背预防传染病之禁令，贩卖有害养生之饮食物、器具与玩具，贩卖含毒质之药剂，污染沟渠及装置类似污秽物经过街市不加覆盖，均有相应处罚条款。

到民国时期，由政府正式颁布的专门卫生法规开始出现。1916年3月，民国北京政府制定颁行《传染病预防条例》，这是近代中国第一个由中央政府颁行的卫生防疫法规。该条例将鼠疫列为须依法预防的传染病之一，同时规定了疫病流行期间地方官、医师、病者之职责，疫情报告之原则，防疫经费之筹集等等，为应对传染病提供了法律依据。1918年防治山西鼠疫期间，北洋政府又以教令第一、二号颁布了《检疫委员设置规则》、《火车检疫规则》，同时以部令颁布《清洁方法消毒方法》、《防疫人员奖惩及恤金条例》。各相关部门与省区又以此为依据，制定了本部门及辖区的相关章程与办法，如《军人检疫办法》、《京汉铁路检疫暂行细则》、《北洋临时防疫处章程》等。自此，中国最早的一批有关传染病预防的规章付诸实施。

到南京国民政府时期，制订并颁行了大量有关医药卫生的规章条例。下面是据曾宪章编辑、1947年大东书局出版的《现行重要法规丛刊・卫生法规》列出的具体分类卫生规章。

医政类：医师法、医师法施行细则、药剂师法、药剂师法施行细则、药剂生管理规则、牙医师暂行管理规则、镶牙生管理规则、护士暂行规则、助产士法、助产士法施行细则、外籍医士人员领证办法、医院诊所管理规则、奖励医药技术条例、奖励医药技术条例施行细则、麻醉药品管理条例、麻醉药品管理条例施行细则、管理药商规则、修正管理成药规则、购用麻醉药品办法、修正解剖尸体规则、修正管理注射器注射针暂行规则、取缔火酒规则、中央卫生实验院检验品物规则，共计 23 个。

保健类：县卫生工作实施纲领、饮食物及其用品取缔条例、饮食物用器具取缔规则、饮食品制造场所卫生管理规则、饮食物防腐剂取缔规则、清凉饮用水营业者取缔规则、自来水规则、提倡兴办自来水办法、管理饮水井规则、牛乳营业取缔规则、屠宰场规则、屠宰场规则施行细则、取缔停柩暂行章程、污物扫除条例、污物扫除条例施行细则，共计 15 个。

防疫类：海港检疫章程、交通检疫实施办法、传染病防治条例、种痘条例，共计 4 个。

官制官规类：卫生署组织法、省卫生处组织大纲、县各级卫生组织大纲、省立医院组织规程、省卫生试验所组织通则、各省防疫委员会组织通则、中央卫生实验院组织条例、中央防疫实验处组织条例、卫生署中央医院组织规程、限制医事人员自由辞退办法、县卫生人员待遇暂行标准、卫生署公医人员考核办法、防疫人员奖惩条例、捐资兴办卫生事业褒奖条例、成药审核委员会组织规则、卫生署派遣推行公医制度人员服务办法，共计 16 个。

另据初步统计，截止 1948 年，国民政府先后颁布的卫生规章条例，除医学教育方面的有 12 个，妇幼卫生方面的有 4 个，红十字会方面的有 6 个之外，另有 19 个有关卫生行政方面的法规条例，36 个有关医政管理方面的规章，13 个有关药政方面的法规，10 个有关防疫方面的条例，16 个有关公共卫生方面的规章。

有关卫生行政方面的法规条例，以《全国卫生行政系统大纲》和《县各级卫生组织大纲》较为重要。1928 年底颁布的《全国卫生行政系统大纲》实施之后，建立了省、市、县各级卫生主管机关，意义十分显著。1930 年 5 月公布的《县各级卫生组织大纲》，规定各县均须设立县卫生院、区卫生分院、乡镇卫生所、保卫生员，使县以下的各级卫生机关趋于完备，并明确了各级卫生机关的职责。

此前，中国各港的检疫权均由外国医生及外国税务司控制，缺乏统一管理。1930 年国民政府财政部长宋子文、海关行政处总监张作霖、海关税务检察官梅兹及各海关官员、各海港地区的领事及商业组织代表共同协议，商定由中国政府独立设置海港检疫机构，伍连德被任命为新成立的海港检疫处处长。同年 6 月，卫生部颁布了中国第一个《海港检疫章程》，同时还公布了《海港检疫消毒蒸薰及征费规则》、《海港检疫标式旗帜及制服规则》，通令全国各口岸分别施行，标志着我国正式收回了海港检疫权。

除中央政府颁行各类卫生法规之外，各地方也根据实际情况制定了许多卫生条例。例如早在清末成立的广东巡警总局，即制定了广州街道卫生管理条款 7 条，规定垃圾须倒至各街较宽处或厕所旁；修房所剩泥土破砖须雇人挑运出城；严禁当街焚烧死者病时衣物；菜市果皮、菜叶、鱼鳞、秽水一律弃置摊旁木桶；厕所须三日清扫一次；不准在街旁随意大小便；各街太平桶水间十日一行领换。违反以上规定者，一律究罪。这大概是近代广州第一个卫生规则。①又如上海在 20 世纪 20—30 年代，即陆续制定颁行一系列环境卫生管理法规，逐渐形成了较为健全的城市环境卫生管理制度。这些环境卫生专项类的法规条例，覆盖面较广，内容也较详细，相互之间配套性、融合性、应用性较强，内容涉及生活垃圾管理规定，粪车、粪船管理规定，公共厕所管理规定，环境卫生责任区管理规定，夫役管理规定，招商投标管理规定，环卫监察管理规定，以及有关奖罚规则。②

三 公共卫生的改善

随着卫生管理机构的不断完善与相关卫生规章条例的颁行，近代中国的公共卫生状况虽仍然存在着诸多问题，但总体趋势却是朝着不断好转的趋向发展。

例如民众饮水的卫生状况即不断得到改善。清末民初干净卫生的自来水出现之后，历届政府都大力倡导建设自来水厂，有的还通过发行特种建设

① 刘桂奇：《近代广州公共卫生事业的发轫》，《历史教学》，2010 年第 2 期，第 30 页。
② 刘岸冰：《近代上海城市环境卫生管理初探》，《史林》，2006 年第 2 期，第 90 页。

公债的形式筹建自来水厂。南京国民政府先是颁布了《自来水规则》,对自来水用地免除国税及其他附加税,要求市政府设立公共自来水供应所,以供无力装设水管者使用。后又拟订《提倡兴办自来水办法》,明确规定特别市政府、各省普通市或省会地方政府筹设自来水,无力举办时,均给予其发行省公债或市公债;私人或私法人愿投资兴办自来水时,给予其20—30年营业年限和5年贷款保息奖励。于是,各地都先后较为普遍地建立了自来水厂,到1948年全国20余省有自来水厂50余处,在建的还有20余处,由此使广大城市居民都开始使用洁净的自来水。

同时,政府相关部门还制订规章,对自来水的质量与卫生予以监督,有的还专门成立自来水管理处,大力加强对自来水的管理。1925年北京自来水公司提供的自来水受到污染,但该公司却未予以重视,受到舆论批评,市政当局立即"派人赴公司告诫,令其迅速改善,倘再迁延,则按照违令办法,必施以执罚(即官厅雇人代为改善,且于征取改善费之外,更处以若干之罚钱)"。于是,该公司马上采取措施,使水质得到恢复。在此之后,北京卫生化验所成立,每日均对水质进行检验。

自来水作为一种新事物在各个城市得到发展与普及,是近代中国公共卫生环境获得改善的一个重要表现,对于保障民众的身体健康发挥了积极的作用。在瘟疫流行时,有些地区的政府部门还设立多个自来水免费供应站,保证民众能够喝到干净卫生的自来水,控制疫情的蔓延。例如1936年6月上海出现霍乱疫情,市政当局即设立近百个自来水免费供应站,每日定时向贫民供水,"故凡贫民,均不应再饮污染之水;浦东新近亦设自来水厂,该区贫民,将来亦可得同时之利益。然贫民之中,亦必有离施水处过远,或在龙头开放之时,无暇前往取水者,故其他水源,如井池等处,亦有卫生机关,施以消毒。"①

在近代中国,仍有许多人一直继续饮用井水与河水。在重视公共卫生建设之后,历届政府也比较注意改善井水与河水的卫生状况。一方面,国民政府专门制定了管理饮水井规则,强行规定新开凿饮用水井,必须距离厕所沟渠150尺以外,井壁须使用坚密不透水的建筑材料,井栏须高出地面2尺

---

① 《上海防止霍乱临时事务所第一号公告》,《医药评论》,1936年第7期。

以上，而且必须加盖，饮水井开凿完工，须由当地卫生局或公安局派员检查并进行水质化验；另一方面，“为保持乡村饮水清洁及维持公共卫生，防止疾疫传染”，国民政府在稍后又公布《乡村污水排泄及污物处理办法》，严格规定“凡污水、污物不得倾入河流，污染饮用水”，违者处以 50 元以下罚款。同时，要求“地方主管机关应随时派员检查沟渠、水道、公私厕所、污水排泄、污物处理情形”。通过这些举措，使饮用的井水与河水卫生质量较诸以前也有所改善。各级地方卫生机关对此也十分重视，例如南京卫生事务所每逢夏季都成立消毒队，对饮用水井和水缸进行消毒，市卫生局则免费向居民发放漂白粉，用于井水消毒。江宁县规定将池塘分为饮水、淘米洗菜、洗涤马桶三种，严禁混用；河水则固定上流为饮用水，中流为洗涤用，下流洗涤马桶。

近代中国公共厕所的兴起与发展，也体现了公共卫生的改善。过去，国人随地大小便的陋习较为普遍，这也是受到外人强烈批评与指责的不卫生习惯。此种现象之所以较为普遍，一方面是由于国人缺乏公共卫生观念，造成行为上的随意性，另一方面则是公共厕所为数很少，在客观上导致行人内急时不得不就地解决。因此，粪便经常成为影响城市卫生与孳生细菌的主要污染源。连蒋介石也曾强调：“各省改良社会，必须首先提倡卫生与清洁，而提倡卫生，又须先从厕所做起。……此举甚重要，不可以为琐屑。”即使是在繁华的上海，开埠之前也没有公共厕所，直至 1864 年公共租界公部局在花园弄（今南京东路）建造了近代上海第一座公共厕所。在租界公厕日益增加的刺激之下，上海地方绅董也于 1909 年集资在华界建造了首座公厕，但随后的发展仍较缓慢，到 20 世纪 20 年代中期华界只有二十几座公厕，远远不能满足民众需求。

1917 年 3 月北洋政府制定《管理官立公立厕所规则》，对入厕者、清厕夫、粪夫的相关行为均作出了规定，违者“轻则立加申斥”，重则按照违警法处以 5 元以上罚款。不过，当时的主要问题还是公共厕所的数量太少，因而修建更多的公厕成为各级政府的当务之急。例如南京国民政府成立后，上海有了独立的卫生行政机关，对包括建造公厕在内的公共卫生事业建设十分重视，并制订了相关规章条例，华界的各类公厕数量得到扩展。在初期的一段时间，上海特别市卫生局对公厕采取竞标承办的方式进行建造与管理，于 1930 年颁行《上海市招商承办全市公厕暨清洁所及经理清洁捐规则》，此举对于促进公厕数量增加产生了明显效果，但也出现一些弊端。一部分承包商只注重节约成本，获取利润，对公厕卫生状况的维护则不加注意，后来甚至出现了帮会参与及垄断招标的情况，引起市民不满，于是卫生局又将市区内公厕由招商承办改为卫生主管部门直接管理，由清洁所雇工看厕，负责打扫卫生。与此同时，上海私有公厕的数量也越来越多，1945 年在市区达到 99 座，1947 年又增至 265 座。为了规范这些私有公厕，政府卫生部门对其进行了整顿，颁布《上海特别市卫生局取缔私设厕所及粪缸办法》，对符合卫生条件的私有公厕予以重新登记，市卫生局清洁所也出台了《私人兴建公厕办法》。这些公厕的修建与管理，在很大程度上减少了随地便溺现象，提升了民众的卫生观念和文明意识，不仅使上海的公共卫生得到明显改善，而且也使上海的城市形象大为改观。①

1943 年，国民政府卫生署制定《全国公厕建设实施方案》，规定各省市县直至乡村均应设置公厕，凡无公厕之地，由主管卫生机关先建各类公厕各一座，以作示范，原有公厕如不符合卫生要求，必须参照标准加以改善或拆除另建，并规定此项工作须于当年内完成，由此兴起了一个改良私厕、修建公厕的运动，全国各地更多的公共厕所随之产生。据不完全统计，截至 1933 年，北京市区有公厕 627 座，天津至 1946 年有公厕 467 处，南京在 1949 年有公厕将近 150 个，陕西省自《全国公厕建设实施方案》推行后，在大多数县与乡镇都修建了公厕，仅渭南县即修建或改建了近百个公厕，成效较为显著。由此可见，南京国民政府卫生部门对于县及乡村厕所的改造也较为重视，卫生署还曾经在江苏等省农村推行爪哇式厕所，另还邀请外国专家考察西北厕所现状，提出挖深厕以防蚊蝇孳生的方案。卫生署颁行的《县卫生工作实施纲领》，也规定“建造简易公共厕所，并改善旧有厕所及粪坑，严密管理之”，同时还强调将此项工作作为县以下各级卫生组织的重要职责。

除饮水、公厕的卫生状况得到改善之外，在一些比较发达的大都市，整体公共卫生的改善也十分显著。例如据刘岸冰的专题考察与研究，在以往外人批评较多的上海，后来的公共卫生环境虽然在租界与华界、市中心区与边缘区，依旧存在着管理不平衡，市民环境卫生意识水平参差不齐的缺陷，

---

① 苏智良、彭善民：《公厕变迁与都市文明——以近代上海为例》，《史林》，2006 年第 3 期。

但就整体而言仍在以下几个方面获得明显的改善。

第一,形成了一整套较为健全的城市环境卫生管理制度。为了适应上海城市发展的需要以及民众的要求,租界与华界有关环境卫生法规管理的举措不断改进。首先是环卫条例对环境卫生管理做出多方面规范;其次是环卫管理趋向法制化,尤其是对垃圾、粪便处理承包商等,主要通过法则来规范环卫作业的市场运作和监督机制;再次是环卫条例关于处罚破坏环境卫生的条款趋向细化,便于实践操作,并增设了一些行政强制措施。20 世纪 20—30 年代,上海华界制定颁布了一些环卫管理法规,逐渐形成较为健全的城市环境卫生管理制度。

第二,维护了城市的整洁,为市民提供了较为良好的居住环境。清洁适宜的生活、工作环境,有助于保障市民的身体健康。近代上海人口众多,生活垃圾、粪便、建筑垃圾和工程渣土等数量巨大,此外还有各类工业垃圾、医疗垃圾,而且随着外来人口的逐渐增加以及经济的发展,城市垃圾的产生量急剧增长,若不采取有力措施,加强环境卫生管理,上海就可能被垃圾包围,严重威胁市民身体健康。因此,将环境卫生管理工作纳入法制化轨道,维护上海城市环境的整洁、优美,是保障民众身体健康的必要举措。上海特别市卫生局十分重视注重城市环境的管理,专门制定了《上海特别市卫生局清道办法》,安排清道人员数百名,并投入经费购置各种垃圾运输车辆,每日派管理员分段稽查,使城市卫生明显改善。

第三,提高了民众的环境卫生意识,延缓了疫情的蔓延,抑制了疫情的爆发。相关统计数据表明,在抗战之前,上海的传染病死亡人数大体上是呈下降趋势的,反映上海环境卫生的改善与民众卫生意识的增强,在传染病防治方面取得了成效。抗战爆发后,无暇顾及防疫工作,疫情又趋严重,死亡人数增加,这也从另一方面说明放松对公共卫生的管理即会产生严重后果。①

另外,在 20 世纪 20—30 年代的乡村建设运动期间,一些相关团体和机构还在贫穷落后的乡村推行公共卫生宣传与教育,也产生了较好的作用与影响。

---

① 刘岸冰:《近代上海城市环境卫生管理初探》,《史林》,2006 年第 2 期,第 90—91 页。

在农村，由于经济落后，加上农民普遍缺乏公共卫生意识，卫生状况较诸城市更加糟糕，也更需要加以改进。晏阳初领导的中华平民教育促进会在河北定县乡村建设实验区为此而付出了诸多努力，其具体措施是设立保健员和保健所，负责宣传公共卫生常识，改良水井卫生。为了便于农民接受卫生宣传，中华平民教育促进会绘制了各种宣传卫生常识的图画，在各村轮流巡回展出。同时，在农闲时组织巡回医疗队深入农村最基层的村庄，上午讲授卫生保健知识课程，下午为病人治疗，受到农民欢迎。中华平民教育促进会还非常重视培养学生的公共卫生意识，曾在乡村建设试验区召开全县学生卫生大会，阐明"卫生教育的目的，是要由学童卫生着手，由学童而推广于农村，以达到公共卫生的完成"。在传染病防治方面，中华平民教育促进会大力宣传种牛痘的重要性，接受种痘的人数逐年增加。1930 年为 2630 人，至 1936 年达到了 47168 人，取得了突出的成绩。时人记载："现在如遇到农村中六个月以上的婴儿，询其父母，什九均答：'已经种痘'，种痘工作的普及可见一斑，无怪定县天花已经绝迹。"①

梁漱溟领导的山东农村建设研究院则在邹平实验区致力于乡村公共卫生的宣传教育与试验，重点是培训具有卫生医疗保健知识和基本技术的专门人材，具体负责各村卫生事宜，并采取相关措施教育学生养成良好的卫生习惯。对于传染病的预防，山东农村建设研究院也比较重视，春季为婴幼儿和小学生种牛痘，到 1935 年底已有 240 多个村庄的 10500 人接受了种痘，夏季则在可能发生疫情的重点地区为村民注射霍乱疫苗，对伤寒、白喉等传染病也随时加以预防，一经发现及时予以治疗。山东农村建设研究院还曾建立试点，设立卫生室，成立卫生队，开设卫生课，进行卫生教育、体检、预防接种等，另还经常举办卫生展览，四处悬挂卫生宣传图画，陈列生理病态标本、药品和解剖器械等宣传品，经常组织巡回医疗队下到各乡村，一面为农民治病，一面对农民进行卫生宣传与教育，在农民赶集时也派人散发卫生宣传品。通过这些措施，邹平的公共卫生条件明显得到了改善。②

江苏省立教育学院在无锡乡村建设实验区为公共卫生与保健制度的建立，也付出了很大的努力。各实验区都相继设立了区卫生所，分区也设有卫

① 《定县种痘七年》，《民间》，第 3 卷，第 15 期。

② 郑大华：《民国乡村建设运动》，社会科学文献出版社，2000 年，第 319 页。

生分所，另在各民众学校施教区还设立了特约卫生员，负责定期向农民介绍和宣传卫生常识，在农民聚集的民众茶馆、民众学校以及各种训练班、讲习会进行演讲。特约卫生员还参与疾病预防工作，每年春秋都与种痘师一起布种牛痘，夏季则预防霍乱和脑膜炎，动员农民接受疫苗注射。由于迷信活动在乡村十分盛行，无锡实验区也不例外，江苏省立教育学院的师生则利用农民在从事迷信活动时，以农民能够接受的方式进行科学与卫生宣传。例如妇女迷信如分娩时因难产而死，将入地狱之血河受苦，故而有“血河会”之迷信组织，妇女加入可免受难产之苦。每当血河会开展迷信活动时，即有女乡村工作人员耐心讲解有关产妇、保婴、分娩、儿童卫生方面的科学知识，帮助农村妇女了解相关具体情况，减少盲目无知的认识。

无锡乡村建设实验区还定期举行清洁卫生活动，包括组织农民进行卫生大扫除。为使这一活动取得切实成效，每次都事先划分好清洁地段，指定负责人以及有关工作人员，分配好清洁用具，并拟定了奖励与惩罚措施，以保证卫生大扫除顺利进行。有的实验区基本上每月都举行一次这样的活动，而且在大扫除之后还要挨家挨户检查落实，进行评比，对优秀者予以奖励，由此使公共卫生环境获得明显改善。例如黄巷实验区沿村路边的数十个粪坑，即分批得到迁移，长期堆积的恶臭垃圾也被清除，公共环境卫生状况大为改观。

除此之外，江苏省立教育学院为了“找出一套切合乡村实际情形的保健制度，以供国内同仁的参考”，还在惠北实验区专门选择小园里村作保健村实验，全村 25 户总计 137 人，每人每年缴纳 3 角钱，全年享受免费医疗、注射预防针和种牛痘。在实验村每月进行一次清洁卫生检查，每年举行二次婴儿健康比赛，介绍和宣传科学育儿知识，保证婴儿健康成长。对全村 5 至 12 岁的 20 名儿童，定期进行卫生知识训练，帮助他们从小即养成良好的生活卫生习惯，具体内容包括午睡、刷牙、盥洗、上卫生课、做日光操、讲卫生故事、检查清洁等，产生了较好的效果。

在中华职业教育社创设的江苏昆山徐公桥乡村建设实验区，公共卫生和流行病预防工作开展得有声有色。实验区经常举办卫生展览和演讲会，并制定《改良厕所计划》，大面积按照统一规定改进或新建厕所，要求粪池及底，用砖或水门汀砌成；必须安装门窗。另在每个厕所悬挂《厕所规划》，规定不准在厕外任意小便，须保持厕内清洁，挑粪时间为下午 3 时至 5 时，在此之后传统的露天厕所已很少见到。在流行病预防方面徐公桥实验区也成效显著，每年夏季均免费为农民注射血清，到 1934 年实验区内的全部儿童均已种牛痘，并且连续三年无人感染天花。

综上所述，从清末到民国时期，国人公共卫生的观念与意识呈现出不断加强的发展趋向，政府对公共卫生事业的建设也日趋重视，不仅设立了各级卫生行政机关，而且制定和颁行了一系列有关卫生的规章条例，与此同时，一些民间机构与团体也大力开展乡村公共卫生的宣传与教育活动，从而使近代中国城市与乡村的公共卫生状况都得了不同程度的改善。

思考题

1. 近代中国卫生观念的发展演变及其影响。
2. 近代中国公共卫生改善的具体表现。

阅读书目

1. 彭善民：《公共卫生与上海都市文明（1898 —1949）》，上海人民出版社，2007 年。
2. 余新忠：《清代江南的瘟疫与社会：一项医疗社会史的研究》，中国人民大学出版社，2003 年。
3. 张泰山：《民国时期的传染病与社会》，社会科学文献出版社，2008 年。
4. 陈海峰：《中国卫生保健史》，上海科学技术出版社，1993 年。

后 记

之所以撰写这本《中国近代史十五讲》，完全是缘于北京大学出版社岳秀坤编辑的盛情约稿。起初，因研究生与本科生教学工作，尤其是科研任务十分繁重，并不想承担这一任务。但后来考虑到有必要挤出时间撰写一本这样的书，一是为广大中国近代史的学生与爱好者提供通俗的著作，应该是具有一定意义的事情；二是华中师范大学历史文化学院的中国近现代史课程，作为国家精品课程已经建设了数年，而且我们也已联合几所大学的近代史教师编写了一本在体例上具有一定新意的教材《中国近现代史》（河南大学出版社，2009 年），但在讲授该课程的过程中，仍然感到有必要再撰写一部这样的专题性著作作为补充，以帮助学生掌握更加丰富的中国近代史内容。于是，我最后还是承担了该项任务。

本书是北京大学出版社已出版的一套丛书中的一本，按照该丛书的体例，其中每一本书的内容均为 15 讲，而区区 15 个专题显然不可能涵盖中国近代史极为丰富的内容，所以如何确定这 15 讲的内容，颇费思量。我的想法是，首先，本书不应完全按照现在通行的中国近代史教材的内容与体例，简单地写成一部近代史教材的压缩本，否则就没有什么价值与意义，而需要根据近代史学界近二十年来的研究进展情况，增加一些现有教材中较少介绍但却是有价值的内容。其次，应适当兼顾政治、经济、思想、文化、外交、社会等各方面的内容，但又不能求全或是追求面面俱到。同时，应避免与列入该丛书且已出版的《清史十五讲》的内容相重复，例如，鸦片战争、太平天国、洋务运动、戊戌变法、辛亥革命等内容该书均已介绍，本书也就不再赘述。从中国近代史的时间段看，史学界目前虽已比较普遍地认为是从1840至1949年，但在有些大学历史系本科教学中却仍然沿袭传统的时间划分，即以1919年为界，分为近代史和现代史两段。本书所写内容的时间段除少数之外，大多数以抗战前为主。

另外，本书尽管只是写15个专题，但内容却很广泛，涉及诸多领域，作为个人很难在如此众多的领域中都有专门的研究。因此，在写作时势必会参考已出版的各领域相关著作，这是难以避免的。在这里，衷心向各位大著的作者表示诚挚的感谢。从严格的学术规范来说，凡是参考与引用他人的著述，均需详细注明出处，但本书因不属于学术性的专著，注释又不能太多，这是较难处理的一个问题。即使如此，本人认为在书中需要以注释方式加以说明的，力求尽量通过注释注明，并列出各专题的参考书目，但有些地方也受到限制，有可能会存在某些不很规范之处。

最后需要说明的是，由于其他任务较多，时间比较紧张，难以集中精力全力以赴地撰写本书。因此，本书难免还会有这样或那样的缺陷与不足，敬请专家与读者批评指正。

朱　英

2011年3月16日

《名家通识讲座书系》已有选目

*《文学与人生十五讲》 暨南大学中文系 朱寿桐
*《唐诗宋词十五讲》 北京大学中文系 葛晓音
*《中国文学十五讲》 北京大学中文系 周先慎
*《中国现当代文学名篇十五讲》 复旦大学中文系 陈思和
*《西方文学十五讲》 清华大学中文系 徐葆耕
*《通俗文学十五讲》 苏州大学范伯群 北京大学孔庆东
*《鲁迅作品十五讲》 北京大学中文系 钱理群
*《红楼梦十五讲》 文化部艺术研究院 刘梦溪 冯其庸 周汝昌等
*《中国古代诗学十五讲》 华中师范大学中文系 王先霈
《当代外国文学名著十五讲》 吉林大学文学院 傅景川

*《中国美学十五讲》 北京大学哲学系 朱良志
*《现代性与后现代性十五讲》 厦门大学哲学系 陈嘉明
*《文化哲学十五讲》 黑龙江大学 衣俊卿
*《科技哲学十五讲》 南京大学哲学系 林德宏
*《西方哲学十五讲》 中国人民大学哲学系 张志伟
*《现代西方哲学十五讲》 复旦大学哲学系 张汝伦
*《哲学修养十五讲》 吉林大学哲学系 孙正聿
*《美学十五讲》 东南大学 凌继尧
*《宗教学基础十五讲》 清华大学哲学系 王晓朝
《自然辩证法十五讲》 北京大学哲学系 吴国盛
《逻辑学十五讲》 北京大学哲学系 陈 波
《伦理学十五讲》 湖南师范大学伦理学研究中心 唐凯麟

*《口才训练十五讲》 清华大学政治学系 孙海燕 上海科技学院 刘伯奎
*《政治学十五讲》 北大政府管理学院 燕继荣
《社会学理论方法十五讲》 北京大学社会学系 王思斌
《公共管理十五讲》 北京大学政府管理学院 赵成根

《企业文化学十五讲》 武汉大学政治与行政学院 钟青林
《西方经济学十五讲》 中国人民大学经济学院 方福前
《政治经济学十五讲》 北京大学政府管理学院 朱天飙
《百年中国知识分子问题十五讲》 华东师范大学历史系 许纪霖

*《道教文化十五讲》 厦门大学宗教所 詹石窗
*《〈周易〉经传十五讲》 清华大学思想文化所 廖名春
*《美国文化与社会十五讲》 北京大学国际关系学院 袁 明
*《欧洲文明十五讲》 中国社会科学院 陈乐民
《中国文化史十五讲》 北京大学古籍研究中心 安平秋 杨 忠 刘玉才
《文化研究基础十五讲》 北京大学比较文学所 戴锦华
《日本文化十五讲》 北京大学比较文学所 严绍璗
*《中国传统文化十五讲》 佛光大学人文社会学院 龚鹏程
《中西文化比较十五讲》 北京大学外语学院 辜正坤
《俄罗斯文化十五讲》 北京大学外语学院 任光宣
《基督教文化十五讲》 中国人民大学中文系 杨慧林
《法国文化十五讲》 北京大学外语学院 罗 芃
《佛教文化十五讲》 南开大学文学院 陈洪 社科院佛教研究中心 湛如法师
《文化人类学十五讲》 中国社会科学院文学所 叶舒宪
《民俗文化十五讲》 北京大学社会学系 高丙中
《上海历史文化十五讲》 上海师范大学文学院 杨剑龙
《北京历史文化十五讲》 北京师范大学文学院 刘 勇
*《文物精品与文化中国十五讲》 清华大学人文学院 彭 林

*《语言学常识十五讲》 北京大学中文系 沈 阳
*《汉语与汉语研究十五讲》 北京大学中文系 陆俭明 沈 阳

*《西方美术史十五讲》 北京大学艺术系 丁 宁
*《戏剧艺术十五讲》 南京大学文学院董健 马俊山
*《音乐欣赏十五讲》 中国作家协会 肖复兴
《中国美术史十五讲》 中央美术学院 邵 彦
《影视艺术十五讲》 清华大学传播学院 尹 鸿
《书法文化十五讲》 北京大学中文系 王岳川

《美育十五讲》　山东大学文学院　曾繁仁
《艺术史十五讲》　北京大学艺术系　朱青生
*《艺术设计十五讲》　东南大学艺术传播系　凌继尧

*《中国历史十五讲》　清华大学　张岂之
*《清史十五讲》　中国人民大学清史所　张　研　牛贯杰
*《美国历史十五讲》　北京大学历史系　何顺果
*《丝绸之路考古十五讲》　北京大学历史系　林梅村
*《中国近代史十五讲》　华中师范大学历史系　朱　英

*《文科物理十五讲》　东南大学物理系　吴宗汉
*《现代天文学十五讲》　北京大学物理学院　吴鑫基　温学诗
*《心理学十五讲》　西南师大心理学系　黄希庭　郑　涌
*《生物伦理学十五讲》　北京大学生命科学学院　高崇明　张爱琴
*《医学人文十五讲》　少年儿童出版社(上海)　王一方
《性心理学十五讲》　北京大学医学部医学人文系　胡佩诚
*《科学史十五讲》　上海交通大学人文学院　江晓原
《思维科学十五讲》　武汉大学哲学系　张掌然
*《青年心理健康十五讲》　清华大学教育研究所　樊富民
《环境科学十五讲》　北京大学环境学院　张航远　邵　敏
《人类生物学十五讲》　北京大学生命科学学院　陈守良
《医学伦理学十五讲》　北京大学医学部　李本富　李　曦
《医学史十五讲》　北京大学医学部　张大庆
《人口健康与发展十五讲》　北京大学人口所　郑晓瑛

(画*者为已出)